21 CENTURY
NATIONAL
COUNTERINTELLIGENCE

21세기
국가방첩

― 새로운 첩보전쟁의 시작 ―

한국국가정보학회 엮음

박영사

　21세기 정보환경의 변화로 인하여 국가이익을 침해하는 위협의 성격이 근본적으로 변화하고 있다. 국가안보나 국가이익에 위협을 가하는 위협의 주체가 국가행위자뿐만 아니라 비국가행위자로까지 확산되는 등 다양화 되고 있으며, 위협의 대상도 군사적인 것을 넘어서 경제, 사회, 환경, 보건 등 다양한 영역으로 확대되고 있다. 이처럼 국가안보를 위해하는 요소들이 다양화되고 근본 성격이 변화하고 있는 현실에 조응하여 국가방첩 역시 변모하고 있다. 즉 정보환경의 변화에 따라 적대세력의 위협으로부터 국가안보와 국가이익을 보호하는 활동을 수행하는 수동적, 방어적 활동으로 이해되었던 기존의 방첩에 대한 인식이 보다 적극적이고 능동적으로 전환되고 있다. 방첩의 영역 또한 전통적 영역에 제한되어 있던 것으로부터 산업보안, 대테러, 대사보타지, 국제범죄 대응, 사이버테러에 대한 대응 등을 포함한 광의의 방첩영역으로 확대되고 있다.

　정보환경의 변화에 적극적으로 대응하기 위하여 미국을 비롯한 많은 선진국들이 방첩제도의 대대적인 개혁을 시도하고 있다. 한국 역시 정보환경의 변화에 따라 새로운 위협 주체에 의한 다양한 영역의 위협에 직면하고 있다. 그럼에도 불구하고 한국의 국가방첩제도는 권위주의 시대에 경험했던 국가정보기구의 활동에 대한 두려움 때문에 이러한 위협에 효율적으로 대처할 수 있는 제도와 법적 근거를 갖추지 못하고 있다는 것이 일반적인 평가이다. 민주화의 전환 이후 지속적으로 민주적 관행이 자리잡아 가고 있으며, 정보환경의 변화에 따른 국가안보나 국가이익에 대한 위협의 증가가 한국사회에 국가방첩제도에 대한 전면적 개혁을 요구하고 있다. 이에 "21세기 국가방첩: 새로운 첩보전쟁"이라는 제목의 본 저서는 정보환경 변화에 따른 국가방첩제도의 개선 방안을 연구하고자 다음과 같은 사안에 초점을 맞추고자 하였다. 첫째, 정보환경의 변화에 따른 국가방첩의 당면과제는 무엇인가? 둘째, 정보환경의 변화에 대처하려는 선진국의 국가방첩 노력은 어떠한 것이며, 또 이러한 개혁은 한국의 국가방첩제도에 어떠한 시사점을 주는가? 셋째, 현재 한국의 방첩제도는 어떠한 문제점을 갖고 있으며 효과적인 방첩활동을 위해서는 어떻게 개선해야 하는가?

일반적으로 방첩은 "외국정부 또는 그 구성원, 외국조직, 외국인, 국제테러리스트에 의해 행해지거나 그들을 대신하여 행해지는 간첩활동, 기타 정보활동, 사보타지, 암살 등을 방지하기 위하여 수집된 첩보 및 활동"과 같이 위협에 대한 적극적 대응으로 이해되고 있다. 하지만 최근에는 방첩을 능동적인 활동으로 이해하는 것을 넘어서 전략적 방첩으로까지 확대하여 보고 있다. 즉 정보환경의 변화에 따라 국가방첩의 영역도 전통적인 방첩 영역인 보안과 대스파이활동으로부터 새로운 영역인 산업보안, 대테러, 대사보타지, 국제범죄 대응, 사이버테러에 대한 대응 등 광범위한 영역으로 확대되고 있는 것이 오늘날의 선진국 방첩활동의 현실인 것이다. 이처럼 국가차원의 방첩활동이 국가의 제반 정보활동 가운데에서도 그 중요성이 가장 커지고 있으나 이 분야에 대한 학문적 연구는 그에 상응하게 발전하지 못한 측면이 있다. 그러한 이유는 먼저 방첩의 범위와 영역에 대하여 학자마다 의견이 분분하기 때문이다. 방첩연구가 발전하지 못한 또 다른 이유는 자료활용이 자유롭지 못하여 분석의 치밀성이 담보되기 어려웠기 때문이다. 정보활동은 가능한 영원히 비밀에 부쳐져야 한다는 정보요원들의 오랜 믿음 그리고 정보활동의 성공사례를 쉽게 공개할 수 없는 정보업무의 제약이 학문적 인과관계와 사실 규명에 필요한 자료획득의 어려움을 초래하였기 때문이다.

그럼에도 불구하고 미국을 비롯한 선진국에서는 국가방첩학을 체계적으로 연구하려는 노력이 꾸준히 이루어져왔다. 『정보와 방첩 국제논총(*International Journal of Intelligence and Couterintelligence*)』 등의 학술지 발간은 국가방첩활동에 대한 체계적 연구에 기여하였으며, 『테러리즘과 정치적 폭력(*Terrorism and Political Violence*)』, 『갈등과 테러리즘 연구(*Studies in Conflict and Terrorism*)』 등은 국제테러리즘의 체계적인 연구를 가능하게 하였다. 최근에는 냉전의 종식과 더불어 정보활동에 대한 비밀자료 해제가 이루어지면서 국가정보를 보다 체계적으로 연구할 수 있는 환경이 조성되고 있다.

우리나라도 이와 같은 추세에 힘입어 국가정보포럼, 국가정보연구회 등을 중심으로 국가방첩학 연구가 이루어져 왔고, 2007년 한국국가정보학회 창립 이후 학술지 『국가정보연구』가 정기적으로 출간되면서 국가방첩에 대한 본격적인 연구와 토론이 활발하게 지속되어 왔다. 최근 국내에 이미 출간된 국가정보학 관련서적이 우리 국가방첩

연구 및 교육의 길라잡이로 활용되고 있으나, 이번에 우리 한국국가정보학회가 중심이 되어 새롭게 발간하는 방첩교과서는 정보환경의 변화에 따라 확장되고 있는 방첩활동의 새로운 영역을 단순히 소개하는 데 그치지 않고 그 분야에 대한 심도 있는 논의를 통하여 방첩연구를 더욱 심화시키려고 노력하였다. 또한, 국가방첩학의 학문적 정체성 확립을 위하여 국가방첩의 개념 및 연구방법론, 국내외 연구 동향을 비중 있게 다루면서 국가방첩의 역사, 해외 선진 방첩체계에 대한 내용을 집중 조명하여 국가방첩연구의 토대를 구축하고자 하였다. 아울러 본서는 학문적 엄밀성을 유지함과 동시에 정보활동의 정책 실무에도 기여할 수 있도록 노력하였다. 학문적 엄밀성이 요구되는 분야의 저술은 주로 학자들이, 그리고 실무적 경험이 요구되는 분야는 정보분야 전문가들이 저술하게 함으로써 방첩활동에 대한 학문적 엄밀성과 실무적 경험이 조화롭게 반영되도록 하였다. 이는 정보활동에 대한 학문적 이해를 높이면서 동시에 정보활동의 실제 업무에도 도움이 될 수 있게끔 하자는 취지에서였다.

마지막으로 이 책이 출간되기까지 편집과정에서 원고들을 수정·보완하는 데 수고하신 허태회 박사, 유동열 박사, 박종재 박사께 깊은 감사를 드리며 아울러 세심한 교정에 애쓴 이지현 간사에게도 깊은 감사의 마음을 전한다. 우리 학회의 땀과 노력으로 발간되는 본서가 국가방첩 연구의 길라잡이로서 뿐만 아니라 방첩실무 일선에도 도움이 될 수 있기를 기대하며, 이를 통하여 국가와 사회의 발전에 기여할 수 있기를 감히 기대해 본다.

2014년 5월

한국국가정보학회 3대회장
이화여자대학교 교수
김 왕 식

21 Century
National
Counterintelligence

차 례

서 론 | 21세기 정보환경의 변화와 국가방첩

김왕식(이화여자대학교)

　　탈냉전 이후 세계 안보 위협요인이 전통적 안보위협으로부터 국제테러, 사이버테러, 산업스파이 분야까지 다양하게 확장되면서 각국의 정보기관들도 새로운 정보활동을 요구받고 있다. 과거 냉전시대에는 적국과 우방국이라는 이분법적 구도 하에서 정보기관의 정보대상과 목표가 명확하고 정보우선순위가 단순하였다. 반면에 탈냉전상황에서는 다양한 위협요소와 정보활동의 확대로 인하여 정보목표도 불분명해지고 정보목표의 우선순위도 불확실해졌다. 냉전시대의 안보위협은 주로 특정 적대국의 군사안보적 위협이었다. 그러나 탈냉전시대에는 이런 전통적 군사안보 위협에 대한 대응이상으로 국가정보의 관심이 대테러 활동이나 산업보안과 같은 국내안보적 요소에 집중되면서 정보기관들에게 정보활동 영역과 책임에 대한 혼선을 야기하게 하였다. 이처럼 탈냉전 이후 정보환경의 변화는 각국의 정보기관으로 하여금 국가방첩과 관련하여 새로운 변화와 적극적인 대응을 요구하고 있다.[1]

　　안보의 범위가 포괄적으로 확대되고 있고 안보위협 요소가 다양해지면서 더 이상 전통적 안보 위협만을 고집할 수가 없으며 경제·민생과 같은 비군사 분야의 중요성이 국가안보 비중에서 커지고 있기 때문에 정보기관의 역할이나 방첩활동의 영역을 전통적 안보 범주로만 제한시키는 것은 시대착오적이게 되었다. 또한 세계화 과정과 정보화의 확산으로 인하여 이러한 위협 요소들이 초국가적인 연계망과 다양한 행위 주체들을 통해 전 세계적으로 연결되고 있는 상황에서 안보위협의 대상을 특정 국가나 적대적 단체에만 한정시키는 것은 너무 단순하고 구시대적이게 되었다. 즉 적대적인 국가단체의 위협을 넘어서 이제 다중이용 시설에 대한 무작위 테러문제가 심각한 국내안보 위협으로 등장하고 있으며 물리적 공간의 보호 이상으로 사이버공간의 보호가 중요해지고 있는 상황에서 국가방첩의 대상을 특정국가 및 단체에만 한정한다는 것은 심각한 정보실패의 위험을 초래할 수 있게 되었다.

---

1) 허태회, "대내외 정보환경의 변화와 국가방첩의 새로운 방향 모색", 『국제문제연구』, 제10권 4호 (2010), pp.77-110.

사실 우리의 국가정보활동도 1989년 방첩업무 태동기에는 4강 및 일부 공산권 수교국 공관에만 집중되었고 이들에 대한 정보목표도 對北 등 안보문제가 중심이었다. 그러나 20여 년이 지난 오늘날 우리 국내 방첩대상도 외교공관 · 대표부 · 영사관 · 언론사 · NGO · 기업체 등 기하급수적으로 증가하였으며 각국 정보활동의 주체도 외교관과 같은 백색요원이나 흑색요원을 포함하여 다양하게 변하였다. 또한, 외국의 정보목표도 외교 · 안보에서 경제 · 통상 · 과학기술 · 에너지 등 사실상 사회 전분야로 확대되는 등 국익을 위협하는 외국의 대(對)한국 정보활동이 다변화되고 있는 추세이다. 그럼에도 불구하고 우리나라는 아직도 남 · 북 대치라는 특수상황에 따라, '방첩=대북'이라는 고정된 인식에 사로잡혀 외국인의 정보활동에 대한 국민적 경각심이 낮은 실정이며 국가방첩의 근간이 되어야 할 주요 법령이나 제도마저도 여전히 냉전적 유산을 버리지 못하고 있다. 우리 국민들의 국가정보에 대한 부정적인 인식과 선입관 때문에 국가정보원법은 물론 테러방지법을 비롯한 여러 가지 법제 정비도 제대로 이루어지지 못하고 있다. 그나마 최근 대통령령으로 제정된 '국가방첩업무규정'이 늦은 감이 있지만 이러한 제도적 한계를 극복하기 위한 정부차원의 노력의 결과로 보인다. 국정원이 이러한 규정 제정의 필요성과 관련하여 "기존의 법령 및 제도적 대응체계 미흡과 외국으로의 잦은 국가기밀 유출사고, 국가위상의 향상에 따른 외국인들의 대(對)한국 정보활동 강화"를 적시하면서 방첩개념의 명확한 규정을 포함한 몇 개의 실질적인 업무지침을 대통령령으로 제정한 것은 때 늦었지만 방첩업무기반을 명확하게 한 최소한의 입법조치라고 생각된다. 더구나 얼마 전에 전 세계적인 반향을 일으킨 '위키리크스' 사건에서 보듯이 미국 해외주재 대사관의 외교전문 25만 1,287건이 대량 유출되어 미국의 국가 이익이 크게 손상된 적이 있다. 특히, 이 중에는 주한 미 대사관이 작성하여 본국에 보고한 전문도 총 1,980건(비밀 1,094건, 일반 886건)이 포함되어 있었는데, 이 유출 전문을 통해 미 대사관이 청와대 및 외교 · 통일 · 국방부의 고위간부를 접촉하여 남북관계 기밀사항을 입수하는 한편, 정 · 관계 주요인사로부터 '2012년 대선' 관련 정계동향을 수집하는 등 국내 각 분야에 협조자를 관리 중인 사실이 드러나면서 파문을 일으킨 바 있다. 이 사건으로 인해 국가간 정보전쟁에 있어서는 적군과 아군이 없다는 사실이 여실히 드러났으며, 외국정부 · 기업이 대한 정보 수집을 위해 다양한 방법으로 前 · 현직 고위 공무원 등을 접촉, 기밀정보를 수집하고 영향력을 행사하는 등 공작활동을 전개한 사실이 밝혀지면서, 이에 대한 대응책 마련이 시급하다는 것이 공론화되기 시작했으며 우리도 미국과 같은 선진 국가처럼 방첩에 대한 명확한 업무지침과 관리제도의 필요성이 대두되었다.

미국의 경우 외국대리인 등록법(FARA: Foreign Agents Registration Act)과 외국인 접촉보고에 대한 대통령령(PDD/NSC-12) 그리고 국무부 매뉴얼(FAM) 등의 규정이 마련되어 있으며 영국은 공적비밀법(OSA: Official Secret Act)을 두고 있다. 일본도 2006년 12월 총리명령으로 방첩추진회의를 설치한 예를 볼 때 이번의 방첩업무규정 제정은 과거의 수세적이며 수동적인 방첩에서 보다 능동적이고 적극적인 방첩으로 나가는 세계적 추세에 보조를 같이하는 시도라고 하겠다. 과거 서독수상 브란트의 개인비서로 취직해 있다가 검거되어 서독사회를 경악케 한 동독간첩 귄터 기욤 사건처럼 자칫 한 번의 잘못된 정보실패가 국가적 재앙을 초래할 수 있으므로 수동적이며 방어적인 방첩의 형태에서 벗어나 보다 더 적극적이며 능동적인 방첩의 형태로 국민의 역량과 협력을 모으고 결집해 나가야 할 필요가 있다.

안보위협의 요소와 대상, 주체가 다양해지고 국내안보의 위기가 고조되어 국내정보활동이 더 필요해지고 있는 상황에서 아직까지 우리사회는 기존의 제한된 방첩개념, 구시대적 방첩개념에서만 접근하려고 하고 있기 때문에 새로운 안보위협 요소에 대한 적절한 정보활동이나 효율적인 방첩의 토대가 미흡할 수밖에 없다.[2] 이러한 것은 이제 우리도 기존의 수동적이며 방어적인 방첩의 개념과 범위에서 벗어나 더 능동적인 형태로 방첩의 개념을 설정하고 영역을 확장해 나갈 필요가 있다는 것을 시사한다. 시대적 상황의 필요성이나 정보환경의 변화에 맞지 않는 지나치게 협의적이며 제한된 개념의 경우 방첩의 역할과 기능 자체가 크게 위축될 수 있는 반면에 시대적 변화를 고려하여 너무 가변적이며 확장적인 개념으로 확대하게 되면 이것은 또 방첩의 기능이 과장되어 "기본권 침해"의 소지를 낳을 수 있게 된다. 따라서 이런 시대적 변화와 국내외 상황이 요구하는 방첩활동의 범위와 방향은 방첩활동에 "수사활동"과 "대응활동"을 포함하는 "능동적 방첩"이라고 할 수 있는데 이렇게 되면 방첩이란 외부의 적대세력에 의한 "테러, 사보타지, 국제범죄, 사이버테러에 대한 정보활동"까지 포함되는 광의적

---

2) 앞에서 살펴보았듯이 최근 정보환경변화의 특징은 안보위협요소의 다양화, 방첩 대상 및 수단의 다양화, 국외·국내정보의 초국가적 연계성, 국내정보의 위기심화 등이다. 그러나 이러한 정보환경의 현실에 비해 기존의 방첩개념과 범위는 매우 제한적이며 시대에 맞지 않게 되어 있다. 전웅(2009)과 허태회(2010)을 참조할 것.

포괄방첩의 형태가 된다고 하겠다.[3]

탈냉전의 국제상황 변화와 전 지구적으로 확산되는 세계화 및 정보화, 그리고 민주화의 확산으로 인해 이제 안보개념도 경제, 사회, 환경, 에너지자원, 사이버안보 등을 아우르는 포괄안보(Comprehensive Security)의 개념으로 바뀌고 있으며 방첩 개념도 포괄방첩(Comprehensive Counterintelligence)의 개념으로 바뀌고 있는 상황이다. 그만큼 정보활동의 영역과 대상도 확대되고 정보 의제의 변화와 정보기관의 기능 및 역할까지 변하면서 정보생태계 자체가 급격한 변화의 시대를 맞이하고 있는 것이다. 이제 세계 정보환경의 변화에 대하여 우리 사회도 보다 적극적으로 대응하고 방첩역량을 강화하여 우리 사회 전체가 국익수호를 위해 적극 동참하는 명실상부한 선진 방첩체제의 구축이 필요한 상황이 된 것이다. 이러한 문제인식을 바탕으로 한국국가정보학회에서는 21세기 세계정보환경 변화에 대응하여 우리 국가정보가 나가야 할 바람직한 방첩, 효율적인 방첩을 지향하는데 필요한 "21세기 새로운 방첩업무와 교육의 길라잡이"로서 방첩학 교과서를 출간하게 되었다.

먼저 1편은 방첩의 개념·영역을 다루는 장으로서 방첩의 개념과 기능, 방첩의 대상과 변화 그리고 방첩과 다른 영역(즉 보안·대테러·국제범죄)과의 상관관계 문제를 다룬다. 구체적으로 제 1장 방첩개념과 영역 편에서 장노순 교수는 국제안보 구조의 변화라는 틀 속에서 방첩의 개념과 기능의 변화에 주목한다. 즉 방첩은 공작활동(covert action)과 다르고, 정보요원에 의한 정보 수집활동을 수행하지만 인간정보(HUMINT)와 다른 특징을 갖고 있다면서 미국 행정명령12333에서 규정한 방첩의 개념을 원용하여 테러공격과 사보타지, 암살 등을 방첩활동의 대상으로 규정함으로써 실질적으로 전통적인 군사작전의 범주에 못 미치는 위협을 포함시키고 있다. 이를 토대로 장교수는 방첩의 의미, 기능 그리고 대상이 갖고 있는 특징과 변화하는 양태들에 관해 살펴보면서 방첩 전략의 공세적 특징 강화, 사이버공간의 방첩 활동 강화, 정보담당 부서의 공조체제 강화, 정부와 민간 영역의 협력체제 강화 등의 특징을 설명하고 있다. 여기에 조성권 교수는 21세기에 도래한 새로운 불확실성의 시대, 다차원성의 세계화, 국제 무질서 현상, 테러조직의 범죄화 그리고 범죄조직의 정치화 현상 등이 거의 동시다발적으로 발생하는 복잡한 과정에서 테러 및 범죄조직의 상호 연계에 의한 초

---

3) 전웅, "방첩개념의 재조명: 목적, 범위, 활동유형을 중심으로", 『국가정보연구』, 제2권 2호(2009), pp.25-33.

국가적 위협은 나날이 발전하고 있다고 설명한다. 즉 이들은 정치적 민주주의와 사회 경제적 안정이 오래 전에 정착되었거나 혹은 공고화된 국가들에서도 여전히 활동하지만 특히 민주주의가 미약하거나 실패한 국가들에서는 정치권력과 공생관계를 형성하면서 보다 더 폭력적이며 양성적으로 활동한다는 것이다. 조교수는 새로운 방첩의 아젠다로서 국제테러와 범죄, 마약밀매의 문제가 어떻게 상호 연계되어 가는 지 그러한 과정과 메카니즘을 설명한다. 가장 심각한 문제는 이들 간의 상호 공생관계의 형성으로서 이런 공생관계가 초국가적 위협들을 더욱 활성화시키고 문제를 야기함으로써 지속적으로 글로벌 거버넌스에 큰 위협을 제공할 가능성이 크다고 설명한다.[4] 즉 21세기 새로운 방첩 아젠다로서 국제테러와 범죄 그리고 마약밀매와 같은 지하세계 문제가 부각됨에 따라 정보기관들도 이들에 대한 통제를 중요한 문제로 인식하기 시작하였으며 그런 통제를 위한 방첩기관의 역할이 새로운 아젠다로 등장하였다는 것이다.

이어서 2편에서는 주로 방첩활동의 사례 및 추세에 대한 내용을 다루는데 먼저 방첩의 역사와 주요 방첩기관, 국내외 주요 스파이 사건·사례, 최근 스파이활동 추세와 방첩대책 그리고 산업스파이와 경제방첩에 대한 주제를 단계적으로 다룬다. 먼저 이상호 교수는 과거 방첩의 역사부터 시작하여 현대 방첩활동과 해외 주요 방첩기관의 활동에 대하여 다양한 사례를 들어 설명한다. 이상호 교수는 현대 방첩기관의 주요 방첩활동으로 자국의 보호대상에 대한 상대국 정보기관 및 요원의 접근을 거부하는 것뿐만 아니라 상대국 정보기관의 자국에 대한 수집 활동을 색출, 견제, 차단하는 활동 그리고 여기에 상대국 정보요원을 포섭하고 이중스파이 활용을 통해 상대 정보기관에 침투시키거나 허위 정보를 제공(기만)하여 상대기관의 정보활동을 교란하는 등의 공격적 활동까지 모두 포함된다고 역설하면서 현대의 주요 방첩활동으로서 비밀의 보호,

---

4) 예를 들면 테러조직과 범죄조직의 연계는 90년대에 체첸 게릴라 및 알-카에다와 러시아 마피아 사이에서 나타났다. 이들 연계의 기본패턴은 범죄조직이 테러조직에게 범죄기술과 대량살상무기 혹은 원료를 제공하고 테러조직은 무기와 테러기술을 공급한다. 범죄조직들이 대량살상무기를 구입하는 이유는 이 무기를 일국에 대항하여 사용한다기보다는 구매의사를 피력하는 테러조직들에게 판매하여 더 많은 수익률을 올릴 수 있기 때문이다. 소위 범죄조직들에 의한 핵밀매다. 범죄조직은 자국의 국경을 넘어 후진국이건 선진국이건 경제적 이득을 위해서는 마약밀매, 핵밀매, 무기밀매, 인간밀매, 폐기물밀매, 국제매춘, 돈세탁 등 가릴 것 없이 영역을 확장시킨다. 9·11 테러 이후 테러조직의 마약밀매에의 개입은 물론 테러조직과 범죄조직의의 연계가 세계 도처에서 새로운 현상으로 등장하고 있다. 이에 대한 상세한 내용은 조성권, "초국가적 위협: 테러, 마약, 범죄조직의 상호연계와 새로운 대응시각", 『세계지역연구논총』, 제28집 1호(2010), pp.317-339. 참조.

조사 · 심의, 내부통제 및 점검, 기술적 보안조치(Technical Security Countermeasures) 등과 같은 보안조치와 외국 정보기관 활동에 대한 대응, 물리적 감시방법과 같은 정보 방첩행위, 그리고 방첩 공작 및 인터넷 보안조치 등의 사례를 든다. 이어서 유동열 선임연구관은 실제 국내에서 발생하였던 10여 개의 국내 스파이 사례와 10여 개의 해외 스파이 사례를 설명하고 최근에 발생하는 간첩활동에 대응하기 위한 주요 방첩대책에 대하여 심도 있는 논의를 전개한다. 2편의 마지막 장은 정웅 교수가 "경제안보와 국익의 위협에 대응한 적극적 방첩활동"이라는 의미로 경제방첩을 정의하면서 나날이 심각해지고 있는 산업스파이 사례와 경제방첩의 문제를 분석한다. 오늘날의 산업스파이 활동은 정보수집 과정에서 첨단화된 장비를 활용하면서 이른바 냉전시대부터 이어져 온 절취 · 촬영 · 도청 · 녹음 등 전형적인 산업스파이 방법들이 더욱 정교해지고 있는 측면에 주목하면서 산업스파이의 유형과 해외 주요 국가들의 경제방첩에 대한 대응동향, 국내 산업스파이 활동 사례 및 향후 전망과 과제에 이르기까지 일목 요연하게 정리하고 있다.

마지막으로 3편 1장에서 송은희 연구위원은 우리 사회의 미약한 방첩의식과 방첩제도 및 법령의 미비점 등을 우리 방첩의 취약점이자 문제점으로 지적하면서 통일과정에서 독일방첩기관의 역할과 중요성에 대하여 설명한다. 특히 송박사는 서독의 연방정보국(BND)의 활약 및 對슈타지 방첩활동 실태에 대하여 상세하게 언급하고 있는데 상호간에 교류가 긴밀해지고 활성화될수록 첩보요원 침투 및 공작활동의 확대로 나타났다고 하는 점은 매우 시사적인 대목이다. 이어서 3장에서는 허태회 교수가 21세기 정보환경의 변화에 부응한 국가방첩의 전망과 과제에 대하여 진단한다. 허태회 교수는 탈냉전의 새로운 국제상황변화와 전 지구적으로 확산되는 세계화 및 정보화, 그리고 민주화의 확산에 기인하여 이제 안보환경은 경제, 사회, 환경, 에너지자원, 사이버안보 등을 아우르는 포괄안보(Comprehensive Security)의 개념으로 바뀌고 있으며 방첩개념 또한 이런 추세에 맞추어 포괄방첩(Comprehensive Counterintelligence)의 개념으로 바뀌어야 할 상황에 처해있다고 주장하면서 급속히 변화하는 정보환경의 변화에 대응하여 우리 국가정보가 직면한 방첩제도의 개선방향 및 과제에 대하여 몇 가지 대안들을 제안한다.

우리 국가정보가 직면한 방첩환경의 변화에 보다 능동적으로 대응하여 국익을 수호하고 명실상부한 선진방첩체제를 구축하는 데 있어서 필요한 방첩역량 강화 과제로서 허교수는 대국민 방첩의식의 제고 및 방첩홍보 강화, 21세기 정보환경의 변화에 부응하는 새로운 "방첩개념" 개발, 선진 방첩체계의 구축을 위한 토대로서 학문적 정보인프라의 구축, 국가방첩의 제도적/법적 미비점 개선 및 보완,『국가방첩백서』및『국가방첩전략』의 주기적 발간 등을 제시하면서 글을 맺는다.

지금까지 방첩학 교재의 골격을 간략하게 설명하였지만 탈냉전 이후 급격히 변하고 있는 세계 정보환경에 대응하여 새로운 변화와 능동적인 대응이 절실히 요구되는 국가방첩의 문제와 관련하여 아직도 국가방첩의 토대가 되고 근간이 되어야 할 국내 여건이나 사회적 인식 그리고 제도적/법적 대비책은 미흡한 상황이다. 이제 세계 정보환경의 변화에 대해 보다 적극적으로 대응하는 국가방첩역량의 강화를 통해 우리 사회 전체가 국가안보와 국익수호에 적극 동참하는 명실상부한 선진 방첩체제를 구축해 나가야 할 상황이다.

이러한 문제인식 하에 이번에 한국국가정보학회가 출간하는 방첩학 교과서가 21세기 정보환경 변화에 대응하여 국가정보가 나가야 할 바람직한 방첩, 효율적인 방첩을 지향하는데 필요한 명확한 방첩업무 지지기반의 구축과 "21세기 방첩교육의 길라잡이"로서 역할을 할 수 있기를 기대해 본다.

참·고·문·헌

허태회. "대내외 정보환경의 변화와 국가방첩의 새로운 방향 모색".『국제문제연구』. 제10권 4호(2010).

전웅. "방첩개념의 재조명: 목적, 범위, 활동유형을 중심으로".『국가정보연구』. 제2권 2호(2009).

조성권. "초국가적위협: 테러, 마약, 범죄조직의 상호연계와 새로운 대응시각".『세계지역연구논총』. 제28집 1호(2010).

21 Century
National
Counterintelligence

제1편

방첩의 개념과 영역

제1장|

방첩의 개념과 기능

제2장|

방첩과 다른 영역(보안·테러·
국제범죄)과의 관계

제1장 방첩의 개념과 기능

장노순(한라대학교)

제1절 방첩의 개념

　　국제안보 구조는 강대국 간 군사대결의 가능성이 줄었지만 다양한 형태의 안보위협이 증대함으로써 많은 변화를 겪으면서 대전환기를 경험하고 있다. 미소 양국의 냉전체제와 비교하여 국가 간 무력수단을 동원한 군사적 위협이 상대적으로 축소되었고, 경제 교류와 통상 경쟁이 전 세계로 확대되었다. 정보통신의 혁명으로 인터넷에 대한 국가와 사회의 의존성이 심화되었고, 정보 유통을 저렴하고 쉽게 처리할 수 있게 됨으로써 초국가적 행위자들의 활동이 크게 활성화되었다. 전통적인 안보위협이 상존해 있지만, 다른 한편으로는 위협의 대상과 위협 수단이 새로운 형태와 유형으로 나타나고 있다.[1] 이것은 국외의 위협에만 국한되는 현상이 아니라, 제아무리 민주적인 국가라 하더라도 자국에 대해 불만을 품은 시민들의 공격 가능성이 높아지고 있다는 것을 의미한다. 군사위협으로부터 국가 존립을 확보하는 최우선의 과제는 국가이익을 보호하는 의미 이상으로 훨씬 포괄적으로 확대되었다. 국가의 안보와 국익을 보호하기 위한 노력은 국제안보 구조의 변화에 따라 지속적으로 정부의 안보정책과 전략의 수정으로 나타나고 있다. 이런 시도는 과거나 현재나 상대국가를 대상으로 중요한 정보를 수집, 분석하여 정책에 반영함으로써 효과를 얻게 된다.

　　모든 국가는 상대방이 적대국가이든 우방국가이든 자국의 안보와 국익을 위해 정보를 수집하려고 집요하게 노력한다. 냉전 시기에는 적대세력의 위협이 심각하여 다른 경쟁 세력이나 우호 세력들의 위협이 상대적으로 간과되었지만, 탈냉전 시기에는 많은 국가들이 성격이나 규모면에서 전혀 다른 유형의 위협에 직면해 있기 때문에 이

---

1) William J. Lahneman, *Keeping U.S. Intelligence Effective*, (Scarecrow Press, 2011), pp.5-10; 조성권. "새로운 방첩위기의 등장과 방첩개념의 변화모색",『국가정보연구』, 제5권 1호(2012년 여름호), pp.15-21.

들에 대한 예방과 방어도 다른 방식을 요구하고 있다. 전통적인 안보위협뿐만 아니라 경제와 사이버안보와 같은 새로운 유형의 안보위협에 대처해야 한다. 자국의 안보와 국익은 상대방의 의도와 계획 그리고 관련 역량에 관한 정보를 정확하게 파악하는데 달려있다고 해도 과언이 아니다. 따라서 국가와 초국가적 행위자들이 군사안보, 외교, 경제, 테러, 범죄 등의 목적에 따라 정보를 수집하려고 하는 상황에서 각국의 정부는 자국의 기밀을 보호하는 것이 가장 중요하다. 그것은 적대세력의 공작과 은밀한 방법을 통해 정보위협이 발생하고, 자국 내부에서도 이념이나 금전적 이유로 정보를 유출하게 될 수 있기 때문이다.[2] 즉, 상대방의 정보를 획득하려는 목적과 시도는 오랜 과거부터 추구되었지만, 탈냉전의 국제안보구조, 세계화 그리고 정보통신 혁명과 같은 환경변화로 인해 정보의 중요성과 정보위협의 심각성이 더욱 증대되었다.

　　그렇다면 적대국가 혹은 우방 국가들을 포함해서 단체 혹은 개인들이 특정 국가에 관한 정보를 획득하려고 노력하는 구체적인 이유는 무엇일까?[3] 첫째, 자국의 안보와 대외정책을 지원하기 위한 것이다. 이들 행위자는 자국 혹은 특정 세력의 이익을 증대시키고 상대국가의 정책 목적을 달성하지 못하도록 저지하기 위해서 정부의 계획, 실현가능한 기술과 활용 수단, 정부의 활동과 비밀공작 등에 관한 기밀을 수집하고 침해하려는 정보활동을 하게 된다. 경쟁 국가와 특정 세력은 상대국가의 중요한 국가정책이나 안보정책에 관한 정보를 사전에 획득하게 되면 효율적인 대응책을 마련하고, 상대국가의 정책이 무위로 끝나도록 유도할 수 있다. 물론 이런 정보활동을 수행하는 주체는 정보요원과 정보원과 같은 인간을 활용하는 방식이 있겠지만, 기술적인 방식, 사이버 스파이 활동, 혹은 공개출처정보 등 다양한 수단과 방식이 동원 된다. 둘째, 상대국가의 정책과 전략을 무력화하기 위한 것이다. 제로섬의 이해관계에 있는 국가들은 상대방의 정보가 대내외 정책결정과 정책성공의 가능성을 높여주기 때문에 정보수집에 열을 올린다. 다른 의미로 상대방의 정책을 극복할 수 있는 대응 전략과 정책이 강구될 수 있다는 것이다. 예컨대, 비밀공작의 한 가지 목적은 상대국가의 정책담당자들이 잘못된 정보에 바탕을 두고 국가 정책과 전략을 결정하도록 유도하는 것이

---

2) 스노든(Edward Snowden)은 개인에 대한 미국 정부의 정보수집이 부당하고 여기고 2013년 미국 국가안보국(NSA)의 하청업체 계약직으로 근무하면서 얻은 NSA의 정보활동에 관한 기밀을 누설함으로써 미국의 도덕성과 정보활동에 심각한 타격을 주었다.

3) Michelle K. Van Cleave, *Counterintelligence and National Strategy,* (National Defense University, 2007), p.4.

다. 정책담당자들의 인식에 영향을 미치기 위한 방식은 여론 주도층, 국민 여론, 사회 집단, 혹은 일부 정책결정권자 등을 통해 이루어진다.[4] 경쟁국가의 지도자 의중이나 계획을 정확하게 파악할 수 있다면, 이런 공작활동을 추진할 수 있는 효과적인 수단을 마련하는 것이 가능하다.

셋째, 첨단 산업기술과 경제 관련 정보를 획득하려는 목적이다. 이는 적대세력의 범위를 벗어나 우호 세력의 정보활동도 심각한 위협으로 간주되는 이유이다. 한국은 첨단 기술과 산업 정보를 불법적으로 빼가려는 심각한 위협에 처해 있지만, 반대로 다른 국가의 첨단 기술 정보를 얻기 위해 노력하고 있다. 미국은 한국기업들의 미국 산업기술 절취 시도를 심각한 문제로 인식하고 있을 정도이다.[5] 첨단 기술과 정보의 양면성으로 산업과 과학기술은 국가의 경쟁력을 유지하는데 근간이 되고, 무기체계 개발과 발전에 기여함으로써 군사력의 핵심 요소가 되기도 하다. 넷째, 상대국 정보기관의 활동을 무력화하기 위한 것이다. 상대국가의 안보위협을 줄이고 외교 및 통상경쟁에서 우위에 서기 위해서는 정보기관의 활동이 억제되어야 한다. 상대국 정보기관의 정보활동을 차단하는 것은 자국에 유리한 여건을 형성하는 가장 기본적인 조건이다. 적대적인 정보기관의 간첩 활동과 비밀공작을 방지하고 기밀의 누설을 사전에 예방할 수 있다. 다국적 기업을 포함한 초국가적 행위자들은 상대국가의 정부와 정보기관에 침투하여 기밀을 수집할 뿐만 아니라 거짓 정보를 흘리거나 정책 결정의 혼란을 유도하려고 시도하기도 한다.[6] 예컨대, 테러리스트는 미국의 무인항공기(드론) 이용 암살공격을 포기하도록 유도하기 위해 역정보를 흘려 오폭을 유도하거나 왜곡된 정보를 제공하여 드론 공격의 비중을 줄이는데 열중하기도 한다. 범죄 집단이나 기업 등 비국가 행위자들은 정치, 경제, 범죄 등 다양한 목적으로 국가의 정보를 수집하려는 강력한 의지와 욕구를 갖고 있다.

이런 정보위협은 군사 영역과 비군사 영역에서 국가안보의 위협이 되고, 국익에 막대한 손실을 초래케 하는 요인이다. 시대와 안보환경 변화에 따라 위협의 대상이 바

---

4) Abram N. Shulsky and Gary J. Schmitt, *Silent Warfare: Understanding the World of Intelligence*, 3rd ed. (Brassey's, INC., 2002), pp.97-88.

5) Edwin S. Cochran, "South Korea's Intelligence Targets U.S. Technology," *International Journal of Intelligence and Counterintelligence*, Vol.16, No.2(2003), pp.179-201.

6) Justin R. Harber, "Unconventional Spies: The Counterintelligence Threat from Non-State Actors," *International Journal of Intelligence and Counterintelligence*, Vol.22, No.2(2009), pp.222-224.

꾀고 있지만 국가는 이런 정보위협을 차단하고 방지해야 하는 책무를 지니고 있다. 방첩(counterintelligence)은 대내외 정보위협에 대처하는 국가 정보활동의 일종이다. 즉, 방첩은 국가안보를 지키기 위한 특정 유형의 정보활동이다. 하지만 방첩의 정의는 생각보다 훨씬 어렵다. 방첩에 대한 의미는 정보(intelligence)처럼 다수가 수용할 수 있는 합의점이 아직 없다. 방첩의 정의를 내리고자 했던 학자만큼이나 다양한 의미가 부여되고 있기 때문이다. 방첩은 공작활동(covert action)과 다르고, 정보요원에 의해 정보수집활동을 수행하지만 인간정보(HUMINT)와도 다른 특징을 갖고 있다.[7]

　　방첩의 의미를 분석하기 위해 두 가지로 대별하여 분석하려 한다. 하나는 방첩에 관한 미국의 제도화 과정에서 나타나는 규정이다. 미국은 정보활동과 방첩에 관한 법률과 제도를 가장 앞서서 발전시켜 오고 있고, 민주정부로서 관련 자료의 투명성이 비교적 높다. 방첩에 관한 미국 정부의 법과 공식 문건은 방첩의 실제 활동을 제도화함으로써 구체성과 실행성이 명확하게 드러나는 강점이 있다. 또 다른 분석은 정보학 전문가들이 시도했던 정의이다. 학자들은 정부의 조직과 제도의 적용보다 이론적 분석과 설명을 목적으로 삼기 때문에 방첩을 다른 각도에서 이해하는데 도움을 준다. 결국 미국 정부의 방첩제도와 학자들의 정의를 보완적으로 분석함으로써 방첩의 의미를 제시하려고 한다.

1. 미국 국가안보법, 행정명령12333호와 미국의 국가방첩실

　　정보학의 이론적 기반을 제공했던 켄트(Kent)는 정보란 지식, 조직, 활동의 세 가지 요소를 모두 포함한다고 정의하였다.[8] 이를 방첩에 적용한다면 마찬가지로 지식, 조직, 활동의 측면에서 이해할 수 있다. 조직은 당연히 방첩조직을 의미한다. 그렇다면 방첩조직이 담당하는 지식과 활동이 무엇인가를 분석한다면 방첩의 의미를 찾는 실타래처럼 복잡한 미로를 벗어나는 방법이 될 것이다. 하지만 방첩의 지식과 활동은 의미의 범위를 제시하고 있을 뿐, 구체적인 내용을 담고 있지는 못하다. 어떤 지식과 활동인가 하는 문제에 대해서는 정교하게 분석되어야 하는 것이다. 이것이 방첩 정의의 핵

---

7) Mark M. Lowenthal, *Intelligence: From Secrets to Policy*, (CQ Press, 1999), p.203.

8) Sherman Kent, *Strategic Intelligence for American Foreign Policy*, (Princeton University Press, 1949).

심적 요소이기도 하다. 방첩의 지식과 활동은 방첩 목적, 방첩 대상, 방첩활동의 유형을 어떻게 설정할 것인가에 따라 결정된다. 이 세 가지 기준은 국제안보 구조의 변화와 사회발전에 의해 특징이 바뀌고 있다.

우선 방첩과 관련해서 미국 정부의 정의를 살펴보면, 기본적 성격을 유지하면서 활동과 목적이 더욱 구체화되는 변화를 보여주고 있다. 미국 정부는 1947년 국가안보법(National Security Act)을 제정하면서 방첩의 법률적 정의를 처음으로 내렸다. 이 정의는 이후 등장하는 정부의 공식 문건에서 방첩 정의의 기초가 되었다. 미국 국가안보법에 따르면, 방첩은 "외국, 외국정부에 소속된 주체들, 외국조직, 외국인, 혹은 국제 테러리스트의 활동에 의해 혹은 이를 대신해서 수행된 간첩활동, 여타 정보활동, 사보타지, 암살을 방지하기 위해 수집된 정보와 수행되는 활동을 의미"하는 것으로 규정되어 있다. 이와 같은 규정을 근거로 미국 정부는 해외에서 방첩활동을 제도적으로 담당하는 해외정보기구인 CIA를 설치하여 운영하였다. 방첩의 목적은 국가안보라는 포괄적인 내용보다는 구체적인 위협의 범주를 명기하였고, 또한 정보위협에 대처하는 것임을 분명히 하였다. 예컨대 외국의 세력들이 추구하는 '여타의 정보활동'은 사실상 모든 정보활동을 포괄하는 것으로 해석할 수 있다. 사보타지와 암살에 관한 정보만을 의미하지 않음은 분명하다. 그렇다면 여타의 정보활동은 그 범위의 기준을 담고 있지 않기 때문에 국내정보 활동이나 법집행기관의 범죄정보 등과 명확하게 구분을 짓는 것에는 한계가 있다.

국가안보법은 방첩의 의미를 규정하는 시발점으로 받아들여졌고, 레이건 대통령의 행정명령 12333호(Executive Order 12333, United States Intelligence Activities)를 통해 방첩의 의미는 새롭게 발전적으로 규정되었다. 행정명령 12333호의 정의에 따르면, 방첩은 "외국 정부, 조직, 개인 혹은 국제 테러리스트의 활동을 위한 목적이나 이를 대신해서 수행되는 간첩활동, 여타 정보활동, 사보타지, 혹은 암살로부터 보호하기 위해 수집된 정보와 수행되는 활동을 의미한다. 다만 인적, 시설, 문서 혹은 통신보안은 포함되지 않는다고 규정하고 있다(EO12333 1981). 이 정의는 보안(security) 활동을 방첩에 포함하지 않는 것이 특징이고, 방첩 목적은 국가안보법과 동일하게 네 가지로 구분하여 명기했다. 보안은 국내외의 정보위협에 대해 방어적인 대책으로 정보위협 세력의 정보활동을 차단하고 억제하는 여러 조치들이다. 보안 조치는 정보기관을 포함해서 정부의 정보를 다루지 않는 기관들도 담당하는 임무이고, 심지어 민간기업도 보안 조치를 취하고 있다는 점에서 정보기관만의 고유 영역으로 차별하기 어려운 임무이다. 행정명령 12333호에서 보안이 방첩의 의미에서 배제된 이유는 이런 보안 업무의 특성을 반영한 것으로 보인다. 또한 보안으로 규정되는 내용을 배제했던 이유는 관료정치적 조직의 이해관계가 반영된 것으로 해석된다.[9] 방첩활동은 특정 정보기관만이 담당하는 역할이 아니라 정부의 각 부처가 보안을 책임지고 있는 상황에서 정보기관이 다른 정부 부서가 담당하는 업무에 관여하지 못하도록 배제하려는 의도가 반영된 것이다. 하지만 보안과 방첩을 구분하려는 시도는 이후 나타나지 않는다. 즉, 방첩의 의미를 규정하는 미국의 정부 문건과 행정명령에서 보안 활동은 방첩의 영역으로 포함되는 것으로 보인다. 물론 정보기관이 정부의 방첩활동을 총괄하고 조정하는 기능을 부여받은 것은 아니다.

방첩의 대상은 국가, 조직, 개인 그리고 테러리스트로 구분하였다. 핵심적인 요소는 외국이 대상이라는 점이다. 내국인이든 외국인이든 외국 국가 혹은 세력을 위한 정보활동은 방첩의 대상이 된다. 미국 행정명령 12333호에서 규정한 방첩의 의미는 테러공격과 사보타지, 암살 등을 방첩활동의 대상으로 규정함으로써 실질적으로 전통적인 군사작전의 범주에 못 미치는 위협을 포함하였다. 이는 이런 위협을 주도하는 행위자를 적대적인 정보기관으로 제한하지 않음으로써 방첩의 대상이 폭넓게 확장된다. 방첩의 목적은 국가안보법과 같이 크게 두 가지의 위협으로부터 국가안보를 방어하는 것이다. 하나는 정보이고 다른 하나는 물리적 공격행위이다. 전자가 방첩의 독립적인 업무와 특징을 보여주는 것이라면, 후자는 좀 더 애매하고 복잡한 의미를 내포하고 있다. 대테러활동이나 대량살상무기의 확산 방지활동 등은 방첩활동과 중첩되는 기능을 피할 수 없고, 상호의 범위를 규정하는 기준에 따라 방첩활동 여부가 결정될 것이다. 조직의 가외성을 강화하여 정책의 실패와 안보 위협을 차단하기 위한 의도적인 결과일 수 있지만, 방첩의 목적은 애매한 부분이 남아 있다. 행정명령의 규정에서 방첩활동의 유형은 보호하는 것(to protect)으로 언급되었다. 미국의 방첩 규정은 이 단계에서 정보와 여타 위협으로부터 보호하는 방식을 구체적으로 아직 설명하지 않았다.

"미국 정보활동에 관한 대통령명령"은 행정명령 12333호의 공식명칭으로 정보활동의 기본적인 용어와 활동, 조직의 업무와 기능을 규정하였고, 이후 방첩 환경에 따라 수정되어 왔다. 이후 2003년 수정한 행정명령 13284호, 2004년 수정한 행정명령

---

9) Shulsky and Schmitt(2002), p.215.

13355호, 그리고 가장 최근에는 2009년 행정명령 13470호가 수정 발표되었다. 2009년 행정명령 13470호에서 방첩의 의미는 좀 더 구체적인 방첩활동의 유형을 포함하고 있다.[10] 행정명령 13470호에서는 방첩이란 "외국 정부, 조직, 개인, 또는 그 대리인들 그리고 국제 테러조직 혹은 활동을 위한 목적이나 이를 대신해서 수행되는 간첩활동, 여타 정보활동, 사보타지, 암살을 탐지, 기만, 이용, 차단, 방지하기 위해 수집된 정보 혹은 활동"을 의미한다. 자국의 정보와 전쟁의 범주에 있지 않는 물리적 위협으로부터 정보, 시설, 인물 등을 보호하기 위한 활동의 방식이 구체적으로 나열되어 있다.

행정명령이 수정되면서 2009년 행정명령에서는 방첩을 위한 정보수집과 활동을 5가지의 구체적인 유형으로 적시하였다. 즉, 탐지하는 활동(identify), 기만하는 활동 (deceive), 이용하는 활동(exploit), 차단하는 활동(disrupt), 방지하는 활동(protect)으로 구분하였다. 2004년 행정명령 혹은 그 이전 행정명령에서 방첩의 의미 규정과의 차이는 방첩활동의 유형을 계속해서 구체화하고 있다는 점이다. 그 중에서 2004년 행정명령 13355호는 방첩활동으로 4가지 유형으로 탐지, 평가, 무력화, 이용을 구분하였다. 2004년 규정과 2009년 규정을 비교하면, '탐지'와 '이용'은 방첩활동의 유형이 그대로이지만, '평가'와 '무력화'는 '기만(deceive)', '차단(disrupt)', '방지(protect)'로 세분화하여 재정의 되었다. '평가'는 정보활동으로 방첩관련 정보의 분석을 의미하는 가장 기초적인 활동이다. 이 때문에 방첩관련 정보수집을 포함하고 있지 않듯이, 평가라는 방첩 유형은 다른 활동에 모두 연관되어 있는 것으로 보고 구체화된 방첩활동에서 제외시킨 것으로 보인다. '무력화'는 '차단'과 '방지'로 세분화되었고, 아마도 '방지'는 자국의 인적, 시설, 정보, 통신을 보호하는 수동적인 조치를 의미하는 반면에 '차단'은 외국 세력의 정보활동을 단념시키는 적극적인 조치를 의미하는 것으로 해석될 수 있다. '기만'은 공세적인 방첩활동으로 '이용'과 함께 공세적인 방첩을 강조하기 위한 시도로 보인다.

미국 국가방첩실(The Office of National Counterintelligence Executive)은 미국의 방첩업무를 총괄하고 있는 부서로써 방첩에 관한 내용을 제시하고 있다.[11] 국가방첩실

---

10) As defined in Executive Order 12333, Counterintelligence is "information gathered and activities conducted to identify, deceive, exploit, disrupt, or protect against espionage, other intelligence activities, sabotage, or assassinations conducted for or on behalf of foreign powers, organizations, or persons, or their agents, or international terrorist organizations or activities."

11) 미국은 1994년 CIA 요원 에임즈(Ames)와 FBI 요원 한센(Hanssen)의 간첩사건에 따른 대응조

의 방첩업무 규정은 "미국에 대한 외국의 정보위협을 탐지하고 처리하는 업무"라고 정의되어 있다. 그리고 부연 설명에서 "방첩의 핵심적 관심 대상은 외국 정부의 정보기관 그리고 초국가적 테러단체처럼 비국가 행위자의 유사 조직들이다. 방첩은 방어적 임무로 외국의 정보 침투로부터 국가기밀과 자산을 보호하고, 공세적 임무로 외국 정보조직들이 우리의 목표를 쉽게 좌절시키기 위해 계획하고 있는 것을 알아내는 것"이다.[12] 국가방첩실의 방첩 정의는 기본적으로 행정명령 12333호의 내용을 그대로 반영하고 있다. 하지만 중요한 특징은 방첩조직의 임무가 상대 세력의 정보기관 혹은 그와 유사한 조직의 정보활동을 차단하는 것임을 분명히 함으로써 방첩 기능이 다른 정보활동이나 안보활동과 다르다는 점을 명확하게 한 것이다. 국가방첩실의 방첩 정의에서 또 한 가지의 중요한 요소는 방첩활동을 방어적인 요소와 공세적인 요소로 나누어 두 가지의 성격이 다른 유형으로 구분하였다는 점이다.

방첩 규정은 대간첩활동의 의미를 어떻게 규정하는가와 밀접하게 연관되어 있다. 간첩(espionage)이 상대국가의 기밀을 수집하고 주요 인물을 암살하거나 국가 주요시설이 정상적인 기능을 하지 못하도록 파괴하는 활동을 포함한다면, 방첩에 관한 미국 행정명령의 규정은 이를 포함하고 있다는 점에서 일관성을 유지하고 있다. 그럼에도 대간첩활동은 크게 두 가지 점에서 논란이 된다. 하나는 대간첩활동의 의미 규정이다. 방첩을 자국의 정보를 보호하는 방어적 의미와 상대 정보기관의 활동을 실패로 유도하기 위한 적극적인 의미로 구분한다면, 흔히들 적극적인 방첩활동을 대간첩활동으로 규정하기도 한다(자세한 내용은 후술함). 또 다른 문제는 간첩 임무를 정보기관만이 담당하는 것인가 하는 점이다. 여타 다른 안보기관에서 유사한 기능을 수행하는 경우에, 적대적인 정보기관의 활동에 초점을 맞춘 방첩은 이런 위협을 담당하기 어려운 한계에 놓이게 된다.[13] 따라서 조직과 활동의 연관성이 폭넓게 규정될 수 있지만, 정보기관의 방첩활동으로 대간첩활동이 포함되는 것은 당연하다고 볼 수 있다.

치로 방첩조직을 강화하기 위해 국가방첩센터가 설치되었고, 클린턴 대통령은 대통령지침 75호(Presidential Decision Directive 75)를 통해 방첩센터를 국가방첩실(National Counterintelligence Executive)로 확대 개편하여 방첩 기능을 강화하였다.

12) 미국 국가방첩실 홈페이지(http://www.ncix.gov/about/about.php).

13) 미국은 CIA가 해외정보활동과 비밀공작활동을 관장하고 있는 경우이다. 대간첩활동의 임무를 담당하는 부서는 국가마다 정보체계에 의해 다양한 형태로 나타날 수 있을 뿐만 아니라 업무의 분담도 한 가지의 모델로 확정하기는 어렵다.

2. 학자들의 방첩 정의

　방첩을 연구하는 학자나 전문가는 각자가 의미 규정을 시도하였고, 국가와 사회의 정치적, 사회적, 역사적 환경에 따라 다른 시각과 분석이 제시되고 있다. 하지만 본 장에서는 미국과 영국을 중심으로 최근 연구자들이 시도했던 방첩의 의미를 조사 분석하였다. 허먼(Herman)은 국제정치 영역에서 정보학의 개념과 이론의 발전 가능성을 보여주는 연구 성과를 제시하였다. 그는 영국의 정보기관에서 실무에 종사한 경험이 있고, 학문적인 연구 활동을 했던 영국의 학자이다. 허먼은 방첩기능의 특징으로 외국의 간첩 조직을 목표 대상으로 삼고, 인간정보를 관장하는 정보기관이 담당하고 있다고 지적했다. 그러면서 방첩은 "외국 정보활동에 관한 정보이고, 정보요원과 망명자뿐만 아니라 신호정보와 여타 정보원 등 어떤 수단을 이용하여 모든 정보위협에 대해 정보를 획득"하는 것이라고 정의하였다.[14] 허먼의 정의는 방첩의 독립적 기능과 역할을 확실하게 구분함으로써 방첩의 목표를 분명하게 제시했다는 장점이 있다. 결국 모든 정보위협에 대한 정보를 획득하는 업무가 방첩이다. 따라서 안보위협을 사전에 예방하려는 국내정보활동은 어떤 사건이 발생한 이후 기소 목적으로 증거를 수집하는 법집행기관의 활동과 명확하게 구분된다. 결국 방첩부서의 업무 본질은 정보 보호이다. 방첩의 대상은 현존하는 정보위협이나 잠재적인 활동을 모두 포괄하고 있다. '외국 정보활동'은 비국가 행위자, 경제영역에서 활동하는 다국적 기업, 경쟁 관계의 우방 국가 등이 모두 망라될 수 있다. 결국 허먼의 정의에서 방첩활동 대상은 자국에 위협이 되는 모든 외국의 정보활동을 포함하고 있기 때문에 위협의 행위자가 매우 포괄적으로 해석된다.

　테러조직의 위협은 당연히 정보활동 부분에서 방첩이 다루어야 할 영역에 포함된다. 외국의 정보활동은 위협의 범위에 따라 방첩의 대상이 달라질 수 있다. 허먼은 비국가적 행위자의 정보위협은 방첩대상이 되고, 마약과 주요 국제범죄에 의한 정보활동도 방첩대상으로 보았다. 방첩활동의 유형은 방어적 보안, 색출과 무력화, 그리고 기만 등 세 가지 유형으로 구분되었다.[15] 방어적 보안은 수동적이고 방어적 조치이고, 색출과 무력화는 적대세력의 정보활동과 정보위협을 적극적이고 공세적으로 제거하려

---

14) Michael Herman, *Intelligence Power in Peace and War,* (Cambridge University Press, 1996) p.52.
15) Herman(1996), pp.166-170.

는 방첩활동이다. 마지막으로 기만은 적대적인 정보기관을 속이고 혼동을 주어 그들의 의도와 활동을 격퇴하는 것이다.

슐스키와 슈미트는 방첩에 대해 "적대적인 정보기관의 활동으로부터 국가를 보호하기 위해 수집 분석된 정보와 수행되는 활동"이라고 정의하였다.[16] 그러나 이들은 협의적인 정의로 방첩은 적대세력이 자신에게 유리한 지식을 획득하지 못하도록 방지하는 것이라고 규정하였다. 아마도 방첩에 관한 정의 중에 가장 간결하고 명료하다. 허먼의 정의처럼 슐스키와 슈미트는 정보위협을 방지하는 것이라는 방첩의 독립적 영역을 분명하게 제시하였다. 이들의 시각에서도 국가안보와 국익을 저해하는 지식 혹은 정보가 적대 세력의 수중에 들어가지 않도록 하는 임무는 특정 정부의 부서에 국한되지 않는다. 민간기업의 활동이 국가안보 혹은 국익과 관련되어 있다면 방첩은 정부와 기업 모두에게 요구된다.

슐스키와 슈미트는 방첩활동의 대상을 적대세력으로 한정시켰으나 자국에 정보위협을 가하는 모든 행위자를 적대세력으로 규정했다면 의미가 있겠지만, 현실적인 설명으로는 우방이나 협력 국가를 방첩 대상으로 포함하기 어렵게 한다는 점에서는 의미가 한정되었다. 또한 이들의 정의에서는 방첩활동의 유형에 대해 전혀 언급되지 않고 있다. 그러나 이들은 방첩활동의 유형을 자국의 정보를 보호하는 보안과 상대세력 정보기관의 분석과 판단을 조종하기 위한 적극적인 방첩활동으로 구분하여 설명하였다. 슐스키와 슈미트의 방첩 정의가 미국 정부의 문건에 나타난 규정과 다른 점은 사보타지, 암살, 혹은 국제테러리스트의 활동을 포함하고 있지 않다는 것이다. 이것은 두 가지의 의미가 있다. 하나는 사보타지와 암살은 정보활동이 아니라면 방첩 대상에서 배제되는 것이다. 다른 하나는 국제테러리스트의 활동처럼 모호한 의미가 아니라 테러조직의 정보활동만이 방첩 대상이 되는 것이다. 물론 테러리스트의 정보위협과 공격행위 사이의 경계가 현실적으로 명확하게 구분되는 것이 아니지만, 조직과 업무상 구분하거나 모든 테러활동을 테러관련 조직이 담당할 수 있다.

어만(Ehrman)은 새로운 안보환경을 반영하고 정보활동의 범위를 제시하는 방식으로 방첩을 정의하였다. 그는 방첩을 "외국 정부와 세력들(entities)의 정보기관 조직과 활동에 관한 조사이고, 그리고 이를 통해 얻은 지식의 활용"이라고 주장하였다.[17]

---

16) Shulsky and Schmitt(2002), p.99.
17) John Ehrman, "What are We Talking About When We Talk about Counterintelligence," *Studies*

방첩의 대상은 외국 정부와 세력으로서 이와 관련된 관계와 행위자를 모두를 포함한
다. 국가, 조직, 개인으로서 정보위협을 제기하는 경우에 방첩 대상이고, 당연히 민간
기업과 테러리스트 혹은 해커도 포함된다. 어만의 정의는 허먼이나 슐스키와 슈미트
의 주장과 한 가지 다른 특징이 있다. 그것은 자국에 정보위협을 당장 제기하는 대상
이 아니더라도 방첩 목적으로 정보수집의 대상으로 간주되는 것이다. 행위자의 위협
이나 특정한 관계를 구체적인 조건으로 제시하지 않음으로써 방첩활동의 목표물을 선
정하는 업무는 방첩전략의 기본이 될 것이다. 어만 정의의 또 다른 특징으로 방첩은
수집된 정보 혹은 지식만을 의미하는 것이 아니고, 이렇게 수집된 정보를 바탕으로 정
책 혹은 정보활동을 지원해야 한다는 기능을 분명하게 제시하였다. 방첩의 정책적 지
원 기능은 미국 정부의 방첩전략에서 핵심 목표로 제시되고 있지만 학자들의 정의에
서는 다른 기능에 비해 강조되지 않는다.

　　프룬쿤은 방첩의 개념적 정리와 실무적 조치들에 관한 체계적인 조사를 하였다.
그는 미국 정부 혹은 기존의 학자들과 유사한 점이 있지만 방첩 목표와 방첩 대상을
훨씬 구체적으로 정의하였다. 프룬쿤에 의하면, 방첩이란 "적대세력의 침투로부터 기
관을 보호하고, 비밀정보의 의도하지 않은 누설을 방지하며, 간첩활동, 전복, 사보타
지, 테러, 여타 정치적 동기의 폭력으로부터 시설과 대상을 그리고 핵심적인 기술과 장
비의 이전을 안전하게 만드는 것"이라고 하였다.[18] 프룬쿤은 방첩의 실질적인 내용을
구체적으로 제시하려고 노력했다. 허만의 모델을 적용하면, 프룬쿤은 보안 그리고 정
보위협 요소에 대한 색출 및 무력화로 구분하여 방첩활동의 유형을 나누었다. 그리고
방첩활동의 대상은 미국 정부의 공식 규정을 수용하면서 그 바탕위에 '정치적 동기의
폭력'을 추가함으로써 위협의 주체를 외국으로 한정하지 않았다. 이같은 방첩 의미는
크게 두 가지 점에서 활동 영역과 대상의 확장이 이루어진다. 첫째는 '정치적 동기의
폭력'은 정보기관만이 채택하는 활동 수단이 아니라는 점이다. 폭력은 정보기관뿐만
아니라 다른 안보기관들도 의존하기 때문에 그에 따른 위협은 정보위협의 범위를 과
도하게 확장하고 있다. 예컨대, 테러와 대량살상무기의 위협을 차단하기 위한 활동은
방첩과 중첩되는 부분이 지나치게 모호해 진다. 확장의 두 번째 영역은 '외국'이라는
조건을 제시하지 않음으로써 국내정보활동을 상당부분 포함하게 된다. 국내에서 정치

---

in Intelligence, Vol.53, No.2 (June 2009), p.5.
18) Hank Prunckun, *Counterintelligence Theory and Practice,* (Rowman & Littlefield, 2012), p.23.

적 동기로 등장한 조직이나 개인이 자국 정부를 겨냥한 폭력적인 수단의 위협은 방첩의 대상이 된다. 미국 정부 혹은 학자들의 방첩 의미와는 근본적인 차이점이 있다.

프룬쿤은 최근 급부상하고 있는 민간 산업분야가 방첩 대상임을 분명히 하였다. 정보 및 시설에 대한 보안, 직접적인 공격 위협, 산업기술에 대한 보호 등을 포함하고 첨단기술과 장비를 보호하는 임무가 방첩에 포함된다는 점을 명확하게 규정한 것이 특징이다. 핵심적인 기술과 장비의 보호는 경제활동의 영역에 해당하지만 국가이익과 관련된 것으로 전제한다면 최근 안보 영역으로 확장되는 대상이다. 프룬쿤은 대간첩을 "적대세력의 효과적인 정보활동을 색출, 기만 그리고 무력화"하는 것이라고 규정했다.[19] 대간첩활동은 정보원의 연계망을 통해 기밀 정보를 수집하는 스파이 방식으로 이루어진다. 그러나 정보수집의 대상은 상대국가의 정부나 군부대가 아니라 주로 정보기관이다.

지금까지 미국 정부의 공식 규정과 학자들의 연구를 종합하면, 방첩을 규정하는 데 다음과 같은 기준에 따라 그 의미를 구분할 수 있다. 첫째, 방첩활동의 범주를 규정하는 문제이다. 정보활동의 정의에서처럼, 방첩은 특정한 목적을 지닌 정보 수집과 분석만을 의미하는 것인지 아니면 방첩의 목적을 달성하기 위해 수행되는 행위를 포함할 것인가 하는 점이다.[20] 일반적으로 방첩은 방첩 목적을 위해 수집된 정보와 방첩 목적을 달성하기 위한 활동을 포함한다. 방첩활동은 궁극적으로 정책 지원과 다른 정보활동을 지원하는 것이다. 방첩의 규정에서 정책 지원의 목표가 핵심적인 내용이 될 수 없지만, 방첩은 정책과 별개로 정치적 중립성과 객관성만을 강조하는 정보활동의 일종으로 간주될 수 없다. 정보의 정책 효용성이 강조되고 있는 최근의 경향과 마찬가지로 방첩 역시 안보정책과 다른 정보활동을 지원하는 업무는 중요하게 받아들여지고 있다. 미국 정부의 방첩전략은 이 점을 강조함으로써 방첩 조직과 활동의 역할이 정책 지원과 정보활동에 밀접하게 연계되어 있음을 보여주는 기본 방향을 제시하였다. 특히 방첩활동의 범주는 방첩의 기능, 방첩 조직의 특성, 방첩활동의 유형을 평가하는 기본 전제가 된다는 점에서 방첩 정의의 기본적인 항목이 된다.

둘째, 방첩의 목적이다. 정보활동의 목적은 안보위협으로부터 국가의 존립을 보

---

19) Prunckun(2012), p.23.

20) 정보활동의 영역은 일반적으로 공작활동을 포함하고 있지만, 정보를 수집하고 분석하는 정보활동의 본질적인 특성에서 보면 공작활동은 배제되어야 한다는 주장이 있다.

호하는 것이고, 정보활동의 한 영역인 방첩도 그런 기능을 담당한다. 하지만 안보위협의 방식과 특징은 다양하고, 위협의 유형에 따라 이를 담당하는 안보관련 부서들은 기능을 분담하였다. 이런 관점에서 방첩의 대상이 되는 안보위협은 방첩의 목적을 이해하는 핵심 문제이다. 방첩의 목적은 안보위협의 유형을 규정하는 문제이고, 미국 정부의 입장과 학자들의 분석 사이에는 상당한 차이가 있었다. 방첩의 목적을 보는 시각은 크게 두 가지 영역에서 차이가 난다. 정보위협과 폭력적 파괴활동이다. 미국 정부와 학자들의 연구는 공통적으로 정보위협의 차단이 방첩의 목적이라고 지적했다. 미국 정부는 정보위협의 범주에 간첩활동과 여타의 정보활동을 포함시켰다. 결국은 방첩은 자국의 안보와 국익을 침해하는 정보위협을 차단하고 예방하는 것이다. 학자들은 적대 세력의 정보활동과 정보위협을 방첩대상으로 삼았다는 점에서 미국 정부와 차이가 없지만, 정보 보호의 대상으로 국가뿐만 아니라 국익관련 민간기업을 포함하는 경향이 있다.

미국 정부와 연구자의 시각 차이는 폭력적 파괴활동과 관련해서 나타난다. 미국 정부는 암살과 사보타지 방지를 방첩의 목적으로 규정하였다. 이 두 가지의 공격행위는 군사작전의 범주에 미치지 못하지만 방첩의 목적을 크게 확대하고 있다. 즉 방첩활동은 국가안보의 위협으로 간주되는 사람의 안위와 시설의 보호를 포함하는 것을 의미한다. 미국 정부는 간첩활동의 차단과 억제를 방첩의 목적이라고 규정했기 때문에, 정보수집만을 목적으로 하는 것이 아니고 파괴활동을 수행하는 간첩활동까지를 방첩의 의미로 확장하였다. 방첩 의미와 관련해서 가장 애매한 부분의 하나이다. 정보위협에 대처하려는 정보활동은 방첩의 목적을 명확하고 분명한 독립적인 영역으로 제시되고 있지만, 파괴적 공격은 다른 안보기관이나 치안기관과의 활동 목적이 중첩되고, 테러 혹은 국제범죄와 같은 새로운 유형의 위협을 추가로 반영해야 하는 문제가 있다.

셋째, 방첩의 대상이다. 방첩의 대상이 되는 안보위협의 행위자를 설정하는 문제이다. 정보위협은 국가, 단체 혹은 개인 차원에서 제기될 수 있기 때문에 방첩활동은 다양한 행위자들을 대상으로 정보탐지와 침투공작을 시도한다. 방첩의 대상을 규정하는 가장 중요한 조건은 '외국'의 이익을 위한 활동이다. 그것은 외국의 정보요원에서부터 외국 세력을 위해 활동하는 자국민을 포함한다. 외국의 제한적 요건은 적대관계에 여전히 초점을 둘 것인지 아니면 우호관계에 있는 대상을 포괄할 것인지 하는 것이다. 국제안보구조의 변화에 따라 국가안보의 개념이 확장되었고, 방첩의 의미도 이를 반영하려고 한다. 그래서 '적대세력'이니 '적대적인' 관계의 제한보다는 '외국의'라는 규정이 일반화되었다. 외국의 세력에 유리한 정보활동을 전개할 행위자는 상대국가의 정보기관이나 안보관련 시설을 목표로 삼겠지만, 민간기업이나 경제활동을 통해 상대방 정보기관의 조직과 활동을 파악하려는 시도가 있을 수 있다. 국가안보의 개념 확대는 국가의 경제 경쟁력을 상위 순위에 자리매김하도록 했다. 군사안보의 위협이 줄어들면서 경제적 이익이 강조되었다. 그리고 국가안보와 이익을 위협하는 행위자는 국가뿐만 아니라 초국가적 행위자로 확대되었고, 적대세력에 국한된 것이 아니라 우방국가로부터 제기되는 다양한 위협도 무시할 수 없게 되었다.

방첩의 대상과 관련해서 또 다른 판단 기준은 외국 세력의 범위를 설정하는 것이다. 안보위협과 정보위협은 정보기관만이 할 수 있는 것이 아니기 때문에 정보기관 혹은 정보담당 유사 기관의 정보위협은 당연히 방첩의 대상이 된다. 그러나 방첩을 담당하는 부서가 정보기관만의 기능이 아니기 때문에 적대세력의 정보부서가 아닌 조직과 세력에 의한 정보위협은 어떤 부서가 다룰 것인가 하는 문제가 있다. 예컨대, 첨단 기술 정보와 민간기업의 정보를 보호하는 임무는 민간 분야와 정부의 활동이 중첩된다. 국가 정보기관의 일방적인 방첩이 적용되기 어려운 영역이다.[21] 미국 정부는 국가안보법과 행정명령에서 정보위협을 가하는 모든 대상을 방첩활동의 영역으로 간주하였다. 그러나 국가방첩실의 최근 정의에서는 정보위협의 주된 행위자인 상대 세력의 정보기관에 비중을 두고 있다. 적대관계 혹은 경쟁관계 있는 세력의 정보기관의 조직과 활동을 파악하고 자국의 기밀 정보를 보호하는 것이다. 학자들의 시작은 강조점에서 다소의 차이가 있는데, 허만과 프룬쿤은 정보위협을 강조하고 있고 슐스키와 슈미트 그리고 어먼은 정보기관의 정보위협에 비중을 두고 설명하였다.

요약하면, 미국 정부의 방첩 규정은 큰 틀에서 일관성을 유지하고 있지만, 연구자들의 시각은 미국 정부의 입장과 다르고 연구자마다의 입장도 상이하다. 이를 바탕으로 미국 정부와 연구자들이 내린 방첩 의미에서 공통의 요소를 선택한 규정은 포괄적인 수준에 머무르게 되고, 반대로 모든 요소를 포함하는 규정은 세부적이고 구체적인

---

21) 사이버 위협을 두고 미국과 중국의 갈등은 미국의 기업과 산업 활동에 대한 중국의 사이버 스파이 활동(cyber espionage)이 원인이다. 미국은 과학기술과 기업경영 정보 등의 유출로 막대한 경제적 손실을 부담하고 있지만, 미국 정보기관이 민간기업들의 방첩 업무를 주도하거나 통제하기 어렵다. 미국 의회가 추진 중인 '사이버 정보 공유 및 보호 법안(Cyber Intelligence Sharing and Protection Act)'은 민간기업의 정보를 정부가 활용하는 문제로 방첩의 영역에 대한 새로운 선례가 될 수 있다.

의미를 갖는다. 따라서 방첩의 의미를 광의적 정의와 협의적 정의로 구분하여 내린다면, 우선 광의적 정의는 외국 세력이 제기하는 정보위협과 전쟁이 아닌 폭력적 공격에 대응하는 일체의 정보활동과 지식이다. 협의적 방첩의 정의는 적대적인 정보기관 혹은 유사 조직에 관한 조직과 활동을 조사하는 것이다. 이 두 가지의 정의를 종합하면, 방첩이란 '외국 세력을 위해 국가안보와 국익에 손상을 줄 수 있는 정보위협에 관한 정보이고 이를 위한 활동'이다. 이 정의는 방첩이 국가안보와 국익을 보호하기 위해 정보위협을 방어하는 것이라는 고유의 영역과 기능을 제시하는 것이다. 그렇지만 민간 영역과 개인 차원에서 발생하는 정보침해와 정보위반은 방첩 대상이 아니고, 치안부서와 국내정보 기관의 포괄적인 역할과도 구분이 된다. 다만 방첩, 국내정보활동, 치안정보를 담당하는 조직과 제도가 국가마다 상이하고 안보위협의 요인이 다양한 환경에서 국가의 방첩 업무는 구체화된 다른 모습으로 나타날 수 있다.

한국에서는 방첩개념을 다음과 같이 규정한다. 방첩업무규정(대통령령제23780호, 시행 2012.05.14) 제2조(정의)에서는 "'방첩'이란 국가안보와 국익에 반하는 외국의 정보활동을 찾아내고 그 정보활동을 견제·차단하기 위하여 하는 정보의 수집·작성 및 배포 등을 포함한 모든 대응활동"이라고 규정한다.

제2절 방첩의 기능

방첩은 정보위협에 관한 정보이고 이와 관련된 활동이라면, 두 가지 측면에서 방첩의 기능을 구분하여 설명할 수 있다. 하나는 방첩의 기능을 방첩의 활동 측면에서 분류하는 것이다. 방첩활동은 방첩 정의에서 살펴본 미국 정부와 연구자의 분류를 종합하여 살펴보았다. 방첩활동을 구체적인 방식으로 구분함으로써 방첩 기능을 정교하게 이해할 수 있다. 방첩 기능의 또 다른 기준은 방첩의 목적에 따른 구분이다. 방첩의 목적을 구체적으로 제시함으로써 정보위협의 대응이 현실화되는 특징을 이해할 수 있다.

1. 방첩활동과 방첩의 기능

우선 방첩의 기능을 방첩활동의 유형에 따라 분류한다면, 방어형 방첩과 공세형 방첩으로 분류할 수 있다. 방첩활동을 두 가지 유형으로 구분하려는 시도는 정보위협을 억제하거나 적극적으로 차단하려는 행위로 일반적인 분류방식이다. 이런 방첩활동의 유형은 방첩 의미를 정교화하면서 활동과 기능을 연관하여 발전시킬 수 있다. 미국 정부는 방첩의 의미 규정을 제시하면서 방첩활동의 구체적인 내용을 발전시키고 있다. 아래 [그림 1-1]에서 볼 수 있는 것처럼, 국가안보법에서는 정보위협을 포함해서 간첩활동, 사보타지, 암살을 방지하는 방첩활동을 강조하였다. 국가안보법과 행정명령 12333호는 방첩의 기능으로 정보위협와 시설 및 주요 인사에 대한 파괴적 공격으로부터 정보와 시설 및 주요 인사를 보호하는 것이라고 규정했다. 그러나 2009년 행정명령 13470호에서 방첩의 기능은 구체적인 방첩활동으로 탐지, 기만, 이용, 차단, 방지 등 5가지를 언급하였다. 이런 경향은 미국 방첩활동을 총괄하는 국가방첩실(NCIX)이 조직의 활동을 설명하면서 유사한 기능을 제시하고 있다는 점에서도 드러난다. 방첩 기관은 정보, 시설 및 대상을 보호하기 위한 활동을 통해 상호 다른 기능을 수행한다.

[그림 1-1]에서 방첩의 활동은 보호활동으로 규정했다. 1981년 행정명령 12333호도 보호활동만을 명기하였다. 하지만 2005년 국가방첩실을 설치하여 방첩 기능을 총괄하도록 하면서 조직의 기능은 네 가지의 방첩활동으로 세분화하여 규정되었다. 그 이후 행정명령에서 다섯 가지로 더욱 구체화되었고, 국가방첩실의 기능 설명에서 활동의 방식이 새로운 용어로 설명되었다. 행정명령의 규정이 방첩활동의 구체적인 형태를 다른 특징에 따라 나누었다면, 국가방첩실의 규정은 정보활동의 단계에 따른 구

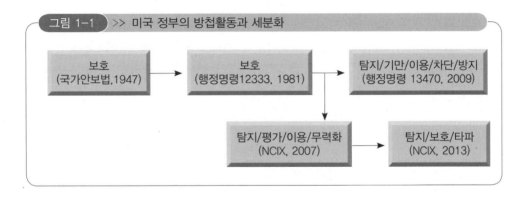

그림 1-1 >> 미국 정부의 방첩활동과 세분화

분이라는 차이점이 있다. 즉, 탐지는 정보수집, 평가는 정보분석, 이용은 방어적 정보
활용이고, 최종적으로 무력화는 방첩정보의 공세적 활용을 의미하는 것으로 해석할
수 있다.

구체화된 방첩활동은 기능면에서 다른 효과를 목표로 삼고 있다. 이런 방첩활동
과 그 활동의 기능을 연결한 분석은 프룬쿤이 시도하였다. 프룬쿤은 방첩활동과 연
관될 수 있는 방첩의 기능으로 억제기능(deterrence), 감지기능(detection), 기만기능
(deception), 무력화기능(neutralization)으로 나누었다. 다양한 방첩활동들은 이런 네 가
지 기능을 수행하기 위한 일종의 수단을 의미하는 것이다.[22]

① 억제기능은 상대세력이 정보에 대한 접근을 방지하는 역량을 가리키는 것으
로, 정보 침투를 단념하도록 하거나 첩보 수집 활동을 부정하도록 유도하는 것이다. 억
제기능은 상대방의 정보기관에게 엄청난 피해를 입힐 수 있는 역량을 갖추어야 하고,
상대 정보기관이 이를 인식하고 믿어야 한다. 억제기능은 시설, 정보, 인적, 통신 보안
을 통해 기본적인 환경을 조성해야 한다. 보안조치로 억제기능을 완벽하게 실현하기
어렵지만, 방첩의 핵심 요소이다.

② 감지기능은 정보위협 활동이 일어나거나 일어날 개연성을 알려주는 징후를 간
파하는 역량이다. 우려되는 징후, 관련된 인사, 이들 인사가 활동하는 조직, 이 인사들
의 소재지 등을 파악하는 일이다. 가장 일반적인 사례는 기밀 정보가 상대방 정보기관
에 유출되거나 기밀 정보의 불법적인 노출 등을 찾아내는 것이다. 정보 유출과 노출이
일어날 경우에 외부 침투자 혹은 간첩의 신원을 탐지해야 하고, 이들과 연계되어 있는
정보조직을 파악하는 임무는 감지기능에서 긴요하다. 정보위협의 배후세력인 조직을
알아내는 일은 피해를 최소화하고 감지와 증거 확보에 도움이 된다. 침투자를 탐지하
고 감지하는 기능은 상대 정보기관의 정보위협을 억제하는 효과로 이어진다. 정보조
직 내의 내부 간첩 용의자를 탐지하고 보안의 허점을 감지하는데 망명자들의 정보가
기여한 사례가 많다. 예컨대, CIA 정보요원으로 20여 년간 소련과 러시아에 기밀을 넘
겨주었던 에임즈(Ames) 사건 역시 러시아의 망명자가 제공한 정보를 통해 밝혀질 수
있었다.

---

22) 프룬쿤은 방첩 이론을 구축하려는 시도로 방첩활동에 따라 구분되는 방첩의 기능을 '방첩의 원칙
(principles of counterintelligence)'으로 설명하였다. 하지만 프룬쿤이 제시한 '방첩의 원칙'은 방첩
활동의 기능을 의미하는 것으로 보아도 무방하다(Prunckun 2012, pp.42-46).

③ 기만기능은 상대방 정책담당자들이 반대편 정보기관의 활동, 역량과 의도를 오인하도록 유도하는 것을 의미한다. 결과적으로 상대방의 안보정책과 주요 국가정책이 의도하는 목적을 달성하지 못하게 하면서 동시에 자국이 유리한 위치를 점할 수 있도록 한다. 상대국가 정책의 실패를 유도함으로써 상대국가 혹은 세력은 상황 판단 오류, 자원의 허비, 조직의 혼란 등에 직면한다. 방첩 공작 활동을 통해 달성되는 방첩 기능으로써 크게 세 가지 방식이 있다. 상대 정보기관의 정보요원 포섭, 이중간첩 그리고 정보요원 및 간첩을 색출하여 감시하는 방식이다.[23] 이중간첩이나 간첩 역이용 등은 상대방 정책담당자들의 인식을 교란시키기 위해 사용되는 고전적인 방첩 수단이다. 이중간첩은 상대방의 정보기관에 침투하여 이들 조직과 정보요원을 파악하고, 상대방 정보조직의 정보활동, 우선순위, 의도를 파악함으로써 방첩 역량을 향상시킬 수 있고 자국의 안보정책에 기여할 수 있다.[24]

④ 무력화기능은 상대방의 정보수집 활동을 차단하는 것이다. 일반적으로 "타파(defeat)" 개념으로 설명되는 기능으로써 상대방의 정보기관을 와해, 실패, 제거 혹은 초토화시키는 것이다. 무력화의 방첩 기능은 상대방 정보기관을 파괴하거나 마비시켜 정보활동을 추진하려는 의지를 꺾고 내부적으로 신뢰성을 상실하게 하여 정보활동의 목적을 달성할 수 없도록 한다. 예컨대, 간첩으로 체포하여 정보활동을 원천적으로 차단할 수 있고, 의심이 가는 용의자를 활동이 어렵도록 격리하거나 고립된 활동 영역으로 분리하는 조치들이 이에 해당한다. 무력화기능을 수행하는 방식으로 파괴는 마비에 비해 훨씬 근원적이고 장기적으로 상대방의 정보기관 활동을 차단하는 것이다. 반면에 마비는 지휘 통제의 긴요한 과정이 일시적으로 중단되거나 협조와 상호 접촉이 일시적으로 차단되는 결과를 낳는다.

방첩의 기능은 크게 방어형 방첩과 공세형 방첩으로 구분할 수 있다.[25] 방어형 방첩은 정보위협으로부터 수동적이고 소극적인 정보보호 활동이다. 외국의 주체가 자신에게 유리한 정보를 수집하려고 시도하더라도 실패하거나, 정보 접근을 어렵게 하는

---

23) Ehrman(2009), pp.15-16.
24) Shulsky and Schmitt(2002), pp.110-112.
25) ONCIX(2009), Pruckun(2012), Sims(2009, 157-158), Shulsky and Schmitt(2002) 등은 방첩을 이분화하여 방어적인 방식과 공세적인 방식으로 나누어 특징을 설명하였다. 물론 슐스키와 쉬미트는 방어적 방첩과 공세적 방첩이라는 용어를 사용하지 않았지만, 전반적인 내용은 이 두 가지 유형으로 구분하는 방식으로 분류하여 설명했다는 점에서 이런 접근방식의 특징을 보여주었다. Van Cleave(2007)은 적극적(positive) 혹은 공세적(offensive) 방첩의 용어를 혼용하여 사용하였다.

것이며, 나아가서는 사전에 정보 수집을 단념하도록 하는 것이다. 방어형 방첩은 위에서 설명한 네 가지의 방첩 기능 중에서 억제기능(deterrence)과 감지기능(detection)이 대표적이다. 인적보안, 시설보안, 정보보안, 통신보안 등이 억제기능의 방첩활동이고, 감지기능은 외국의 정보위협에 관한 첩보를 수집하고 분석하여, 이를 바탕으로 경보를 내리는 것이다. 경보(warning)는 정보 기능에만 유일하게 존재하고, 안보정책결정 과정에서 나타나는 독특한 요소이다.[26] 공세형 방첩은 무력화기능(neutralization)과 기만기능(deception)으로 나눌 수 있다. 공세형은 미국 국가안보법에서 규정되었던 것처럼 방첩을 위해 수행되는 적극적 활동(activities conducted to protect)에 해당한다. 다만 방첩을 위한 활동과 공작은 방첩조직에 국한해서 추진되는 것은 아니다. 사법기관에 의한 간첩 체포는 정보위협을 차단했고, 동시에 외국의 정보위협을 무력화하려는 방첩 기능이 성취된 것이기도 하다.[27]

아래 [그림 1-2]는 방첩의 근본적인 성격에 따라 방첩의 기능을 분류하였고, 다시 방첩의 기능에 따라 방첩활동을 구분한 것이다. 방첩의 근본적인 성격을 방어형과 공세형으로 구분하여 분류한 것이다.[28] 감지기능은 공세적 성격과 방어적 성격을 모두

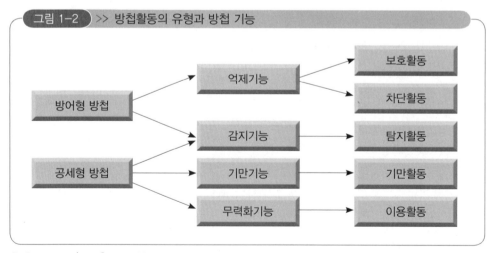

그림 1-2 >> 방첩활동의 유형과 방첩 기능

출처: Herman(1996), pp.166-172

---

26) Van Cleave(2007), p.6.

27) Van Cleave(2007), p.8.

28) 허먼은 정보보안과 관련해서 3가지 유형으로 구분하여 수동적(passive) 방첩, 적극적인(active) 방첩, 기만(deception) 방첩으로 나누었다(Herman 1996, 166-172). 수동적 방첩은 방어적 방첩과 동

지니고 있다. 예컨대, 상대방 정보요원을 포섭하여 정책결정자들이 오판하도록 왜곡, 날조 혹은 과장된 정보를 흘려보낼 경우에는 공세형 방첩이 되겠지만, 이들을 이용하여 자국의 정보기관에 침투해 있는 첩자를 색출했다면 이는 방어형 방첩으로 간주된다. 또한 엄밀히 따지면 방첩의 기능들이 상호 중첩되고 긴밀하게 연계되어 되기 때문에, 다른 기능과 완전히 독립적인 영역이라고 단정하기 어렵다. 4가지의 방첩 기능은 5가지의 방첩활동으로 나타나게 된다.

방첩활동의 근본적인 성격은 방첩 조직의 특성에 따라 다르게 나타나는 경향이 있다. 국방 분야를 제외하고 방첩 기능을 담당하는 정보조직을 크게 세 가지 유형으로 나눈다면, 해외방첩조직, 국내방첩조직 그리고 이 두 기능을 통합한 조직이다.[29] 해외방첩조직은 대체로 공세형 방첩 기능을 맡고, 국내방첩조직은 방어형 방첩 기능에 역점을 둔다고 할 수 있다. 활동하는 지리적 공간의 제약이나 정보조직의 활동에 대한 법률 통제 등으로 국내방첩조직이 해외방첩조직에 비해 공세적 방첩 전략을 채택하기 어렵다. 통합형 방첩조직은 공세형과 방어형 방첩 기능을 동일 조직에서 담당하기 때문에 캐나다와 뉴질랜드처럼 제한된 재원으로 효율적인 방첩 기능을 수행할 수 있는 장점이 있지만, 반대로 중국과 구소련처럼 국내정치적 목적으로 억압과 탄압하는 조직으로 이용될 수 있다. 미국은 9·11테러 이후 정보보호의 중요성과 정보기관들의 정보공유를 강화하는 차원에서 국가방첩실을 설치하였고, 2005년 국가방첩전략을 처음으로 발표하였다. 국가방첩전략은 정보위협을 탐지하려는 방어적인 전략에서 선제적이고 공세적인 방첩전략을 추구하려는 의지를 담고 있다.[30] 심즈(Sims)는 방첩을 이분법적 분류로 방어적 방첩과 공세적 방첩으로 나누었고, 이들 방첩활동은 각각 소극적 방식(passive forms)과 적극적 방식(active forms)으로 다시 구분하였다.[31] 소극적 방식

일한 의미이고, 적극적 방첩은 적대세력의 공세적 정보위협을 제거하는 기능이며, 기만은 적대세력의 정보기관을 속이고 혼동을 주어 타파하는 기능이다. 방첩의 유형과 방첩의 기능을 하나의 기준으로 결합해 놓은 방식이다.

29) Ehrman(2009), p.8. 최근 미국의 사례에서 볼 수 있듯이, 국가안보국(NSA)은 국방정보와 밀접한 업무를 담당하면서 국내정보활동에도 관여하고 있음이 드러남으로써 단순히 세 가지 유형으로 구분하는데 한계가 있다. 다만 정보기관의 조직 성격에 따른 일반적인 분류와 그에 따른 특성을 제시하고자 했다.

30) Office of the National Counterintelligence Executive, *The National Counterintelligence Strategy of the United States*(March 2005).

31) Jennifer Sims, "Defending Adaptive Realism: Intelligence Theory Comes of Age," in Peter Gill, Stephen Marrin and Mark Phythian. eds., *Intelligence Theory: Key Questions and Debates*

은 기밀시스템 개발, 관리자 배치, 출입통제실 활용 등을 포함한다. 반면에 적극적 방식은 외국 간첩을 미행하거나 적대적인 정보기관의 활동을 드러내도록 유인하는 활동이 대표적이다.

2. 방첩 목적과 방첩의 기능

(1) 국가안보 정책과 정보활동을 지원하는 기능

각 국가는 외국 정보기관의 활동, 테러, 여타 초국가적 행위자들이 자신들의 군사, 외교, 경제적 우위를 점하기 위해 구사하는 다양한 방식과 시도에 대해 국내외에서 대처해야 한다. 방첩활동은 정보활동과 마찬가지로 국가안보의 수단이고, 국가안보를 향상시키는데 기여해야 한다. 외국 혹은 외국의 특정 세력에 의한 정보위협은 국가안보를 지키고 국익을 확보하려는 주요 정책의 성과를 감소시키는 요인이 된다. 자신의 정책과 전략의 효과를 극대화하기 위해서는 상대방의 정책 의지와 역량을 정확하게 파악하고 있다면 상대적 우위를 차지하는 것이 확실하다.[32] 따라서 방첩의 정책지원 기능은 자국의 안보와 국익에 가해지는 위협에 관한 정보를 획득하여 이를 방지할 수 있는 안보, 외교 및 국내 정책을 마련하고 전략 선택을 지원하는 것이다. 이를 위해 방첩은 외견상 분리되어 있던 요소들을 연결하고, 감추어진 관계들을 조명해 주며, 과거에 전혀 관찰되지 않았던 행위들의 패턴을 이해하도록 돕는다. 방첩은 다양한 영역의 국가 정책들 사이에 통일성을 높이고, 효과적인 방첩과 보안은 정책의 효율성, 전투 혹은 공작활동의 효과, 외교정책의 성과창출의 핵심 요소가 된다.[33] 국제안보환경의 변화로 과거와는 전혀 다른 방식과 행위자들이 정보위협의 대상으로 부상하였다. 국가행위자에 기초한 전통적인 안보 도전이 중요하지만, 국제안보에 대한 가장 심각한 위협은 초국가적인 현상(transnational phenomena)과 산업영역의 중요성 증대, 사이버 공간에서 심각하게 대두되고 있다.[34] 기밀을 획득하고 정보활동의 구조를 파악하려는 초국

(Routledge, 2009), pp.157-158.

32) William J. Lahneman, "The Need for a New Intelligence Paradigm," *International Journal of Intelligence and Counterintelligence*, Vol.23, No.2(2011), pp.201-203.

33) ONCIX, *The National Counterintelligence Strategy of the United States*(March 2005), p.7.

34) Robert J. Bunker, ed. *Non-State Threats and Future Wars,* (Frank Cass, 2003); Robert Mandel, *Dark Logic: Transnational Criminal Tactics and Global Security,* (Stanford University Press,

가적 행위자들과 외국 정부의 시도는 전통적인 군사안보 영역을 넘어서서 광범위하게 이루어지고 있다.[35] 많은 이런 개인과 조직이 비전통적인 방식으로 정보위협을 가하는 상황 하에서 방첩의 역할은 냉전시기의 방첩과는 전혀 다른 대상과 위협 요소들에 대처해야 하는 임무가 되고 있다. 방첩 부서는 정보기관의 기본적인 활동처럼 방첩 관련 정보를 수집하고 분석하여 정보생산물(intelligence product)을 만들어 정책담당자에게 제공해야 한다.

(2) 보안과 간첩 용의자 탐지

방첩 전략은 자국의 안보 및 국익과 관련된 정보에 대해 외부 세력이 접근하지 못하도록 보호하는 내부 안전장치와 같은 것이다. 보안은 방어적이고, 수동적인 방첩 기능이다. 상대 세력이 자국의 주요 기밀을 획득하려고 시도하려는 의지를 약화시키고, 이를 시도하려는 환경을 억제함으로써 정보위협을 견제하고 차단할 수 있다. 보안은 인원, 시설, 통신, 정보 영역에서 국가기밀이 유출되지 않도록 사전에 예방하는 조치들이다. 예컨대, 인원보안은 신원조회, 거짓말탐지기 조사, 도박이나 주식 혹은 가정불화 등 정보요원의 문제점을 파악하는 사생활 징후조사, 정보접근의 비밀등급제도 등을 실시하여 정보가 누설되지 않도록 한다. 우리나라가 2012년 제정한 방첩업무 규정(대통령령 23780호) 제7~9조는 인원보안을 적시한 대표적인 사례이다. 정보기관 등의 구성원에 대해 국가안보와 국익에 관련한 국가정책, 국가기밀 혹은 산업기술이 유출되지 않도록 주의해야하는 의무를 규정하고 있다. 방첩활동의 목적으로 보안은 정보활동 중에서 정보기관을 포함해서 가장 많은 정부 기관들이 관여하고 책임을 지는 업무이다. 하지만 방첩 기능을 총괄하고 정책과 전략을 조정하고 기획하는 기능은 정보기관의 고유 영역이다.

2011).

35) 초국가적 범죄는 테러만큼 가시성(visibility)이 높지 않지만, 금전적 이익을 위해 활동하는 심각한 위협으로 인식되고 있고, 핵확산, 치명적인 생화학 물질의 발전, 불법 무기의 거래, 기온 변화, AIDS/HIV과 같은 질병의 확산은 정보활동의 대상이 되겠지만, 방첩활동의 목표와 대상으로 포함하기에는 방첩의 고유 영역 차원에서 보면 무리가 있다.

(3) 외국 정보기관을 조사하는 기능

정보위협의 주요 행위자는 외국의 정보기관 혹은 외국 세력들의 유사 정보기관들이다. 이들의 조직, 활동 역량, 의도, 목표 등을 파악하고 조사하는 일은 정보위협을 방지하는 가장 근간이 되는 기능이고 안보정책과 정보 전략의 기초 자료가 된다. 상대 세력의 정보기관이 갖고 있는 정보가 무엇이고, 정보활동을 어떤 방식으로 수행하는지, 어떤 정보를 얻으려고 하는지를 안다면 자국은 안보 및 외교 정책을 통해 대비할 수 있다.[36] 안보정책의 취약점을 감추고 상대방의 행위에 영향력을 높이기 위한 조치는 자국의 의도와 전략 목표에 따라 상대방 정책결정자들의 인식에 영향을 미치도록 하는 것이다. 상대방 정보기관은 자신들의 역량과 의도에 관해 기만하는 활동을 통해 현실에 대한 왜곡된 인식을 갖게 한다. 이들 정보기관에 대한 정보활동의 결과물은 방첩 기관이 제공할 수 있는 핵심적인 내용이고, 여타 정보에 대한 신뢰성을 높이는 방법이다. 또한 상대방 정보기관의 조직과 활동, 전략 등을 파악함으로써 다른 정보활동을 지원하고 기여하는 것이다. 상대 세력의 정보기관을 조사하려는 공세적인 방첩은 외국 정보기관의 활동을 파악하고 무력화하기 위한 정보 수집 등의 활동을 의미하는 것이라면, 이를 위한 방첩활동의 방식은 직접 침투하거나 내부 정보제공자를 활용하는 것이다.[37] 간첩을 침투시키거나 조직 내부 구성원을 포섭하면 기밀정보에 접근을 시도할 수 있으며 내부자를 이용하는 방식은 포섭하거나 망명자들을 조사하는 것이다. 적대세력의 정보기관에서 활동했던 요원의 망명은 현재 자국 내에서 활동하고 있는 조직망과 간첩 용의자들을 파악하는데 매우 유용한 정보를 제공받을 수 있다. 물론 망명자는 이중간첩이나 기만전략의 목적으로 정보를 제공할 수 있기 때문에 정보의 신뢰성에 항상 주의가 필요하고 신중한 접근이 요구된다. 그럼에도 불구하고, 자발적인 망명자 혹은 포섭한 내부 첩자는 방첩 전략의 핵심적인 활동임에 분명하다.

(4) 사이버영역에서 정보위협을 탐지하는 기능

정보통신의 발전과 기술혁신으로 사이버영역을 통해 국가의 주요 기간시설이 운용되고 국가의 통제와 지휘체계가 인터넷 환경에 절대적으로 의존하는 상황이 되었

---

36) Mark Lowenthal, *Intelligence: From Secrets to Policy,* (CQ Press, 1999).

37) Jeffrey T. Richelson, *The US Intelligence Community*, 5th ed. (Westview, 2008), p.395.

다. 사이버 공간은 여러 층위(layers)의 활동과 연계되어 있다. 경제적으로는 정보층위는 경제적 이득의 특징을 갖고 있지만, 정치적으로 사이버 공간은 주권적 통제가 필요하다.[38] 사이버 공간은 국가안보 차원에서 보호되어야 할 정도로 중대한 정보가 유통되고 있고, 정보가 보관되고 있으며, 정보가 상호 공유되고 있다. 사이버 스파이와 같은 사이버 위협은 다양한 공격 주체에 의해 저렴한 비용으로 쉽게 수행될 수 있지만, 이를 방어하는 대응책은 기술적으로 어렵고 많은 비용이 요구된다.[39] 사이버 공간에서 등장하는 정보위협은 사이버범죄, 사이버테러, 사이버무기에 의한 공격, 해킹 등 다양한 방식과 행위자가 주도하고 있다. 따라서 컴퓨터 네트워크에서 이루어지는 정보위협에 대한 방첩의 중요성이 증대하고 있다. 정부가 직접 관리하는 기간시설과 민간이 운영하는 국가기간시설 그리고 주요 연구소와 방위산업체는 컴퓨터 네트워크에 의존하고 있기 때문에, 국가의 신뢰성과 사회의 안전성을 확보하기 위해서는 사이버영역의 보호가 정부의 주요 방첩 기능으로 자리 잡고 있다. 다만 사이버영역을 보호하는 역할은 방첩 기구만으로는 충분하지 못하고 법집행기관과 민간기업 등이 협력하여 공조하는 시스템으로 정보위협에 대응해야 한다.

(5) 산업 활동과 과학기술을 보호 및 감시하는 기능

현대는 산업기술 및 민간기업 활동이 기업의 경영실적과 경쟁력에 기여하는 요소로만 국한되는 시기가 아니다. 전략 정보와 기술은 국가안보의 요소로 오랫동안 인식되어 왔고, 이를 관리하고 보호하는 업무는 원칙적으로 민간기업이나 연구소가 주도적으로 해왔지만, 정부 역시 이런 정보와 기술을 보호하는데 일정 역할을 담당하고 있다. 방첩이 그런 기능에 해당한다. 군사안보가 가장 우선순위를 차지했던 냉전시대가 끝나고 나서, 스파이 전쟁은 산업분야로 이동하고 있다. 러시아와 동유럽 국가들은 기

---

38) Joseph S. Nye, Jr. "Power and National Security in Cyberspace?" in Kristin M. Lord, et. al., eds., *America's Cyber Future: Security and Prosperity in the Information Age*, Vol.II, (Center for a New America Security, 2011).

39) 미국 경제는 사이버 해킹으로 연간 3000억 달러 정도의 손실을 입고 있고, 중국은 지난 수년간 천문학적인 비용에 해당하는 미국의 최첨단 무기 기술을 해킹을 통해 절취한 것으로 평가된다. Ellen Nakashima, "Confidential Report Lists U.S. Weapons System Designs Compromised by Chinese Cyberspies," The *Washington Post*(May 28, 2013); *A Report of the Commission on the Theft of American Intellectual Property*(May 2013).

술과 기업 정보를 얻기 위해 방향을 전환하였다.[40] 이념대결의 세력구도가 사라지면서 인적, 물적 교류가 크게 신장되는 세계화의 여파는 방첩의 비중을 더욱 높였다. 사람들이 국가 간 교류와 이동을 자유롭게 할 수 있게 됨으로써 산업과 기술 정보를 불법적으로 획득하려고 시도할 수 있는 인적 유형이 다양해졌다. 그 만큼 방첩 조직은 해외 유입 인력들의 국내 정보위협 행위에 대처해야 한다. 경쟁관계에 있는 기업들의 국가와 적대세력들은 상대방의 첨단기술과 기업의 경영전략에 관한 정보를 획득하려고 한다. 비록 민간기업이나 연구소에서 개발되는 기술이나 지식이더라도, 국가의 국방이나 안보 전략적 우위를 유지토록 하는 중요한 요인이 된다. 일부 기업들은 해당국가의 정보기관이 제공하는 정보를 바탕으로 기술 경쟁력의 우위를 차지하고 있다. 즉, 첨단과학과 산업기술은 무기개발과 안보분야에 응용되기 때문에 국가의 안보와 직결되는 문제이고, 이 때문에 많은 국가의 정보기관들은 기술관련 기밀 정보를 획득하기 위해 체계적으로 노력하고 있다. 이것은 군사력과 관련되어 있는 것만은 아니다. 수출과 산업 활동을 통해 국제통상의 경쟁력을 높임으로써 국가의 경제력을 강화하고 국가의 부를 축적하는 국가의 산업 전략이 되고 있다. 한국의 비약적인 경제발전 이면에는 과학과 기술에 대한 국가 차원에서 추진한 정보수집 활동이 크게 기여했다는 주장이 있을 정도이다.[41]

제3절 방첩대상의 변화

1. 방첩의 대상

방첩이 "외국 세력을 위해 국가안보와 국익에 손상을 줄 수 있는 정보위협에 관한 정보이고 이를 위한 활동"이라고 규정된다면, 방첩의 대상은 적대적인 관계에 있는

---

40) Jeffrey W. Wright, "Intelligence and Economic Security," *International Journal of Intelligence and Counterintelligence*, Vol.5, No.2 (1991), pp.214-216.

41) Edwin S. Cochran, "South Korea's Intelligence Targets U.S. Technology," *International Journal of Intelligence and Counterintelligence*, Vol.16, No.2 (2003), pp.179-181.

모든 행위자를 포함하는 것이다. 적대적이란 지속적인 국가 간의 관계를 의미하는 것이 아니라, 특정한 이슈 혹은 영역에서 상호의 이익이 충돌하여 자신의 이익을 극대화하려는 동기가 있는 행위자들 사이의 관계를 의미한다. 그것은 군사적, 외교적, 경제적인 영역에서 나타날 수 있다. 방첩의 대상을 평가하기 위해서는 정보위협을 제기하는 행위자를 구분하는 것이 있을 수 있고, 다른 한 가지는 정보위협이 제기되는 영역에서 분류할 수 있다. 아래 [표 1-1]은 정보위협 행위자와 영역에 따라 방첩 대상의 유형을 구분해 놓은 것이다. 정보위협의 행위자는 크게 국가 행위자와 초국가적 행위자로 대별할 수 있다. 초국가적 행위자는 테러조직, 조직범죄, 민간기업, 혹은 해커 등 개인이 해당한다. 정보위협의 영역은 전통적인 영역과 새롭게 부상하는 비전통적 영역이 있다. 전통적인 영역은 군사위협과 무력공격의 위협으로 인명 살상의 피해와 영토에 대한 공격이 특징을 이룬다. 반면에 비전통적 영역은 인명 피해를 초래하는 공격은 아니지만 국가이익의 중대한 침해와 손실을 야기할 수 있는 분야이다. 냉전시기에 그 비중이 전통적 안보위협에 비해 높지 않았지만, 새로운 국제안보환경에서는 비전통적인 안보위협의 중요성이 강조되고 있다.

표 1-1 >> 정보위협의 행위자와 영역에 따른 방첩 대상 분류			
정보위협의 행위자	정보위협의 영역	정보위협의 영역	
		전통적 영역	비전통적 영역
정보위협의 행위자	국가 행위자	군사안보	산업보안, 사이버안보
	초국가적 행위자	테러보안	산업보안, 사이버안보

[표 1-1]에서 비전통적 영역에서 방첩 대상은 산업보안과 사이버안보를 각각 국가 행위자와 초국가적 행위자에 의거해 나누었다. 하지만 비전통적 영역의 특징에는 국가 행위자와 초국가적 행위자가 모두 활동하고 있다. 예컨대 산업보안은 국가만이 상대국가 혹은 기업의 기밀을 빼내려고 하는 것이 아니다. 민간기업에서도 경쟁 기업이나 해당 국가의 국가 정책과 관련 기술을 획득하기 위해 노력한다. 사이버안보도 마찬가지로 국가와 초국가적 행위자가 사이버 공간에서 체계적으로 공개출처 정보를 획득하기 위해 노력하고 있다.[42] 중요한 특징은 비전통적 영역에서 방첩 대상은 국가 행

---

42) 미국은 이미 1940년대에 CIA 국장이 80%의 정보가 공개출처정보라고 지적했을 정도로 그 중요성

위자와 초국가적 행위자들이 구분 없이 산업활동과 사이버 공간에서 정보위협을 실행하고 있는 혼재된 상태라는 것이다. 상황에 따라서는 방첩 대상들이 상호 공조하여 정보수집 활동을 전개할 수 있다. 또한 과거에 심각성이 높지 않았던 영역에서 방첩활동의 비중은 증대하고 있다.

방첩 대상은 정보위협의 행위자와 위협의 영역에서 변화하고 있다. 이런 방첩 대상의 변화는 확대와 중첩성으로 설명할 수 있다. 다시 말해서, 방첩 대상의 확대는 과거에 비해 방첩 대상이 되는 행위자가 다양하게 확대되었다는 의미이고, 방첩 대상의 중첩성은 방첩 대상의 활동과 특징이 과거에는 비교적 구분이 분명했던 서로 다른 영역에 속했지만, 이제는 상호 밀접하게 연관성을 갖는 위협으로 인식되면서 대상 행위자의 구분과 경계가 애매해진 것을 의미한다. 우선, 방첩 대상의 확대에 대해 논의하면, 방첩대상의 확대는 두 가지의 중요한 특징을 내포하고 있다. 첫째, 전통적으로 정보위협의 주체가 국가였고 당연히 적대 국가의 정보기관이 주로 방첩의 대상이었지만, 새로운 안보환경에서는 초국가적 행위자에 의한 정보위협을 방어하려는 방첩이 크게 강화되고 있다는 것이다. 초강대국에 의해 세력이 양분되어 세력군을 형성하고, 이 세력군이 상호 대립하는 안보구조에서 국가 행위자는 안보 위협과 대응에 가장 중추적인 기능과 역할을 담당하였다. 군사안보의 위협이 상존하고 적대 국가의 분명한 설정이 가능했기 때문에, 국가 간 통제와 협력체제는 초국가적 행위자들의 활동 범위를 축소시켰다. 설령 초국가적 행위자로 테러리스트의 위협이 특정 국가 내에서 심각한 위협이 되었지만, 국제안보질서의 구조에서 중요한 행위자로 부상하지는 못했다. 또한 서로 다른 목적과 조직 형태를 갖춘 초국가적 행위자들이 상호 연대하여 활동하는 경우도, 국가의 절대적인 통제 때문에 국가에 버금가도록 활성화될 여지가 높지 않았다. 하지만 소련의 해체와 동유럽 사회주의 국가들의 체제 전환은 공고하게 여겨졌던 초강대국의 양극체제가 소멸되는 결과이기도 했다. 군사안보의 중요성이 줄어들면서 정보위협을 시도하는 행위자들은 국가에서 초국가 행위자로 확대되었다. 테러조직,

---

을 강조하였다(Richelson 2008, 318). 이를 반영하여 미국에서 CIA는 공개출처정보센터(OSC, Open Source Center)를, 국무부는 공개출처국(Open Source Agency)를 두고 공개된 자료를 광범위하게 수집하고 있다. Roger Z. George, "Meeting 21st Century Transnational Challenge: Building a Global Intelligence Paradigm," *Studies in Intelligence*, Vol.51, No.3 (2008): Robert D. Steele. "Open Source Intelligence," in L. Johnson and J. Wirtz, eds., *Intelligence and National Security,* (Oxford University Press, 2008), pp.145-146.

국제범죄조직, 민간기업 등 다양한 행위자들은 국가를 상대로 정보를 획득하여 자신
들의 목표를 달성하려는 유리한 전략적 환경을 마련하려고 노력하고 있다.

둘째는 적대국가에 대한 방첩활동이 비적대국가로 확대되었다. 이념과 군사적 적
대적 관계에 있는 국가의 정보기관 외에 비록 우방이지만 비군사적 영역에서 이해가
상충하는 국가의 정보기관이 방첩 대상으로서의 비중이 증대하였다. 냉전시대에는 군
사적 경쟁과 이념 대결로 군사안보구조가 가장 영향력이 높았다. 각 국가는 적대국가
의 무기, 군사전력, 군사작전의 특징 등에 관한 정보를 얻기 위해 기술정보(TECHINT)
와 인간정보(HUMINT)를 집중하였다. 특히 기술정보는 상대국가의 군사력, 군사활동,
전력구조를 파악하는데 매우 효과적인 정보수집 수단이었다. 그러나 세력군의 군사적
경쟁구도가 사라지고 군사적 적대관계를 명확히 하는 초강대국이 없는 상황에서 대부
분의 국가들도 이런 안보의 긴장 상태에 있지 않다. 홀트는 정보위협의 주체로 정보기
관을 크게 세 가지로 구분하였다. 즉, 적대관계의 국가, 우방관계의 국가 그리고 이 두
관계의 사이에 존재하는 것으로 정부 간은 우호관계를 유지하지만 정보기관은 반드시
우호관계를 구축하지 못한 경우이다. 세 번째 유형의 관계에는 이스라엘, 한국, 파키스
탄, 타이완 등이 사례가 된다.[43] 따라서 정보위협은 군사안보뿐만 아니라 국가이익과
국가 주요 정책까지를 포함하도록 범위가 확대되었다. 국가이익은 군사안보를 넘어서
서 산업활동, 첨단기술, 혹은 국가의 대내외 정책으로 나타나고 있기 때문에, 이에 관
한 정보를 수집하려는 시도는 반드시 국가 행위자만의 관심이 아니다. 군사안보의 명
확한 대립구도가 사라진 상황이고 국가이익의 범위가 확대된 국제환경에서 우호관계
의 국가도 비군사 영역에서 경쟁관계에 있게 되었다. '적대적' 혹은 '경쟁적'이라는 국
가 간 관계를 규정하는 용어는 항상 분명하고 불변적인 사이에 사용되는 것이 아니라
특정한 이슈에서 자국의 국익과 충돌이 되는 상대국가에 가변적으로 적용될 수 있다.
따라서 냉전시기에 우호관계에 있고 심지어 동맹이었던 국가들이 산업과 통상 영역에
서 경쟁하고 상대국에 비교 우위를 점하기 위해 기밀 정보를 획득하여 대내외 정책에
활용하려고 적극 시도한다.

---

43) 홀트의 주장은 지속적이고 고정된 특성이라기보다는 특정한 정권 혹은 시기에 나타나는 현상이라
고 볼 수 있다(Holt 1995, 127). 이란의 핵시설 폭격을 둘러싼 미국과 이스라엘 정보기관 사이의 갈
등, 알카에다 소탕을 두고 미국과 파키스탄의 정보기관 사이에 깊은 불신이 쌓여 있다. 한국과 미국
의 관계에서도 과거 권위주의 시기에 중앙정부부가 한국에 대한 미국의 정책에 영향을 미치기 위한
공작활동으로 불편한 상황이 조성되었다.

비적대국가의 정보위협이 심각하게 받아들여지는 또 다른 이유는 정보위협의 수
단과 환경이 다양화되었다는 점이다. 정보통신 혁명으로 인해 사이버 공간은 정보의
유통과 국가의 정책 혹은 산업 시스템이 작동하는 수단이 되었다. 사이버 공간에서 정
부, 단체 혹은 개인들은 자유롭게 정보를 제공하고 있기 때문에, 누구든지 자신들의 의
도와 목적에 따라 이런 정보를 활용할 수 있다. 따라서 사이버 공간의 정보는 진실과
사실만을 전달하고 있지 않고, 누구나 거짓 혹은 왜곡된 정보를 이용해서 상대국가의
정책에 영향을 미치려는 시도가 가능한 공간이 되었다. 사이버안보(cybersecurity)는 정
보 위협보다는 훨씬 광의적인 의미를 내포하지만, 사이버 공간에서 제기되는 정보위
협을 차단하고 정보를 보호하기 위해서는 초국가적 행위자들의 위협적 행동에 대처해
야 한다.[44] 또 하나는 초국가적 행위자들 간 협력을 통해 상호의 이익을 증대시키려는
시도이다. 핵테러는 테러와 조직폭력의 연계로 현실화의 가능성이 높아졌다. 다량의
핵물질을 보유하고 있는 러시아에서 핵물질의 불법 유통은 현지의 조직폭력에 의해
이루어질 가능성이 높고, 테러조직은 러시아의 조직폭력을 통해 핵물질을 손에 넣으
려는 시도가 가능해졌다. 또한 테러조직은 사이버 범죄조직을 통해 사이버무기를 구
매하거나 사이버 공격을 대신하도록 비용을 지불하는 거래를 할 수도 있다.

방첩 대상의 확대 이외에 또 다른 특징으로 방첩 대상은 중첩성이 심화되고 있다.
방첩 대상의 중첩성은 정부 차원의 정보위협에 대한 정보기관의 역할이 확장되면서
다른 요소들과의 경계가 모호해지고 있음을 의미한다. 방첩 대상의 중첩성은 크게 세
가지의 특징으로 정보위협에 대응하는 정부 방첩조직이 공조해야 하는 중첩성, 정보
위협에 대한 정부와 민간기업의 대응 중첩성, 그리고 정보위협과 다른 안보위협의 중
첩성으로 나타나고 있다. 첫째, 특징의 중첩성은 방첩 업무를 담당하는 정부 조직에서
나타난다. 즉, 정보기관과 법집행기관의 활동은 상호 의존성이 강화되고 있다. 과거에
는 방첩 업무는 정보기관이 주로 담당하였다. 물론 보안 기능은 정부의 각 부서가 일
정 독립적인 역할을 하였다고 하지만, 공세적 방첩을 포함해서 방첩 정책의 목표, 전략
및 활동에 대한 종합적인 조정과 협력을 정보기관이 관장하였다. 범죄와 치안 문제가
안보 위협과 구분이 모호하고 초국가적 행위자의 활동이 중요해진 여건에서 법집행기
관은 과거에 비해 훨씬 적극적이고 확대된 업무를 분담하는 추세이다. 그러나 방첩은

---

44) 사이버안보는 국가마다 의미가 다를 수 있다. 예컨대, 미국에서는 의사소통의 네트워크를 보호하는
   조치로 의미된다면, 중국은 인터넷의 내용을 관리하고 감독하는 것으로 여긴다(Segal 2012, 15).

조직의 측면에서 보면 정보활동이 주된 임무인 정보기관 내의 한 부서에 부여되는 기능과 임무이다. 다만 정보활동의 대상이 되는 지역과 기능에 따라 해외방첩, 국내방첩 혹은 군방첩으로 대별할 수 있다. 이는 해외정보, 국내정보, 군정보 조직으로 구분하고 있는 것과 마찬가지이고, 방첩의 기능 역시 이들 정보조직의 기능에 포함되어 있지만 국내 방첩활동은 국내정보를 전담하는 조직이 관장하는 경우가 일반적이다.[45] 미국처럼 법집행과 국내방첩 기능을 FBI가 모두 갖고 있는 경우가 있기는 하지만, 실제로 미국의 주경찰이나 지방경찰은 방첩 기능을 담당하는 부서를 별도로 설치하고 있지 않다.

둘째, 특징의 중첩성은 정부 방첩과 민간기업의 보안이 밀접하게 연계되고 있다. 첨단 과학기술과 산업정보는 기업의 수익과 경쟁력 차원에 머무르지 않고 있다. 많은 기술은 무기개발 기술로 전환이 가능하고 군 전력을 향상시키고 전력구조를 바꾸는데 결정적인 요인이 된다. 또한 국가 산업정책은 국부의 근간이 되고 있다는 점에서 민간기업의 책임으로만 남겨둘 수 없다. 따라서 정부는 민간기업의 정보를 보호하는 보안에 대한 경계와 협력 체제를 유지하려고 시도하고 있고, 더욱 공세적인 정보수집 활동을 통해 정부는 기업을 지원하려고 한다. 일본정부가 국제시장에서 일본 기업의 경쟁력 우위를 위해 정보를 제공하는 것으로 널리 알려져 있다.[46] 과거에 비해 민간기업과 정부는 외국의 정보위협에 공동으로 대처해야 할 정도로 심각성이 높아지고 있다. 하지만 민간기업이 정부와 방첩활동을 위한 정보 협력을 적극적으로 받아들임으로써 제도화가 이루어질지는 미지수다. 미국은 2012년 사이버안보를 위해 미국 기업들이 정부에 정보를 제공하도록 의무화하는 법안을 마련하였으나 기업과 의회의 반대로 입법화에 실패하였다. 기업은 기업 기밀의 노출에 대한 부담이 있고 정부의 통제에 대한 우려 때문에 사이버 위협에 효과적으로 대처하기 위한 미국 정부의 시도에 호응하지 않았다. 다른 한편, 사생활 침해에 대한 우려는 국내에서 방첩 목적의 정보수집을 반대하고 비판하는 주된 요인이다.

---

45) Peter Chalk and William Rosenau. *Confronting the 'Enemy Within': Security Intelligence, the Police and Counterintelligence in Four Democracies,* (Rand, 2004). 국내정보(domestic intelligence)는 방첩보다 훨씬 포괄적인 의미를 지니고 있지만, 범죄정보가 아닌 국내정보 혹은 방첩기능을 법집행기관이 전담하는 경우는 흔한 사례가 아니다. 하지만 테러 위협의 증대로 선진국가들은 법집행기관의 국내정보활동을 확대하고 있다.

46) Wright(1991), p.211.

셋째, 중첩성의 특징은 방첩의 주요 대상이 되는 정보위협과 다른 유형의 안보위협이 상호 연계되어 있다는 것이다. 테러, 대량살상무기, 국제범죄 등은 세계화의 부정적인 측면으로 국경선을 넘어서 손쉽게 확산되고 초국가 행위자들의 연계도 훨씬 용이해졌다. 이들은 자신들의 불법적 활동을 효과적으로 추진하기 위해 관련 국가의 정부를 상대로 정보 접근권을 확보하려고 시도한다. 결과적으로 단순 범죄 정보가 아니라 안보정보, 치안정보, 정보위협이 혼재하는 상황이 발생하고 있다. 정보기관의 방첩활동은 다른 안보 혹은 치안기관의 정보활동과 명확하게 분리되기 어려운 애매한 부분들이 중첩해서 나타나고 있다. 테러 혹은 대량살상무기는 그 자체로 안보위협의 심각성과 여파가 광범위하게 나타나고 있기 때문에, 이를 담당하는 독립적인 안보부서가 있다. 그럼에도 불구하고, 이들 안보위협을 실행하는 행위자들은 자신들의 전략적 효과를 극대화하기 위해 기밀을 절취하고 왜곡, 과장, 기만하는 전략을 병행하여 실행에 옮긴다. 초국가적 행위자들과 단체들은 적대적인 정부를 공격하거나 자신들의 활동을 보호하기 위해 상대정부의 정보 혹은 안보기관에 침투하여 정보 접근을 확대하려고 한다. 예컨대, 테러단체는 조직을 보호하고 테러 공격목표의 대응 능력을 떨어뜨리기 위해 미국과 공조하는 국가들을 통해 미국의 전략을 파악하려는 정보수집에 관심을 갖고 있다. 반면에 미국은 이런 국제정보공조로 인해 정보유출을 심각하게 우려하고 있고, 대테러 전략과 활동에 관한 정보 보안에 주의하고 있다.[47] 초국가적 행위자들의 위협은 과거처럼 기술정보와 자국의 해외정보 활동만으로 탐지하고 억제하는 것이 국가 행위자에 비해 훨씬 어렵기 때문에, 해당 국가의 정보기관과 협력이 필요하다. 결국 전통적인 안보위협, 치안위협 그리고 정보위협의 중첩성으로 효과적인 방첩은 이슈에 따라 국가간 정보협력의 필요성을 절실하게 요구하고 있다.

2. 방첩 전략의 변화

지금까지 방첩의 의미, 기능 그리고 대상은 어떤 특징을 갖고 있고, 그런 개념과 요소들이 발전하고 변화하고 있는 과정을 이해하려고 하였다. 특히 방첩의 기능과 대상은 새로운 안보환경의 등장으로 과거와 전혀 다른 변화를 경험하고 있다. 이런 커다

---

47) Derek S. Reveron, "Old Allies, New Friends: Intelligence-Sharing in the War on Terror," *Orbis*, Vol.50, issue 3(Summer 2006), pp.464-467.

란 변화가 일어나게 되는 배경에는 세계화, 정보화, 그리고 미소 양극체제의 붕괴 등이 주된 요인으로 작용하였다.[48] 대표적인 사례가 안보와 치안을 위협하는 행위자와 수단이 바뀌었고, 전통적인 안보와 새로운 안보 위협에 대한 비중에 변화가 생기고 상호 혼재하여 나타나고 있다. 과거와 같은 방첩 전략을 통해서는 안보와 국익을 수호하기 위한 대내외 정책이 효과를 거두는데 한계가 있을 수밖에 없다. 정보위협의 원인이 되는 국제안보 구조가 바뀌면서, 방첩 전략은 이에 대응하기 위해 변화하지 않을 수 없다. 비록 각 국가는 대내외의 환경에 따라 방첩 전략의 기조와 목표의 우선순위가 동일하지 않겠지만, 안보환경의 근본적인 변화를 반영할 수밖에 없다. 안보와 치안의 불분명한 경계, 초국가적 행위자의 부상, 안보위협 요소의 확대, 컴퓨터 네트워크의 발전, 위협의 선제적 예방 필요성 등 위협의 성격이 바뀜으로써 이를 방지하려는 전략이 새로운 모습으로 나타나고 있다. 방첩 전략의 변화는 방첩 전략의 공세적 특징 강화, 사이버 공간의 방첩활동 강화, 방첩담당 부서의 공조체제 강화, 정부와 민간 영역의 협력체제 강화 등으로 요약될 수 있다.

첫째, 방첩 전략의 공세적 성격이 강화되고 있다. 방첩 전략은 국가 정보 전략의 성공을 위한 기반을 제공해야 한다. 이를 위해서 적극적으로 정보위협 세력의 정보역량을 약화시키고 자국의 정보역량을 강화시켜야 하는 필요성이 크게 높아졌다.[49] 상대방의 정보조직과 정보활동을 파악하고 이를 저지할 수 있다면, 자국의 정보 보호뿐만 아니라 외교정책과 국내외 안보정책의 효과를 높일 수 있다. 이와는 반대로 상대방은 대내외 정책과 전략이 차질을 빚을 것이다. 방첩의 정책적 지원과 정보활동의 보완기능을 높이기 위해서는 공세적 방첩이 필수적이다. 전통적인 안보전략은 무력 공격에 대해 응징과 보복을 공언함으로써 안보위협을 사전에 단념시키려는 억지전략에 기반을 두었다. 하지만 초국가적 행위자들에게는 보복을 통한 억지전략이 효과를 발휘하기 어려운 근본적인 한계가 있다. 보복에 따른 비용을 심각하게 받아들이지 않고, 보복 수단을 쉽게 적용하기 어려운 애매한 안보위협의 유형이 다양화되었으며, 저비용으로 누구나 안보위협을 제기할 수 있는 수단과 환경이 조성됨으로써 잠재적 도전세력에 대한 억지전략은 효과를 거두기 어렵다. 이 때문에 정보위협을 차단하기 위한 공

48) 방첩활동의 변화를 설명하는 원인에 대한 분석은 국내 학계에서도 비교적 충실하게 이루어졌다(전웅(2009); 허태회(2011); 송은희(2012)). 이들 연구의 대부분은 국제안보환경의 변화로 인해 방첩의 유형과 성격이 바뀌고 있음을 강조하고 있다.
49) Sims(2009), p.157.

세적인 전략 마련이 요구되고 있는 것이다. 또한 방어적 방첩의 성과를 높이기 위한 효과적인 방법은 공세적 방첩의 역량을 높이는 것이기도 하다. 예컨대, 적대적인 정보기관의 조직과 역량을 정확하게 파악하고 있지 못한다면, 정보위협의 방식, 수단, 시점 등을 탐지하고 색출하는 것이 훨씬 어려워질 것이다. 물론 공세적 방첩 전략이 성공을 거두기 위해서는 방어적 방첩이 충분히 효과를 거두어야 한다. 아래 [표 1-2]는 국가 방첩 전략의 유형과 그에 따른 구체적인 방첩활동을 분류한 것이다. 방어적 방첩은 여전히 중요하고 정부의 방첩 전략의 기본을 이루고 있지만, 안보위협의 특성상 정보위협을 사전에 예방하기 위한 적극적인 조치들이 강구되고 있다. 예컨대, 산업기술 정보를 획득하려는 민간기업들과 상대국가들의 조직과 활동 방식을 사전에 파악함으로써 효과적으로 정보를 보호할 수 있는 것이다.

표 1-2 ≫ 방첩 전략의 유형과 활동 방식

방첩 전략의 유형		방첩활동의 기본 방향	방첩활동의 구체적인 방식
방첩 전략	방어적 방첩	보안과 수동적인 방첩활동	시설/인원/정보/통신 보안 사이버 위협의 차단 산업정보 보호 테러조직의 정보접근 탐지
	공세적 방첩	적극적인 방첩활동	상대 정보기관에 침투 사이버 공격에 대한 대응 첨단기술과 기업 활동 수집 테러조직과 활동에 대한 대응

둘째, 사이버 공간의 방첩활동 강화이다. 사이버 공간에서 방첩을 사이버 방첩이라고 한다면, 그 전략적 중요성이 계속해서 증대하고 있다. 적대세력의 사이버 공격은 정보획득(information), 정부의 신뢰성 약화와 전복(subversion) 그리고 파괴(sabotage)를 목표로 이루어진다. 엄밀한 의미에서 보면, 방첩은 사이버 공간에서 정보획득과 정부 전복을 노리는 정보위협 그리고 정보시스템을 파괴하려는 사이버 공격을 방어하고 억제하기 위해 수집된 정보이고, 이를 위한 활동이라 할 수 있다. 사이버 공간에서 정보위협은 인터넷 전산망에 침투하여 기밀을 절취하는 것으로 국가기밀, 산업정보 등 국가이익과 직결되어 있는 정보이다. 사이버 보안은 사이버 방첩의 핵심적인 기능이다. 정보를 훔치려는 국가들의 목표가 동일하지는 않지만, 국가안보와 국익 침해에 직

결되어 있다. 예컨대 미국의 방첩 부서는 적대 국가들이 사이버 공격을 통해 무기와 군사력관련 기술을 훔치려는데 관심이 높고, 비적대 국가들은 산업기밀이나 과학기술을 획득하려고 시도하려는 경향이 있다고 평가하였다.[50] 국가안보의 범주가 단순히 군사시설이나 군사관련 정보만을 의미하는 것이 아니라 국가 기간시설에 관한 정보도 추후 사이버 공격의 목표물이 된다는 점에서 사이버 공간에서 정보위협의 심각성이 급격하게 증대하고 있다. 여타 국가들도 컴퓨터 네트워크 의존성이 증대하면서 유사한 정보위협을 받을 것으로 보인다.

하지만 사이버 방첩과 사이버테러 대응 조직을 분리하는 경우가 일반적인 추세이다. 사이버 공격으로부터 기밀 유출을 방지하고, 사이버 보안을 책임지며, 사이버 공격 이후의 대응을 주도하는 부서가 사이버테러에 대응하는 별도의 조직으로 설치되어 있다. 컴퓨터 해킹에 의한 사이버 공격을 막기 위한 사이버 전략과 조직은 방첩 조직과 별개로 독립적으로 구성되어 추진된다.[51] 이럴 경우에, 사이버 방첩은 기밀에 불법적으로 접근하고, 파괴하며, 국가와 사회 불안을 조성하기 위해 사이버 공간을 이용하려는 적대적인 조직의 구성, 활동, 역량을 파악하는 업무를 관장하는 것이다. 결국 사이버 안보의 중요성이 확대되면서 사이버 보안은 사이버 전담 부서가 맡고 사이버 방첩은 적대적인 상대방의 정보기관이나 사이버 조직에 관한 정보를 수집하는 정보기관의 역할로 나눌 수 있다. 그러나 사이버 보안과 사이버 방첩을 엄격하게 구분하고 담당하는 조직이 분리되는 경우에 사이버 보안은 상대적으로 강조되는 경향이 있다. 왜냐하면 사이버 무기와 공격은 저비용과 은폐의 용이성 등으로 일사분란하게 통제하는 중앙 조직과의 통일된 전략이 요구되지 않기 때문이다. 하지만 잠재적인 모든 위협 세력을 파악하는 것은 근본적으로 불가능하지만, 사이버 공격을 담당하는 정부 조직과 활동 등에 관한 정보를 사전에 수집하는 사이버 방첩은 사이버 전략을 마련하는데 요구되는 요건이다.

사이버 방첩에서 중요한 부분은 인터넷에서 유통되는 정보가 정부와 사회를 혼란

---

50) Office of the National Counterintelligence Executive, *Foreign Spies Stealing US Economic Secrets in Cyberspace*(October 2011), pp.6-8.

51) 2008년부터 2012년 사이 5년간 한국은 7만 3천여 건의 사이버 공격을 받은 것으로 추정되고, 사이버 공격의 목적은 정보 절취, 정보 훼손과 정보시스템 마비 등으로 파악되고 있다(중앙일보, 2013/03/21). 한국 정부는 사이버 공격에 대처하려는 정부 차원의 부처로 국정원의 '국가사이버안전센터', 국방부의 '사이버사령부', 경찰청의 '사이버테러대응센터', 민간영역에 대해서는 '한국인터넷진흥원(KISA)'이 담당하는 조직을 갖추고 있다.

시킬 수 있다는 점이다. 인터넷은 이념과 정치적 목적으로 정보를 공급하고 지지자를 확보하려는 수단으로 활성화되어 왔다. 대표적인 사례로 테러조직은 진화하여 전통적 방식처럼 위계적 구조를 갖추고 있지 않다. 테러조직들이 연계성을 보여주는 경우도 있지만 독립적이고 자율적인 형태를 유지하며 자신들의 목표를 추구하고 있다. 테러조직은 인터넷을 통해 자신들의 주장과 목표를 알리고, 테러 공격을 선동하는 내용뿐만 아니라 테러 공격의 수단을 준비하는 과정과 방법까지도 공개하고 있다. 테러에 동조하는 개인은 누구든지 테러에 참여할 수 있게 된다. 또 다른 사례는 이념적 대결이 지속되고 있는 한반도에서 쉽게 찾을 수 있다. 인터넷은 한국 정부의 정체성과 정책을 비난하고 부정하려는 정보를 손쉽게 접할 수 있는 수단이다. 사이버 방첩은 사이버 공간에서 왜곡된 정보와 부정확한 내용을 통해 사회 혼란과 국가의 주요 정책이 불필요한 비용과 혼란을 낳지 않도록 대응하는 업무이기도 하다. 그러나 사이버 공간에서의 방첩활동은 개인의 헌법적 권리와 충돌할 수 있다. 국내 방첩활동은 대체로 법에 의해 엄격하게 제한되겠지만, 미국에서 볼 수 있듯이 감청과 인터넷 감시의 범위가 항상 논쟁을 일으키고 있다.[52] 사이버 방첩은 방첩 전략처럼 상대 세력의 정보조직과 정보활동에 관한 정보를 획득하려는 공작활동의 필요성이 있다. 미국, 중국, 러시아, 북한, 이스라엘 등이 사이버 무기를 개발하여 공격용으로 시도하고 있는 것처럼 방첩 목적으로 사이버 공작을 시도하는 것이 가능하다. 정보기관 내의 인터넷 시스템은 외부와 차단되어 있기 때문에 외부에서 침투하기 어렵지만, 내부 정보원을 포섭한다면 사이버 방첩의 공작활동이 가능하다.

셋째, 비군사 영역에서 정보기관은 정보보호를 강화하고 있다. 국제안보 구조가 바뀜으로써 영토와 주권에 대한 위협은 크게 줄었지만, 국가이익의 범위가 확대되면서 위협의 대상도 다양화되었다. 민간기업의 경쟁력 약화는 국력 약화와 나아가서 군사안보의 열세와도 직결될 수 있다는 점에서 정보기관은 산업기술과 민간기업의 정보보호를 위한 방첩활동의 전략적 비중을 높이고 있다.[53] 민간 분야에서 산업기술을 발

---

52) 사이버 방첩 혹은 넓은 의미에서 국내정보활동은 민주주의의 핵심적 가치인 인권과 사생활 침해의 위험성이 있기 때문에, 방첩과 개인의 헌법적 권리가 어떻게 균형을 이루도록 할 것인가가 중요한 과제이다(Holt(1995); Shulsky and Schmitt(2002); Sims(2009)).

53) 미국은 2013년 국가정보평가보고서(NIE)에서 지난 5년간 중국이 미국의 에너지, 금융, 정보통신기술, 항공 및 자동차 분야에서 첨단기술을 해킹하려는 가장 위협적인 국가라고 지목했다. 경제적 손실은 수백 억 달러에 이를 것으로 추정되었다. Ellen Nakashima, "U.S. Said to Be Target of Massive Cyberespionage Campaign," *The Washington Post*(February 11, 2013).

전시키는 기업이나 과학기술을 연구하는 연구기관은 설령 개별 기업과 연구소의 경제적 이득을 목적으로 활동한다고 하더라도 많은 경우 국가의 지원을 받거나 정책적 목적을 위해 개발 프로젝트를 추진하는 경우가 많다. 그러나 민간기업의 활동에 대한 정보기관의 관여는 일반적으로 장벽이 높았다. 이들 사기업은 기업의 경영 기밀이 노출되기 때문에 정부의 통제를 달갑게 여기지 않고 민관 방첩 공조를 항상 반기는 것이 아니다. 사기업의 입장에서 보면 정보보안의 실패는 기업의 신뢰도에 악영향을 미치고, 반대로 정부의 방첩활동에 적극적으로 협력할 경우에도 기업 기밀의 유출 가능성이 있다. 그러나 정부와 민간 분야의 정보협력은 국가 기간시설을 담당하고 있는 기업을 보호해야 하는 당면한 과제에서 최우선적으로 고려되고 있다. 전력, 식수공급, 철도, 비행기 등 국가 기간시설들은 과거에는 물리적 공격으로부터 보호가 필요했지만, 지금은 컴퓨터 네트워크로 연결된 통제시스템이 사이버 무기를 이용한 공격의 목표물이 될 경우 시설의 파괴까지도 가능해 졌다. 민간 분야의 정보보호는 정보 보안의 기능으로 방어적인 방첩활동에 집중되어 있다.

넷째, 국내 및 국제 정보공조가 강화되었다. 먼저 정보위협에 대한 방어 목적을 포함해서 국내정보 공조체제의 강화이다. 과거의 방첩 대상과 수단은 비교적 분명하였다. 적대국가가 있었고, 이들 국가의 정보기관에 대한 정보를 수집하려는 명확한 전략을 세울 수 있었다. 해외 방첩과 국내 방첩은 담당한 부서가 다르다고 하더라도 크게 문제시 되지 않았다. 정보위협에 대처하기 위해 국내에서 정보공조가 필요했지만, 담당 부서들의 관료주의 장벽과 영역 갈등으로 원활한 협력체제를 만들기 어려웠다. 그러나 국내 정보공조와 국제 정보공조가 필요한 안보환경이 조성되었다.[54] 국내 방첩 공조는 정부 기관들 사이에서의 공조가 있고, 다른 하나는 정부와 민간 분야가 공조하는 것이 있다. 다양한 행위자가 다른 수단과 방식을 통해 정보위협을 제기할 수 있는 여건에서 방첩을 담당하는 정보기관의 방첩 부서가 단독으로 효과적인 전략을 수행하기 어렵게 되었다. 우선, 정보위협을 무력화기 위해서는 공세적 방첩은 방첩 부서와 법집행기관의 상호 공조가 필요하다.[55] 적대적인 정보기관을 역이용하고 안보정책의 혼란을 조성하기 위해서는 국내에서 활동하는 상대방의 정보요원이나 간첩을 감시하고

54) Len Scott and Peter Jackson, "The Study of Intelligence in Theory and Practice," *Intelligence and National Security*, Vol.19, No.2 (2010), pp.161-162.
55) Van Cleave(2007), p.8.

추적하는데 법집행기관의 역할이 필요하다. 물론 이런 업무를 방첩 부서가 담당하지만, 모든 용의자를 감시하고 동태를 파악하는 활동은 법집행기관의 협력이 요구된다. 적대적인 정보기관에 관한 정보는 해외 방첩활동을 통해 얻을 수 있고, 이것은 정보전략의 기초가 된다. 그러나 미국과 영국 등 선진국에서처럼 국내 방첩과 해외 방첩 조직이 분리되어 있을 경우에 이 두 조직의 방첩 업무를 총괄하고 조정하는 기능과 조직이 필요할 수 있다. 미국처럼 1990년대 '에임즈'와 '한센' 간첩사건이 해외 방첩과 국내 방첩의 공조 부족으로 조기에 차단할 수 없었다는 결론으로 공조체제를 제도적으로 구축하였고, 나중에 국가방첩실로 확대 발전시켰다.

정보위협과 안보위협에 대처하려는 국제 정보 공유와 협력은 전통적인 영역에서는 상대적으로 축소되고 있지만 새로운 안보위협에 따른 정보공유의 필요성이 강화되고 있다. 국제 정보공조의 가능성을 높이는 요인은 사이버 위협과 초국가적인 위협에 대한 공동 대응의 필요성에서 비롯된다. 이런 새로운 위협은 전통적인 군사안보만큼 국제규범과 제도화로 아직은 발전하지 못했지만, 국제협력을 인정하는 국내외 환경이 조성되었다고 볼 수 있다. 테러와 국제범죄는 위협의 수단과 활동 범위가 한 국가의 법집행기관이 전담할 수 없을 만큼 국제적인 성격을 띠고 있고 그 심각성도 증대하였다. 이는 국가 존립을 위협하는 수준은 아니지만, 국제사회가 공동으로 대응해야만 효과적인 방어가 가능하다는 인식이 확산되고 있다. 예컨대, 사이버 범죄에 대한 국제적 노력은 부다페스트협약(Budapest Convention on Cybercrime)을 통해 지난 10여 년간 지속적으로 발전해오고 있다. 사이버 위협은 국가존립을 보호하는 안보의 성격과 사회질서를 유지하려는 치안의 성격이 서로 중첩되는 영역에 있기 때문에, 군사안보로 대표되는 전통적인 안보 이슈와 다른 방식으로 국제정보 공조의 가능성이 나타나고 있다. 사이버 위협의 공격자는 공격 위치와 정체를 은폐하는 방법을 활용할 수 있기 때문에 공격과 무관한 정부 간 정보협력은 쉽게 가시화된다. 그러나 사이버 위협에 대한 국제 정보공유는 국제 제도화 수준과 기술적인 한계로 사전 예방보다는 사후 대응에 비중을 두고 있다. 따라서 앞으로 사이버 공간에서 정보위협에 대처하려는 국제 정보공유는 예방 목적을 위해 기술과 정보 전략적인 뒷받침이 요구된다.

요약하면, 전통적인 방첩 전략은 안보와 치안의 불분명한 경계, 다양한 위협의 행위자, 비군사 영역의 안보위협, 사이버 공간의 등장 등으로 수정이 불가피하다. 국가 행위자들의 군사 기밀 절취 시도를 방지하려는 노력은 상대적으로 비중이 줄었고, 공세적인 방첩 전략은 초국가적 행위자들의 위협 행위와 사이버 공간에서의 정보위협을 탐지, 차단, 방지, 이용, 기만하기 위해 적극적으로 수용되고, 국내외 정보협력의 필요성도 절실해졌다.

참·고·문·헌

송은희. "비국가 행위자의 출현과 국가방첩의 방향". 『국가정보연구』. 제5권 1호(2012).

장노순. "9 · 11 이후 미국의 방첩전략과 조직에 관한 연구". 『국가정보연구』. 제2권 2호 (2009).

전웅. "방첩(counterintelligence) 개념의 재조명: 목적, 범위, 활동 유형을 중심으로". 『국가정보연구』. 제2권 2호(2009).

조성권. "새로운 방첩위기의 등장과 방첩개념의 변화모색". 『국가정보연구』. 제5권 1호 (2012).

허태회. "정보환경변화에 대응한 대국민 방첩의식 제고방안". 『국가정보연구』. 제4권 1 호(2011).

A Report of the Commission on the Theft of American Intellectual Property(May 2013).

Bunker, Robert J., ed. *Non-State Threats and Future Wars.* Frank Cass, 2003.

Cochran, Edwin S. "South Korea's Intelligence Targets U.S. Technology." *International Journal of Intelligence and Counterintelligence.* Vol.16, No.2(2003).

Ehrman, John. "What are We Talking About When We Talk about Counterintelligence." *Studies in Intelligence.* Vol.53, No.2(June 2009).

Felix, Christopher. *A Short Course in the Secret War*, 4th ed. Madison Books Inc., 2001.

George, Roger Z. "Meeting 21st Century Transnational Challenge: Building a Global Intelligence Paradigm." *Studies in Intelligence.* Vol.51, No.3(2008).

Godson, Roy. *Dirty Tricks or Trump Cards: U.S. Covert Action & Counterintelligence.* Brassey's, 1995.

Harber, Justin R. "Unconventional Spies: The Counterintelligence Threat from Non-State Actors." *International Journal of Intelligence and Counterintelligence.* Vol.22,

No.2(2009), pp.221-236.

Herman, Michael. *Intelligence Power in Peace and War.* Cambridge University Press, 1996.

Holt, Pat M. *Secret Intelligence and Public Policy: A Dilemma of Democracy.* CQ Press, 1995.

Hulnick, Arthur. *Fixing the Spy Machine: Preparing American Intelligence for the 21st Century.* Praeger Publishing, 1999.

Kent, Sherman. *Strategic Intelligence for American Foreign Policy.* Princeton University Press, 1949.

Lahneman, William J. "The Need for a New Intelligence Paradigm." *International Journal of Intelligence and Counterintelligence.* Vol.23, No.2(2011).

Lahneman, William J. *Keeping U.S. Intelligence Effective.* Scarecrow Press, 2011.

Lowenthal, Mark M. *Intelligence: From Secrets to Policy.* CQ Press, 1999.

Mandel, Robert. *Dark Logic: Transnational Criminal Tactics and Global Security.* Stanford University Press, 2011.

Nakashima, Ellen. "Confidential Report Lists U.S. Weapons System Designs Compromised by Chinese Cyberspies." *The Washington Post*(May 28, 2013).

Nakashima, Ellen. "U.S. Said to Be Target of Massive Cyberespionage Campaign." *The Washington Post*(February 11, 2013).

Odom, William. *Fixing Intelligence for a More Secure America.* Yale University Press, 2003.

Office of the National Counterintelligence Executive(ONCIX). *The National Counterintelligence Strategy of the United States of America*(2005).

Office of the National Counterintelligence Executive(ONCIX). *The National Counterintelligence Strategy of the United States of America*(2009).

Office of the National Counterintelligence Executive. *Foreign Spies Stealing US Economic Secrets in Cyberspace*(October 2011).

Olson, James M. "A Never Ending Necessity: The Ten Commandments of Counterintelligence." *Studies in Intelligence.* Vol.46, No.11. Central Intelligence Agency, 2011.

Peter Chalk and William Rosenau. *Confronting the 'Enemy Within': Security Intelligence, the Police and Counterintelligence in Four Democracies.* Rand, 2004.

Prunckun, Hank. *Counterintelligence Theory and Practice.* Rowman & Littlefield,

2012.

Reveron, Derek S. "Old Allies, New Friends: Intelligence-Sharing in the War on Terror," *Orbis*. Vol.50, issue3(Summer 2006).

Richelson, Jeffrey T. *The US Intelligence Community*, 5th ed. Westview, 2008.

Robert D. Steele. "Open Source Intelligence." in L. Johnson and J. Wirtz, eds., *Intelligence and National Security*. (Oxford University Press, 2008).

Segal, Adam. "Chinese Computer Games," *Foreign Affairs*, Vol.91, No.2(March/April, 2012).

Shulsky, Abram N. and Gary J. Schmitt. *Silent Warfare: Understanding the World of Intelligence*, 3rd ed. Brassey's, INC., 2002.

Sims, Jennifer. "Defending Adaptive Realism: Intelligence Theory Comes of Age." in Peter Gill, Stephen Marrin and Mark Phythian. eds., *Intelligence Theory: Key Questions and Debates*. Routledge, 2009.

Van Cleave, Michelle K. *Counterintelligence and National Strategy*. National Defense University, 2007.

Wright, Jeffrey W. "Intelligence and Economic Security," *International Journal of Intelligence and Counterintelligence*. Vol.5, No.2(1991).

제2장

방첩과 다른 영역
(보안 · 테러 · 국제범죄)과의 관계

조성권(한성대학교)

1차 세계대전과 2차 세계대전이 암시하듯 지난 20세기가 '전쟁의 세기'라고 평가된다면 21세기는 어떤 세기로 평가될까? 다양한 지구멸망의 시나리오들이 등장하는 요즘 후세의 인류는 지금의 21세기를 어떻게 평가할 것인지? 에너지 및 자원 부족에 허덕이는 21세기로 아니면 환경오염과 국제테러로 인한 흉흉한 21세기? 분명한 것은 20세기를 평가한 21세기 인류가 그랬듯이 후세의 인류 역시 21세기를 긍정적이기보다는 훨씬 부정적으로 평가할 가능성이 높을 것이다. 불행하게도 지나온 인류역사를 보면 시간이 갈수록 세상은 이상향인 유토피아로 나가기보다는 오히려 암울한 미래상을 의미하는 디스토피아(dystopia)로 가고 있는 듯하다.

어찌 되었든 중요한 것은 '우리들이 현재 살고 있는 21세기의 현실세계가 유토피아가 아니라 디스토피아에 가까운 냉엄한 세상이다'라는 인식을 가지고 세상을 인지해야 한다는 것이다. 냉정하게 그런 세계를 인정하고 받아들이고 그리고 대응해야 한다. 현재의 민족국가(nation-state) 개념은 1648년 베스트팔렌 조약이후 등장했다. 그때 이래 수많은 민족국가들이 부상하고 몰락하고 그리고 역사에서 소멸하고 등장했다. 시간이 흐를수록 현재까지 생존한 민족국가들은 더욱 살기가 각박하고 치열해진 국가 간의 경쟁 속에서 살아남기 위해 투쟁하고 있다. 이런 경쟁과 투쟁은 시간이 흐를수록 더욱 심화될 것이다. 양육강식의 동물세계처럼 인간세계 역시 피상적으로 국가 사이의 평화를 강조하지만 현실적으로는 보이지 않는 전쟁을 치루고 있는 것이다. 1년 365일 이런 국가 사이의 경쟁과 투쟁을 하는 최전선의 정부조직이 바로 정보기관이다.

모든 국가기관들은 국가의 3대 요소인 국민을 보호하고 영토를 지키며 주권을 대외적으로 표방해왔다. 이 중에서 특히 국가정보기관은 국가 간의 치열한 보이지 않는 경쟁과 투쟁이라는 정보전쟁에서 국가안보를 위해 공헌했다. 2차 대전 이후 90년대 초 소련공산주의의 붕괴까지 각국의 정보기관들은 이데올로기적 경쟁과 전쟁에서 자유로울 수 없었다. 이것은 세계 이데올로기 전쟁의 최전선이었던 한국의 경우도 예외는 아니었다. 물론 일부 독재 및 권위주의 정권하에서 정보기관들이 대외적인 국가안보

보다는 대내적인 정권안보에 더 치중한 것도 부인할 수 없다. 그러나 탈냉전 이후 90년대 세계화라는 10년과 그리고 21세기인 9/11이후 글로벌 테러와의 전쟁이라는 10년 동안 세상은 너무도 빠르게 급변하고 있다. 이처럼 변화하는 대외적인 환경에서 정보기관도 변신해야 하는 시대적 사명감을 부여받고 있다.

손자병법에 "지피지기 백전불태(知彼知己 百戰不殆)"라는 경구가 있다. "적을 알고 나를 알면 백번 싸워도 위태롭지 않다"라는 의미이다. 20세기 자유진영과 공산진영이라는 이데올로기 투쟁에서처럼 21세기 시대적 상황은 적의 의미를 반드시 공산진영만을 강조하지 않는다. 우리의 적은 이웃 국가일 수도 있고 나아가 소위 우방국가일수도 있다. 어제의 적이 오늘의 친구가 될 수도 있으며 또한 오늘의 친구가 내일의 적이 될 수도 있다. 이런 맥락에서 일찍이 저명한 영국 정치인이며 외상과 수상을 역임했던 팔머스톤(Viscount Palmerston, 1784-1865)은 18세기 국제사회를 "영원한 적도 영원한 친구도 없다(We have no eternal allies and we have no perpetual enemies)"고 묘사했지만 이 경구는 아마도 지금과 같이 이기적인 국가이익이 우선시되는 국제상황에서도 똑같이 적용될 수 있을 것이다. 이처럼 국가이익이 우선시되는 상황에서 정보기관의 사명과 역할을 새롭게 규정해야 한다. 이런 의미에서 이 글은 21세기의 시각에서 보안, 테러, 그리고 국제범죄 관련 방첩의 새로운 역할에 초점을 맞춘다.

제1절 보안(security)과 방첩(counterintelligence)

정보기관의 가장 중요하고 핵심적 역할은 국가 최고 정책결정자의 정책결정에 도움을 줄 수 있는 정보를 생산하는 것이다. 왜냐하면 그것이 곧 국가안보와 국가이익이 되기 때문이다. 이런 맥락에서 정보기관의 모든 활동과 역할은 국가안보와 국익의 증진에 있다고 해도 과언이 아니다. 이 때문에 정보기관의 여러 활동의 하나인 방첩활동 역시 궁극적으로 국가안보와 국익의 증진에 기여하는 것이다. 이런 방첩활동의 중요성으로 인해 2012년 5월 대통령령 제23780호로 방첩업무규정을 제정했다. 이 규정에 의한 방첩의 개념은 "국가안보와 국익에 반하는 외국의 정보활동을 찾아내고 그 정보활동을 견제·차단하기 위하여 하는 정보의 수집·작성 및 배포 등을 포함하는 모든 대응활동"으로 정의하고 있다. 이런 방첩활동의 중요한 하나가 보안이다.

[그림 2-1]은 보안과 방첩을 알기 쉽게 구분하기 위해 간략히 도식화 한 것이다. 운동경기에 비유한다면 기본적으로 보안활동은 수비고 방첩활동은 공격이다. 수비와 공격 중에서 어느 것이 더 중요하다고 말할 수 없다. 공격과 수비 모두 중요하다. 정보기관의 다양한 정보활동 중에는 보안활동과 방첩활동이 있다. 정보기관의 보안활동은 한마디로 우리의 중요한 정보를 상대방으로부터 보호하는 것이다. 운동경기에서 상대방 공격수로부터 수비가 뚫리면 실점을 하고 경기에 지게 된다. 이와 마찬가지로 외국정부, 외국단체, 혹은 외국인은 우리의 중요한 정보를 획득하기 위해 다양한 방법을 동원한다. 이 때문에 우리의 중요한 정보가 외부로 유출되는 것을 차단하기 위해 다양한 방법과 기능을 통해 보호하고 통제하는 것이다. 20세기의 경우 자유진영과 공산진영의 이데올로기 대립과 투쟁에서 가장 중요한 보안활동의 하나는 군사분야 관련 보안이었다.

그러나 90년대 소련 및 동구 공산권의 붕괴와 중국의 자본주의화로 인해 기존의 이분법적 '적'과 '동지'의 구분은 점차적으로 사라지고 있다. 더구나 90년대 이래 21세기인 최근까지 지속적인 정보혁명과 세계화로 인해 새로운 시대적 상황과 새로운 위협이 도래했다. 예를 들면 국가 대 국가의 위협 외에도 국가 대 단체 혹은 개인의 위협

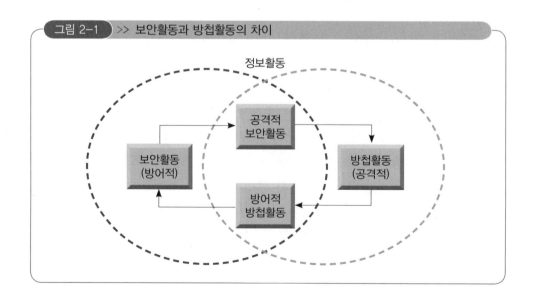

그림 2-1 >> 보안활동과 방첩활동의 차이

이 도래하고 있다. 후자의 대표적인 사례가 테러 및 초국가적 범죄조직이다. 이런 유형의 위협 외에도 수많은 무형의 위협도 등장하고 있다. 대표적인 사례가 기후변화, 환경오염, 전염병, 그리고 에너지, 수자원, 식량부족 등이다. 이와 같은 글로벌 차원의 거시적인 구조변화와 21세기 새로운 위협의 등장은 정보기관을 군사 관련 보안활동에만 한정하지 못하게 하고 정치, 경제, 사회문화 등 다양한 분야에서 다양한 보안활동을 요구하고 있다. 이와 같은 새로운 보안개념이 [그림 2-1]에서 나타나듯 공격적 보안활동이다. 운동경기에 비유하면 수비수가 공격활동에 가담하는 것이라고 할 수 있다.

다시 정리하면 보안은 크게 두 가지가 있다. 하나는 소극적 · 수동적 · 방어적 보안이고 다른 하나는 적극적 · 능동적 · 공격적 보안이다. 전자는 내부의 적을 색출하고 외부의 적을 차단하는 것이다. 한마디로 내부의 스파이 활동을 사전에 탐지하고 제거하는 것이다. 이를 위한 기능들이 국가의 중요한 인원, 시설, 문서, 통신, 산업 등에 대한 보안조치와 감시활동이다. 후자는 방어적 보안활동을 보완하는 "공격이 최상의 방어"라는 일종의 발상의 전환이다. 외부의 적이 우리의 무슨 정보를 수집하는지를 파악하는 것이다. 이를 위한 기능들이 비밀공작, 스파이 침투, 이중 공작원, 허위정보를 제공하는 기만 등이 있다. 결국 [그림 2-1]에서 보듯 보안활동이 공격적이면 방첩활동이 되고 방첩활동이 방어적이면 보안활동이 된다. 운동경기에 이기기 위해서는 수비수가 공격에 가담하기도 하고 공격수가 수비에 가담하기도 하는 이치와 같은 것이다.

결론적으로 보안활동과 방첩활동은 동전의 양면과 같다. 그러나 21세기는 보안활동도 중요하지만 방첩활동이 더 적극적으로 요구되는 시대다. 운동경기에서 수비만 치중하여 실점을 하지 않으면 무승부를 할지는 몰라도 결코 이길 수는 없다. 마찬가지로 경기에 이기기 위해서는 철통과 같은 수비와 함께 적극적인 공격이 필요하다. 중요한 정보는 국가와 국가 사이 정보교류협정과 같은 합법적인 방법 외에는 얻기가 매우 힘들다. 따라서 대부분은 불법적인 방법을 동원한다. 예를 들면 중요한 정보를 지닌 내부인을 매수하거나 내부인의 비리를 폭로하겠다는 협박과 같은 방법을 통해 얻으려고 한다. 혹은 다양한 극단적인 방법을 통해 침투하여 탈취할 수도 있다. 따라서 그와 같은 중요한 정보를 보호하거나 획득하기 위해서는 감시활동과 도감청 활동이 필요하다. [사례 1]은 보안의 중요성과 내부 스파이를 적발하는 방어적 방첩활동의 예이다. 물론 구소련의 입장에서는 공격적 보안활동이라고 할 수 있다.

■ 사례 1

내부인으로 적성국가를 위해 간첩활동을 한 가장 유명한 사례의 하나가 에임즈 (Aldrich H. Ames: 1941-) 간첩 사건이다. 그는 CIA 방첩요원이며 분석관으로 근무하면서 구소련 및 러시아를 위해 간첩활동을 한 혐의로 1994년에 체포되어 현재 무기징역으로 복역 중이다. 그가 간첩활동을 한 가장 중요한 이유는 재정적 문제였다. 전처의 매달 생활비와 후처의 심한 낭비벽으로 인해 에임즈는 항상 재정적 곤란을 겪었으며 1984년부터 구소련에게 정보를 팔고 체포될 때까지 총 270만 달러를 받았다. 그가 돈에 매수되어 구소련에 넘긴 미국의 중요한 정보들은 동구권에서 활동하는 미국의 CIA 요원 및 미국을 위한 이중간첩 명단이었다. 이로 인해 최소한 10명의 CIA 요원들이 처형됐다. 그의 간첩활동은 1990년에 처음으로 CIA로 하여금 의심을 가게 만들었다. 왜냐하면 그의 6만 달러에 불과한 연봉으로 54만 달러(2012년의 가치로 82만 달러)의 주택을 현금으로 구입하고 내부 수리비로 10만 달러, 5만 달러의 재규어 승용차, 콜롬비아 출신 그의 두 번째 부인의 국제전화비로 매달 6천 달러를 소비했기 때문이다. 결국 그는 1993년 11월부터 CIA와 FBI의 감시대상이 되어 1994년 2월에 체포됐다. 에임즈에 의한 막대한 정보누출로 인해 당시 CIA 국장(James Woolsey)이 의회로부터 사임압력을 받아 1995년 1월 사임했다. 이 사건으로 인해 의회는 정보기관을 위해 일종의 비밀법정(the Foreign Intelligence Surveillance Court)의 특별권한을 부여하는 새로운 법률을 제정했다. 에임즈의 간첩사건은 1998년 영화(Aldrich Ames: Traitor Within)로 상영되기도 했다.

방어적 보안활동을 하면서 우리의 중요한 정보를 보호하는 것도 중요하지만 외부의 적이 우리의 무슨 정보를 수집하는지를 파악하는 정보활동도 마찬가지로 중요하다. 다른 말로 표현하면 공격적 방첩활동도 필요하다. 이를 위한 방첩활동이 비밀공작, 스파이 침투, 이중 공작원, 기만 등이 있다. [사례 2]는 비록 미국에게 엄청난 수모를 주었지만 공격적 방첩활동의 중요한 예이다. 북한의 입장에서는 자국의 통신정보를 방어하기 위해 물리적 강제력을 동원한 공격적 보안활동이라고 할 수 있다. [사례 3]은 보안의 중요성과 공격적 방첩활동인 기만전술의 대표적인 사례이다.

■ 사례 2

사례 2는 미국 국가안보국(NSA: National Security Agency) 소속의 정보수집함인 푸에블로호 납치사건이다. NSA는 트루먼 대통령(Harry Truman: 1945-1953)의 극비명 령에 의해 1952년에 설립된 도감청을 위한 통신전문 정보기관이다. 정보기관의 생명 이 보안이기 때문에 이 조직은 1968년 푸에블로호 납치사건으로 국내에 알려지기까 지 미국 정부는 NSA의 존재를 부인해 왔다. 이 때문에 NSA는 '그런 조직 없음(No Such Agency)'이라는 농담으로 비공식적으로 알려질 정도였다. 김신조 일당의 청와대 습격 사건이 발생한 지 이틀 뒤인 1968년 1월 83명의 승무원을 태운 푸에블로호는 동해상 에서 대북 통신정보를 수집 중 북한에 의해 강제로 납치됐다. 그리고 이 사건은 미국 과 북한의 26차례의 비밀회담을 통해 미국 측이 북한 영해를 침범했음을 시인하고 사 과하는 동시에 다시는 북한 영해를 침범하지 않는다는 문서에 서명하는 굴욕을 겪고 나서야 1968년 12월 승무원만 전원 석방된 사건이다(손관승 1999, pp.345-346 요약)

■ 사례 3

1941년 12월 일본 해군은 미국 태평양함대사령부가 있는 진주만을 기습 공격하 여 3,600명의 사상자를 내면서 미국을 2차 세계대전으로 끌어들였다. 그 후 6개월 후 인 1942년 6월 미국-일본 사이 태평양 전쟁의 서곡인 미드웨이 해전(Battle of Midway) 이 발발했다. 이 해전에서 미국은 일본과의 태평양 전쟁에서 전환점이라고 평가될 정 도로 결정적이고 압도적인 승리를 이루었다. 왜냐하면 미국은 이미 1942년 봄에 일본 해군의 암호코드(JN-25)를 해독하고 있어 AF에 대한 제2차 공격이 있을 것으로 판단했 다. 그러나 미국은 일본의 제2차 공격지점인 AF가 태평양 어느 섬인지는 몰랐다. 따라 서 미해군 첩보국은 유력한 공격 지점의 하나인 미드웨이 섬을 지정하여 미드웨이 섬 에 주둔한 미군에게 "신선한 물이 부족하다"라는 통신을 사령부에 보내도록 했다. 소 위 기만전술로 상대방에게 허위정보를 알려 준 것이다. 이를 감청한 일본은 "AF, 신선 한 물이 부족하다"라는 전문을 본국에 보냈고 미국은 이 전문을 해독하여 일본의 2차 공격지점과 시일을 사전에 파악할 수 있었다. 결국 미국은 3척의 항공모함 중에서 1 척, 구축함 1척, 233대의 함재기 중에서 150대, 그리고 307명의 해군을 잃었다. 반면에 일본은 4척의 항공모함 전부, 순양함 1척, 248대의 함재기 전부, 그리고 미해군의 10 배인 3,057명이라는 엄청난 손실을 입었다. 한편 1942년 6월 시카고 트리뷴(Chicago

Tribune)지가 미 해군이 일본 해군의 암호를 해독하고 있다는 기사를 발표하여 문제를 야기하기도 했다.

한편 21세기 적극적 방첩활동은 보안에 중요한 이점을 제공한다. 먼저 적극적 방첩활동을 통해 상대국 정보기관의 정보위협에 대해 평가를 할 수 있다. 이런 평가가 가능하기 위해서는 한편으로 상대국 기술장비에 대한 도청 및 감청의 수단을 동원한 신호정보를 통해 할 수도 있고, 다른 한편으로 스파이 침투 혹은 이중공작원과 같은 인간정보를 통해 할 수도 있다.[56] 이와 같은 공격적 방첩활동을 통해 상대국 정보기관의 스파이 활동 혹은 비밀공작을 탐지할 수도 있다. 이를 통해 우리의 보안활동을 더욱 강화하거나 보안기술을 새롭게 정립할 수 있다. 한마디로 적극적 방첩활동은 상대국 정보기관의 방첩활동에 대해 올바르게 평가하고 판단하여 우리의 보안활동을 지원할 수 있다. 이런 연유로 방첩과 보안은 유기적 관계로서 동전의 양면이라고 할 수 있다. 〈사례 4〉는 보안활동과 방첩활동의 중요성을 모두 보여주는 미국 역사상 최악의 간첩사건 중의 하나이다.

■ 사례 4

한센(Robert P. Hanssen: 1944-)은 1979년부터 2001년 체포될 때까지 구소련 및 러시아 정보기관을 위해 20년간 총 140만 달러를 받고 스파이 활동을 한 FBI 요원이며 현재 무기징역 형으로 복역 중이다. 한센의 수많은 간첩활동 중에서 가장 치명적인 사례의 하나는 미국 내에서 활동하는 소련 정보요원들 중에서 미국 정보기관을 위해 일하는 소련의 이중 스파이 명단을 넘겨준 것과 소련 장성으로 1980년 은퇴할 때까지 20년 동안 CIA 첩자 노릇을 한 소련 간첩(Dmitri Polyakov)을 넘긴 것이다. 드미트리 폴라코프는 1986년 체포되어 1988년 소련에서 처형됐다. 또한 한센은 FBI가 워싱턴 주재 소련 대사관 바로 밑에 지하터널을 판 중요한 정보를 1989년 소련에 55,000 달러에 팔았다. 한센은 FBI와 CIA의 합동 방첩활동으로 체포됐다.

방첩활동은 외부의 적을 색출하는 것뿐만 아니라 내부의 적도 색출하는 임무를 가지고 있다. 그러나 이 때문에 정보기관 내에서도 방첩업무에 종사하는 요원에 대한

---

56) 김윤덕, 『국가정보학: 이론과 실제의 이해』(박영사, 2001), p.205.

평가가 그렇게 좋지 못할 수도 있다. 왜냐하면 방첩활동은 일종의 게쉬타포의 역할이기 때문이다. 손자가 말했듯 방첩요원은 관대해서는 안 되고 냉혈한이 되어야 한다.[57] 이런 연유로 방첩업무에 종사하는 요원은 독립적인 지위, 더 좋은 승진, 더 좋은 존경을 받을 가치가 있다. 그리고 유능하고 젊은 방첩요원의 충원과 새로운 사고(思考)를 위해 지속적인 방첩요원의 순환이 필요하다.[58] 왜냐하면 방첩의 주체는 기본적으로 요원이 하기 때문에 요원의 인식론적 변화 없이는 진정한 보안활동이나 방첩활동을 기대하기 어렵기 때문이다.

제2절 테러 및 국제범죄와 방첩

20년 전 탈냉전은 인류에게 3차 세계대전 가능성의 악몽에서 벗어나 다가오는 21세기를 새로운 국제질서와 안정을 약속하는 희망의 빛으로 보였다. 이런 시대적 분위기에서 새롭게 등장한 세계화와 정보화가 글로벌 차원에서 유행처럼 확산됐다. 세계화는 한마디로 표현할 수 없는 복잡한 현상이지만 간단히 말하면 시간적(인터넷을 통한 실시간 의사전달) 그리고 공간적(국가 사이의 교류확대)인 거리의 장벽이 축소 혹은 약해졌다는 의미이다. 이런 맥락에서 비록 세계화라는 용어가 60년대에 등장했지만 그것이 꽃을 피운 것은 90년대 이후이다. 그러나 21세기에 그것이 어떻게 열매를 맺을지 아무도 모른다. 왜냐하면 세계화의 중요한 속성 가운데 하나인 다차원성(multidimensionality) 때문이다.[59]

최근 세계화는 정치, 경제, 사회, 문화, 이데올로기, 미디어 등 다양한 측면에서 파생되고 확산되고 있다. 이처럼 세계화는 다차원성의 복잡한 현상임에도 불구하고 지금까지 대부분은 세계화 과정에서 나타나는 공식적이고 보이는 현상에만 지나치게 치

---

57) Angelo Codevilla, *Informing Statecraft: Intelligence for a New Century*, (NY: The Free Press, 1992), p.446.

58) James M. Olson, "A Never-Ending Necessity: The 10 Commandments of Counterintelligence," Studies of Intelligence, No.11(2001), p.4, p.8.

59) Manfred B. Steger, *Globalization: A Very Short Introduction*, (Oxford University Press, 2003), p.13.

중해왔다. 예를 들면, "새로운 세계 질서", "새로운 질서를 통한 국제안정", "새로운 세계경제구조의 질서" 등과 같이 '질서'(order)라는 용어가 빠지면 어딘가 허전한 느낌을 받을 정도이다. 한마디로 "세계화는 새로운 질서의 추구"라는 인식이 고정관념인 듯이 보인다. 물론 이러한 사고가 전적으로 틀리다고 말할 수는 없지만 그것은 적어도 세계화 현상의 일부분만을 강조한 것 같다. 왜냐하면 최근까지 세계화는 그러한 새로운 질서를 추구하는 과정 외에도 또 다른 무질서 현상을 양산하고 있기 때문이다.

90년대 이후 세계화 과정에서 나타나는 현상은 크게 두 가지가 있다. 하나는 새로운 질서를 표방하면서 등장한 자본주의와 제국주의이다. 전자는 이데올로기적으로 세계주의를 표방하면서 상품과 시장의 개방을 강조하는 신자유주의로 나타났으며, 후자는 팩스 아메리카나로 대변되는 글로벌 차원에서 미국 군사력의 확장이다. 다른 하나는 새로운 무질서 현상의 양산이다. 무질서 현상은 현실세계의 이면에 공존하면서 현실세계의 안정과 질서를 위협하거나 파괴하는 비공식 현실세계이다. 이런 무질서 현상을 홀든-로디스(J. F. Holden-Rhodes)와 럽샤(Peter A. Lupsha)는 '회색지대현상'(GAP: Gray Area Phenomenon)으로 명명했다.[60] 그들은 GAP을 "비국가행위자들 혹은 비정부 과정들이나 조직들에 의한 민족국가들의 안정에 대한 위협들"로 정의한다.[61] 전형적인 사례들이 테러 및 국제범죄의 세계화 등이다.[62]

구체적으로 세계화에 따른 개방화와 정보통신기술의 획기적 발달은 다양한 분야에서 긍정적인 측면을 제공한다. 세계화는 인류사회를 하나의 통합된 네트워크로 묶게 만들어 편리한 기능을 발생시킨다. 그러나 그런 편리성은 지하세계에도 적용되어 인간환경을 위협하는 새로운 요인들을 생성시키기도 한다.[63] 더구나 세계화는 테러 및 국제범죄와 같은 국제무질서 현상의 확산에 어느 정도 보호막이 되어주던 물리적인 시간, 거리, 장소의 제약도 함께 사라지게 만들었다. 이런 맥락에서 '자본주의의 세계화 과정'은 부분적으로 '테러 및 범죄의 세계화 과정'과 관련된다고 말할 수 있다. 세계화 현상의 이중구조는 서로가 분리되어 진행되는 것이 아니라 오히려 상호 밀접히 연

---

60) J. F. Holden-Rhodes & Peter A. Lupsha, "Horsemen of the Apocalypse," *Low Intensity Conflict & Law Enforcement*, Vol.2, No.2(1993), p.212.

61) 위의 글.

62) 위의 글, pp.212-213.

63) 2003년 UN 통계는 조직범죄관련 불법수익을 7,000억~1조 달러로 추산했다. 이 중에서 마약밀매는 약 3,000~5,000억 달러로 추산했다.

계되면서 성장한다. 왜냐하면 양자는 뗄 수 없는 동전의 양면과 같기 때문이다. 더구나 세계화의 이중구조는 수시로 상호작용을 통해 예측이 거의 불가능한 새로운 방향으로 흘러가고 있다. 한마디로 '새로운 국제무질서'의 등장이다.

세계화 과정에서 나타나는 이러한 역기능적 요소로 인해 국제무질서 현상은 향후 더욱 증가될 전망이다. 세계화 과정에서 무질서 개념은 강대국 사이의 무기경쟁, 안보 딜레마, 군사적 충돌과 같은 20세기의 전통적 쟁점에서 유발되는 것이 아니다. 세계화 과정에서 무질서는 테러리즘, 조직범죄, 마약밀매, 자금세탁, 정치부패, 환경오염 등 21세기의 새로운 쟁점에서 대두되는 의미이다. 이러한 GAP은 현재 심각히 인류의 삶에 위협적인 존재로 다가왔다. 물론 이러한 GAP이 90년대에 갑자기 나타난 것은 아니다. 2차 세계대전 이래 반세기 동안 냉전 이데올로기라는 거대한 먹구름의 그늘 하에 GAP은 음성적인 성장과 발전을 거듭했다. 이러한 의미에서 홀든-로디스와 럽샤는 냉전의 종식이 '판도라 상자'(Pandora's Box)의 각종 문제들을 드러냈다고 지적한다.[64] 이러한 상자 속의 문제들이 현재 세계화라는 기류를 타고 전 세계적으로 확산되고 있다.

이처럼 21세기 초국가적 테러와 초국가적 범죄가 새로운 시대적 위협으로 등장하는 상황에서 이들에 대항하는 수단의 하나로서 방첩의 새로운 의미와 역할이 필요하다. 예를 들면 20세기 동안 정보기관 최고의 목표는 상대방의 군사정보였지만 21세기 정보기관은 군사정보는 물론 非군사정보 분야인 초국가적 테러와 범죄에도 대항해야 한다. 이런 초국가적 위협들에 대한 예방이 21세기 정보기관의 새로운 사명이며 그런 사명 중에서 가장 중요한 핵심의 하나가 방첩이다. 왜냐하면 테러 및 범죄조직이 각종 불법행위를 통해 획득한 불법자금으로 막강한 조직력과 첨단무기로 무장력을 강화하여 세력을 확장하면서 국가에 공공연히 도전과 대항을 하고 있기 때문이다. 이런 초국가적 위협으로부터 국민의 생명과 재산을 보호하는 것이 방첩이며 정보기관의 근본적인 존재 이유이다.

1. 테러와 방첩

도시 테러라고 말할 수 있는 현대 테러리즘의 원년은 1968년이다. 왜냐하면 1968년에 제1세계에서 과격 학생운동이 동시다발적으로 발발했기 때문이다. 학생운동의

64) J. F. Holden-Rhodes & Peter A. Lupsha(1993), p.212.

정신적 지주는 서구의 물질주의에 대한 회의와 反자본주의에 따른 마르쿠제(Herbert Marcuse: 1898-1979)의 新좌파운동이었다. 그러나 학생운동의 실패는 70년 초에 급진적 좌파이데올로기로 무장한 소수의 학생들이 주축이 된 도시 테러조직 출현으로 계승됐고 70년대를 도시테러의 시대로 만들었다. 그리고 80년대는 이들을 후원하는 국가지원 테러의 시대였다. 그러나 탈냉전과 함께 반미를 기치로 등장한 이슬람 테러리즘은 간헐적으로 90년대를 특징지었다. 적어도 이때까지 테러는 방첩기관의 핵심 목표는 아니었다. 이것은 부시 행정부에서 대테러책임자를 역임한 클라크의 저서(Clarke 2004)와 워싱턴포스트 기자인 콜의 저서(Coll 2004)에서도 잘 지적했듯 클린턴 행정부와 9 · 11 테러가 발생하기 전의 부시 행정부는 테러리즘에 대해 관심이 적었다.[65] 부시 행정부와 방첩기관이 테러를 국가안보의 제1목표로 설정한 것은 9 · 11 테러사건 이후였다. 이것은 20세기 후반부의 '반공'에서 21세기 전반부는 '반테러'로 탈바꿈했음을 의미한다.

　　이와 같은 현대적 테러에 대한 새로운 의미가 부상하면서 뉴테러리즘에 대한 새로운 개념이 시도되고 있다. 그러나 전통적 테러 개념과 마찬가지로 뉴테러리즘에 대한 개념도 각국의 법집행 기관이나 학자들의 시각에 따라 다양하다. 그럼에도 불구하고 테러의 개념적 정의를 규정할 때 공통적 속성들은 정치성(혹은 이데올로기성), 불법성, 폭력성, 조직성, 공개성 등을 공유한다. 이를 기반으로 국제테러, 다국적 테러, 글로벌 테러, 혹은 초국가적 테러의 개념은 현대 테러의 일반적 속성과 함께 테러행위 혹은 테러행위자가 2개국 이상과 직간접적으로 연계되어 발생하는 '초국가성'이라는 속성을 추가한다. 다만 이러한 전통적 속성들은 90년대 이후 점차적으로 변화하고 있는데 한마디로 "테러의 범죄화" 현상이다. 왜냐하면 국제테러조직들이 마약밀매와 같은 범죄행위를 통해 획득한 불법자금으로 막강한 조직력과 첨단무기로 무장력을 강화하여 세력을 확장하면서 국가에 도전하고 있기 때문이다.

　　탈냉전 후 지난 20년을 회고하면 한마디로 "불확실성의 시대(The Age of Uncertainty)"라고 말할 수 있다. 이 용어는 미국 경제학자 갈브레이스(John K. Galbraith)가 70년대 중반 세계적인 오일쇼크 이후 경제상황의 불확실성을 일컫는 말이었지만 오늘날 이것은 경제현상은 물론 다양한 분야에서 광범위하게 적용하는 보통명사가 되

---

65) Richard A. Clarke(2004), *Against All Enemies: Inside America's War on Terror,* (NY: Free Press); Steve Coll(2004), *Ghost Wars: The Secret History of the CIA, Afghanistan, and bin Laden, from the Soviet Invasion to September 10, 2001,* (NY: Penguin Books).

었다. 이런 맥락에서 9 · 11 테러는 21세기의 "불확실성의 시대"를 더욱 증폭시키는 서곡이 될지 모른다. 왜냐하면 9 · 11 이후 슈퍼테러, 에너지, 환경, 기후변화, 식량, 수자원, 전염병 등과 같은 초국가적 위기들이 인류생존에 새로운 위협으로 등장했기 때문이다. 이런 연유로 2004년 UN위원회(the High Level Threat Panel)는 테러리즘을 10개의 중요한 초국가적 위협으로 선정했다.

많은 학자들은 가까운 미래의 테러 가능성에 대해 초국가적 슈퍼테러리즘을 지적했다.[66] 이런 우려의 가능성은 이미 90년대부터 두 가지 측면에서 지적됐다. 하나는 90년대 초 소련 공산주의의 붕괴 후에 대량살상무기에 사용될 수 있는 물질의 대량 유출이다. 예를 들면 2001년 UN보고서는 1993년 이래 100여 개의 테러조직들이 550건이 넘은 핵밀매 시도를 했다고 발표했다.[67] 다른 하나는 1998년 12월 TIME과의 인터뷰에서 라덴이 대량살상무기의 획득을 '종교적 의무'로 선언하고 그러한 무기를 사용할 것이라고 위협하였던 사실이다.[68] 이 때문에 9 · 11 테러 이후 글로벌 테러리즘에 대한 새로운 관심은 테러조직들이 화학, 생물학, 방사능 물질(우라늄, 플루토늄, strontium-90, cesium-137, americium-241, iridium-192, cobalt-60, radium)과 같은 대량살상무기를 통한 슈퍼테러를 할 가능성이다. 이와 같은 슈퍼테러의 가능성은 더러운 폭탄(dirty bomb: 재래식 무기에 핵물질을 장착한 폭탄)의 사용에서 시작될 가능성이 높다.[69]

실제로 2002년 5월 미국정부는 알−카에다의 호세 파디야(Jose Padilla)를 더러

66) National Intelligence Council. *Maping the Global Future: Report of the National Intelligence Council's 2020 Project*, Dec. 2004, http://www.globalsecurity.org/intell/library/reports/2005/nic_globaltrends2020_s4.htm; Porter J. Goss, "Global Intelligence Challenge 2005: Meeting Long-Term Challenges with a Long-Term Strategy." *Testimony of Director of Central Intelligence, Before the Senate Select Committee on Intelligence*, 16 Feb. 2005, p.2; Henry A. Crumpton, "U.S. Counterterrorism Strategy Update." *Testimony Before the House International Relations Committee, Subcommittee on International Terrorism and Nonproliferation*, Oct. 27, 2005, p.1.

67) Council on Foreign Relations, "Loose Nukes," http://cfrterrorism.org/weapons/loosenukes.html; Stephen Handelman, *Comrade Criminal: Russia's New Mafiya*(Yale Univ. Press, 1995), pp.236-241; Rensselaer Lee, "Recent Trends in Nuclear Smuggling," in *Russian Organized Crime: The New Threat?*, edited by Phil Williams(Frank Cass. 1997), pp.109-120; CSIS, *Russian Organized Crime*, 1997, pp.19-22; Joseph L. Albini et al., "Russian Organized crime and Weapons of Terror: The Reality of Nuclear Proliferation," in *International Criminal Justice: Issues in a Global Perspective*, edited by Delbert Rounds, (Allyn & Bacon, 2000), pp.25-28.

68) The White House, *National Strategy to Combating Terrorism*, 2006, p.3.

69) Walter Laqueur, *The New Terrorism: Fanaticism and the Arms of Mass Destruction,* (Oxford University Press, 1999), p.70.

운 폭탄의 사용 시도 혐의로 체포했다.[70] 문제는 이들 유출의 대부분이 범죄조직에 의해 유통되고 있다는 사실이다. 이 때문에 종종 테러−범죄조직의 연계 가능성을 지적했다. 실제로 테러−범죄조직의 연계는 핵물질 관련은 아니지만 2004년 마드리드 폭탄테러 사건에서 이미 드러났다. 이와 함께 2011년 5월 사살된 라덴을 대신할 새로운 리더십 투쟁에서 경쟁적으로 라덴을 우상화하는 '상징적 테러'를 주도할 가능성이 있다. 알−카에다는 라덴이 암살될 경우 '핵폭풍'이 불 것이라고 위협했듯이 만일 상징적 테러가 발생할 경우 방사능 폭탄의 사용 가능성이 유력하다. 이런 가능성에도 불구하고 현실적으로 테러조직들이 대량살상무기를 이용하여 슈퍼테러리즘을 일으킬 확률은 테러조직이 그런 무기의 생산, 구매, 운반, 사용에 따른 현실적 어려움 때문에 쉽지는 않다. 그렇다 하더라도 핵 및 방사능 관련 슈퍼테러에 대한 최선은 예방이다. 그리고 예방의 핵심은 국가안보 및 인간안보 차원의 방첩이다. 아래 [그림 2−2]은 21세기형 뉴테러리즘의 기본 구조와 특징을 도식화한 것이다.

슈퍼테러에 대한 대응책으로 미국의 경우 9 · 11 직후 우편물을 이용한 천연두 테러사건을 계기로 부시 행정부는 2002년 생물테러에 이용될 수 있는 대량살상무기와 운반시스템을 통제하기 위해 해외 20개국의 항구에 대한 『컨테이너보안구상(Container Security Initiative)』을 발표했다. 한국의 경우 부산항이 해당된다.[71] 2002년 부시 행정부는 슈퍼테러리즘에 대한 포괄적인 전략인 『대량살상무기 억제를 위한 국가전략

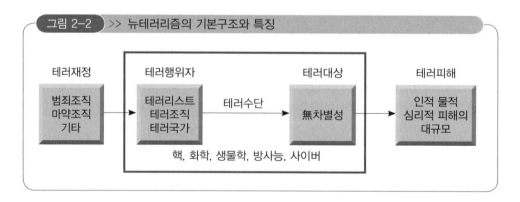

그림 2−2 >> 뉴테러리즘의 기본구조와 특징

테러재정 → 테러행위자 → (테러수단) → 테러대상 → 테러피해

테러재정	테러행위자	테러대상	테러피해
범죄조직 마약조직 기타	테러리스트 테러조직 테러국가	無차별성	인적 물적 심리적 피해의 대규모

핵, 화학, 생물학, 방사능, 사이버

---

70) Council on Foreign Relations, "Nuclear Facilities," http://cfrterrorism.org/security/nuclearfacilities.html

71) US Dept. of State, *Country Reports on Terrorism 2004,* Office of the Coordinator for Counterterrorism, 2005, p.40.

(National Strategy to Combat Weapons of Mass Destruction)』을 발표했다.[72] 이 전략에 따라 2003년 미국은 육지, 해양, 공중에서 대량살상무기의 확산을 억제하기 위한 『대량살상무기확산방지구상(Proliferation Security Initiative)』을 발의했다. 또한 2004년 부시 대통령은 생물무기의 위협에 대응하기 위해 『대통령 행정명령(Biodefense for the 21st Century)』에 서명했다. 미국의 주도로 2005년 UN은 『핵테러방지협약(Convention for the Suppression of Acts of Nuclear Terrorism)』을 제정했다.

위 [그림 2-2]의 21세기형 뉴테러리즘의 특징으로 인해 미국의 경우 다양한 국제협약과 관련 국내조치로 대응하고 있다. 한국 역시 21세기 테러의 새로운 현상으로 인해 20세기 후반기 방첩의 주요 대상이었던 공산주의 국가들에 대한 대응에만 제한할 수 없게 되었다. 물론 한국은 세계에서 유일하게 공산국가인 북한과 정치 군사적으로 적대적인 대치관계에 있다. 이 때문에 한국의 입장에서 이데올로기성의 반공과 대공도 여전히 중요한 의미를 지니고 있다. 따라서 한국의 경우 반공과 대공은 물론 국가 안보와 인간안보에 치명적인 슈퍼테러와 같은 새로운 현상에도 대응하기 위해 방첩의 범위를 확대해야 한다. 특히 21세기에는 온라인이든 오프라인이든 열린사회에서 활동하는 비군사적, 비정부적 행위자들에 의한 초국가적 불법 행위들이 증가하고 있다. 이런 위협수준의 증가로 인해 예방적 차원의 방첩의 의미는 아무리 강조해도 지나치지 않는다.

90년대 이후 이슬람 과격주의자들에 의한 글로벌 차원의 테러는 주로 반미를 기치로 하기 때문에 한국과는 무관하다고 주장할지 모른다. 문제는 한국의 입장이 국제사회에 발생되는 다양한 정치 외교적 이슈와 문제들에 대해 방관할 수 없다는데 있다. 예를 들면 국내에서 소비되는 석유의 90%가 중동산이다. 문제는 중동에서 인도양을 거쳐 국내까지 운송되는 석유 관련 운송로를 관장하는 국가는 미국의 제5함대이다. 이 때문에 보수정권이 아닌 노무현 정부에서조차 국내의 극심한 반미데모에도 불구하고 미국의 요청에 의해 이라크와 아프간에 전투 병력을 파견한 것이다. 불행히도 이런 한국의 군사적 개입부작용이 나타난 것이 2004년에 발생한 김선일 납치살해사건이다. 비록 이슬람 테러조직들이 친미국가들에 대한 테러를 공공연히 천명했지만 아직까지 이슬람 테러행위가 우리 국내에서는 발생하지 않고 있다. 그러나 국내에서 이슬람 테러행위가 발생하지 않는 여러 가지 이유 중의 하나가 외국인 출입국자에 대한 정보기

---

72) The White House, *National Strategy to Combat Weapons of Mass Destruction,* 2002, p.5.

관의 적극적인 방첩활동에 있다는 사실을 아는 사람은 별로 없을 것이다.

마찬가지로 국내에서 발생가능성이 있는 테러 행위가 반드시 이슬람 테러만 있는 것이 아니다. 한반도가 남북한으로 분단되고 군사적으로 적대적 대치 상황은 거의 60년에 이르렀다. 북한에 의한 국지전 혹은 테러행위는 최근까지도 국내에서 발생했다. 예를 들면 1997년 북한 간첩에 의한 이한영 살해사건을 비롯하여 1999년 및 2002년의 연평해전, 2010년 천안함 사건 및 연평도 포격사건 등이다. 이런 맥락에서 테러정책 입안자들은 통일이 되는 그날까지 혹시 발생할지도 모를 북한테러에 대한 장단기적인 反테러 및 대테러 대책을 마련해야 한다. 특히 북한에 의한 非무장 간첩파견과 같은 간접적 테러전술의 가능성은 항상 존재한다. 이 때문에 대공으로서의 방첩은 물론 대테러로서의 방첩의 역할이 중요하다.

해방 이래 주한미군은 북한의 무력도발에 대응하는 군사적 억지력으로의 역할을 하고 있다. 비록 주한미군 지위에 관한 협정(SOFA)이 여전히 한국에게 불리한 불평등한 협정이라는 측면도 없지 않지만 최근 북한의 핵실험에도 불구하고 주한미군이 북한의 무력도발을 억제하고 있다는 사실은 변함이 없다. 이 때문에 국내에서 발생 가능성이 여전히 존재하는 테러의 유형 중에 하나가 反美테러이다. 이는 국내외 과격한 개인이나 단체들에 의해 국내에서 발생할 가능성이 가장 높은 테러의 유형이다. 예를 들면 SOFA 협정을 비롯한 주한미군에 대한 불만, 지나친 친미 혹은 대미 종속외교에 대한 불만, 주한미군의 각종 범죄행위에 대한 국민적 불만 등에서 태동될 수 있는 反美감정이 일부 극렬한 성향의 개인이나 단체들에 의해 극단적 테러리즘의 형태로 나타날 가능성이 있다. 만일 이와 같은 반미테러가 국내에서 발생할 경우 한미관계가 어떻게 변할지 그리고 그런 변화가 북한의 군사적 도발을 어떻게 유도할지 아무도 모른다. 따라서 이런 유형의 테러를 사전에 예방하기 위해서는 관련 정보의 사전 수집이 필수적이며 그런 예방적 차원의 대테러 활동도 방첩의 새로운 역할이 되고 있는 것이다.

테러를 예방하기 위한 방첩활동을 체계화하기 위한 조직이 국가정보원에 있는 테러정보종합센터 및 사이버안전센터이다. 대테러센터의 경우 1982년 대통령훈령 제47호(『국가대테러활동지침』)가 제정됐고 2005년에 전면개정을 통해 테러정보종합센터를 설립했다. 사이버안전센터의 경우 국내에서 발생하는 각종 사이버 테러에 대응하기 위해 2004년에 설립되었다. 이런 기관의 역할은 주로 테러행위를 사전에 적발하여 예방하는 데 있다. 또한 완전한 예방이 불가능하다면 테러행위자에 의한 '테러발생의 최소화'와 테러 대상에 대한 '테러 피해의 최소화'가 필요하다. 테러 발생의 최소화가 이루어지기 위해서는 테러 관련 정보의 수집과 분석이 필수적인 요소이다. 바로 이런 테러 관련 사전 예방조치를 위한 정보수집 활동에 중요한 역할을 하는 것이 방첩이다.

한편 테러의 피해에 대해서는 미국 부르킹스 연구소의 조사에 의하면 미국의 경우 주요 대도시에 천연두, 탄저균, 혹은 에볼라 바이러스와 같은 생물학적 테러를 가할 경우 백만 명, 하나의 핵폭탄이 터질 경우 십만 명, 그리고 핵발전소 혹은 유독화학공장의 경우는 만 명 정도가 희생될 것으로 추정되고 있다. 경제적 피해의 경우 생물학적 테러는 7,500억 달러 그리고 대도시의 쇼핑몰과 같은 경제의 주요 부분에 대한 생물학적 테러는 2,500억 달러의 피해가 예상된다.[73] 또한 반드시 화생방 물질이 아니더라도 단순한 다이너마이트 혹은 휘발유를 이용한 폭탄으로 원자력발전소, 저유소, 석유화학단지 혹은 인구가 많이 밀집하는 쇼핑센터 등에 대한 폭탄테러도 인명 및 경제적 피해는 막대하다. 더구나 그에 따른 시민들의 심리적 불안과 공포감은 쉽게 치유되지 않는다. 이와 같은 테러는 분명 대량살상의 목적을 가진 의도적인 행위이다. 이런 테러가 발생되지 않도록 사전 예방을 위한 정보수집 활동 역시 방첩의 역할이다.

그러나 뉴테러리즘의 시대에 테러조직은 목적을 달성하기 위하여 수단과 방법을 가리지 않고 불법성, 폭력성, 비밀성, 불법 자금 등을 얼마든지 이용한다. 반면에 이에 대항하는 법집행기관은 적법성, 非폭력성, 공개성, 합법 자금이라는 법의 테두리 내에서 활동해야 하는 제약성에 부딪힌다. 법집행기관의 입장에서 이것은 처음부터 불공정한 게임을 의미한다. 따라서 법집행 기관에게 그에 걸맞은 사법적 도구로서 실질적 대응수단을 제공해야 한다. 테러 관련 첩보기관의 포괄적 수사권이 필요하다. 테러 관련 방첩활동을 위해 감청과 같은 사법적 수단을 제공하지 않는다면 21세기 치열한 정보전에서 아무 무기도 없이 맨몸으로 싸우라는 것과 다를 바 없다. 물론 테러와 무관한 불법적인 감청이 발생해서는 안 되겠지만 국회 정보위원회를 통해 관련 활동에 대한 감시와 통제 역할을 부여하는 제도적 장치가 마련되면 된다. 한마디로 테러발생 최소화를 위한 최선은 테러관련 사전정보 획득이며 이를 위한 최소한의 사법적 무기는 정보기관에 수사권이 제공되는 것이다. 그런 사법적 수단과 함께 방첩활동이 더욱 힘이 발휘될 수 있다.

---

73) Washingtonpost, "Study Urges Focus on Terrorism with High Fatalities Cos," in http://www. washingtonpost.com/ac2/wp-dyn/A64514-2002Apr28?langu, 02-05-09.

2. 국제범죄와 방첩

90년대 이후 GAP중 특히 비군사적이며 탈이데올로기적인 국제범죄 현상의 확산은 일국의 법집행기관이 통제할 수 있는 전통적 범죄학의 수준을 넘어 국내 또는 국제 안보에 심각한 영향을 미치고 있다. 세계화의 과정에서 한국도 이러한 국제범죄에 점차 노출되고 있는 실정이다. 국제범죄를 안보차원에서 취급해야 하는 가장 중요한 이유의 하나는 국제범죄의 출발점이 '범죄성'에 있다고 하더라도 그것의 결과나 영향이 궁극적으로 국내외적인 정치적 불안정을 야기하는 '정치성'을 지니고 있기 때문이다. 이것은 국제범죄를 전통적으로 단순한 범죄현상이나 행위로 간주하였던 좁은 시각에서 탈피하여 그러한 범죄행위가 근본적으로 민족국가들의 안보를 위협하고 나아가 민족국가들 사이의 정치적 분쟁의 중요한 원인을 제공하고 있다. 이러 연유로 2004년 UN위원회(the High Level Threat Panel)는 테러리즘과 함께 국제범죄를 10개의 중요한 초국가적 위협 중 하나로 선정했다.

현대 테러개념과 마찬가지로 현대적 조직범죄에 대한 개념은 각국의 법집행기관이나 학자들의 시각에 따라 다양하다. 그러나 조직범죄의 개념적 정의를 규정할 때 경제성(혹은 탈이데올로기성), 불법성, 폭력성, 조직성, 비밀성 등의 속성들은 공통적으로 공유된다. 이를 토대로 국제범죄, 다국적 범죄, 글로벌 범죄, 혹은 초국가적 범죄의 개념은 조직범죄의 일반적 속성과 함께 범죄행위 혹은 범죄행위자가 2개국 이상과 직간접적으로 연계되어 발생하는 '초국가성'이라는 속성을 추가할 필요가 있다.[74] 그러나 이러한 전통적 속성들은 90년대 이후 점차적으로 변화하고 있는데 한마디로 "조직범죄의 정치화" 현상이다. 왜냐하면 국제범죄조직들이 각종 불법행위를 통해 획득한 불법자금으로 막강한 조직력과 첨단무기로 무장력을 강화하여 세력을 확장하면서 국가에 공공연히 도전하고 대항하고 있기 때문이다.

국제무질서의 핵심 행위자인 국제범죄에 대한 이슈는 경제와 안보차원에서 활발한 논의가 이루어졌다.[75] 경제의 경우 국제범죄는 마약밀매, 무기밀매, 국제매춘, 인신매매 등과 같은 非공식 경제에만 영향을 미치는 것이 아니라 주식시장, 부동산시장 등

---

74) Gerhard O. Muller, "Transnational Crime: Definitions and Concepts," *Transnational Organized Crime*, Vol.4, No.3-4(1998), p.14.

75) Nicos Passas, "Globalization and Transnational Crime," *Transnational Organized Crime*, Vol.4, No.1(1998), pp.22-56.

과 같은 공식 경제에도 영향력이 확대되고 있다. 그러나 공식 경제 성장과 발전을 21세기 국가안보의 중요한 요인의 하나로 인식하고 있는 많은 국가들은 자연스럽게 국제범죄를 단순한 경제뿐만 아니라 안보차원에서도 논의를 지속적으로 확산시켰다. 스털링(Claire Sterling)은 국제범죄의 글로벌 경제에 대한 침투를 '초국가적 마피아화 (Transnational Pax Mafiosa)'로 규정한다.[76] 더구나 9 · 11 이후 일부 이슬람 테러조직이 활동자금을 확보하는 차원에서 전통적으로 국제범죄의 활동영역인 마약밀매에도 개입하고, 그것을 통해 핵무기를 비롯한 각종 무기밀매에도 개입하는 경향이 드러나면서 국제범죄는 국제안보 차원에서도 이슈화되고 있다.

국제범죄가 비공식 경제에 개입을 강화하면 할수록 비공식 경제와 불가분의 관계에 있는 공식 경제도 직간접적으로 영향을 받을 수밖에 없다. 왜냐하면 장래 국제범죄와 관련된 각종 부패와 연계되면서 국가권력에 대한 심각한 위협이 될 수 있기 때문이다. 한마디로 세계화의 과정에서 많은 시련을 겪으면서 약화된 국가의 주권은 보이지 않게 밀려오는 국제범죄의 불법 네트워크에 '바람 앞에 등불'처럼 매우 위태로운 상태이다. 세계화 과정은 동북아 및 동남아 지역의 저발전 국가에서 발전 국가로의 위장취업, 인신매매, 국제매춘 등을 통한 불법이민을 더욱 부추길 것이다. 이러한 불법이민은 개인적 수준에서 각국의 범죄조직이나 혹은 범죄조직 사이의 연계를 통해 이루어질 것이다. 조직범죄의 시각에서 이와 같이 변화하는 국제상황은 조직범죄로 하여금 시간이 흐를수록 새롭게 변화하도록 조장할 것이다.

범죄조직이 21세기 국제사회의 주도적 행위자로 등장하게 될 가능성은 매우 높다. 셸리(Louise L. Shelly)는 국제범죄의 새로운 영향력을 "신권위주의(new authoritarianism)"라고 명명하고, "냉전이 20세기의 국제적 화두였다면 21세기의 국제적 화두는 국제범죄가 될 것이다"라고 예견했다.[77] 장래 이들에 의한 위협은 민족국가는 물론 국제체계의 안정과 질서에 심각한 영향을 미칠 수 있다. 이런 맥락에서 20세기가 '전쟁과 이데올로기 투쟁의 시대'였다면, 21세기는 '테러와 범죄와의 투쟁의 시대'가 될 가능성이 높다. 한마디로 20세기 '냉전'에서 21세기 '범죄전'으로의 변화이다. 결국 국제범죄의 글로벌 차원의 확산은 이에 대한 새로운 안보개념의 필요성을 요구

---

76) Claire Sterling, *Crime Without Frontiers,* (London: Warner Books, 1995).

77) Louise L. Shelley, "Post-Soviet Organized Crime: A New Form of Authoritarianism," *Russian Organized Crime: The New Threat?* edited by Phil Williams, (London: Frank Cass, 1997), p.31.

한다. 이들의 글로벌 활동은 국가 및 국제안보는 물론 인간안보에도 매우 위협적이고 기존의 안보위협에 대한 개념적 정의도 새롭게 유도하게 만든다.

결론적으로 국제범죄의 특징과 영향을 요약하면 다음과 같다. 첫째, 마약밀매에서 파생되는 막대한 불법수익으로부터 범죄조직은 국내외적으로 지배적인 정치경제조직과의 연대를 통해 정치부패를 심화시킨다. 부패는 주로 뇌물의 형태로 이루어지는데 법집행기관이나 그 기관의 상부 정치조직으로부터 범죄조직의 불법 활동을 묵인 혹은 협조의 형태로 이루어진다. 공생적 연계는 범죄조직과 경제기관 사이에서 발생하는 자금세탁이다.[78] 이 과정에서 범죄조직은 초국가적인 성격을 띠면서 합법적 비즈니스로 위장할 가능성이 있다. 둘째, 폭력의 증가와 새로운 형태의 정치적 마약테러리즘의 등장이다. 범죄조직들은 비교적 온건한 방법이라고 할 수 있는 뇌물을 통한 공생적 연계가 실패할 경우 무자비한 폭력을 행사하며 위협한다. 이러한 폭력이 단순한 범죄학적인 수준인 라이벌 사이의 영토와 시장의 보전과 확장을 위한 범죄테러를 넘어 국가기관의 권위에 정면 도전하는 정치테러의 형태를 띠고 있다.

셋째, 범죄조직과 게릴라조직 혹은 테러조직과의 상호연계이다. 이러한 패턴은 앞에서 지적한 다양한 국제범죄 조직들의 상호연대를 통해 그들의 범죄활동을 초국가화하고 있는 실정에서 더욱 복잡화되는 양상을 띨 전망이다.[79] 더욱 큰 문제는 범죄조직들에 의한 핵밀매설이다. 특히 러시아 마피아의 경우는 핵물질의 밀매정보가 심심치 않게 언론에 보도되고 있다.[80] 이러한 핵물질의 밀매는 언제든지 핵무기로 제조할 수 있는 플루토늄이나 우라늄이다. 이것은 장래에 범죄조직에 의한 혹은 정치테러 조직들에 의한 핵테러리즘이 현실화 될 수 있음을 암시한다.[81] 최근에는 핵테러의 가능성외에도 막대한 인명피해를 유발할 수 있는 화학 및 생물학적 테러리즘이 범죄조직에 의해 자행할 가능성이 제기되고 있다. 넷째, 범죄조직에 의한 마약밀매가 이제는 단순한 국내적 범죄행위를 초월하여 초국가적인 성격을 띠면서 국내외적으로 민족국가 안보에 심각한 위협이 될 수 있다.

국제범죄의 급성장에 따라 조직범죄에 대한 국제공조의 강화방안으로 2000년 『초국가적 조직범죄의 억제를 위한 UN 협약』이 체결됐다. 이 협약의 핵심 목표의 하

---

78) *Time*(18 Dec. 1989), pp.50-56.
79) Rensselaer W. Lee, "Global Reach," *Current History,* (May 1995), p.210.
80) Rensselaer W. Lee, "Post-Soviet Nuclear Trafficking," *Current History,* (October 1995), pp.343-348.
81) *The New York Times*(13 March 1996), p.A5.

나는 조직범죄에 대항하기 위해 기존의 국제적 상호협력에 장애가 되었던 각국 간 법적 체계의 차이점을 해소하는 것이다. 다른 하나는 조직범죄에 효과적으로 대항하기 위한 국내법의 기준을 강화하는 것이다. 이런 연유로 범죄조직 또한 새로운 활로를 모색하고 있다. 이에 대응하여 범죄조직도 첫째, 불법행위에 대한 초국가적 분업화를 하면서 상호공조를 통해 새로운 불법시장의 확대에 주력할 것이다. 둘째, UN협약이 범죄조직과 기업체의 연계차단을 주요 목표로 규정하고 있기 때문에 범죄조직도 기존의 범죄활동의 합법화를 추진할 것이다. 셋째, 불법행위에서 획득한 막대한 수익으로 범죄조직은 무장화를 이룩할 것이다. 넷째, 범죄조직의 공생화, 합법화, 무장화는 궁극적으로 국가에 대응하는 정치화의 토대가 될 것이다.

반공 혹은 대공과 같은 이데올로기 차원에 초점을 맞춘 방첩의 전통적 패러다임에서는 국제범죄와 같은 초국가적 위협은 거의 취급되지 않았다. 그러나 90년대 이후 급변하는 글로벌 안보환경은 방첩의 의미와 역할을 전통적인 좁은 의미가 아닌 넓은 의미로 확대되게 만들고 있다. 왜냐하면 국제범죄에 의한 불법행위가 작게는 인간안보의 차원은 물론 크게는 국가공권력에 공공연히 도전하는 국가안보 위협의 사례로 나타나고 있기 때문이다. 나아가 국제 범죄조직은 정치 테러단체와 연계하여 핵밀매와 같은 국제안보에도 심각한 위협을 줄 정도로 21세기 새로운 차원의 위협이 되고 있다. 이런 연유로 국제범죄를 방첩차원에서 대응할 필요성이 존재한다. 왜냐하면 국제범죄는 실질적인 영토의 침입은 없다할지라도 그러한 범죄가 직접적으로 국가의 안녕과 질서 혹은 국민의 생명과 재산에 위협이 될 수 있기 때문이다.

국제범죄로부터의 위협을 한반도 주변의 동북아에 초점을 맞추어 전망해 보자. 아직까지 한반도는 이데올로기에 의한 냉전의 유령이 사라지지 않고 있는 유일한 지역이다. 국제정치적 측면에서 한반도 주변지역보다 초강대국들이 집중되어 있는 지역도 없다. 주한미군 및 주일미군을 비롯하여 21세기에 미국의 강력한 도전국가로 급부상하고 있는 중국, 그 대항세력으로 미국을 등에 업은 일본, 더구나 미국 다음으로 석유의 최대 소비국가가 된 중국 등 21세기 에너지 위기의 상황에서 에너지 부국인 러시아가 제3의 세력으로 등장하고 있다. 이와 함께 한반도 주변은 북한변수(붕괴가능성, 핵무장, 권력세습, 무력도발, 탈북자 등)를 둘러싼 주변 강대국들에 의해 초미의 관심이 되고 있다. 이처럼 지정학적 차원에서 현재 미군이 개입하고 있는 아프간과 이라크와 함께 한반도 주변은 정치적 불안정이 상존해 있다.

한반도 주변은 지정학적 불안정과 함께 중국계 삼합회, 일본계 야쿠자, 러시아 마피아라는 국제범죄조직으로 둘러싸여 있어 지하세계로부터도 불안정과 위협이 상존해 있다. 이러한 위협과 불안정의 최대 근원은 마약밀매에 있다. 특히 메스암페타민 세계 최대 생산국인 중국과 최대 소비국인 일본이 존재한다. 그리고 아시아와 유럽을 연결하는 소위 유라시아의 지정학적 위치에 러시아가 존재한다. 이것은 향후 동북아 국제마약밀매가 러시아를 통해 동유럽과 서유럽으로 확산될 수 있는 가능성이 항상 존재함을 의미한다. 동북아에 국제마약밀매가 활성화될 수 있는 가장 중요한 조건은 소비시장이다. 마약 소비시장의 측면에서 한국의 경우 아직까지는 심각한 수준은 아니지만 동북아 지역적 차원에서 볼 때 중국과 일본 그리고 국가적 차원의 마약생산국인 북한변수가 있어 국제 마약밀매에서 동북아가 결코 자유지대가 아님을 반증한다.

동북아 지역에서 국제범죄 활동전망의 핵심은 마약밀매이다. 최악의 시나리오는 러시아 마피아, 삼합회, 야쿠자 등이 북한 범죄조직과의 연계를 통하여 동북아 지역에서의 마약밀매를 확산시키는 것이다. 북한이 직간접적으로 정권차원의 마약밀매에 개입하고 있다는 증거는 국제적으로 50여 차례 적발된 사례에서 이미 충분하다.[82] 현재와 같이 북한이 탈북자들조차 통제하지 못하는 수준을 고려할 때 북한주민들이나 소규모 범죄조직들이 정권차원에서 양귀비에서 채취한 아편 혹은 필로폰을 블라디보스토크 지역의 러시아 마피아들에게 값싸게 팔 경우 중국을 거쳐 인천으로 들어오는 마약루트와 함께 부산이 일본으로 향하는 새로운 마약루트로 개발될 가능성이 높다. 최근 중국 흑사회, 야쿠자, 국내 범죄조직이 국제 마약밀매에 연계된 사건은 이런 가능성을 더욱 증가시키고 있다.

이런 맥락에서 1993년 국가정보원은 국가차원의 국제범죄 전담기구인 국제범죄 정보센터를 설치했다. 국제범죄에 대응하기 위한 구체적 수단으로서 통합방첩의 개념이 필요하게 되었다.[83] 왜냐하면 21세기 국가방첩은 국가안보와 국가이익은 물론 인간안보를 위협하거나 위해하는 것을 사전에 탐지하고 예방하는 것이 중요해지고 있기 때문이다. 이처럼 21세기 새로운 변화와 위기는 국가의 방첩임무를 확대하게 만들고 있다. 더구나 온라인상의 네트워크 취약성(network vulnerability)을 이용한 국제범죄의

---

82) 조성권, "非군사적 안보위협: 한반도주변 마약밀매를 중심으로", 『세계지역연구논총』, 22집 1호 (2004), pp.259-261.

83) Loch K. Johnson, *Bombs, Bugs, Drugs, and Thugs: Intelligence and America's Quest for Security*, (New York University Press, 2000), pp.16-19.

행위는 오프라인 방첩과는 또 다른 새로운 방첩의 영역이다.[84] 이와 함께 한국은 점차적으로 다문화사회로 진행되고 있기 때문에 가까운 장래 미국의 경우처럼 외부로부터의 위협이 아닌 내부로부터의 위협 또한 점차적으로 증대될 가능성이 높다. 이런 다양한 시대적 변화와 위기에 따라 미국은 2005년 국가방첩전략을 발표했고 한국도 2012년 4월 처음으로 대통령령에 의한 방첩업무규정을 제정했다. 이것은 21세기 방첩활동이 그만큼 국가안보와 국가정보에 중요하다는 것을 의미한다.

따라서 새로운 글로벌 경쟁과 국제범죄와 같은 새로운 초국가적 위협이 상존하는 글로벌 사회에서 국가와 국민의 생존과 번영을 위해 정보기관은 진정한 나침반이 되어야 한다. 이와 마찬가지로 정보기관의 중요한 기능인 방첩활동 역시 새로운 시대적 상황과 새로운 이슈들의 등장에 대비하여 새로운 변신을 요구한다. 왜냐하면 새로운 위협들의 확산은 방첩의 필요성을 더욱 요구하기 때문이다. 21세기 새로운 역할을 부여받은 방첩의 중요성은 그에 걸맞은 새로운 개념으로 무장되어야 한다. 특히 한국의 경우 글로벌 시대의 유동적 변화와 남북의 정치군사적 대립이라는 고정적인 한반도라는 역설적인 상황이 방첩기관으로 하여금 운신의 폭을 자유롭지 못하게 만들고 있다.

구체적으로 방첩활동을 방해하는 외부로부터의 문제는 외국의 정보활동과 테러·국제범죄 관련 수집을 위한 방첩활동에 거의 필수적인 감청과 감시와 같은 수단이 국내에서 민감한 사항으로 취급되어 상당한 제약을 받게 되어 있다는데 있다. 특히 감청과 같은 방첩활동의 중요한 수단은 국가안보와 국가이익을 위해 상대방에게 적극적이고 공격적인 방첩작전을 수행하기 위해서는 반드시 필요하다. 그런 권한도 없이 방첩기관을 보이지 않는 전쟁에서 대응하라는 것은 아무 무기도 없이 맨몸으로 싸우라는 것과 다를 것이 없다. 물론 감청과 사찰에 대한 남용 및 악용에 대한 통제방안도 마련해 두어야 한다. 이 문제는 결국 정보기관의 정치적 중립성과 신뢰성을 담보할 수 있는 제도적 장치로 귀결된다. 이것은 또한 최고 정책결정권자의 의지에 달려있기도 하다.

우리는 세계화, 정보화, 민주화, 민영화라고 불리는 21세기, 복잡성과 불확실성의 시대에 살고 있다. 이 때문에 오늘날은 미래에 대한 예측이 불가능하며 불확실하다. 더구나 이런 세상은 너무도 빠르게 변하고 있다. 국가와 개인 모두 이런 급변하는 세계

---

84) National Counterintelligence Executive, "Strategic Counterintelligence," *American Bar Association Standing Committee on Law and National Security*, 29 March 2007, p.13.

상황에 걸맞은 적응력과 유연성을 지닐 수밖에 없다. 특히 국가안보와 인간안보의 최전선에서 일하는 정보기관의 경우 전체적인 자료가 아닌 부분적이고 단절된 자료로 전체를 추론하고 통찰하고 유추해야 한다. 이것은 방첩활동도 마찬가지이다. 방첩요원은 전체를 보면서 핵심을 파악하는 냉철한 통찰력이 필요하다. 결론적으로 국가안보와 인간안보에 위협을 줄 수 있는 요소들에 대비하여 방첩정책을 효율적 그리고 효과적으로 수행하기 위해서는 그 임무에 걸맞은 실질적이고 강력한 사법적 수단과 권한이 제공되어야 한다. 그러한 권한은 국민의 신뢰가 밑받침되어야 하며 그것은 정보기관의 정치적 중립성에서 시작된다고 하겠다.

위에서 지적했듯이 21세기에 도래한 새로운 불확실성의 시대, 다차원성의 세계화, 국제무질서 현상, 테러조직의 범죄화 그리고 범죄조직의 정치화 현상 등이 거의 동시다발적으로 발생하고 있다. 이뿐만 아니라 온라인과 오프라인의 상호 작용에 의한 부정적 복잡성은 거의 매일 헤아릴 수 없이 발생하고 있다. 이 과정에서 테러 및 범죄조직의 상호 연계에 의한 초국가적 위협은 나날이 발전하고 있다. 이들은 정치적 민주주의와 사회경제적 안정이 오래 전에 정착되었거나 혹은 공고화된 국가들에서도 여전히 활동한다. 그러나 강력한 국가에서 그들의 활동은 상당부분 통제되기 때문에 매우 음성적이며 제한적이다. 반면 민주주의와 국가형성이 미약하거나 실패한 국가들에서 이들은 정치권력과 공생관계를 형성하면서 보다 더 폭력적이며 양성적으로 활동한다. 이런 공생관계는 가까운 장래 이들에 의한 초국가적 위협들을 더욱 활성화시키고 문제를 야기함으로써 지속적으로 글로벌 거버넌스에 새로운 위협을 제공할 가능성이 크다.

예를 들면 테러조직과 범죄조직의 연계는 90년대에 체첸 게릴라 및 알-카에다와 러시아 마피아사이에서 나타났다. 이들 연계의 기본패턴은 범죄조직이 테러조직에게 범죄기술과 대량살상무기 혹은 원료를 제공하고 테러조직은 무기와 테러기술을 공급한다. 범죄조직들이 대량살상무기를 구입하는 이유는 이 무기를 일국에 대항하여 사용한다기보다는 구매의사를 피력하는 테러조직들에게 판매하여 더 많은 수익률을 올릴 수 있기 때문이다. 소위 범죄조직들에 의한 핵밀매이다. 범죄조직은 자국의 국경을 넘어 후진국이건 선진국이건 경제적 이득을 위해서는 마약밀매, 핵밀매, 무기밀매, 인간밀매, 폐기물밀매, 국제매춘, 돈세탁 등 가릴 것 없이 영역을 확장시킨다.

테러-범죄조직의 연계에서 파생되는 가장 우려할 만한 일은 앞에서도 지적했듯 테러조직이 범죄조직들로부터 대량살상무기를 획득할 가능성이다. 문제는 이러한 핵물질의 밀매가 언제든지 핵무기를 제조할 수 있는 플루토늄이나 우라늄이라는 사실이다. 구소련의 붕괴 후 90년대 많은 수의 KGB 요원들이 러시아 마피아의 일원으로 흡수된 점과 러시아의 부패정도를 고려할 때 상당량의 소형 핵무기가 불법밀매를 통해 러시아 마피아로 흘러들어 갔을 가능성을 배제하지 못한다. 따라서 테러조직이 러시아 마피아로부터 핵 혹은 방사능 물질을 구입할 가능성을 배제할 수 없다. 리(Rensselaer W. Lee III)는 이러한 패턴이 다양한 국제범죄조직들의 상호연대를 통해 더욱 복잡화되는 양상을 띨 전망이라고 강조한다.[85]

앞에서 지적했듯이 20세기가 강대국 사이의 대결에서 파생되는 군사안보가 국제사회의 주요 이슈였다면 21세기는 국가와 비국가단체 사이의 대결에서 파생되는 새로운 형태의 안보가 국제사회의 주요 이슈로 등장할 것이다. 9 · 11 테러 이후 테러조직의 마약밀매에의 개입은 물론 테러조직과 범죄조직의 연계가 세계 도처에서 새로운 현상으로 등장하고 있다.[86] 이 때문에 미국은 21세기 '새로운 세계질서'의 구축을 이룩하는데 테러리즘과 마약밀매를 가장 위협적인 존재로 다루었다. 따라서 20세기의 좁은 의미와 경직된 안보시각이 아니라 전통적 틀을 벗어나 시대의 상황에 적합한 큰 틀 내에서 유연하게 새로운 통합적 안보개념을 확립해야 한다.[87] 이처럼 21세기 지하세계의 새로운 현상의 등장에 따라 정보기관의 역할도 이들에 대한 통제가 필요해졌고 그런 통제를 위해 방첩의 범위와 역할 확대가 새로운 아젠다로 등장하게 된 것이다.

참·고·문·헌

김윤덕. 『국가정보학: 이론과 실제의 이해』. 박영사, 2001.

조성권. "非군사적 안보위협: 한반도주변 마약밀매를 중심으로". 『세계지역연구논총』, 22집 1호, 2004.

조성권. "초국가적 위협: 테러, 마약, 범죄조직의 상호연계와 새로운 대응시각". 『세계

85) Rensselaer W. Lee, "Global Reach: The Threat of International Drug Trafficking," *Current History*, May 1995, p.210.

86) 상세한 내용은 조성권, "초국가적 위협: 테러, 마약, 범죄조직의 상호연계와 새로운 대응시각," 『세계지역연구논총』, 제28집, 1호(2010), pp.317-339.

87) Joseph J. Romm, *Defining National Security: The Nonmilitary Aspects,* (NY: Council on Foreign Relations Press, 1993), pp.1-8.

지역연구논총』. 제28집 1호(2010).

손관승. 『우리는 그들을 스파이라 부른다』. 여백, 1999.

윌리엄 V. 케네디. 권재상 역. 『첩보전쟁』. 자작나무, 1999.

최평길. 『국가정보학: 정보력은 국가브랜드』. 박영사, 2012.

Albini Joseph L. et al. "Russian Organized crime and Weapons of Terror: The Reality of Nuclear Proliferation." in *International Criminal Justice: Issues in a Global Perspective*. edited by Delbert Rounds. Allyn & Bacon, 2000.

Brenner, Joel. *America the Vulnerable: Inside the new threat matrix of digital espionage, crime, and warfare*. NY: The Penguin Press, 2011.

Clarke, Richard A. *Against All Enemies: Inside America's War on Terror*. NY: Free Press, 2004.

Codevilla, Angelo. *Informing Statecraft: Intelligence for a New Century*. NY: The Free Press, 1992.

Coll, Steve Coll. *Ghost Wars: The Secret History of the CIA, Afghanistan, and bin Laden, from the Soviet Invasion to September 10, 2001*. NY: Penguin Books, 2004.

Council on Foreign Relations. "Nuclear Facilities." http://cfrterrorism.org/security/ nuclearfacilities.html.

Council on Foreign Relations. "Loose Nukes." http://cfrterrorism.org/weapons/ loosenukes.html.

Crumpton, Henry A. "U.S. Counterterrorism Strategy Update." *Testimony Before the House International Relations Committee*, Subcommittee on International Terrorism and Nonproliferation, Oct. 27, 2005.

CSIS. *Russian Organized Crime*. 1997.

CSIS Task Force Report. *Russian Organized Crime and Corruption*. The CSIS Press, 2000.

Goss, Porter J. "Global Intelligence Challenge 2005: Meeting Long-Term Challenges with a Long-Term Strategy." *Testimony of Director of Central Intelligence*, Before the Senate Select Committee on Intelligence, 16 Feb. 2005.

Handelman, Stephen. *Comrade Criminal: Russia's New Mafiya*. Yale Univ. Press, 1995.

Holden-Rhodes, J. F. & Peter A. Lupsha. "Horsemen of the Apocalypse." *Low Intensity Conflict & Law Enforcement*, Vol.2, No.2, 1993.

Johnson, Loch K. *Bombs, Bugs, Drugs, and Thugs: Intelligence and America's Quest for Security.* New York University Press, 2000.

Lee, Rensselaer W. "Global Reach: The Threat of International Drug Trafficking." *Current History*, May 1995.

Lee, Rensselaer W. "Post-Soviet Nuclear Trafficking." *Current History*, October 1995.

Lee, Rensselaer W. "Recent Trends in Nuclear Smuggling." in *Russian Organized Crime: The New Threat?* edited by Phil Williams. Frank Cass. 1997.

Laqueur, Walter. *The New Terrorism: Fanaticism and the Arms of Mass Destruction.* Oxford University Press, 1999.

Muller, Gerhard O. "Transnational Crime: Definitions and Concepts." *Transnational Organized Crime*, Vol.4, No.3-4, 1998.

National Counterintelligence Executive. "Strategic Counterintelligence." *American Bar Association Standing Committee on Law and National Security*, 29 March 2007.

National Intelligence Council. *Maping the Global Future: Report of the National Intelligence Council's 2020 Project*, Dec. 2004, http://www.globalsecurity.org/intell/library/reports/2005/nic_globaltrends2020_s4.htm

Olson, James M. "A Never-Ending Necessity: The 10 Commandments of Counterintelligence." *Studies of Intelligence*, No.11, 2001.

Passas, Nicos. "Globalization and Transnational Crime." *Transnational Organized Crime*, Vol.4, No.1, 1998.

Romm, Joseph J. *Defining National Security: The Nonmilitary Aspects.* NY: Council on Foreign Relations Press, 1993.

Shelley, Louise L. "Post-Soviet Organized Crime: A New Form of Authoritarianism." *Russian Organized Crime: The New Threat?* edited by Phil Williams, London: Frank Cass, 1997.

Steger, Manfred B. *Globalization: A Very Short Introduction.* Oxford University Press, 2003.

Sterling, Claire. *Crime Without Frontiers.* London: Warner Books, 1995.

The White House. *National Strategy to Combat Weapons of Mass Destruction.* 2002.

The White House. *National Strategy to Combating Terrorism.* 2006.

US Dept. of State. *Country Reports on Terrorism 2004.* Office of the Coordinator for Counterterrorism, 2005.

Time. 18 Dec. 1989.

The New York Times. 13 March 1996.

Washingtonpost. "Study Urges Focus on Terrorism with High Fatalities Cos." http://www.washingtonpost.com/ac2/wp-dyn/A64514-2002Apr28?langu, 02-05-09.

21 Century
National
Counterintelligence

제2편

방첩활동 추세 및 사례

21 Century
National
Counterintelligence

제1장 방첩의 역사와 현대 방첩활동

이상호(대전대학교)

제1절 방첩의 역사

제 2차 세계대전 이후 각국에서 현대적 의미의 정보기관이 창설되고 주요 선진국에서 국가안보의 중요한 한 축으로서 방첩활동이 체계적으로 시작된 지 60여 년이 흘렀다. 그럼에도 불구하고 우리나라에서는 아직도 외교안보 분야에 종사하는 학자들뿐만 아니라 정부 관료들조차 방첩활동의 역할 및 필요성에 대한 인식이 부족한 것이 사실이다.

방첩의 세계는 안보와 국익을 지키고 빼앗는 전선에서 진실과 거짓, 그리고 온갖 속임수가 가장 복잡하면서도 복합적으로 일어나는 영역이다. 이러한 방첩세계에서 외국 정보기관의 정보활동으로부터 우리의 안보와 국익을 지키는 방패로서의 기능을 수행함과 동시에 위협요소를 규정하고 무력화시키는 창의 역할도 동시에 수행해야 하는 것은 무척 어렵고 복잡한 업무다. 이러한 현실을 감안해 각국 방첩기관들은 신뢰할 수 있는 적임자를 엄선하여 필요한 방첩업무를 수행토록 하고 사고 발생 시는 피해를 최소화할 수 있는 방향으로 체제를 강화해 나가고 있다. 특히, 정보통신의 발달과 인터넷 및 SNS의 보편적 사용 등 정보환경의 변화를 감안해 다각적인 방첩업무 효율화 방안을 강구해 나가고 있다. 그러면서도 보안조치와 일선 부처의 업무효율 간의 상관관계에서 합리적인 균형을 유지하기 위해 노력해 나가고 있다.

따라서 본 장에서는 이러한 방첩활동이 발전해온 과정과 주요 선진국들의 방첩활동 추진동향을 살펴보고 오늘날 우리의 방첩활동에 중요한 시사점이 될 수 있는 현대 방첩활동의 주요 내용에 대해 살펴보고자 한다.

- 78 -

1. 방첩활동의 변천

첩보활동은 세계에서 두 번째로 가장 오래된 직업으로 불릴 정도로 오랜 역사를 갖고 있지만 공식 기관으로서의 체제를 갖추고 본격적으로 첩보활동을 시작한 것은 20세기에 들어서부터다. 독일에 대한 정보활동 필요성에서 영국 MI5와 MI6가 1909년 창설되어 활동을 시작한 것이 그 최초라고 할 수 있다. 미국도 2차대전 중에 영국의 지원을 받아 OSS(Office of Strategic Services)를 창설해 운영하다 트루만 대통령 시절인 1947년 이를 다시 해편해 CIA를 창설하고 오늘날에 이르고 있다. 이러한 미국의 사례와 마찬가지로 다른 나라들도 대부분 2차 대전 이후 정보기관을 창설하고 적극적인 해외 정보활동을 추진하기 시작하였으며, 이러한 외국 정보기관의 활동에 대응해서 각국의 방첩 활동도 본격적으로 추진되기 시작한다.

정보활동과 마찬가지로 방첩활동도 인류 전쟁의 역사와 함께 발전해 왔지만, 국가적 공식 편제를 갖추고 방첩활동이 체계적으로 추진한 것은 20세기 이후부터다.[1] 초기 방첩활동의 예로는 근대적 정보조직 운영을 통해 스페인 무적함대 침공 사실을 사전에 파악한 16세기 영국 월싱햄 경(Sir Francis Walsingham)의 對스페인 방첩활동, 보어전쟁 (1881-84) 기간 동안 적의 동향 및 지시사항 파악을 위한 감청, 그리고 1차대전 동안 독일의 정보활동에 대한 활발한 군사 방첩활동 등을 들 수 있다. 1차대전 이후에는 공산주의의 팽창에 대응해 공산당 조직에 방첩요원 및 첩보원을 침투시키고 소련을 중심으로 한 공산권의 통신을 감청하고 대응하는 등의 활동이 중점적으로 실시되었다.[2]

2차 세계대전은 공격적 정보활동 증가와 함께 첩보활동에 있어서도 종전과는 비교할 수 없을 정도로 조직적으로 전개되는 계기가 되었다. 과학 장비의 적극적 활용 및 항공정찰, 첩보사진술, 통신감청, 암호해독, 전략적 기만 등을 통해 상대의 의도를 파악하고 대응하는 노력이 체계적으로 전개되었다. 연합국과 주축국 모두가 통신감청 및 암호해독, 이중첩자 등을 적극적으로 활용하여 상대를 속이면서도 제압하기 위한 방첩활동을 활발하게 전개하였다.[3] 그 중에서도 영국의 MI5가 체포된 독일 스파이 120명을 역용하여 노르망디 상륙작전에 관한 독일의 오판을 유도한 것은 방첩공작의

---

1) Mark Lloyd, *The Guinness Book of Espionage*, (Washington DC: DA CAPO Press, 1994) pp.16-18.

2) Nigel West, Historical Dictionary of International Intelligence, (Oxford: The Scarecrow Press, 2006) p.xxi.

3) *Ibid*, p.xxii.

결정적인 성공사례라고 할 수 있다.[4]

2차대전 후 냉전 기간 동안에는 수 많은 스파이 영화에서 묘사되고 국가간 스파이 추방 사건에서 실제 보이듯이 미·소 양 진영 간에 치열한 첩보활동과 함께 이를 막기 위한 국가안보 차원의 방첩활동이 적극적으로 전개되었다. 동구권의 몰락과 함께 냉전이 종식된 이후에는 안보 차원의 방첩활동 범주에서 경제방첩 및 대테러, 초국가적 조직범죄에 대한 대응, 사이버 보안 등 다양한 영역으로 확대 발전되면서 진화하고 있다. 피아가 구분되던 비교적 단순한 게임에서 이제는 피아 구별이 불분명하고 복잡한 네트워크 선상에서 다양하게 전개되는 '새로운 게임'으로 방첩의 룰이 진화하고 있는 것이다.[5]

이러한 전통적 방첩 개념의 변화를 촉진한 중요한 요인은 정보 및 방첩활동의 행위자로서 국가 개념이 확대되었다는 것이다. 냉전 기간에는 적대국의 개념이 분명했으며, 우리 한국의 경우에도 대부분 북한 및 공산주의 국가들을 의미했었다. 그러나 이제 우리나라에서도 방첩활동의 대상은 북한 등 과거 적대국가로 한정되는 것이 아니라 각종 안보 위해세력, 그리고 국익의 보호 및 극대화를 위한 경쟁 상대국 등 모두를 포괄하고 있다. 다시 말해 우방국의 정보 및 관련 기관들까지도 필요시 우리의 방첩활동 대상이 되고 있다. 그리고 이러한 방첩 대상의 확대는 비단 우리나라만의 특징이 아니라 미국을 필두로 한 전세계 거의 모든 나라 정보·방첩기관에서 취하고 있는 보편적인 추세가 되고 있다. 일례로 지난 2010년 '줄리안 어샌지'가 위키리크스에 폭로한 내용에서도 나타나듯이 미국은 제2차대전 이래 가장 중요한 동맹인 한국의 고위공직자들을 대상으로 2,000여 건의 국가기밀을 수집한 것으로 나타났다.[6] 반면, 한국도 주미대사관 무관이 미 해군 컴퓨터 전문관인 '로버트 김'을 통해 정보를 수집한 바 있다. 이처럼 동맹국간에도 활발한 정보수집 활동을 전개하고 있는 것이다. 방첩개념 변화를 촉진한 또 다른 요인은 9·11테러 사건의 사례에서 볼 수 있듯 비정부 기구 또는 테러 및 범죄조직과 같은 초국가적 불법조직의 부상이다. 이들 조직들은 특정 국가와의 합법 또는 불법적 수단의 연계관계를 갖고 상대국에 대한 첩보 및 테러활동을 전개하고 있다. 마지막 요인으로는 갈수록 증가하고 교묘해 지고 있는 산업스파이 활동의

---

4) Norman Polma & Thomas Allen, *SPY BOOK,* (New York: Random House, 1997), pp.173-174.

5) 조성권, "새로운 방첩위기의 등장과 방첩개념의 변화모색", 『2012 한국국가정보학회 하계학술회의 자료』, pp.7-9.

6) 김왕식, "국익을 위한 '방첩규정'되려면", 『파이낸셜 뉴스』, 2012.5.17.

증가이다. 미국이 산업스파이로 인해 매년 3천~5천억 달러에 달하는 경제적 손실을 보고 있다는 사실이 이러한 상황의 심각성을 대변해 주고 있다.[7]

한편, 우리나라에서의 방첩활동은 구한말 고종황제가 1902년 6월 창설한 제국익문사(帝國益聞社)의 활동이 최초의 조직적 방첩활동이라고 할 수 있다. 제국익문사가 각국 공사관과 개항장에 정보요원을 파견하여 국내 체류 외국인의 동향을 파악하고 대응하는 활동은 전형적 방첩활동으로 볼 수 있기 때문이다. 그렇다 하더라도 오늘날과 비슷한 현대적 의미의 방첩업무가 시작된 것은 1945년 8월 15일 해방 후 경찰과 군에 방첩활동 전담 조직이 창설된 이후부터라고 볼 수 있다.[8] 미 군정기 미군 방첩대의 조직과 운용 방식 등을 모델로 해서 육군본부 정보국이 1949년 10월 방첩대(Counter Intelligence Corps)를 처음 창설해 운용한 것이 방첩이라는 용어를 정식으로 갖춘 최초의 조직이다. 그러나 이때 사용한 방첩의 의미는 기본적으로 '간첩(間諜)을 방어(防禦)한다'는 소극적 의미로서 북한관련 반공 또는 대공의 의미로 이해되었다. 다시 말해 해방 및 정부 수립 직후에는 외국을 대상으로 하는 방첩활동보다는 오직 북한의 위협에 대응하는 대공활동과 외국인의 일반 범죄를 포함한 소극적 외사활동을 담당하는데 그쳤던 것이다.[9]

1960년대 중앙정보부 및 내무부 치안국도 방첩 관련 조직을 신편하였으나 대부분 외사활동의 일환으로 단편적인 방첩활동을 수행하는데 그쳤다. 이때까지도 국내에서 방첩의 의미와 역할은 기본적으로 반공 혹은 대공에 대한 활동을 중심으로 이루어졌다고 할 수 있다. 따라서 진정한 의미의 현대적 방첩활동이 체계적이고 독립적인 업무영역으로 정착된 것은 1980년대 후반 북방정책 추진과 더불어 공산권 국가와 국교가 정상화되면서 본격적으로 시작되었다고 할 수 있다. 물론 90년대 초반까지도 우리의 방첩 패러다임 속에는 반공 혹은 대공의 의미가 중요하게 차지하고 있었던 것이 사실이지만, 과거 적대국이던 공산권 국가들의 공관이 서울에 개설되고 이와 더불어 정보요원들이 국내에서 활동을 시작하게 되면서 적극적 방첩활동에 대한 필요성을 인식하기 시작하였던 것이다.[10] 이에 국가안전기획부에 방첩 및 외사업무를 전담하는 공식 조직이 설치되고 우방국 정보기관들로부터 교육 및 훈련, 정보협조 등을 받아가면서

---

7) 조성권(2012), p.10.
8) 국가정보포럼, 『국가정보학』, (서울: 박영사, 2006), p.129.
9) 조성권(2012), pp.4-5.
10) 조성권(2012), pp.5-6.

업무를 발전시키고 현대적 의미의 조직적 방첩 활동을 전개하게 된 것이다.

2. 방첩활동의 유형과 주요 사례

방첩활동에는 적국을 포함한 외국 정보기관이 자국에 대해 전개하는 정보활동을 색출, 견제, 차단하는 방어적 개념의 활동과 상대국 정보기관 요원을 포섭하여 이중 스파이로 역용하거나 상대 정보기관에 침투하고 허위 정보를 제공하여 기만함으로써 상대국 정보기관의 활동을 교란하는 등의 공격적 개념의 활동이 있다. 방어적 개념의 방첩활동(Defensive Counterintelligence Operation) 또는 수동적 개념의 방첩활동은 상대국가의 정보활동에 대한 수동적 대처로서 보안활동을 포함한다고 할 수 있다.

이러한 수동적 개념의 방첩활동에는 먼저 정보의 기밀 분류화와 보안활동이 기본적인 활동이 된다. 정부의 중요 문서나 자료를 1급비밀(Top Secret), 2급비밀(Secret), 3급비밀(Confidential), 대외비 등으로 분류하여 정보의 유출을 차단하고, 만약 누출되었을 경우에 예상되는 안보에 대한 위해 정도를 평가할 수 있도록 하는 것이다. 여기에 더해 보안활동은 인원보안(Personal Security), 물리적 보안(Physical Security), 통신보안(Communications Security) 등으로 분야를 나누어 국익을 보호하는 활동을 말한다. 허가받지 않은 자들의 접근을 제한하고, 정보 및 시설에 대한 접근을 거부·방해·탐지하기 위해 각종 시설 및 장치를 이용하고, 전선 및 전파를 이용한 도청을 방지하기 위한 노력 등이 포함된다. 21세기 들어 인터넷 및 통신기술의 획기적 발전에 따라 전통적인 통신보안 뿐만 아니라 컴퓨터 저장장치로부터 데이터를 유출해가는 행위를 방지하기 위해 취해지는 컴퓨터보안(COMSEC)과 컴퓨터 정보의 유통과정에서의 정보 절취를 차단하기 위한 네트워크보안(NECSEC) 등도 중요한 개념으로 대두되고 있다.

반면, 공격적 개념의 방첩활동(Offensive Counterintelligence Operation)은 "적대적 정보기관들의 활동을 붕괴시키거나 무력화시키는 것을 목적으로 이루어지는 행위의 실행과 정보의 수집활동"을 의미하며,[11] 적국 또는 상대국가의 정보활동에 대한 능동적이고 공격적인 개념의 활동이다. 여기에는 방첩정보 수집, 이중스파이 활용(역용공작), 기만공작 등의 활동이 포함된다.

---

11) Jeffrey Richelson, *The US Intelligence Community*, (Messachusetts: Ballinger Publishing Company, 1985), p.220.

　　방첩정보 수집은 우리측에 대한 상대국가 또는 세력의 정보수집 활동의 의도와 능력에 관한 정보를 수집하고 평가하는 활동이다. 상대국가 또는 세력의 정보활동을 저지하고 정보유출을 막는 가장 직접적인 방법은 인적 수단 또는 기술적 수단을 이용하여 우리측에 대해 수행하고 있는 정보활동에 관한 정보를 직접 수집하고 대비하는 것이다. 이러한 정보를 바탕으로 신원조사, 정보보호, 물리적 보안조치 및 온라인 보안 등의 현실적이고도 적절한 대응조치를 강구할 수 있기 때문이다.

　　역용공작은 적의 공작원을 전향시킴으로써 자국 정보활동에 활용하는 것으로 이중공작원 활용을 의미한다. 역용공작은 상대국가의 정보활동에 대응하기 위한 수단으로도 추진하지만, 그 나라에 대한 정보수집 공작에도 활용하는 경우도 있다. 이들은 적 공작원의 신원파악과 신분위장술, 암호체계와 같은 연락기술, 적의 정보수집 목표와 대상활동 등에 대한 정보를 획득함으로써 일차적으로는 방어능력의 향상을 기할 수 있으며 보다 궁극적으로는 적을 기만하고 교란함으로써 적의 정보수집 능력과 분석 능력을 약화시키고 상대국의 국가안보에 상당한 손상을 가할 수 있는 활동이다.

　　기만(Deception) 공작은 이중스파이는 물론 다양한 채널을 통해 적국 또는 대상 국가에 거짓정보를 흘려 상대방의 상황인식에 영향을 줌으로써 상대방이 어떤 잘못된 행동을 하거나 특정 행동을 하지 못하게 유도함으로써 우리측에 유리한 국면을 조성하는 활동이다. 즉 우리측에 대한 정보수집을 저지하기보다는 상대가 거짓정보를 입수토록 하여 우리측의 정보 또는 능력을 상대가 오판하거나 우리측에 유리한 결정을 하도록 유도하는 공작이다.

　　한편, 역사적으로 유명한 정보활동의 사례들은 방첩활동 결과로서 세상에 알려진 경우가 대부분이며 방첩활동의 실패가 커다란 국가적 위기를 초래한 사례가 많다. 독일인 공산주의자로 소련 스파이였던 조르게(Richard Sorge)는 1933년 9월부터 1941년 10월간 일본 동경에서 독일 잡지사 특파원으로 활동하며 일본군과 독일군의 동향 및 작전에 관한 첩보를 수집, 소련에 무전 보고하였다. 특히, 1941년 6월 독일군의 소련 침공 시에는 미리 이를 알아내 소련에 보고하였으며, 이후 일본에 의한 시베리아 침공 가능성이 없다는 결정적 정보를 입수하여 모스크바에 보고함으로써 소련이 시베리아 주둔군을 독일군과 교전 중인 서부 전선으로 이동시켜 성공적인 방어 작전을 수행할 수 있게 하였다. 반면에 독일과 동맹국인 일본은 소련 스파이에 대한 전시 방첩활동에

실패함에 따라 전쟁에 치명적인 대가를 지불해야 했다.[12]

또한, 제2차 세계대전 중 영국의 방첩기관인 MI5는 독일에서 영국으로 파견되었다가 체포된 120명의 스파이들을 역용하여 독일에 지속적으로 기만정보를 보고케 하는 이른 바 '더블크로스 시스템(Double-Cross System)'을 운용하여 독일의 판단을 오도하였는데 그 중 노르망디 상륙작전에 대한 오판을 유도, 전쟁을 승리로 이끈 것은 대표적인 방첩공작 성공 사례다.[13] 당시 영국은 상륙작전의 장소를 노르망디로 선정해 놓고도 사전 체포한 독일 스파이들을 이중스파이로 활용해 도버 해안에서 실제 상륙작전이 전개될 것처럼 허위정보를 전파하고 이것이 독일 측에 설득력 있게 전달되도록 함으로써 작전을 성공적으로 수행할 수 있었던 것이다.

2차대전 후 냉전 기간 동안에는 소련 KGB를 중심으로 한 공산권의 대서방 정보활동에 대한 대응을 중심으로 활발한 방첩활동이 전개되었다. 냉전시는 미·소 양 진영 모두 국가안보차원에서 치열한 정보활동을 전개한 관계로 스파이 검거 및 상호 추방사건이 수시로 발생했다. 대부분의 스파이 사건은 언론에 보도되지 않고 해결되는 것이 다반사지만 언론에 보도되고 세계적 주목을 받은 사건만 해도 미국의 원자탄 제조기밀을 소련에 넘긴 '줄리우스 및 에텔로젠버그' 부부 간첩사건(1950), KGB의 북미 총책으로 활발한 군사정보활동을 전개하다 체포되어 CIA 정찰기 조종사와 교환된 '루돌프 아벨' 대령 사건(1957), KGB에 미국의 국방 비밀정보를 팔아넘긴 '리처드 스미드' 사건(1983), 미 정보요원의 명단을 소련에 넘긴 '헤롤드 니콜슨' 사건(1985), FBI 방첩관으로 근무하며 15년 동안 미국의 국가기밀을 러시아에 넘긴 '로버트 한센' 사건(1986), CIA 간부로 근무하며 10여 년 동안 KGB에 미국의 대소련 첩보활동 내용을 팔아넘긴 '에임스' 사건(1993) 등 수없이 많은 사례가 있다.[14]

동구권의 몰락에 따른 냉전의 종식과 민주화 및 정보화, '알 카에다' 등 비국가 행위자들의 위협증대 등은 정보활동에 대한 대상목표 및 수행방식에서 혁명적 변화를 가져 왔다. '방첩=대공'이라는 전통적 좁은 의미의 패러다임에서 벗어나 국가 이익의

---

12) Abram Shulsky & Gray Schmitt, *Silent Warfare: Understanding the World of Intelligence*, (Virginia: Brassey's Inc., 2002), p.14.

13) Norman Polma & Thomas Allen, *SPY BOOK*, (New York: Random House, 1997), pp.173-174.

14) 냉전시 KGB의 미국에 대한 공작 및 FBI의 방첩활동은 다음 책자 참조; Christopher Andrew & Vasili Mitrokhin, *The Sword and the Shild: The Mitrokhin Archive and the Secret History of the KGB*, (New York: Basic Books, 1999).

확대라는 넓은 의미에서의 방첩활동으로 확대되고 있다. 국가주권 및 영토 수호라는
전통적인 안보 중심 개념에서 이제는 국익의 보호 및 극대화뿐 아니라 국가 이미지 보
호 등 추상적 개념의 보호로까지 방첩활동의 영역이 확대되고 있다. 그만큼 세계화·
정보화·민주화 등의 획기적 발달로 인해 우리가 지켜야 할 국익의 대상과 범위가 넓
어진 것이다. 특히, 최근에는 방첩활동의 대상이 중요 인적 및 물적자원, 오프라인상의
정보뿐만 아니라 온라인상의 정보로까지 확대되고 있다.[15] 물론, 그렇다고 전통적으로
국가들 사이의 관계를 지배해 온 안보상의 위협이 근본적으로 적어졌다고 할 수는 없
다. 세계 각국은 여전히 자국의 이익을 위해 다른 국가에 대한 기밀 탐지 및 수집활동
을 활발히 전개하고 있기 때문이다. 따라서 21세기 글로벌 경쟁사회에서 국가의 생존
과 번영을 지키는 방첩활동은 국내외적 사회변화를 반영하여 업무의 목표와 범위 그
리고 대상과 수단 등을 합리적으로 설정해 적극적으로 대응해 나가야 할 것이다.

제2절 주요 국가들의 방첩활동

　　오늘날 민주국가의 정보기관이 직면하고 있는 가장 큰 위협은 러시아, 중국, 이란
및 북한 등 적대적 정보기관으로부터의 위협이다. 비록 세계적인 무대에서의 냉전은
끝났지만 이러한 나라들은 민주화된 국가들을 잠재적 적대세력으로 인식하여 정보활
동을 강화하고 있는 것이다. 특히, 중국의 경우 급속한 경제성장 바탕 위에 자리 잡은
중앙집권적 경제체제, 급속한 군사력 증강, 이해하기 어려운 수준의 민족주의적 노선
등을 견지해 나가면서 미국 및 서방 국가들에 대한 공격적 정보활동을 전개하고 있다.
이러한 주요 국가들의 이해관계를 반영해 최근 이들 국가들이 추진하고 있는 방첩활
동의 특징적 추세를 살펴보는 것은 방첩활동의 동향을 이해하는데 많은 참고가 될 것
으로 보인다. 세계 방첩기관의 수가 너무 많은 관계로 여기서는 대표적 사례가 될 수
있는 미국 및 중국, 러시아, 영국의 사례만을 살펴보고자 한다.

---

15) 조성권(2012), p.7-10.

1. 미국의 정보 · 방첩활동

　미국의 정보체계는 대통령이 의회의 인준을 받아 임명하는 국가정보장(DNI)의 지휘 아래 16개 정보기관을 정보공동체(Intelligence Commuinity)로 운영하고 있다. DNI가 지휘하는 정보공동체는 중앙정보부(CIA), 국가안보국(NSA), 국가정찰국(NRO), 국방정보국(DIA), 국가지구공간정보국(NGA), 국토안보부(DHS), 육해공군 정보부대, 국무부 정보조사국(INR), 연방수사국(FBI) 등으로 구성되어 있다.[16] 이러한 정보공동체의 특성상 방첩 업무를 특정 한 기관에서 전담하는 것보다는 상호 정보공유를 통해 해당 분야 소관 업무를 수행하는 형식으로 진행되나 가장 직접적으로는 법무부 산하기관인 FBI가 주도적으로 방첩업무를 수행하고 있다.

　FBI는 미 연방정부의 경찰인 동시에 외국 정보기관에 대한 방첩업무를 수행하며 미국의 국가 이익과 관련된 사항에 대해서는 언제 어디서나 수사할 수 있는 권한이 있다.[17] 구체적으로는 모든 연방법률 위반행위를 수사할 수 있으나 알콜, 위조지폐, 밀수, 우편, 밀입국 등과 같이 특별법 규정으로 다른 연방기관에 위임된 사항은 제외된다. 또한 스스로 방첩활동을 하는 외에 각급 정보기관의 활동을 조정하고 CIA 등 다른 정보기관의 국외정보 활동과 관련하여 필요한 경우 국내정보를 수집하여 지원하는 업무도 수행한다. 특히, FBI는 2001년의 9 · 11 테러 이후 대테러 업무에 대한 비중이 크게 증가하는 경향을 보이고 있다.

　미국이 다른 나라 정보기관을 대상으로 방첩활동을 전개한다는 것은 결국 해당국 정보기관이 미국에 대해 스파이 활동을 하고 있다는 것을 가정한다. 미국은 해외 정보기관 및 테러단체들이 미국을 상대로 크게 아래 네 가지 분야의 정보활동을 추진하는 것으로 판단하고 있다.[18]

　　－ 미국의 안보목표 달성을 저지하고 자신들의 국익 확대를 위해 미국의 국가비밀
　　　에 대한 침투 및 불법 수집
　　－ 미국이 추진하는 국가안보전략 및 경제번영 노력 등에 대한 현실을 호도하고

---

16) Members of the Intelligence Community(www.intelligence.gov/1-members.shtml) 참조

17) John Simeone & David Jacobs, *The FBI*, (Indianapolis: Alpha Books, 2003), pp.59-63.

18) Michelle Van Cleave, *Counterintelligence and National Strategy*, (National Defense University, 2007), p.4.

조작 및 방해
- 미국의 비밀공작과 군사외교적 민감한 작전수행 등을 방해 및 저지
- 자신들의 군사능력 향상과 경제적 이권 확대를 위해 미국의 중요 기술 및 민감한 정보를 수집하고 절취

따라서 미국 입장에서는 이들 해외 정보기관 및 테러집단들이 국제법을 위반하면서 부적절한 정보활동을 하고 있다고 보고 이를 차단시키기 위해 다양한 기법을 동원하고 있다. 매년 수천명의 지원자들이 미국의 정보 및 보안 기관에 들어가기 위해 지원하고 있지만 이들 중 단지 소수만이 다음 단계로 넘어가 상세 신원조회를 받는 대상이 된다. 이들 소수의 인원 중에서도 더욱 소수만이 워싱턴으로 초대되어 인터뷰를 실시하고 거짓말 탐지기 및 기타 스크린 절차를 거치게 된다. 만약 어떤 정보기관이나 특정인이 미국 정보기관이나 보안기관에 침투하기 위해 지원한다면 극히 예외적인 경우 보안심사 절차를 패스할 수도 있겠지만 대부분은 이러한 스크린 과정에서 걸러지게 된다. 그렇기 때문에 특정 외국정보기관이 미국의 기관에 침투하기 위해 이러한 선발절차에 지원한다고 보는 것은 상당히 비현실적이라 할 수 있다.[19]

미국 정보기관에 침투하는 보다 현실적인 방법은 이미 정보기관에 근무하는 직원을 포섭하는 것일 것이다. 그러나 대부분의 직업 정보관들은 자신에 대한 접근이 시도되면 금방 알아차리기 때문에 쉽게 포섭되지 않을 것이다. 어떤 경우에는 오히려 상사와의 논의를 통해 포섭되는 듯이 행동하면서 상대 기관의 태도나 정보활동 기법 등을 파악하려 할 것이다. 그렇기 때문에 이러한 시도도 영화에서는 그럴 듯 해 보이지만 실제로 일어나기는 무척 어려운 것이 현실이다.

미국 정보기관은 또한 적대적 정보기관에 침투하는 방법으로 망명자나 자발적 협조자를 활용하고 있다. 외국의 정보기관 요원들 중에서 자국을 탈출해 미국에 망명하거나 미국 정보기관들을 위해 일하려는 동기를 가진 직원들이 상당수 있기 때문이다. 이들 망명자 및 자발적 협조자를 평가하고 심문해 정보를 취득하는 것은 미국 정보기관에게 점점 더 중요한 방첩 공작의 일부가 되고 있다.[20]

정보기관이나 방첩기관을 막론하고 연구 및 분석을 위해서는 상대기관의 주요 인

19) Hugh Douglas, *Jacobite Spy Wars: Moles, Rogues and Treachery*, (Sutton: Phoenix Mill, 1999).
20) Stuart Herrington, *Traitors among US: Inside the Spy Catcher's World*, (Novato: Presidio Press, 1999).

물 및 과거의 공작활동, 조직구조, 방첩활동의 수준 등에 대한 상세한 정보가 필수적이다. 이러한 정보가 있어야만 정보 수집공작의 기획이나 집행이 가능하고 상대기관 정보활동의 탐지 및 차단이 가능하기 때문이다. 이러한 차원에서 미국의 방첩기관들은 다양한 방법으로 상대 기관에 침투해 관련 정보를 수집하고 그들의 활동을 무력화시키는 활동을 전개한다. 적대적 상대기관에 침투하는 것은 정보를 수집하는 것뿐만 아니라 상대 기관의 역량에 타격을 입히기 위한 목적에서다. 그런데 상대기관을 무력화시키는 방법으로 공격적 적대행위를 전개하는 공작원이나 공작관에 대한 부정적인 정보를 제3국을 통해 상대기관에 전달하는 것도 있다. 이러한 정보를 전달받은 정보기관은 대부분 해당 공작원이나 공작관을 징벌하는 조치를 취하기 때문에 미국의 방첩기관은 쉽게 원하는 목적을 달성하는 효과를 거양할 수 있는 것이다.

이 밖에도 미국의 정보 및 방첩기관들은 상대 기관에 대한 정보를 수집하거나 무력화시키기 위해 이중간첩도 종종 활용하고 있다. 이러한 이중스파이를 활용한 방첩활동은 정보기관 요원이나 정부기관 직원이 외국 정보기관으로부터 접근을 받았다고 보고하는 케이스에서 종종 시작되는데 당초 예상하지 못한 상당한 효과를 거양하기도 한다.

2. 중국의 정보 · 방첩활동

정보활동과 방첩활동은 동전의 양면과 같은 성격을 갖는다. 창과 방패로 비교되는 것처럼 공격과 방어의 개념이기도 하지만 한 국가의 입장에서는 두 개의 활동이 명확하게 구분되는 것이 아니라 서로 보완해 발전하는 것이다. 그런데 미국이나 영국 등 선진국, 그리고 민주적 체제에 가까울수록 다른 나라 정보기관의 활동에 대한 방첩에 훨씬 더 많은 역량을 투입하고 경제발전 및 민주화의 단계가 낮은 국가일수록 방첩 보다는 공격적 정보활동에 역량을 집중하는 것이 일반적 현상이다. 그런 점에서 중국은 그동안 방첩활동보다는 미국 등 서방국가의 군사 및 산업정보를 절취해 자국의 관련 분야 발전에 활용하려는 정보활동에 집중해 왔다. 그런 성향을 감안해 여기서는 중국의 대서방 정보활동의 공격적 측면을 살펴보면서 방첩의 기능을 함께 살펴보는 것이 타당할 것으로 보인다.

중국의 정보조직은 일단 당에서 먼저 만들어진 이후 군대에서 조직되었으며, 그 다음으로 국가기구로 발전해 갔다는 점이 다른 나라와 차이가 있다. 이는 중국이 국가 수립(1949년) 이전에 당과 군이 먼저 창설되었기 때문에 나타난 특이한 경우라고 볼 수 있다. 정보 및 방첩활동을 수행하는 기구가 당, 정부, 군 내에 모두 존재하기 때문에 정보기구를 크게 당 산하 정보기구, 국무원 산하 정보기구, 군 산하 정보기구로 나누어 볼 수 있다. 당 산하에는 중앙정법위원회, 중앙 통일전선공작부, 중앙대외연락부가 있고, 국무원 산하 기구로는 국가안전부 및 공공안전부가 있으며, 군에는 총참모부 산하의 제2부(군사첩보), 제3부(통신첩보) 및 제4부(사이버전쟁), 총정치부 연락부 및 정치보위부 등이 있다.

이 중에서 대표적 정보기관은 국가안전부로서 개혁·개방 이후 외국인의 입국 및 내국인의 출국이 폭발적으로 증가함에 따라 보다 조직적인 대처의 필요성이 대두되어 1983년 6월 설립되었다. 처음에는 공안부내 방첩부서와 중앙조사부의 내사·보안 기능을 통합하여 발족하였지만, 최근에는 컴퓨터·정보통신·위성·무인항공기 등 첨단 기술을 이용한 첩보활동으로까지 업무 범위가 확대되고 있는 실정이다. 주요 업무로는 공산당 체제유지, 국가전복 및 반혁명사건 적발 및 방첩업무, 국내외 반혁명주의자 및 반체제인물 감시, 해외첩보 수집 및 공작활동 등을 담당하고 있다. 국가안전부의 대표적 특징은 백색요원이 거의 없고 대부분 흑색요원으로 구성되어 있다는 점이다. 해외 파견시 신화사 통신의 언론인이나 외곽단체 연구원 등의 신분으로 위장해 파견되는 경우가 훨씬 많은 것으로 알려지고 있다. 한편, 국내 보안정보기관으로는 공공안전부(공안부)를 별도로 두고 있다. 공공안전부는 국가 공안업무의 총괄, 사회치안 유지 및 경호, 각종 소요진압 및 대처, 대테러 업무, 범죄예방 및 보안활동, 출입국 관리 및 체류 외국인 동향감시, 대만 투자기업 감시 등을 담당하고 있다.

현재 미국 및 러시아에 이은 세계 3위의 규모로 평가받는 중국 정보기관은 정보 및 선진기술을 수집하는데 있어 공개적 방법과 비밀공작 활동을 광범위하게 활용하고 있다. 이들 거대 기관들의 공격적 활동은 현대화 지원과 중국 통일을 위한 대만공작에 정보역량을 집중해 나가고 있으며, 특히, 첨단 무기체계를 발전시켜 나가려는 중국 정부의 야심찬 계획을 적극적으로 뒷받침해 나가고 있다.[21] 다른 나라에서 거의 10년에 걸쳐 이루어지는 개발이 중국에서는 거의 2~3년 사이에 이루어지는 것으로도 알려지

---

21) John Hill, "Defections Reveal Extent of China's Espionage Operations," *Chicago Tribune*(11 October 2005).

고 있는데 이는 중국이 첨단 기술을 입수하고 군사 관련 정보를 입수하는데 무척 효과
적인 정보 네트워크를 활용하고 있기 때문이다. 중국 해군이 기술적으로 괄목할 만한
성장세를 보이고 있는 데는 미국에서 수집된 개발정보 및 연구 자료가 크게 기여하고
있다는 주장이 있는 것도 사실이다.[22] 지난 2009년 미국 의회의 정책자문기관인 '미중
경제안보조사위원회'는 수회에 걸쳐 중국의 스파이 활동에 대한 공청회를 개최한 바
있는데, 동 회의에서 미 국가정보위원회(NIC)의 '브레너'전문관은 "미국을 표적으로 활
동하는 140개국 정도의 정보기관 중에서도 중국이 가장 활발하다"고 증언한 바 있다.

　　중국 정보기관은 해외에서 정보수집을 위해 무척 다양한 방식을 활용하는데 미국
정부인사 및 방위산업체 근무자 등을 목표로 하여 포섭하는 기법 등을 활용하고 있다.
목표 인물의 아킬레스 건과 같은 약점을 이용하는 방식을 많이 사용하며 남녀 사이의
애정관계를 이용하는 Honey Trap(미인계)도 빈번하게 사용하는 것을 알려지고 있다.
또한 수십만 명에 달하는 중국인 방문객 및 학생, 전문인사 등을 활용해 다양한 정보
및 데이터를 수집하는데 이들을 통해 공개정보 또는 공개출처를 통해 유용한 해당분
야 정보도 적극 수집한다. 대표적인 사례로 2013년 초 언론에 보도된 태평양사령부의
전직 해군장교가 미모의 중국 여성에 군사기밀을 전달하다 체포된 사건이나 NASA 랭
글리 연구센터에 근무하던 중국 여성이 군사기밀 정보와 로켓 기술을 빼돌린 혐의로
체포된 사건 등을 들 수 있다.[23] 이러한 정보수집 기법은 미국 등 해외에 나가 있는 수
만개의 중국계 회사들을 통해 더욱 체계적으로 수행되며 상당히 많은 회사들이 중국
의 군부와 관계를 맺고 있는 것으로 알려지고 있다. 이렇게 방대한 채널을 통해 수집
한 정보는 방어적 개념의 방첩활동 목적으로도 적극 활용되고 있다.

　　중국 정보기관들이 활용하는 최근 수집기법 중 두드러지는 것 중 하나는 사이
버 해킹을 통한 기술정보 수집이다. 중국은 국가 차원에서 사이버 해킹을 통해 국방
프로그램과 외교·경제관련 정보를 수집하고 있고, 중국내 서방기업들의 영업비밀이
나 과학기술 정보를 절취하는 것으로 알려지고 있다. 미 국방부는 최첨단 F-35 전투기,
THAAD 미사일방어 시스템, 패트리어트 미사일, 글로벌호크 무인기 등 첨단 무기체계
설계도 및 관련기술이 중국에 유출되었을 뿐만 아니라 주요인사의 이메일 및 개인정

---

22) Oliver Caldwell, *A Secret War: Americans in China*, (Carbondde: Southern Illinois University Press, 1972)

23) "미 전직장교, 중 20대 女에 빠져 군사기밀 줄줄", 『문화일보』, 2013.3.20.

보 등이 해킹 당했다면서 발원지로 중국을 지목하고 있다.[24]

또한, 중국 정보·보안기관은 자체 직원들의 활동을 통해 정보를 입수하는 것뿐만 아니라 부주의한 외국인들의 언행도 유용하게 활용하고 있다.[25] 미국에서 중국을 방문하는 미국 정부 및 기업체 인사들의 부주의한 언행 등을 최대한 활용하고 있는데 이들 미국인들은 중국 정부가 원하는 정보를 별다른 생각 없이 누설하는 경우가 많기 때문이다. 그러나 중국 정보·보안기관들의 가장 기본적인 정보수집 모델은 방대한 중국인을 다양한 방식으로 활용하여 원하는 정보를 얻는 방식이다. 그리고 수집 대상도 과거에는 군사기술 위주였는데 2000년대 이후에는 점차 글로벌 대기업들로까지 확대되고 첨단기술 절취에 적극적인 노력을 기울이고 있다.

3. 러시아의 정보·방첩활동

러시아는 냉전 이후에도 중국의 경우처럼 대서방 정보활동에 적극적인 노력을 기울이고 있다. 과거 서방의 군사정보 위주의 수집에서 이제는 경제 및 과학기술 정보수집에 보다 많은 역량을 투입하면서 공격적인 정보활동을 전개하고 있다. 그리고 냉전체제의 붕괴 이후 구 소련권 지역에서의 영향력을 유지하고 러 연방내 분리주의자들의 활동에 각별한 경각심을 갖고 정보 및 방첩활동을 전개하고 있다. 따라서 러시아도 중국과 같이 정보활동과 방첩활동을 함께 관찰하는 것이 적절할 것으로 보인다.

러시아는 구소련 붕괴와 함께 과거 KGB가 해체되어 해외정보를 담당하는 해외정보부(SVR), 국내 보안정보 및 방첩 업무를 담당하는 연방보안부(FSB)로 분화되었으며, 군 정보기관으로 참모부정보총국(GRU)이 군사분야 첩보수집 및 분석업무를 담당하고 있다. 해외정보부는 해외의 정치, 경제, 과학기술 정보 등을 수집 분석하는 업무를 담당하지만 해외에 여행 중인 러시아 시민의 안전보장, 특히 러시아 국가기밀을 다루는 인물들의 안전보장과 관련된 임무도 수행한다.[26] 또한 독립국가연합(CIS) 국가들에 우선적 관심을 기울이면서 과거 구소련 지역내 영향력을 유지하기 위해 분리주의자들의

24) "Chinese hackers Stole Plans for Dozens of Critical US Weapons Systems," *Business Insider*, May 28, 2013.

25) Nicholas Eftimiades, *Chinese Intelligence Operations*, (Annapolis: Naval Institute Press, 1994), p.29.

26) 러시아 연방법(1996.1.10) 제11조(www.agentura.ru).

움직임에 각별한 경각심을 갖고 정보활동을 전개하고 있는 것으로 알려지고 있다.

연방보안부는 방첩 및 대테러, 조직범죄, 자금세탁, 불법이민, 무기밀매 및 마약유통 등을 주로 담당하며 러시아 연방의 헌정질서를 무력으로 변경시키거나 권력 강탈 등과 같은 극단적 활동에 대한 대응 등을 담당한다. 또한 러시아 연방내 수자원 보호, 개인 및 화물이나 상품 및 동식물의 러시아 국경통과 등과 관련된 업무를 수행하며 국가안보와 관련된 과학기술정책도 수립해 추진하는 업무를 담당하고 있다.[27] 특히 연방보안부는 푸틴을 대통령으로 배출한 기관인 관계로 상당수의 간부들이 푸틴 정부에서 요직에 진출하는 등 정치적 위상과 영향력이 상향되면서 활동을 더욱 공격적으로 전개하고 있는 것으로 알려지고 있다. 그리고 최근에는 푸틴 대통령의 지시 등을 반영하여 사이버 범죄 및 온라인 감시활동 등을 보다 체계적이면서도 적극적으로 수행하는 것으로 알려지고 있다.[28]

냉전 기간 시 러시아 KGB의 공격적 정보활동은 그동안 익히 알려져 왔으나 냉전 이후 정보활동에 대해서는 잘 알려지지 않은 것이 사실이다. 그러나 러시아 정보활동의 대상이 되고 있는 미국 및 EU 국가들은 러시아의 공격적 대서방 정보활동이 과거 냉전시의 수준에 도달했다고 밝히고 있다.[29] 특히 영국의 방첩기관인 SS(보안부, 구 MI5)는 비밀 보고서에서 러시아가 영국 내에서 냉전 시와 같은 정보활동, 특히 군사정보 및 국방분야 기술정보 등을 적극 수집하고 있음을 알리면서 정부 관계자들이 경각심을 가질 것을 촉구한 바도 있다.[30]

4. 영국의 정보 · 방첩활동

영국의 국내정보 및 보안기관이자 방첩 기관인 보안부(SS: Security Service)는 우리에게 MI5(Military Intelligence, Section 5)로 더 잘 알려진 기관이다. 이 기관은 대외정보 수집기관인 비밀정보부(SIS: Secret Intelligence Service, 일명 MI6), 통신정보 수집 기관인 정부통신본부(GCHQ: Government Communications Headquarters), 그리고 국방정보국(DI: Defence Intelligence)와 함께 정보 공동체내 협력을 적극적으로 실시하면서 방첩

---

27) 연방보안부법(2003.8.11) (www.agentura.ru).
28) *Interfax*, 2012.12.28일자.
29) Stephen Fidler, "Moscow Steps Up Spying in UK", *Financial Times*(20 November 2006).
30) *Ibid*.

활동을 전개하고 있다. 주요 업무 범위로는 의회민주주의 및 경제적 권익 보호를 위한 제반 활동, 대테러, 대방첩 및 대전복 활동 등을 수행하고 있다. 북아일랜드 지부를 포함해 영국 주요 지역에 지부를 운영하고 있으며 산하에 합동테러분석센터(JTAC: Joint Terrorism Analysis Center)도 두고 있다.

SS는 2차대전 중에는 영국에서 활동하는 독일 스파이들을 색출하는 것이 주 임무였지만, 전쟁 후에는 소련 KGB의 침투에 대한 대응활동, 북아일랜드 분리주의자들의 분리주의 운동 및 테러에 대한 대응, 국제테러 및 국제범죄에 대한 대응활동 등에 중심을 두어 왔다. 그러다 냉전 이후에는 북아일랜드 분리주의 활동에 대한 정보수집 및 조사를 지속하면서도 중요성이 커지고 있는 이슬람 테러조직 및 인물에 대한 대응, 특히 유럽사회 내 자생적 테러조직 색출 및 대응에 적극적인 노력을 기울이고 있다. 이를 위해 우방국 정보기관 및 정보공동체 내 다른 기관들과의 공조뿐만 아니라 경찰과의 적극적인 협조를 통해 테러혐의자 내사 및 수사 등을 진행하고 있다. 그리고 1996년 의회가 '정보기관법'을 제정하면서는 대내 치안업무인 뇌물, 조직범죄, 불법이민 문제까지 담당하고 있다. 그러나 전반적인 업무역량의 배정은 대테러 업무에 32%, 아일랜드 분리주의 활동 대응에 29%, 요인 경호 업무에 11% 등의 비중을 두는 것으로 나타나고 있다.[31]

제3절 현대 방첩활동의 주요 내용

방첩활동을 수행하는 중요한 목적은 외국 정보기관의 정보수집 및 공작활동에 대응해 자국의 안전과 이익을 확보하기 위한 것이라고 할 수 있다. 대부분의 현대 국가들은 국가 차원의 정보기관을 설치해 국익 확대를 위한 정보활동을 수행하고 있으며, 이들 정보기관들의 존재 자체는 당연히 다른 국가들의 방첩활동 목표가 될 수밖에 없다. 왜냐하면 상대국 정보활동의 성공은 곧 자국의 방첩활동 실패를 의미하며, 자국의 정보활동 성공을 위해서는 상대국 방첩활동을 회피해야 하기 때문이다. 따라서 상대

---

31) http://www.mi5.com/security/mi5org/ (검색일: 2013.7.10).

국 정보기관의 의도와 그들이 자국을 대상으로 무슨 일을 하고 있는지 알아내고, 이에
대응하는 것은 정보기관의 우선적 임무가 될 수밖에 없는 것이다.

이러한 방첩활동에는 자국의 보호대상에 대한 상대국 정보기관 및 요원의 접근을
거부하는 것뿐만 아니라 상대국 정보기관의 자국에 대한 수집 활동을 색출, 견제, 차단
하는 활동을 포함한다. 또한 상대국 정보요원을 포섭하고 이중스파이 활용을 통해 상
대 정보기관에 침투하거나 허위 정보를 제공(기만)하여 상대기관의 정보활동을 교란하
는 등의 공격적 활동까지 모두 포함한다. 이를 분류해 설명하면 다음과 같다.

1. 보안조치

(1) 비밀의 보호

방첩활동의 제일 중요한 기능은 비밀 정보의 보호이다. 이러한 측면에서의 기능
은 크게 두 가지로 분류되는데 첫째, 인가받지 않은 대상이 비밀정보에 접근하지 못하
도록 물리적 보안대책을 강구하는 것이다. 두 번째로는 해당 인사들 스스로가 보관 및
관장하는 정보가 보호되어야 할 정보인지를 인식해 이를 보호할 수 있도록 최선을 다
하도록 하는 것이다. 직접적으로는 외국 또는 적대적 정보기관 요원이나 그들 공작원
이 보호대상 정보에 접근하지 못하도록 방지하고 저지하는 각종 활동을 의미한다.[32]

(2) 조사·심의 : 방어의 제1전선

비밀정보를 보호하는 활동은 어느 정보기관에게나 가장 중요한 기능 중에 하나
이지만 아무리 철저한 보호활동이라 하더라도 직원들이 실제 규정을 준수하는지 여부
를 항상 체크할 수는 없다. 만약 어떤 직원이 특정 정보에 접근이 허가되어 있다면 그
직원이 규정을 준수하기보다는 적당히 타협할 수 있는 소지가 항상 열려있기 때문이
다. 우선, 거짓말 탐지기와 같은 심리 및 행동패턴의 변화를 측정하는 기구들은 정확도
를 100% 신뢰할 수 없다.[33] 그리고 미래의 배반 가능성을 평가하는 프로파일링 시스템

---

32) Frederick Wettering, "Counter-intelligence: The Broken Triad," *International Journal of Intelligence and Counter-intelligence,* No.13(2000), p.268.
33) Theodore Sarbin, Ralph Carney and Carson Eoyang (eds.), *Citizen Espionage: Studies in Trust and Betrayal,* (Westport: Praeger, 1994), p.70.

도 엉뚱한 대상자들을 의심하도록 만들 수 있는 불완전한 시스템이다. 이러한 문제의 심각성을 고려한다면 비밀누출을 탐지하고 방지하는 신뢰할 수 있는 과학적 시스템이 없다는 점은 상당한 문제라는 점을 인식하고 접근할 필요가 있다.

그래서 비밀 누설자를 사전 탐지해낼 수 있도록 심리검사 모델을 만들어 사용하는 것이 합리적 비밀누설 방지 방법이 될 수 있다.[34] 왜냐하면 이러한 방법은 심리적으로 불안정한 징후를 갖는 직원들을 사전에 알 수 있게 하고 적절한 대응책을 마련할 수 있도록 신호를 주기 때문이다. 반면에 물리적 대책은 정보 누설자를 색출하고 비밀 누설이 계속되는 것을 방지하는 등의 조치를 가능하게 하나 정보의 실패를 방지할 뿐이다. 그런 의미에서 심리상태 조사를 통한 대응책 마련이 합리적 대응방안이 될 수 있다.

심리적 대책 강구방법은 기본적으로 배반 또는 비밀 누설을 하고 있거나 계획하고 있어 심리적으로 불안한 사람들은 그렇지 않은 보통 사람들과 다른 심리적 현상을 나타낸다는 가정에 근거하고 있다. 만약 이러한 특징을 갖는 사람들이 과학적인 측정에서 기준치 이하의 수치를 나타내도록 하는 등 합리적 방법을 통해 이들을 분류해 낼 수만 있다면 이들이 민감 비밀에 접근하거나 비밀취급기관에 들어가지 못하도록 통제할 수 있을 것이다. 이러한 조사 및 통제 방법이 실효적으로 적용되어 궁극적으로 효과를 거두기 전까지 정보실패는 반복될 수밖에 없을 것이다.

그동안의 방첩사고에서 가장 일반적인 비밀 누설자들의 동기는 금전적 문제였다. 이어서 이념문제, 협박에 대한 순응, 자존심 등의 순서였는데 이러한 것들은 과학적으로 측정되기 무척 어렵다는 공통점을 갖고 있다. 이 밖에도 비밀누설자들의 심리적 동기는 자긍심 상실, 복수심, 변덕 등이 있는데 이것들도 사전에 합리적으로 측정되기 무척 어려운 요소들이다. 그러나 이러한 특성을 갖는 사람들의 특징을 사전 과학적 방법으로 조사해 비밀 누설 가능성이 있는 대상자를 판별해 내는 것은 무척 어려울 수밖에 없지만 궁극적으로 해결해야 할 가장 중요한 문제 중 하나이다.

현재 영국 정보기관에서는 직원 채용 시 사회생활에서 문제를 갖고 있거나 고용관계에서 불만이 있는 직원, 가족과의 관계에서 문제가 있는 직원, 교육과정에서 문제가 있는 것으로 보이는 직원 등을 서류조사를 통해 분류하고 이들과의 인터뷰를 통해 문제 직원이나 응시자들을 사전 탐지하는 제도를 사용하고 있다. 이러한 조사과정에

---

34) *Ibid*, p.71.

서 필요할 경우 다른 보안·수사기관 자료를 활용하거나 상호 공조가 이루어지기도 하는데 통상 이러한 조사에는 3~4개월이 소요된다고 한다. 이러한 영국 정보기관의 방식이 미국 정보기관이 사용하는 방식과 다른 점은 부모 중 한명이 최소한 영국 시민권자여야만 모집에 응시가 가능하도록 하고 있다는 점이다.[35] 이런 규정은 영국 시민권자가 非시민권자에 비해 배반할 가능성이 적을 것이라는 희망적인 가정에 근거하고 있다.[36] 물론, 이러한 규정이 효과가 있다는 분명한 근거가 없는 것이 사실이지만, 적어도 부모 중 한명이 시민권을 가지고 있는 응시자가 조국을 배반할 가능성이 적다는 가정은 상당히 현실적인 대응인 것만은 분명하다. 왜냐하면 조국에 대한 연계관계가 약한 직원들은 향후 연계관계를 갖는 특정 국가의 정보요청이나 유혹에 보다 쉽게 넘어갈 수 있는 개연성이 크기 때문이다. 이러한 이유로 미국이나 영국에서는 정보기관 근무자가 외국인과 결혼하거나 동거관계에 들어가면 비밀취급 인가를 철회하거나 보안과 상관 없는 부서로 전출시키기도 하며, 심한 경우에는 파면까지도 시키고 있다.

정보·방첩기관이 국제화되어가면서 구성원들의 출신국가가 다양해지는 현상은 해당 기관의 수집능력을 향상시키는 장점으로 활용될 수 있지만 반면에 심각한 위협이 될 수도 있다. 응시자에 대한 보안심사에서 부모의 시민권 문제를 고려하는 영국 정보기관의 모델은 이제 영국 군대에서도 적용되는 추세에 있는데 이는 미국 국적 소지자는 무조건 입대가 가능한 미국과는 상당한 대조를 이루고 있다.[37] 영국식 보안심사 제도가 방첩 측면에서 얼마나 효과가 있는 대응책인지는 당장 입증되기 어려운 측면이 있지만 이러한 제도는 아랍어 능통자 같은 능력 있는 잠재 지원자를 채용하지 못하는 양날의 칼이 되기도 한다. 반면 부모의 시민권 여부를 따지지 않는 미국식 제도는 미국 정보기관이 외국어에 능통한 다양한 지원자들을 채용할 수 있도록 함으로써 정보력 향상을 꾀하는데 긍정적 효과를 가져 오기도 한다. 따라서 이러한 부모의 국적 문제로 채용을 결정하는 심사제도 보다는 부모 국적을 불문하고 능력 있는 응시자들을 채용하되 민감한 정보에 접근하는 대상자들에 대해서는 과학적 조사 및 판정을 통해 건별로 심사 판단하는 방식이 보다 합리적이라 할 수 있다.

특히, 오늘날 국제정치 환경에서 심각한 정치안보적 도전이 중동 및 중국에서 기

---

35) Ben Quinn, "Muslim Pc Barred from Guarding Blair," *Daily Telegraph*(8 November 2006)
36) Intelligence and Security Committee, *Annual Report 2005-06*, (1 July 2006).
37) Bryan Bender, "Military Considers Recruiting Foreigners," *The Boston Globe*(26 December 2006).

인하고 있는 현실을 감안할 때 아랍이나 중국계 2세 등 현지어를 유창하게 구사하는 지원자를 채용해야 하는 것이 정보기관으로서는 당연한 합리적 판단이다. 따라서 정보기관의 정보역량 확충을 위해 채용단계에서는 최적의 대상자들을 채용하여 무한 정보전쟁에서 승리할 수 있는 역량을 갖추도록 노력하되 채용 이후에는 합리적이고도 과학적인 조사·심의 방식을 통해 스크린하는 방식이 보다 바람직할 것으로 판단된다.

(3) 내부통제 및 점검

신입 직원들에 대한 보안 심사제도 이외에 방첩 차원에서는 기존 직원들에 대해서도 몇 년 단위의 주기로 심사하는 것이 필요하다. 이런 심사는 주기적 심사뿐 아니라 특정 개인이 보안절차를 위반한 것으로 의심될 때에도 실시될 수 있다. 특정 직원이 업무와 무관한 정보에 접근을 시도하거나 이상한 심리적 현상 또는 행동패턴을 보일 때 보안 위험요소로 인식할 필요가 있다.

비인가자가 민감한 정보에 접근하는 것을 방지하는 효과적 방법 중 하나는 부분화이다. 물론 이러한 부분화가 다양한 출처로 부터 각종 정보를 취급해야하는 현대 업무 환경에서 정보의 흐름을 차단하거나 많은 직원들을 잠재적 비밀 누설 가능자로 간주해 직원 사기를 떨어뜨리는 등 부정적 측면이 있는 것 또한 사실이다.[38] 그러나 그렇다 하더라도 한사람의 비밀누설자가 조직에 엄청난 피해를 끼치는 결과를 감안해 볼 때 대책을 강구하지 않는 것보다는 부분화와 같은 합리적 대책을 활용하고 보완해 나가는 방식이 보다 현실적이라고 할 수 있다.

(4) 기술적 보안조치

기술적 보안조치(Technical Security Countermeasures)는 정보 수집을 목적으로 외국 정보기관들이 각종 기술적 방법을 활용해 비밀정보에 접근하는 것을 탐지하고 차단하는 것을 말한다.[39] 외국 정보기관들의 가장 일반적인 침투 방법으로는 전자적 방식을 활용해 엿듣는 도청이 대표적이다. 이에 대응하는 기술적 보안조치는 복잡한 전자 및 X-레이 장치들을 활용하거나 이를 통해 광범위한 시설물을 장시간 점검하는 업

---

38) Arthur Hulnick, *Fixing the Spy Machine*, (Westport: Praeger, 1999), p.27.

39) *Technical Surveillance Countermeasures Handbook*, Technical Security Consultants Inc., http://www.dbugman.com/handbook/index.html.

무 등을 담당하는 숙련된 기술자들을 필요로 한다. 그러나 현실은 전자적 방법을 동원한 침입시도가 광범위하게 일어나는데 반해 이에 대응할 수 있는 대응 인원은 절대적으로 부족하고, 민감 시설물에 대한 점검도 극히 이례적으로 실시되는 것이 현실이다. 자료를 주고받는 과정에서 암호화가 이루어져야 함에도 보안조치가 충분히 취해지지 않은 상태에서 통신이 이루어지는 것도 현실이다. 이러한 보안 누수 현상이 발생하는 주된 이유는 군사시설과 같은 민감 시설들이 도처에 산재하고 민주화된 현대사회의 특성상 보안 통제절차를 귀찮아하면서 효율성과 배치되는 절차로 인식해 회피하려는 속성을 강하게 보이고 있기 때문이다.[40] 그러나 이러한 전자적 방식에 의한 정보의 누출이 가져오는 치명적 결과나 방대한 정보의 양 등을 감안하여 합리적 대응방안을 강구하는 것은 무엇보다 중요한 작업이라고 할 수 있다.

2. 외사 방첩

외사방첩활동이란 국내에 주재하는 외국인 또는 외국인과 연계된 내국인에 의한 국가안전 및 이익의 저해 행위를 색출하여 견제·차단·와해하기 위해 수행되는 제반 대응활동을 말한다. 방첩활동의 시발점이 되는 기본 정보를 수집하는 활동인 관계로 방첩 정보활동이라고도 할 수 있다.

이러한 외사방첩은 최근 국제화 및 개방화, 정보화의 진전으로 국경을 넘는 교류가 보편화되고 정보통신망의 보편화로 인해 상호 인적·물적 교류가 확대되면서 더욱 중요해지고 있다. 국제화 및 정보화 추세를 이용하여 상대국은 더욱 교묘한 방법으로 경쟁국에 대한 정보활동, 특히 첨단기술 및 산업기밀 등을 수집하고 있으며, 외국 정보기관뿐 아니라 각종 범죄조직들도 국경을 넘어 침투해 오면서 국가 및 국민에 대한 위해요소가 점증하고 있기 때문이다. 특히, 최근에는 물리적 국경의 이동 없이도 금융전산망과 인터넷 등 통신망을 통한 위해행위도 안보의 중요한 위협요인으로 부각되고 있다. 이러한 추세에 따라 외사방첩 대상도 과거의 백색 정보요원 중심에서 언론사 및 상사의 주재원, 단기 출장자, 연구소 연구원, 산업연수생, 학생 등으로 다양하게 위장한 흑색 및 회색 정보요원, 그리고 이들과 연계된 국내외 인물 등으로 확대되고 있다. 그리고 이들에 대한 대응 활동도 과거와 같은 단순한 정보수집 활동에서 첨단기술의

---

40) Wettering, *op. cit.*, p.280.

활용, 민주화 시대에 걸 맞는 선진기법의 적용 등으로 더욱 발전되고 세련되어져야 할 필요가 있다. 이러한 방첩 활동은 각국별로 주어진 상황에 맞게 추진되는 것이 현실이지만 선진국들의 주요 외사방첩 활동 내용을 살펴보면 다음과 같다.

(1) 외국 정보기관 활동에 대한 대응

방첩의 중요한 기능 중 하나는 해외 정보기관이 공작활동을 통해 민감 정보에 접근하거나 중요정보를 절취해 가지 못하도록 하는 것이다. 어떤 방첩 활동이든지 간에 가장 기본적인 부분은 비밀이나 기록을 잘 유지하고 유관 기관들과 정보를 안전하게 공유하는 것이다. 훌륭한 기록유지는 방첩활동의 핵심적 기능 중에 하나지만 무엇보다 중요한 것은 가능한 의심스런 외국 정보요원들의 접근을 확실하게 저지하는 것이다.[41] 그래서 평소 이들 요원들의 활동을 면밀히 관찰하다가 문제 활동이 발견될 시에 이를 색출하여 견제 및 차단하는 조치를 취하게 된다. 이러한 대응조치에는 단순한 경고에서부터 자진퇴거의 유도, 강제퇴거 조치, 역용 등으로 상황 및 대상에 맞게 적절하게 취해질 수 있다.

이러한 조치 중에서 가장 공식적이면서도 언론의 주목을 받는 수단으로 백색 정보요원에 대한 PNG(Persona Non Grata)조치가 있다. 외교관이 접수국 정부의 국익에 반하는 행위를 했을 때 기피인물 혹은 비우호적 인물로 지정하는 것으로 PNG로 규정된 외교관은 정해진 시간 내에 주재국을 떠나야 한다. 이러한 PNG는 외교관계에 관한 비엔나 협약 제 9조, 즉 주재국은 어느 때든 자국 결정에 대한 설명 없이 파견국의 외교관을 비우호적 인물로 규정해 파견국 정부에 통보할 수 있다는 규정에 근거한다. 왜 쫓아내는지를 굳이 설명할 필요도 없는 것이다. 이 협약은 사실 모든 외교관들을 대상으로 하지만 지난 1964년 협약체결 이후 PNG로 쫓겨난 외교관 거의 대부분이 정보요원들인 관계로 사실상 국제정치에서 스파이 활동에 대한 대응, 또는 국가간 스파이 활동에 대한 상호 양해장치로 주로 활용되는 양상을 보이고 있다.

그러나 이런 대응조치로 인한 결과는 대체로 단기적이다. 왜냐면 대부분의 외국 정보요원들은 정보 커뮤니티로 알려진 외교단 내에서 '공직가장(official cover)'을 통해 합법적 보호를 받으며 활동하고 PNG 이후에도 후임자가 업무를 보다 교묘한 방법

---

41) Jeffrey Richelson, *The US Intelligence Community,* (Boulder: Westview, 1999).

으로 재개하기 때문이다. 혹자들은 공개적 추방이나 비자발급 거부와 같은 조치가 성공적일 수 있는데 왜 그런 조치가 자주 사용되지 않는지에 대해 이의를 제기하기도 한다. 그러나 문제는 상대국 정부가 항상 똑같은 방식으로 대응하는 것은 아니라 하더라도 반드시 보복조치를 취하는데 문제가 있다. 게다가 PNG같은 조치는 외교관계에서뿐만 아니라 국가 간 무역, 다자 무대에서의 협력 등에도 심각한 부정적 영향을 미치기 때문이다. 그리고 이러한 상호작용 속에서 국제적 영향력이 약한 쪽이 결국은 치명적인 손해를 보는 것이 대부분이기 때문이다. 이러한 특징으로 인해 비슷한 사안이 검토될 때마다 정치인이나 외교분야 고위 관료들이 거의 대부분 추방조치와 같은 방식에 적극 반대하는 경향을 보이고 있다.[42]

정보화 및 세계화로 인해 전세계 거의 모든 지역에서 정보활동이 이루어지기 때문에 잠재적 방첩의 수요는 엄청나게 방대하고 국내외를 막론하고 국익활동이 전개되는 지역에서는 어디에서나 방첩활동이 요구되고 있다. 하나의 정보기관이 이러한 모든 방첩의 수요를 충족할 수 없기 때문에 우방 정보기관과의 협력 및 교육훈련 공유 등을 통해 필요한 정보를 얻을 수도 있다.[43] 특히, 우방국 정보기관과의 협력은 적대기관의 활동에 대한 유익한 정보를 얻을 수 있다. 또한 적대적 기관 내부에 토대를 구축하고 있는 개인을 포섭해 방첩을 목적으로 한 관계를 유지 및 발전시켜 나갈 수 있다. 이들은 이념적이거나 금전적 동기, 혹은 성적(性的) 문제로 포섭되거나 강요 또는 협박에 못 이겨 정보를 제공하기로 약속하고 방첩활동에 유용한 정보를 제공하기도 한다.

이러한 인적자원 이외에도 기술적 방법을 통한 정보수집도 방첩활동에 유용하게 활용되고 있다. 국내의 외국공관이나 상사에 주재하는 외국인이 서로 연락하거나 해외로 통신하는 내용을 기술적 방식으로 절취해 얻는 정보도 방첩 정보로서 좋은 출처가 된다. 또한 위성사진 정보도 극히 제한적이긴 하지만 외국의 정보 및 방첩기관 활동이나 특정 목표의 위치에 대한 정확한 정보를 얻는데 유익하게 활용되기도 한다.[44]

---

42) Wettering, *op. cit.*, p.276.
43) Peter Schweitzer, *Friendly Spies: How America's Allies are using Economic Espionage,* (New York: Monthly Press, 1993).
44) Richelson, *op. cit.*, p.238.

(2) 물리적 감시방법의 활용

물리적 감시는 현재 전세계에서 가장 광범위하게 활용되는 방법인데 노동력을 최소한으로 유지하면서도 지속적인 감시효과를 거양할 수 있기 때문이다. 물리적 감시를 통해 얻을 수 있는 결과는 방식에 따라 많은 차이가 있을 수 있지만 이러한 감시방법은 크게 정태적 감시(Static Surveillance), 이동 감시(Mobil Surveillance), 기타 및 전자적 수단을 활용한 감시 등으로 나눌 수 있다.

① 정태적 감시

정태적 감시(Static Surveillance) 또는 고정지역 감시는 의심스런 대상자의 주거지역 또는 대상자가 수시 출입하는 장소 등 특정한 장소를 대상으로 감시하는 것을 말한다. 이러한 감시는 대상자의 이동 및 소재를 이동감시팀에 알려주기 위해서, 대상자의 이동 동향 및 방문자를 파악·기록하기 위해서, 그리고 적대 외국공관에 자발적으로 들어가 정보를 제공하려는 잠재적 배반자를 확인하는 목적 등을 위해 운영된다. 이러한 정태적 감시는 방첩 차원에서 효과가 제한되는 것이 사실이지만 의심스런 대상자를 손쉽게 감시하거나 공작 보안활동 기법이 다소 떨어지는 하급 정보원들을 잡아내는 데에는 상당한 효과가 있는 것 또한 사실이다.

② 이동 감시

이동 감시(Mobile Surveillance)는 도보나 자전거, 차량 또는 비행기 등 다양한 수단에 의해 감시가 이루어지는 형태이다. 이러한 감시는 세계적으로 워낙 일반적으로 사용되는 방식이기 때문에 굳이 설명이 필요하지 않을 정도지만 크게 세 가지 목적을 갖고 행해진다고 할 수 있다. 첫째는 비노출 감시를 통해 감시대상자가 접촉하는 인물, 방문하는 장소, 이동시 활용하는 수단, 이동 및 인물 접촉시 보이는 주요 동향 및 습관, 움직이는 시간대 등을 파악하는데 우선적인 목적이 있다. 둘째로는 감시 대상자가 불법과 관련된 비밀 정보활동을 하지 못하도록 겁을 주거나 포기하도록 만드는 것이다. 마지막 셋째로는 감시 대상자가 만일 불법 활동을 자행할 경우 현장에서 바로 체포하기 위한 목적에서 행해지는 활동이라 할 수 있다.

③ 기타 및 전자적 수단을 통한 감시

기타 및 전자적 수단을 통한 감시는 전화선 감청 및 전자적 도청장비의 활용, 그리고 우편물 절취 등과 같은 방법을 통해 대상자를 감시하는 방식을 말한다. 이러한 감시는 외국 정보요원이 활용하는 접촉선을 확인하고 그들 간의 연락활동을 차단하거나 그들을 이중 첩자로 활용하기 위한 목적 등에서 활용된다. 이때 전자적 보조장치를 대상자 차량에 부착해 대상자의 위치 이동을 파악하고 이동 감시팀을 지원하는 등의 목적으로 활용할 수도 있다. 전화선 감청이나 도청은 대상자의 이동사항을 추적하거나 접촉선을 파악하는 목적으로 활용될 수도 있다. 물론 이러한 전자적 수단의 활용효과가 상당히 제한적이고 국내에서만 사용될 수 있다는 한계가 있기는 하지만 사안에 따라서는 상당한 효율성이 있다는 점을 감안해 적극적으로 활용하는 방안도 강구할 필요가 있다.

3. 방첩 공작

방첩 차원에서 의심스런 대상자를 확인하는 가장 확실한 방법은 무엇보다 외국 정보기관 요원의 망명, 혹은 그들이 활용하는 핵심 정보원을 포섭하여 확인하는 방법이다. 그 다음으로 확실한 방법은 적대 정보기관의 암호를 해독해 상대 기관의 의도와 계획을 알아내는 방식이다.

그리고 적대 정보기관 활동에 대해 잘 알고 있는 상대방 외국 요원을 망명 유도하여 활용하는 방식, 또는 상대기관과 밀접한 관계를 갖고 있는 이중간첩을 활용하는 방식 등이 있다. 이중간첩은 크게 두 가지로 분류되는데, 첫 번째는 외국 정보기관을 위한 활동 과정에서 체포되었다가 처벌을 피하기 위해 방첩활동에 협조하기로 약속하고 활동하는 외국 요원이다. 그리고 두 번째 부류는 외국 정보기관 요원을 의도한 방향으로 유인해 내거나 외국정보기관에 채용되는 것을 목적으로 외국 정보기관에 의도적으로 접근하는 '미끼'로 활용되는 통제된 정보원이다.

이러한 방첩 공작을 통해서 방첩 담당관은 의심 대상자의 신원을 파악하고, 그들의 활동 및 공작 방법, 정보원과의 접촉 방법 및 수단 등에 대한 다양한 정보를 획득할 수 있다. 뿐만 아니라 외국 정보기관 요원이 엉뚱한 정보 목표나 부수적인 문제들에 집중하도록 유도하거나 공작을 지연·방해할 수 있고, 결정적인 순간에는 역정보를 전달하여 소기의 성과를 거양하는데 이용할 수도 있을 것이다.

4. 인터넷 보안조치

세계화 및 정보화의 확산으로 인터넷 영역의 급속한 확대는 방첩활동을 담당하는 기관들에게 심각한 도전과 과제를 안겨주고 있다. 인터넷상에서 얻을 수 있는 방대한 정보는 외국 정보기관 요원들이나 불순한 의도를 가진 개인들이 다양한 방식으로 비밀 정보에 접근할 수 있도록 하고 있다. 지난 2006년 미국의 한 신문사는 상업용 온라인 데이터 서비스를 통해서 미국 전역에 산재한 20여개 CIA 비밀시설의 위치와 50여개의 미국 보안정보 기관들의 연락처, 2,600여 명의 CIA 직원 개인정보를 입수한 바도 있다.[45] 여기서 얻어진 정보에는 세계 각지 대사관으로 파견되어 활동하는 CIA 공작관들의 명단과 해당 지역내 공작원들로부터 연락받는 주소, 가명 등을 상세하게 포함하는 것으로 알려졌다.[46] 이러한 데이터들은 전화번호부나 부동산 거래기록, 투표 기록, 법률 서류, 납세 자료, 파산 및 비즈니스 기업정보 등 다양한 출처에서 수집된 것들이었다. 따라서 이런 정보들에 접근 가능한 외국의 정보기관들도 인터넷을 통해 방대한 분량의 비밀 정보에 접근할 수 있다고 보는 것이 합리적인 가정이라고 할 수 있다.

인터넷이 정보의 신속한 전파 수단인 관계로 많은 방첩기관들은 그들의 정보에 대한 접근을 제한하고 차단하는 노력을 전개하고 있다. 미국과 같은 경우에는 개인정보보호법을 엄격하게 적용함으로써 개인 신상정보에 대한 데이터베이스가 철저히 관리되도록 하고 비인가자의 접근을 제한하고 있다. 그러나 이러한 조치도 사실상 완전하지 않은데다가 방대한 인터넷상의 정보에서 비밀정보를 분류해 제한하는 것 자체가 사실상 불가능한 상황이다. 그렇다 하더라도 방첩기관은 인터넷의 하부구조 및 인터넷 상에서 정보가 저장되고 유통되는 방식에 대한 심도 있는 이해를 바탕으로 적절한 보안대책을 강구해야만 한다.

정보 및 보안 기관에 근무하는 모든 직원들에 대해 엄격한 보안원칙의 준수를 요구하는 것은 현실적으로 많은 한계가 있는 것이 사실이다. 상당히 많은 직원들, 특히 나이가 많은 직원들이 인터넷 및 데이터 보안과 관련된 지식이 부족해 정보를 제대로 관리하지 못하고 누설하는 경우도 허다하다.

반면, 중국 등 공격적 정보기관의 훈련받은 요원들은 높은 수준의 보안 시스템도

---

45) John Crewdson, "Internet Blows CIA Cover," *Chicago Tribune*(12 March 2006).
46) John Crewdson, "Data Mining Easy as Using Credit Card," *Chicago Tribune*(11 March 2006).

전혀 흔적을 남기지 않고 공격할 수 있는 능력을 갖고 있다.[47] 그동안 중국 해커들이 미 국방부 및 정보기관의 네트워크에 침입한 사례는 수없이 많은 것이 사실이다.[48] 뿐만 아니라 국방부 및 정보기관과의 용역관계를 체결한 민간 기업들도 이러한 사이버 공격에 무척 취약한 것이 사실이다.

인터넷상에서 해킹이 일반화되고 갈수록 증가 추세임에 따라 미국정부는 상업용이나 가정용 인터넷의 경우 해킹 침해가 이루어지는 것을 비밀로 하지도 않고 공개하고 있다. 미 국방부의 경우 전세계적으로 약 5백만대의 컴퓨터와 접속이 되어 있을 정도로 다른 어느 기관보다도 방대한 네트워크를 갖고 있는 관계로 외국 및 국내의 해커들에게 가장 많이 노출되어 있는 기관이다.[49] 미 국방부의 통계에 의하면 다른 어떤 나라보다도 중국으로부터의 접속이 많은 실정인데, 중국 인민해방군의 경우에는 전쟁 초기에 정보전에서의 우세가 전투의 승리로 연결된다고 보고 컴퓨터 네트워크 전쟁을 무척 중요시하고 있다고 한다.[50] 중국 인민해방군이 적의 컴퓨터 시스템 및 네트워크를 공격하기 위해 바이러스를 개발하고 자신들의 컴퓨터 시스템 및 네트워크를 보호하기 위한 전술적 조치들을 담당하는 정보전 부대를 창설해 운영하고 있다는 것은 이제 공공연한 비밀이 되고 있다.[51] 이렇게 사이버상에서의 치열한 정보전이 일상화되고 있는 현실을 감안, 방첩차원에서 치밀한 인터넷 보안조치를 강구해 나가는 것은 이제 결코 소홀히 할 수 없는 중요한 과제다.

5. 경제방첩

(1) 경제방첩의 개념 및 최근 동향

경제방첩(Economic Counterintelligence)이란 개념은 비교적 최근에 중요 영역으로 대두되고 있지만 아직 학술적으로 명확히 정립되었거나 일반화된 개념은 아니다.

47) Damien McElroy, "China Aims Spy Network at Trade Secrets in Europe," *Daily Telegraph*(3 July 2005).

48) Bradley Graham, "Hackers Attack Via Chinese Website," *Washington Post*(25 August 2005).

49) Jay Solomon, "FBI Sees Big Threat from Chinese Spies," *The Wall Street Journal*(12 August 2005).

50) Bradley Graham, "Hackers Attack Via Chinese Website," *Washington Post*(25 August 2005).

51) Josh Rogin, "DOD: China Fielding Cyber Attack Unit," *Federal Computer Week*(25 May 2006).

일반적으로는 외국정부 및 외국인, 이와 연계된 내국인에 의해 우리 국가의 경제적 안정이나 이익을 침해하는 행위를 색출해 내는 국가 정보·방첩기관들의 활동을 의미한다.[52] 즉, 외국을 위해 국가경제와 관련된 기밀을 탐지하거나 영향력을 행사하려는 경제스파이(Economic Espionage)에 대한 대응활동, 그리고 국가 및 기업의 첨단 기술을 탐지해 외국에 유출함으로써 국가경제의 권익을 훼손하려는 산업스파이(Industrial Espionage)에 대한 대응 활동 등을 포괄적으로 일컫는 활동이다. 이러한 경제 방첩활동을 국가 방첩활동의 범주에 포함할 수 있는지에 대한 논란이 여전히 있는 것이 사실이나 세계 각국에서 점차 이를 인정해 나가는 추세이다.

특히, 미국은 국가안보위협리스트(NSTL: National Security Threat List)에서는 테러, 간첩행위, WMD 확산활동 등에 이어 경제스파이 활동을 위협요인으로 명시하고, 구체적으로는 "외국에 의한 미국정부 또는 기업체 대상 민감한 금융, 상업, 경제정책 관련 정보활동과 첨단기술 유출 및 경제정책에 대한 불법적이거나 은밀한 방법을 통한 영향력 행사"를 그 내용으로 하고 있다.[53]

이러한 취지에서 미국의 경제스파이법(EEA: Economic Espionage Act, 1996)은 미국의 기술정보와 정보자산을 훔치려고 하는 외국 정부와 기업의 시도로부터 미국 기업을 지키는 한편, 연방정부에게 위반 범죄자에 대한 처벌 권한을 포괄적으로 부여하고 있다. 이 경제스파이 법은 크게 두 가지 목표를 염두에 두고 제정되었는데, 첫째는 외국 기관 또는 기업이 미국 기업의 기밀을 훔치려는 것을 막는 것이다. 두 번째로는 외국의 정보 절도범과 미국 내 경쟁업체를 포함한 모든 범죄자들을 기소하는 권한을 연방정부에게 부여하는 것에 목표를 두고 있다. 따라서 이 경제스파이 법에서는 기업 비밀을 "모든 형태의 금융, 비즈니스, 과학, 전문기술, 경제, 공학기술 정보는… 그 정보의 소유자가 정당한 수단으로 기밀성을 유지하고, 그 정보가 일반 공중에게 밝혀지지 않음으로써 또한 공중이 통상의 수단으로 확인할 수 없음으로써, 실제적이든 잠재적이든 독자적 경제 가치를 낳는 경우를 말한다"고 포괄적으로 규정하고 있다.[54]

또한, 영국의 경우에도 1989년에 제정된 보안부법(Security Service Act 1989) 제1조 제3항에서 "영국의 경제적 번영에 대한 외국인의 위협을 막아내는 것"을 보안부

---

52) 국가정보포럼, 『국가정보학』, (박영사, 2006), p.132.
53) 'Threats to US National Security'(FBI), *1998 Congressional Hearings Intelligence and Security*, 1998.1.28.
54) 국가정보원, 『첨단 산업기술 보호동향』, 통권 제1호(2004.7), pp.82-83.

(Security Service: 일명 MI5)의 임무 중 하나로 규정하고 있다. 이와 같이 경제방첩 활동이 국가안보의 중요한 요소로 부각된 것은 과거 단순 제조업에 비해 정보산업(IT), 바이오산업(BT) 등 첨단 제조업과 금융산업 분야에서 정보가 기업의 사활을 결정하거나 엄청난 부를 창출하는 등 가치가 대폭 확대되어 경제정보활동의 수요가 무척 증폭됨으로서 이를 국익차원에서 지키고 보호하기 위한 국가기관의 적극적 활동이 요구되고 있기 때문이다.

(2) 경제방첩 대책

미국 FBI의 조사에 의하면 가장 빈번하게 외국 스파이의 표적이 되는 것은 하이테크 기업 및 제조업, 그리고 서비스산업 순이며 스파이들이 연구개발 전략 및 제조, 마케팅 계획, 고객 리스트 등을 노린다고 한다. 이렇게 산업 스파이가 일반화 되어 있음에도 호주 보안정보부(ASIS) 평가에 따르면 포춘지 선정 1,000개사 가운데 단지 63%만이 산업스파이 대비를 위한 보안시스템을 갖추고 있다고 한다.[55]

기업 보안의 첫걸음은 경쟁자가 무엇을 노리는지를 확인하고 이를 방지하기 위한 적절한 보안 대책 및 기준을 세우는 것에서 출발한다. 주요 시설물에 대한 잠금 및 침입탐지 장치를 설치하는 등 물리적인 보안조치를 강구하고, 민감한 자료의 안전관리와 보관절차를 도입하며, 컴퓨터 및 전산망의 중요 파일을 보호하며, 기밀 정보의 안전한 폐기를 이행하는 것 등은 가장 기본적인 조치에 해당한다. 또한, 민감 정보에 접근하는 모든 사원에 대해 고용 전에 신원조사를 반드시 실시하고, 민감 기술을 공유하는 제휴 파트너, 특히 외국의 파트너에 대해서는 면밀한 조사를 실시해야 한다. 회사를 방문하는 객원 기술자 및 연구생, 특히 적대적 성향의 국가들로부터 오는 외국인에 대해서는 철저한 대응조치가 이루어지도록 하여야 할 뿐만 아니라 중요 정보자산에 접근하는 것을 차단해야 한다,

보안 대책 중에서 가장 중요한 것 중의 한 가지는 핵심인력과 기밀준수 협정(confidentiality agreements) 및 경업금지 협정(noncompetition agreements)을 체결하는 것이다.[56] 기밀준수 협정은 사원에 의한 기밀 정보의 누설을 규제하는 것으로 어떤 정보가 회사에 가치가 있고 그것이 외부에 밝혀져서는 안 된다는 동의를 사원으로부터

---

55) 국가정보원(2004), p.84.
56) 국가정보원(2004), p.85.

얻는 것을 말한다. 경업금지 협정은 사원이 퇴직한 이후 일정 기간 고용주와 경쟁하는 것을 막는 협정이라고 할 수 있다. 이러한 두 가지 협정을 중요 직원의 퇴직 시 조치함으로써 회사는 중요한 정보적 사항들을 보호하는 효과를 얻을 수 있다.

기밀 정보의 보호는 회사의 이익과 성공을 위해 반드시 필요한 만큼, 이를 위반할 경우에는 엄벌에 처한다는 사실을 전 직원에게 주지시킬 필요가 있다. 여기에서 기밀정보란 회사의 기술 및 특허정보 등은 물론이고 재무정보, 급여정보, 인사정보, 전화번호 정보, 고객정보, 계약가격, 컴퓨터 보안코드 및 소스코드 등 모두를 포함한다고 보아야 한다. 기밀 정보를 다루는 직원들에게는 정기적인 보안 교육과 연수를 실시하여 조직의 기밀정보 보호가 얼마나 중요한 사안이며, 외부로부터 기밀정보에 대한 문의나 접근 기도를 파악하였을 경우에는 어떻게 대응해야 하는지 등에 대한 절차를 숙지하고 시행할 수 있도록 하여야 한다. 현대에 있어서 이러한 기밀정보의 관리는 국가나 기업의 가장 중요한 과제 중의 하나가 되었으며 이는 기업의 입장에서 보면 경쟁력 강화 및 생존 수단이요, 국가적 입장에서는 국가안보나 국익을 위해 매우 중요한 과제인 것이다.

6. 대테러 및 국제범죄

지난 2001년 9·11 테러사건은 탈냉전 후 21세기 안보환경의 변화를 상징적으로 보여줌으로써 테러리즘을 국가안보의 핵심적 아젠다로 불러 온 사건이었다. 그리고 이어 전개된 아프가니스탄 및 이라크 전쟁은 냉전 기간 동안 형성되어 왔던 안보 및 피아 구분에 대한 개념에 커다란 변화를 초래하였다. 이러한 세계질서의 재편 과정에서 테러리즘은 이제 어느 국가도 초국가적 폭력 세력으로부터 자유로울 수 없는 새로운 현실적 위협으로 대두되었다. 특히, 핵·생화학 무기 등 대량살상 무기체계의 발달과 관련 기술의 확산은 향후 테러사건이 발생할 경우 과거와는 비교가 되지 않을 만큼 엄청난 피해를 야기할 것이라는 우려를 자아내게 하고 있다. 우리 국가안보의 영역에서 이제 테러리즘을 종래와는 달리 현존하는 새로운 위협으로 인식해야 하는 상황이 된 것이다.

우리 대한민국의 경우 그동안 북한에 의한 테러 도발을 제외하고는 국제 테러조직과 연계된 테러사건이 별무한 관계로 테러 안전지대라는 비교적 안이한 인식이 지배적이었다. 그러나 21세기 안보환경 속에서 약자의 무기로서 테러가 갖는 유혹이 점점 커질 수 밖에 없는 상황이기 때문에 테러에 대한 대비는 우리 안보정책 속에서 방첩기관이 담당해야 할 중요한 과제가 되고 있다. 특히 정보화 및 세계화 추세에 편승한 국제 테러조직들이 마약 및 인신매매 등 조직범죄를 통해 세력을 더욱 확장해 나가고 있어 테러에 대응하는 우리의 경계태세 및 대응방법은 더욱 정교하게 발전되어야 할 것이다.

테러를 선제적으로 예방하고 부득이한 테러사건의 피해를 최소화하기 위해서는 우선 테러관련 정보의 수집 및 분석이 효율적이고도 성공적으로 이루어져야 한다. 잠재적 테러행위자 및 조직에 대한 상세한 정보 수집은 물론 이들의 의도 및 능력, 목표 공격을 위한 훈련 및 자금운용 등 준비동향을 면밀히 파악하고 대처해 나가야 한다. 구체적으로는 테러범들의 개인별 인적사항 및 신체적 특징, 연계 및 지원세력 동향, 신분위장 수법, 훈련 및 목표지역 침투 동향 등 테러예방을 위한 제반 내용들에 대한 지속적인 추적이 이루어져야 한다. 그와 동시에 국내외 우리 국민 및 자산에 대한 보호태세와 취약성을 지속 점검해 나가면서 불의의 사태가 발생할 경우 신속하게 대응 및 복구하는 체계를 유지할 수 있도록 노력해 나가야 할 것이다.

대테러 활동과 병행해 국제범죄에 대한 대응 능력도 지속 강화해 나가야 한다. 민주화 및 정보화, 세계화의 확산과 함께 이러한 장점을 범죄 등 불순 목적으로 이용하는 세력들이 더욱 많아지고 있고, 테러조직이 국제범죄를 통해 세력을 확장하거나 불법조직과의 연대를 통해 협력하는 경향이 있기 때문이다. 이들 조직들은 마약밀매 · 밀입국 · 인신매매 · 불법무기 거래 등 불법적 활동을 통해 우리사회의 안전을 위협할 뿐만 아니라 국제적인 범죄집단과 연대함으로써 보다 조직화되는 모습으로 발전하고 있다. 특히, 온라인 공간을 통한 자금세탁 및 정보교환 등을 적극적으로 활용, 종래부터 활동해 오던 마피아 및 삼합회 등 대규모 집단뿐만 아니라 신규 테러조직, 심지어 개인들까지 이러한 불법활동에 편승하고 있어 국가안보 및 방첩차원의 적극적인 대응이 필요해 지고 있다.

21세기 안보환경의 특성상 테러와 국제범죄에 대한 대응은 한 나라의 노력만으로는 한계가 있을 수밖에 없는 것이 현실이다. 따라서 국제 테러 및 조직범죄 활동에 대한 많은 자료와 대응 노하우를 가진 우방국 정보 · 방첩기관들과의 협력을 통해 우리의 대응능력을 향상시켜 나가는 것이 필수적이라 하겠다. 오늘날 국제범죄 및 테러 조직들은 막대한 자본과 조직력을 바탕으로 웬만한 비밀 정보기관 못지 않는 보안을 유지한 채 활동하며 우리가 가장 방심하고 있을 때 가장 치명적 목표를 선정해 공격할 가능성이 높기 때문이다.

아울러 이러한 테러 및 국제범죄에 대한 대응능력 향상 차원에서 우리 정부 내부의 관련 제도를 정비하고 유관기관 간의 유기적 대응체계를 구축하는 등 노력도 결코 미룰 수 없는 중요한 과제다. 현재 우리 정부의 대테러 활동이 법적 근거가 약한 대통령훈령에 기반하고 있어 정부 유관부처의 통합 조정 및 유사시 강제력 발동 등의 대응에서 허점이 상당한 만큼, 테러방지법 제정 등을 통해 보다 효율적인 업무수행을 위한 제도적 뒷받침을 해주는 것이 필요하다 하겠다.

참·고·문·헌

〈정부 간행물 및 공식자료〉

Executive Order 12333, United States Intelligence Activities, 4 December 1981. See http://www.tscm.com/EO12333.html.

Federal Bureau of Investigation. Focus on Economic Espionage in: http://fbi.gov/hq/ci/economic.htm.

Intelligence and Security Committee. Annual Report 2005-06. (1 July 2006).

House Judiciary Sbucommittee on Immigration, Border Security & Claims: Hearing on Sources and Methods of Foreign Nationals Engaged in Economic and Military Espionage (15 September 2005).

Members of the Intelligence Community. (www.intelligence.gov/1-members.shtml).

국가정보원. 첨단 산업기술 보호동향. 통권 제1호(2004.7).

러시아 연방법(1996.1.10) 제11조(www.agentura.ru).

연방보안부법(2003.8.11) (www.agentura.ru).

〈일반서적〉

Caldwell, Oliver. *A Secret War: Americans in China*. Carbondde: Southern Illinois University Press, 1972.

Douglas, Hugh. *Jacobite Spy Wars: Moles, Rogues and Treachery*. Sutton: Phoenix

Mill, 1999.

Eftimiades, Nicholas. *Chinese Intelligence Operations*. Annapolis: Naval Institute Press, 1994.

Herrington, Stuart. *Traitors among US: Inside the Spy Catcher's World*. Novato: Presidio Press, 1999.

Hulnick, Arthur. *Fixing the Spy Machine*. Westport: Praeger, 1999.

Lloyd, Mark. *The Guinness Book of Espionage*. Washington DC: DA CAPO Press, 1994.

Odom, William. *Fixing Intelligence*. New Haven: Yale University Press, 2003.

Polma, Norman and Allen, Thomas. *Spy Book*. New York: Random House, 1997.

Richelson, Jeffery. *The US Intelligence Community*. Boulder: Westview, 1999.

Sarbin, Theodore, Carney, Ralph and Eoyang, Carson (eds.). *Citizen Espionage: Studies in Trust and Betrayal*. Westport: Praeger, 1994.

Schweitzer, Peter. *Friendly Spies: How America's Allies are using Economic Espionage*. New York: Monthly Press, 1993.

Simeone, John and Jacobs, David. *The FBI*. Indianapolis: Alpha Books, 2003.

Shulsky, Abraham. *Silent Warfare: Understanding the World of Intelligence*. New York: Brassey's Inc, 1991.

(정기간행물)

Bender, Bryan. "Military Considers Recruiting Foreigners." *The Boston Globe*(26 December 2006).

Crewdson, John. "Data Mining Easy as Using Credit Card." *Chicago Tribune*(11 March 2006).

Crewdson, John. "Internet Blows CIA Cover." *Chicago Tribune*(12 March 2006).

Fidler, Stephen. "Moscow Steps Up Spying in UK." *Financial Times*(20 November 2006).

Graham, Bradley. "Hackers Attack Via Chinese Website." *Washington Post*(25 August 2005).

Hill, John. "Defections Reveal Extent of China's Espionage Operations." *Chicago Tribune*(11 October 2005).

McElroy, Damien. "China Aims Spy Network at Trade Secrets in Europe." *Daily Telegraph*(3 July 2005).

Quinn, Ben. "Muslim Pc Barred from Guarding Blair." *Daily Telegraph*(8 November 2006)

Rogin, Josh. "DOD: China Fielding Cyber Attack Unit." *Federal Computer Week*(25 May 2006).

Solomon, Jay. "FBI Sees Big Threat from Chinese Spies." *The Wall Street Journal*(12 August 2005).

Wettering, Frederick. "Counter-intelligence: The Broken Triad." International Journal of Intelligence and Counter-intelligence. No.13(2000).

(인터넷자료 등)

Technical Surveillance Countermeasures Handbook, Technical Security Consultants Inc., http://www.dbugman.com/handbook/index.html.

제2장 최근의 스파이활동 추세와 주요 사례

유동열(前 경찰대학 치안정책연구소)

제1절 21세기 스파이활동 추세

21세기에 들어서 국제사회에서 스파이활동의 양상도 급격한 변화를 보여주고 있다. 이의 일반적 양상과 특징을 요약해보면 다음과 같다.

첫째, 스파이활동 대상의 변화이다. 전통적으로 스파이활동이란 자국의 안보와 국익보호를 위해 적성국(敵性國)의 정보를 비합법적으로 수집, 분석, 역공작하는 공작활동을 의미한다. 그러나 이제는 적성국(敵性國)뿐만 아니라 제3국 및 우방국에 대해서도 스파이활동을 수행하는 것이 일반화되고 있다.

2013년 언론의 각광을 받은 에드워드 스노든(전 CIA 요원)은 미국 국가안보국(NSA)이 기밀감시 프로그램을 통해, 특정대상국뿐만 아니라 유럽연합(EU) 본부 및 우방국의 대사관 등을 상시적으로 도·감청했다고 폭로한 바 있다. 21세기 무한경쟁의 시대에 세계 각국은 적성국과 우방국을 가리지 않고 국익을 위해 다양한 스파이활동을 전개하고 있는 것이다.

둘째, 스파이 활동주체의 다양화이다. 종래 스파이활동은 국가가 주체가 되어 적성국 및 타국에 대해 스파이활동을 전개하였으나, 이제는 비국가행위자(Non-State Actors)들에 의한 스파이활동도 다양하게 전개되고 있다. 즉 국가 이외에도 특정한 목적을 위해 활동하는 비정부기구(NGO), 산업스파이, 알카에다 등과 같은 테러단체, 마약·해적·불법무기 거래 등 국제범죄단체 등이 스파이 전선에 대거 나서고 있다.

셋째, 스파이 활동영역의 확대이다. 냉전시기 스파이 활동은 국가안보를 위해 군사정보를 수집·분석하고 역공작을 전개하는데 주력했으나, 탈냉전 이후에는 군사정보뿐만 아니라 정치·경제·사회 및 과학·문화 정보의 획득으로 영역을 넓혀왔고, 21세기에는 주요 산업기밀을 획득하는 산업스파이, 사이버영역에서의 스파이활동 등으로 활동반경이 지속적으로 확대되고 있다. 향후 우주공간에서의 스파이전쟁도 조만간 현실화될 것으로 보인다.

넷째, 스파이활동 수단의 변화이다. 초기에는 인간정보(HUMINT)에 의존했던 스파이활동 수단이 이제는 과학기술의 급격한 발달에 힘입어 영상정보(IMINT), 신호정보(SIGINT), 계측정보(MESINT) 등의 활용으로 일상화되었다. 또한 정보수집에 있어 공개출처정보(OSINT)의 비중도 점차 증가하고 있다. 최근엔 IT산업과 인터넷의 상용화로 사이버공간을 활용한 스파이활동도 확대되고 있다.

다섯째, 스파이활동 수법의 정교화 및 고도화이다. 스파이활동의 영역과 수단이 다양화되다 보니, 이에 따라 스파이활동 수법도 온라인과 오프라인을 배합하는 등 점차 정교화되고 고도화되고 있다. 또한 세계 각국과 비국가 행위자들은 합법영역과 비합법영역을 넘나들며 공세적인 스파이활동을 전개하고 있다.

여섯째, 방첩을 전담하는 정보부서의 확대이다. 세계 각국은 스파이활동의 주체, 대상, 영역, 수단과 수법이 확대되고 고도화됨에 따라 이를 제어하기 위한 법적 근거를 확보하기 위해 방첩법제를 신설·보완하고, 방첩기관의 역할을 확대하며 방첩요원을 전문화하려는 노력을 경주하고 있다. 이의 대표적 사례는 미국이 9·11 테러 이후 정보개혁법(Intellingence Reform Acts)을 제정하여 국토안보부(DHS)와 국가대테러센터(NCC)를 신설하고 16개의 정보공동체를 총괄하는 국가정보장(DNI)을 신설하는 등 국가방첩, 안보체제를 전면 정비한 것을 들 수 있다.

일곱째, 세계 각국의 방첩기관 간 공조가 확대되고 있다. 이의 배경은 오늘날 공통 현안으로 등장한 테러, 사이버테러, 핵확산, 대량살상무기(WMD), 마약·무기밀매 등 국제범죄, 해적, 해양안보, 기후 및 환경오염, 에너지 분쟁 등의 초국가적 문제를 해결하기 위해 세계 각국 방첩기관 간 국제적 협력과 공조가 확대되고 있다.

제2절 스파이활동 사례

■ 사례1: 전설의 여간첩 「마타 하리」

마타 하리(Mata Hari, 1876-1917)는 제1차 세계대전 중에 스파이 혐의로 처형된 네덜란드 태생 무용가 젤러(Margaretha Geertruida Zelle)의 가명이다.

마타 하리는 네덜란드 한 사업가의 딸로 태어났다. 아버지의 사업실패로 어린 시절 유복한 삶은 끝나고, 나이 19세 때 인도네시아에 근무하는 네덜란드 장교와 결혼하여 두 아이를 낳았다. 남편의 외도와 아들의 사망으로 결혼생활은 7년 만에 파탄났다. 이후 파리로 이사하였다. 마타 하리는 인도네시아 자바 섬에서 온 공주인 것처럼 사람들을 속이며 자신의 미모와 유창한 외국어를 앞세우며 사교계에서 무용가로서 인기를 얻었으며 수많은 정관계 고위층과 교분을 나누었다. 이때 '마타 하리'(인도네시아어 '새벽의 눈'이란 의미)라는 이름으로 활동하였다.

제1차 세계대전이 발발한 시기 독일 베를린에 있던 마타 하리는 1916년 독일 정보기관에 포섭돼 암호명 'H21호'로 프랑스로 건너가 연합군 고위장교들을 유혹, 군사기밀을 정탐해 독일군에 제공해 왔다. 당시 마타 하리는 러시아의 비행기 조종사인 20세 연하의 마슬로프를 비롯해 수많은 프랑스 및 연합군의 군장교와 정치인 등 고위층과 성적 관계를 맺으며 스파이활동을 하였다. 또한 마타 하리는 독일의 스파이로 활동을 하면서, 프랑스 정보당국의 스파이로서 활동하며 이중간첩 생활도 하였다.

마타 하리의 대표적 미인계공작을 소개하면, 프랑스의 모건장군 포섭이다. 독일은 영국의 탱크 설계도가 프랑스군 사령부 모건장군 집의 비밀금고에 있다는 사실을 알고 마타 하리를 시켜 이 설계도를 입수하도록 지령을 내렸다. 그녀는 자기 집에서 댄스파티를 열어 모건 장군을 초대하여 그에게 접근하였고, 결국 연인사이로 발전하여 동거를 시작하였다. 그녀는 탱크 설계도가 들어 있는 비밀금고를 천신만고 끝에 열고, 설계도를 독일에 넘기는데 성공한다.

영국의 정보기관은 외교통신을 해독, 그녀가 독일 스파이임을 밝혀내 프랑스 정부가 파리에서 그녀를 체포했고, 1917년 총살형에 처해졌다. 당시 재판관은 "마타 하리가 빼낸 군사기밀은 연합군 병사 5만 명을 죽일 수 있는 가치가 있다"라고 판시한 바 있다. 마타 하리는 세계 첩보사에서 '스파이의 여왕'으로 불리 울 정도로 전형적인 미인계 공작의 대명사이다.

■ 사례2: 전설의 소련간첩 「리하르트 조르게」

리하르트 조르게(Richard Sorge, 1895-1944)는 독일계 러시아인으로 제2차 세계대전 시 일본, 독일 등의 주요 정보를 빼내며 맹활약한 전설의 스파이로 평가된다.

조르게는 1895년 러시아 바쿠(현재 아제르바이잔)에서 태어났다. 아버지는 독일인 유전 기술자였고, 어머니는 러시아인이었다. 이버지의 계약기간이 끝나 독일로 돌아온 조르게는 1914년 제1차 세계대전에 독일군의 학도자원병으로 참전하였다. 그는 서부전선에 파견되어 크게 부상당했는데, 상병으로 승진해 철십자 훈장을 받고 제대를 했다. 제대 후 조르게는 마르크스 서적을 읽고 공산주의와 나치에 심취했으며, 베를린, 킬, 함부르크에 있는 대학교에서 경제학을 공부하였고, 1919년 정치학 박사학위를 받았다. 그 후 교사로 일하면서 독일 공산당에 입당하였고, 모스크바로 가서 코민테른(국제공산당)의 당원이 되었다.

조르게는 소련당국에 의해 스파이로 선발되어 신문기자로 신분을 위장하고 유럽에 파견되었다. 그는 1920년부터 1924년까지 독일 등에 머무르며 스파이 활동을 수행하였다. 1924년 소련에 돌아와서 소련의 첩보기관인 국가정치보안부(GPU)에서 정보분석요원으로 근무하다가, 1929년 소련군의 군사정보국(GRU) 소속 스파이로 비밀공작을 수행하였다. 이후 영국에 파견되어 활동하다, 독일로 가서 도이체 게트라이드 차이퉁(Deutsche Getreide-Zeitung, 농민신문) 기자로 신분을 위장하며 활동하였다. 1930년 중국 상하이에서 독일 신문사 특파원과 농업전문가로 신분을 위장하고 정보수집 공작을 수행하였다. 여기서 일본기자 오자키 호츠미를 포섭하여 정보원으로 삼았다.

소련 당국은 조르게에게 일본으로 진출하여 첩보망을 구축하라는 명령을 내렸다. 그는 먼저 독일로 가서 언론사(프랑크푸르트지)에 기자로 취업하여 신분세탁을 하고 1933년 일본에 들어가 뿌리를 내려 일본 및 외국인 사업가와 신문기자 등으로 구성된 첩보망을 구축하였다. 조르게는 해박한 학식과 재능을 발휘하며 일본에서 외교, 정치, 경제, 군부, 문화계의 명망있는 인사들과 교분을 나누었고, 높은 명성을 쌓아갔다. '라무자'라는 암호명을 지닌 조르게는 자신이 구축한 첩보망을 통해 삼국동맹(독일 · 이탈리아 · 일본)의 정보와 진주만 공격 정보를 빼내 소련에 전달했다. 특히 고노에 후미마로그 일본총리의 정책보좌관으로 진출한 일본의 중국문제 전문가인 오자키 호츠미(중국에서 기 포섭)를 통해 일본정부의 기밀문서를 빼내는가 하면, 주일 독일대사관에 접근하여 고급 정보를 수집하였다.

조르게는 독일의 소련 침공계획인 바르바로사 작전의 개시 일자를 입수하였고, 관련 정보를 제공하여 동부전선에서 소련군이 독일군을 처음으로 패퇴시키는데 공헌하였다. 특히 유럽을 침략하며 위업을 자랑하던 독일군을 섬멸하고 패퇴시키는데 결정적 역할을 하여 유럽역사를 바꾸는데 기여했다는 평가를 받았다. 그러나 조르게의 스파이활동은 일본의 방첩기관에 의해 1941년 10월 체포됨으로써 막을 내렸다. 조르게는 일본당국의 가혹한 고문에도 불구하고 소련과의 연관성을 부인했고, 소련도 조르게를 자국의 요원이라고 인정하지 않았다. 일본당국은 조르게와 소련에서 붙잡힌 일본 간첩과의 교환을 시도하였으나, 소련정부가 조르게의 존재를 인정하지 않아 성사되지 않았다. 조르게는 1944년 교수형으로 처형되었다. 1964년 흐루시쵸프 시절 그동안 조르게의 실체를 부인하던 소련은 조르게의 실체를 인정하고, '소비에트연방 영웅' 칭호를 수여하며 그의 스파이업적을 기렸다.

■ 사례3: 핵 스파이 「클라우스 푹스」

클라우스 푹스(Klaus Fuchs, 1911-1989)는 미국의 핵관련 정보를 소련에 제공한 간첩이다. 클라우스 푹스는 1911년 독일에서 출생하였다. 푹스는 킬 대학에 다닐 때 독일공산당에 가입하였다. 푹스는 나치가 집권하자 탄압을 피해 영국으로 망명, 양자역학(量子力學)을 전공하여, 에딘버러 대학 교수가 되었다. 그는 1942년부터 영국의 원자폭탄 개발 작업에 참여하였다. 이미 당시 푹스는 소련군 군사정보국(GRU)에 포섭되어 암호명 '레스트'로 활동하고 있었다.

1943년 푹스는 미국에 건너가 미국의 원자폭탄개발 비밀사업인 '맨해튼 프로젝트'에 참여하게 되는데, 이때 플루토늄 폭탄의 핵심 기술인 내폭(內爆)장치 개발에 종사하면서 관련 정보를 소련에 제공하였다. 또한 푹스는 미국이 수소폭탄 개발에 착수하자 수소폭탄에 관한 기술정보도 제공하였다.

그 결과 소련은 예상했던 것보다 훨씬 빨리 핵 실험에 성공하게 되고, 이에 미국 등 서방 정보기관들은 내부에 스파이가 있을 것이라는 의심을 품게 된다. 1941년부터 8년에 걸친 그의 스파이 행각은 1950년 미국과 영국 정보기관이 소련의 암호를 해독하는 베노나(VENONA) 작전을 통하여 존재가 드러났다. 문제는 미국이 소련의 암호를 해독했다는 사실이 소련 측에 알려지면 안 되기 때문에 해독된 전문을 법정에서 증거로 쓸 수 없어, 푹스의 자백을 통해 스파이활동의 실체를 밝힌다. 당시 영국 정보기관 MI6의 미국측 연락관 킴 필비(소련 포섭 간첩)는 양국의 암호해독 작업에 대하여 소련에 알려주었으나 소련은 이 정보를 활용하면 필비의 정체가 들통 날 것이라고 생각하여 모른척 하였다. 푹스는 징역 14년을 선고 받고, 9년을 복역한 뒤 풀려나 동독으로 건너갔다. 푹스는 중국의 물리학자들에게 원폭 기술을 가르쳐주어 1964년에 중국이 핵실험에 성공하도록 도왔다. 그는 동독에서 과학원 회원으로 선출되고 원자력 기술 연구소 책임자로 근무하며 영화를 누리다 동독이 붕괴되기 한 해 전 사망하였다.

■ 사례4: 동독 슈타지 스파이「귄터 기욤」

권터 기욤(Günter Guillaume, 1927-1995)은 서독 수상이였던 빌리 브란트의 수석비서로 동독이 서독으로 위장 침투시킨 스파이이다. 기욤은 동독 국가보안부(슈타지) 소속 해외공작총국(HVA: Hauptverwaltung Aufklärung)에 소속된 장교로 스파이임무를 부여받고, 1957년 부인과 함께 동독탈출 피난민을 가장하여 서독에 입국한다. 기욤은 서독에 정착한 후 1957년에 사민당에 입당하였고 정당생활을 시작한다. 그는 사민당 프랑크푸르트지역 소구역 책임자(1964), 사민당 시의회 원내교섭단체 장(1968)으로 활동하며 주로 사민당의 보수파에서 경력을 쌓는다. 1970년 기욤은 연방총리실에 입성하는데 성공하였고 1972년에는 빌리 브란트 수상의 비서가 되면서 브란트 수상의 최측근 그룹이 되었고 거의 모든 현안 문서에 접근하게 된다. 이들 정보는 당연히 동독으로 넘어가게 된다.

기욤의 스파이 행각이 드러난 단초는 1957년 동독의 해외공작총국이 기욤부부에게 보낸 둘째 아들 출생의 축하 메시지(무선교신)였다. 서독은 이 무선교신의 암호를 포착하여 해독하였는데, 1973년 기욤부부의 신원을 파악하는데 결정적 역할을 하였다. 1973년 서독의 연방헌법보호청은 기욤부부를 간첩으로 지목하고 지속적 감시를 통해 기욤부부의 간첩행각을 확인한다. 1974년 4월 24일 기욤과 그의 부인이 간첩혐의로 체포되었고, 1975년 중대 외환죄(반란죄)로 기욤은 13년, 그의 부인은 8년을 선고받는다. 그러나 1981년 동·서독 간의 첩보원 교환에 따라 기욤부부는 동독으로 송환되었다. 기욤은 체포 당시, "나는 동독군 장교이며, 국가안보부 요원이다. 나의 장교로서의 명

예를 존중해 달라"라고 말한 내용은 간첩으로서의 확고한 신념을 나타낸 발언으로 유명하다. 이 사건이 계기가 되어 1974년 5월 브란트 수상은 스스로 사임하게 된다.

■ 사례5: 미인계에 걸려든 대만 장군 간첩 「뤄셴저」

2011년 뤄셴저(羅賢哲·소장, 51세) 대만 육군사령부 통신전자정보처장이 간첩협의로 검거되었다. 뤄장군은 2002년 주 태국 대표처 무관으로 근무할 당시 호주여권을 소지하고 있던 미모의 여 사업가(30대 초반)로 위장한 중국스파이를 알게 되면서 미인계에 빠져 7년 동안 국가기밀을 누설한 것으로 밝혀졌다.

뤄장군은 2002년부터 2005년까지 대만 주태국 대표처 무관으로 근무할 당시, 통신·정보 등을 담당했는데 이를 감지한 중국 정보당국이 여간첩을 접근시켜 '부적절한 성적 관계'를 맺고 포섭하였다. 2004년부터 본격적으로 그가 취급하는 중요 기밀이 여간첩을 거쳐 중국에 제공되었다. 그는 대만으로 귀국 후에도 관광 명목으로 출국, 태국 등에서 여간첩을 접선하며 정보를 건내고 매차례 10만~20만 달러의 돈과 '성(性)'을 챙긴 것으로 드러났다. 전형적인 미인계 공작에 넘어간 사례이다.

■ 사례6: FBI 방첩관 간첩 「로버트 한센」

로버트 한센(Robert Philip Hanssen, 1944-현재 수감 중)은 미국 FBI의 방첩관으로 소련 KGB의 스파이로 활동하다 2001년 검거되었다. 한센은 1944년 미국 시카고에서 태어났다. 크녹스 대학(Knox College)에서 화학을 전공했고(1966년 졸업), 노스웨스턴 대학에서 치과대학을 다녔고 1971년 회계학(MBA과정)을 이수하였다. 그후 시카고 경찰국 외사요원으로 일하다가 1976년 FBI에 들어가게 된다.

FBI에서 대소련 방첩업무를 수행하며 미국 내 KGB 활동상황을 추적했던 한센은 1985년 10월 미국 주재 소련대사관에 근무하는 KGB 거점장의 집으로 가명을 사용한 편지를 보내며 소련을 위한 스파이 활동을 제안한다. 이 편지에서 한센은 소련간첩 중 이중간첩 활동을 하는 요원 3명을 공개했는데, 결국 이들은 소련으로 소환당하여 사형 당한다.

이후 한센은 소련 KGB요원을 비밀리 접촉하며 기밀을 건네고 매 건마다 공작비를 챙겼는데, 2001년 체포될 당시 비밀구좌에 60만 달러가 넘는 돈이 남아 있었다. 한센은 비밀정보들을 러시아(구 소련)에 넘겨주는 대가로 현금과 다이아몬드 등 140만 달러를 받은 것으로 드러났다. 한센의 접선수법을 보면, 직접 KGB요원을 만나지 않고 워싱턴DC 인근의 각 공원의 특정장소에 전달기밀을 놓고 찾아가도록 하고, 제3장소에 놓은 돈를 챙기는 치밀성을 보여 주었다. 또한 제2 · 제3의 접선지점을 정하였고, 비상시 해외로 피신할 조치를 마련한 것으로 밝혀졌다. 이외 접선을 위해 공중전화나 신문광고를 활용하기도 했다. 한센은 직접 만나자는 KGB의 제의도 거부하고 비밀장소를 통해 돈과 정보만 교환했다.

고급정보가 줄줄이 새고 있음을 안 FBI는 우여곡절 끝에 암호명 'B'로 확인된 한센을 용의자로 압축하고 밀착 감시하였으며, 결국 국가기밀을 암호 해독해 소련에 전달하려는 한센을 체포한다. 이로서 한센(56세)은 27년간의 스파이활동에 종말을 맞이하였다. 한센은 2001년 7월 종신형을 선고받아 현재 콜로라도의 한 교도소에 수감 중이다. 미국정부는 한센 사건을 '미국 역사상 최악의 간첩사례'라고 평가하였다. 한센 사례는 방첩요원이 적성국에 포섭되어 스파이활동을 한 것이 아니라, 스스로 적성국 방첩기관에 접촉하여 간첩행위를 자청한 사례로 기록된다.

한센 이외에도 FBI요원이 간첩혐의로 체포된 것은 1997년 얼 피츠(FBI아카데미 요원), 1984년 리처드 밀러(FBI 로스앤젤레스 주재 요원) 등이 있다.

■ 사례7: CIA 방첩관, 간첩「에임스」

알드리치 에임스(Aldrich Hazen Ames, 1941-현재 수감 중)는 미국 CIA의 방첩관으로 구 소련과 러시아를 위해 1985년부터 9년간 스파이 활동하다 1994년 검거된 자이다.

에임스는 1941년 미국 위스콘신 리버폴스에서 태어났다. 시카고대학(University of Chicago)에 입학했으나 졸업하지 못했고, 조지워싱턴대학에서 역사학을 전공하였다. 1960년 CIA에 들어가 1962년부터 공식요원으로 근무하게 된다. 1969년 같은 CIA요원이었던 Nancy Segebarth와 결혼하게 되며, 부인은 CIA규정(요원간 연애금지)에 의해 사직하게 된다.

1981년 멕시코에서 근무하던 시기, 로사리오(Rosario)라는 여성에 빠져 동거하면서 부인과 이혼하게 되고 위자료 등으로 상당한 재정적 압박을 받게 되자 국가기밀을 팔아 넘길 생각을 하게 되었다. 에임스는 1983년 CIA의 핵심부서인 대 소련 방첩관에 보임되며 소련관련 공작기록 등 주요 기밀문서를 다루어 거의 모든 중요자료에 접근이 가능했다.

에임스는 1985년 4월 16일 워싱턴에 있는 소련대사관으로 대담하게 들어가 당직관에게 봉인된 봉투를 건넸다. 이 봉투 속에는 미국 스파이로 암약중인 KGB 요원 2명의 명단과 CIA 내에서의 자신의 직책을 밝힌 메모와 함께 5만 달러를 요구하는 내용이 적혀 있었다. 이후 소련대사관 첩보요원과 지속적으로 접촉하면서 25명 이상의 소련 내 미국스파이 명단과 100건이 넘는 CIA의 대소련공작 기밀문서를 KGB에 넘겼다. 그 대가로 에임스는 구 소련 및 러시아로부터 무려 2백70만 달러(당시 한화 약21억 6천만원)의 거금을 받아 챙겼다. 이 돈으로 에임스는 워싱턴 근교 버지니아에 호화 주택을 사들였고 재규어 고급승용차를 구입하는 등 자신의 연봉(6~7만 달러) 수준에 어울리지 않는 생활을 해 왔다. 이러한 호화생활은 결국 에임스를 의심하게 되는 단서가 된다.

에임스가 KGB에게 미국 스파이 명단을 넘겨준 후, 소련 내에 어렵게 구축된 CIA의 첩보망이 허무하게 무너져 버렸다. 최소한 10여 명의 스파이가 검거된 것으로 알려졌다. 1990년 미국정부는 조직 내부에 소련 스파이가 있다고 확신하고, 국가방첩센터(CIC)내 CIA 및 FBI 요원들로 구성된 특별팀을 결성하고 스파이 색출작업에 돌입한다. 1991년 에임스는 CIA에서 행해진 거짓말탐지기 조사를 통과하였으나 결국 1992년 10월에 에임스가 130만 달러를 예치해 놓은 스위스 은행의 계좌가 발견 되고, 각종 스파이활동의 결정적 증거들이 확보되어 결국 1994년 2월 21일 에임스와 그의 아내가 검거되었다.

에임스는 1994년 4월 종신형을 선고받아 현재 팬실바니아주의 Allenwood 교도소에 수감중이다. 그의 아내는 5년형을 선고받았다. 이 사건의 영향으로 당시 울시(James Woolsey) CIA 국장이 사임하였다. 또한 미국정부는 방첩기능을 강화하기 위해 방첩센터(CIC)를 국가방첩실(The Office of National Counterintelligence Executive)로 확대, 개편하였다.

■ 사례8: 러시아 미인 스파이 「안나 채프먼」

2010년 6월 안나 채프먼(Anna Chapman, 1982~현재. 러시아 의회 대의원) 등 러시아 해외정보부(SVR) 요원 11명이 미국에서 스파이 활동을 해오다 FBI에 적발되었고 이들 중 미 당국에 의해 체포되었던 10명이 미·러 스파이 맞교환 합의에 따라 석방되어 러시아로 보내졌다. 이 사건으로 러시아 스파이들의 신분세탁·비밀연락 기법 등이 알려지게 되었고 특히, 미녀간첩인 안나 채프먼의 활동상이 세계의 관심을 받게 되었다.

안나 채프먼 등 러시아 스파이 대부분은 1990년대 들어서면서 미국으로 이주하기 시작했다. 온라인 부동산 사이트를 운영하거나 회계법인에 근무하는 등 다양한 직업으로 위장하였고 이들 중 8명은 4쌍의 부부로 가장하였다. 이들 중 일부는 실명을 그대로 사용하기도 하였으나 대부분은 가명을 사용하였고 사망자 신원을 도용하거나 제3국 국적 취득 후 미국으로 귀화하는 방법으로 자신들의 신분을 철저히 세탁하였다. 이들의 임무는 미국에서 장기 체류하면서 미국인화하여 안정적으로 정착한 후 러시아를 위한 정보를 수집하는 데 있었다. 특히, 미국 정책결정 그룹 소속 인사나 동 그룹에 침투할 수 있는 자원을 포섭하는 데 주력하였다.

러시아의 해외정보부(SVR)는 자국 스파이들이 보낸 미국의 정계 인사 및 정부부처 · 정책연구기관 근무자 접촉 계획 등을 보고 받고 구체적인 활동지침을 하달하였으며 정보활동에 유용하다고 판단되는 교수 · 학생 등에 접근할 것을 지시하는 등 스파이들의 정보활동 전반을 직접 통제 · 지휘하였다. 모스크바 본부가 스파이들에게 지령을 하달하고 수집된 정보를 보고받는 데에는 다양한 기법이 활용되었다. 해외정보부(SVR)는 사진이나 그림 파일에 문자 등 암호화된 내용을 은닉하는 스테가노그라피(Steganography) 기술을 이용해 스파이들과 교신하였고 일부 스파이들과는 무선 전보(Radiogram)를 통해 연락하였다. 특히, 안나 채프먼 등 2명은 노트북컴퓨터에 개인무선망을 설치하고 유엔주재 러시아 대표부 직원과 정해진 장소에서 동시 접속하여 지령과 정보를 교환하는 방식을 사용하였다.

활동자금은 남미 국가에 가서 수령하기도 하였고 유엔주재 러시아 대표부 직원으로부터 브러쉬패스(Brush-pass) 기법을 활용해 전달받기도 하였는데 예를 들면, 두 사람이 동일한 노란색 가방을 가지고 특정 지하철역 계단에서 한 사람은 계단을 내려오고 한 사람을 계단을 올라 가다가 만나는 지점에서 대화 없이 가방만 바꾸어 이동하였다. 스파이들 간 공작금 전달에는 좀 더 특별한 방법(무인포스트)이 동원되기도 하였는데 일례로 한 스파이는 공작금을 땅을 파 찾았는데 이는 2년 전 다른 스파이가 묻어둔 것이었다.

러시아 해외정보부(SVR) 본부에서 하달한 임무는 CIA · 백악관 등 미 행정부 동향 파악에서부터 미국의 중앙아시아 정책 · 미국의 군사정책 문제점 등 정책분야까지 다양했다. 2008년 대통령 선거를 앞두고 대선 동향 보고를 지시하였고, 2009년「오바마」대통령의 러시아 방문 전에는 전략무기감축협정 · 이란핵 프로그램에 대한 정보 수집을 하달하였다. 해외정보부(SVR)는 스파이들이 보내온 첩보를 평가하고 활용 결과를 통보해 주었는데 일례로 2009년 한 스파이가 작성한 국제 금 시장(Gold market) 전망 보고에 대해 긍정적인 평가를 내리고 관련 부처에 지원하였음을 알려주었다.

1990년대 시작된 이들의 은밀한 활동은 어느 순간부터 FBI에 포착되기 시작하였고 FBI는 결정적인 증거들을 확보하게 된다. FBI는 수년간 러 스파이들의 전화통화·이메일 교신 등을 감청하는 한편 개인무선망 사용·활동자금 전달 상황 등을 면밀 추적하여 관련 장면을 카메라에 담았다. FBI는 충분한 증거를 확보한 후 2010년 6월 27일 「안나 채프먼」 등 러 스파이 10명을 외국정부 대리인 등록법 위반 등의 혐의로 체포했다.

미국-러시아 정상회담 후 3일 만에 터진 러시아 스파이 검거로 양국 관계는 급속히 냉각될 것으로 예측되었으나 스파이 맞교환으로 사태 수습에 나섰다. 양국은 2010년 7월 9일 오스트리아 빈에서 러시아 스파이 11명 중 키프로스에서 체포되었다가 보석 후 달아난 1명을 제외한 10명과 미국 등 서방측 스파이로 활동하다 러시아 당국에 검거된 4명과 맞교환하였다.

러시아정부는 이들 스파이들에게 2010년 10월 18일 국가 최고훈장을 수여하였다. 특히, 채프먼은 뛰어난 미모를 앞세워 나머지 9명의 스파이와는 달리 현재에도 방송출연, 모델활동 등 왕성한 대외활동을 벌이고 있다. 이 사건은 세계첩보운동사에는 시대와 영역이 없음을 재삼 확인해주고 있다.

■ 사례9: 캐나다 해군장교 「제프리 들라일」[57]

제프리 들라일(Jeffrey Delisle, 1971~현재. 복역중)은 캐나다 해군정보장교로 근무하던 2007년 7월 캐나다 주재 러시아 대사관을 찾아가 자발적 스파이 활동의사를 표명(Walk-in)한 후 2012년 1월 체포될 때까지 금전적 보상을 받고 군사기밀을 러시아에 제공하였다. 이 사건은 9·11테러 직후 캐나다가 제정한 기밀정보보호법(SOIA)이 적용된 최초 사례가 되었다.

들라일은 1998년 2월 경제적 파산, 2004년 자녀 교통사고, 2006년 처의 외도 등 경제적으로 궁핍하고 정서적으로 불안정한 생활을 영위하던 중 2007년 7월 캐나다 주재 러시아 대사관을 찾아가 러시아를 위해 자발적으로 군사기밀을 제공하겠다는 의

---

57) 국가정보원 홈페이지, http://www.nis.go.kr/svc/affair.do?method=content&cmid=12743(검색일 2013.7.25.)

사를 표명하고 스파이활동을 시작하였다. 러시아 측은 2007년 8월부터 중동지역에 서버를 둔 웹사이트(gawab.com)에 이메일 계정을 개설, '문서작성 임시저장' 기능을 활용해 들라일이 작성한 기밀을 30일 단위로 접수 후 해당내용을 바로 삭제하는 방식인 '사이버 드보크'(Cyber Dvoke)를 공작수단으로 운용하였다.

들라일은 플로피디스크 사용이 도태되면서 PC내 플로피드라이브에 보안장치가 미설치된 점을 악용하여 보안 조치된 컴퓨터에서 플로피디스크에 기밀을 저장한 후, 일반 컴퓨터에서 플로피 디스크 내 자료를 USB에 복사하여 외부로 반출하였다. 러시아 측은 전신 송금(wire transfer)방식으로 들라일이 체포되기 5개월 전까지 매월 3천불(캐나다화폐)을 송금하였으며 2009년 들라일이 스파이활동을 중단하려하자 자녀들의 등교 사진을 제시하며 위해를 가할 수 있다고 암시하여 중단 의사를 무력화시키기도 하였다. 러시아 측은 2011년 8월 들라일이 해군정보수집반(HMCS Trinity)에 전보되어 NATO 및 미국·영국·호주·뉴질랜드 정보기관 간 연계 전산망(Five-Eyes)에 대한 접근권한을 갖자 그해 가을 새로운 임무 부여를 위해 들라일로 하여금 브라질 리우데자네이루에서 공작관 「빅터」를 접선토록 지시하였다. 러시아는 들라일에게 캐나다 내 GRU(러시아 군정보총국) 협조자 간 연락임무를 부여하고 공작금 5만불(캐나다화)을 제공하였고, 귀국과정에서 공항검색으로 공작금이 노출되자 일시 활동을 중단시켰다가 2011년 12월 활동을 재개토록 지시하였다. 러시아는 들라일이 공작관과의 연락두절 및 신변위협 발생 등 비상상황 시 인접국 러시아 공관에 진입하여 "Alex Campbel"이라는 가명을 제시 후 암구호를 사용토록 하는 등 신변보호 방안도 마련하였다.

캐나다 국경관리청(CBSA)은 2011년 가을 들라일이 통상 장기휴양지인 브라질에서 수일 만에 귀국한 점을 수상히 여기고 소지품을 검색, 신고하지 않은 5만불(캐나다화, 공작금)을 소지한 것을 발견하여 이를 군당국에 통보하였다. 군당국은 캐나다 연방경찰(RCMP)과 공동수사에 착수, 2012년 1월 러시아 측이 들라일을 위해 운용한 '사이버 드보크'(이메일 계정 및 비밀번호 파악)를 발견하고, 이를 통한 군사기밀 유출사실을 적발하였다.

캐나다 연방경찰은 2012년 1월 들라일을 자택에서 체포한 후 기밀정보보호법(Security of Information Act) 위반 및 배임죄로 기소하였으며, 비공개로 재판을 진행해오다 들라일이 유죄를 인정함에 따라 간첩활동 주요 내용을 공개하였다. 캐나다 노바스코샤주 지방법원은 2013년 2월 8일 러시아 정보기관 연계 스파이 활동을 한 해군정보장교 들라일에게 징역 20년의 중형과 러시아로부터 받은 자금에 해당하는 벌금 11만 1,000불(캐나다화)을 선고하였다.

■ 사례10: 일본 후지TV 서울지국장 시노하라 사건

이 사건은 1993년 6월 26일 일본 후지(富士) TV 서울지국장 시노하라(39세)가 국방부 정보본부 장교로부터 한국군의 군사기밀들을 입수하여 일본 무관에게 전달한 사실이 적발된 사건이다.

당국에 의하면, 시노하라는 1989년 3월경 국방부 국방정보본부에 근무하는 고○철 해군소령(40세)을 고소령의 동생으로부터 소개받아, 월1~2회씩 접촉하며 합참 상황실에 비치된 '공군항공기전력배치현황'(2급 비밀) 등을 전달받았고, 1990년 5월~1992년 9월 사이에 5건의 2, 3급 비밀 등 22건의 군사기밀을 제공받아 주한 일본대사관 무관에게 넘겨준 것으로 밝혀졌다. 또한 시노하라는 1989년 6월부터 미8군, 미7공군, 미2사단 공보실 등을 대상으로 3개월에 1회가량 부정기적으로 출입하면서 미 국방부발행 「DEFENSE(국방)」 1권, 「개편된 美2사단 조직기구표」, 미공군의 조직임무기능 등 각종 홍보물을 입수했으며, 이들 자료를 기초로 일본 군사평론지 등에 게재하였다. 고소령은 1991년도 진급심사에서 탈락된 후 부친이 일본에 살고 있는 점을 감안, 전역한 후 일본에서 취업 등 도움을 받을 목적으로 군정보를 제공한 것으로 밝혀졌다.

한편, 시노하라는 2회 북한에 갔는데 1차로 1987년 7월20~27일까지 8일간 일본 사회당이 친선교류목적으로 방북했을 때 평양에 체류하면서 북한 조국평화통일위원회장 허담(1991년 사망)을 공식행사장에서 만났으며, 2차로 1991년 1월25~28일까지 제1차 일·북한간 국교수립회담 취재차 북한을 방문하여 당시 외교부 부부장 전인철 등을 만난 사실이 밝혀져 군 정보가 북한에 건네졌는지 여부에 주목하였으나, 밝혀내지는 못했다.

시노하라는 서울고등법원에서 징역 2년에 집행유예 3년형을 확정선고 받았으며 사건발생 10개월 만인 1994년 4월 28일 법무부는 출입국관리법을 근거로 그에 대해 한국 입국을 영구 금지하는 조건으로 강제퇴거 명령을 내렸다. 고 소령도 대법원에서 징역 4년형이 확정되어 복역하였다.

이 사건은 국내외 군사정보를 총괄 관리하고 있는 국방부 정보본부에 근무하고 있는 군장교가 본문을 망각하고 군사기밀을 빼돌려 외국기자에 전달하여 충격을 주었고, 가장 엄격해야 할 군 내부 방첩에 구멍이 뚫려 있었음을 보여준 사례이다. 또한 적국과 우방국이나 예외없이 자국의 국익을 위해 첩보활동을 전개하고 있음을 보여줘 방첩전선에는 경계가 없음을 확인시켜준 사례이다.

이 사건 외에도 국내에서 스파이활동을 하다 적발된 우방국 요원들이 상당수 있으나, 외교적인 해결을 통해 처리하며 공개되지는 않고 있다. 이 시각에도 국내에서 세계 각국의 정보기관들이 자국의 이익을 위해 스파이활동을 하고 있음을 유념해야 한다.

■ 산업스파이 사례1: 첨단기술 중국 유출 기도사건

2005년 당국은 12조 원 가치의 반도체 기술을 유출해 중국에 공장을 설립하려던 국내 굴지의 반도체기업인 H사 전 간부직원 G씨 등 6명을 검거하였다. H사의 생산기술센터 부장으로 근무하던 G씨는 2003년 회사를 그만 두면서, H사가 6,000억을 들여 개발한 첨단 반도체기술을 빼내고 핵심인력 5명까지 억대 연봉을 미끼로 퇴사시켜 중국기업의 투자를 유치하며 중국 현지공장 설립을 추진하다가 적발된 것이다. 당국의 수사가 착수될 때까지 해당 회사는 첨단기술 유출사실을 전혀 모르고 있었다. 만약에 적발되지 않았다면 12조 원 상당 가치의 기술이 유출되었을 것이다. 이 사건은 산업기밀에 대한 기업측의 무관심에 경종을 울렸으며 경제방첩의 중요성을 일깨워 준 사례이다.

■ 산업스파이 사례2: AM OLED 유출기도 사건

2011년 당국은 삼성전자와 LG전자가 보유한 첨단기술인 AM OLED(곡면 능동형 유기발광다이오드)을 빼내기 위해 거액의 연봉과 고위직책 보장 등을 내세워 양사와 협력업체 직원을 영입하려고 시도한 중국기업을 적발하였다. AM OLED는 처리속도가 액정표시장치(LCD)보다 1,000이상 빠르고 색 재현율과 명암비도 월등하여 '꿈의 디스플레이'로 불리우고 있다. 만약 이 기술이 중극으로 유출되었다면, 연간 수출액 478억 달러(54조원)의 손실이 불가피했을 것으로 업계에서는 추산하고 있다.

또한 2012년에 당국은 삼성전자와 LG전자가 보유한 첨단기술인 AM OLED(곡면 능동형 유기발광다이오드) 기술을 이스라엘로 유출한 O사의 한국지사 직원 K씨 등 3명을 검거하였다. O사는 이스라엘에 본사를 둔 디스플에이 검사장비 남품업체인데, 한국 지사원을 통해 2011년 11월부터 2012년 1월까지 수차례에 걸쳐 삼성전자와 LG전자의 55인치 TV용 이몰레드 패널의 실물 회로도 등을 소형 저장장치에 담아 유출한 것이다. 이들은 소형 저장장치를 신발이나 벨트 등에 숨겨 나왔는데, 해당사는 전혀 기술유출사실을 몰랐다고 한다. 당국은 동 기술유출로 인한 피해 추정액을 35조 원으로 추산하고 있다.

■ 산업스파이 사례3: 삼성전자 냉장고 설계도 유출사건

2012년 5월 당국은 국내 최대 가전업체 삼성전자의 양문형 냉장고 설계도면 등의 신제품 핵심기술을 중국의 대형 가전업체로 유출하려던 삼성전자 협력업체 대표 등을 검거하였다.

중국 가전업체 A사는 전 삼성전자 부장과 과장 등을 자사에 취직시킨 다음, 이들로부터 영업비밀인 양문형 냉장고 개발 기술 파일 209개(연구개발비 3,258억원 상당)과 냉장고 개발의 핵심기술 파일 2개(연구개발비 1,082억원 상당)를 전달받았다. 그 대가로 이 들은 중국 A사로부터 1년에 24억 원을 받기로 하는 기술자문 계약을 체결하고 2억 4,000만 원을 수령하였다.

이 사건은 삼성전자의 전ㆍ현직 직원이 가담한 조직적 범행이었는데, 이를 적발함으로써 연구개발비 3,258억 원 상당의 기술 유출을 방지하였다. 핵심전자기술을 빼돌려 해외의 경쟁사로 넘기려는 전형적인 산업스파이 사건으로 경제방첩의 중요성을 확인해준 사례이다.

■ 전력물자 유출사례: 대전차고폭탄 제조기술 불법유출 사건

2014년 당국은 미얀마에 105밀리미터 곡사포용 대전차 고폭탄 등 6종의 폭탄을 불법수출한 업체를 적발하였다. K사 사장 A씨는 2010년부터 정부의 허가를 받지 않고 미얀마 국방산업소 등에 105밀리 곡사포용 고폭탄, 추진체, 신관, 500파운드 항공투하탄, 자탄 등의 제조기술과 생산설비를 불법수출하였다.

K사의 계약상대방인 미얀마 국방사업소와 아시아 메탈사는 북한과는 무기거래로 미국 등으로부터 제재조치를 받은 단체이며, 동 사에 제공한 포탄제조기술 등이 언제든지 북한으로 유출될 가능성이 있다는 점에서 주목받았다.

이 사건은 정부의 허가없이 경제적 이득을 위하여 대량살상무기 등 전략물자를 제조할 수 있는 설비와 기술을 해외에 불법유출하다 적발된 사례이다.

우리의 방첩대책

향후 세계각국의 스파이활동은 영역(국내외)과 공간(온라인과 오프라인) 및 대상(안보군사, 경제, 사회문화 등)을 초월하여 다방면에서 더욱 정교화하게 공세적으로 전개될 것으로 전망된다. 따라서 국가안보와 국익의 보호를 위한 방첩활동이 더욱 강화되어야 할 것이다. 효율적인 국가방첩활동의 수행을 위해서는 국가방첩 체계와 수단의 확대, 방첩정보 수집 및 대응역량의 효율화, 우호적 방첩환경의 구축 등이 선행되어야 한다.

첫째, 해외 각국의 스파이 전략과 이의 하위체계인 스파이공작에 대한 정확한 분석과 이해가 요망된다. 특히 해외 각국의 스파이 활동전술을 우리가 제대로 파악하지 못할 때 우리의 방첩정책은 커다란 시행착오를 겪을 수 있기 때문이다.

둘째, 국가방첩시스템에 대한 전면 점검과 정상화가 필요하다. 우리의 방첩시스템 즉 방첩관련 법제, 방첩요원의 활동, 방첩환경을 살펴보면, 대한민국은 '방첩 후진국'이다. 21세기 우리 정부와 시민사회가 지향하는 국가목표 중 하나가 '선진화'이다. 정치, 경제, 사회, 문화 등 여러 분야에서 선진화를 위한 노력을 배가하고 있으나, 선진화의 기본 토대인 방첩안보 시스템이 매우 열악하며 후진적이라는 사실을 인식하지 못하고 있다. 안보의 영역이 종래의 군사적 위협으로부터 자국을 보호하는 전통적 안보에서 테러, 사이버 테러, 산업스파이, 금융위기, 해적, 국가재난 등 초국가적 위협에 대응하는 포괄적 안보로 확대되고, 새로운 형태의 안보위협이 국내외에서 증대되는 현실에서 우리의 방첩안보 시스템과 대응 역량은 매우 후진적이며 취약하기만 하다.[58] 따라서 이에 대한 전면적 점검을 통해 문제점을 도출하고 이의 혁신방안을 찾아야 한다.

셋째, 방첩부서의 정상화(인원 및 기구의 정상화)가 시급히 요망된다. 한반도 현실에서 당면한 안보위협인 북한의 대남적화전략을 차단하기 위해서는 우리 내부의 방첩시스템을 강화해야 한다. 즉 탄탄한 방첩시스템이 구축되어야 하는 것이다. 먼저 방첩기관 간의 활동평가를 통해 역할과 기능을 재분류하고 방첩관련 부서와 인원을 보강해야 한다. 특히 참여정부 이래 왜곡되어 있는 국가방첩시스템 즉 국정원, 경찰(외사보안), 군검찰 등 방첩기관 정상화가 선행되어, 국가방첩시스템의 정상적 활동이 보장

---

58) 유동열, "초국가적 안보위협, 정예화로 맞서야", 동아일보 기고문(2008.11.25)

되어야 한다. 우리 사회 내 왕재산 간첩단, 첨단 산업스파이들과 같은 안보파괴자들이 날뛰는데 이를 제어할 안보파수꾼(방첩요원)이 부족하여 제대로 대응을 못한다면 국가 존립과 안전 및 국민의 생명은 보장될 수 없는 것이다.

넷째, 해외 각국의 스파이공작에 대응한 방첩요원의 역량 강화가 필요하다, 이를 위해, 먼저 방첩정보 수집역량과 대응역량의 강화를 위해 방첩요원을 정예화하고 전문인력을 지속적으로 양성해야 한다. 특히 해외 각국의 스파이공작의 변화상에 대응하여 이들의 활동을 예측, 전망하고 사법처리하는 방첩정보 수집관, 방첩정보 분석관, 방첩전문 수사관 및 적성세력에게 역공하는 방첩공작관 등을 세분하여 양성, 확보해야 한다. 이를 위해 각 방첩기관 내의 교육과정에 방첩 전문교육과정을 세분화하고 정예교육을 통해 관련 요원을 집중 양성해야 한다.

다섯째, 정당한 방첩활동을 제약하는 정치적, 사회적, 제도적 환경을 개선해야 한다. 예를 들면, 왕재산 간첩단과 산업스파이 사례 등에서와 같이 묵비권으로 일관하며, 형사소송법상 절차(접견권 등)를 교묘히 악용하여 수사를 방해하는 변호인들의 활동을 규제하는 보완이 필요하다. 또한 새로운 안보환경 변화에 따른 방첩위해 요소를 효율적으로 차단하기 위해, 국가보안법 개정, 국가정보원법 개정, 정보통신망법 개정, 국가방첩법(가칭)의 제정, 사이버안보법(가칭) 및 경제안보법(가칭)의 제정, 테러방지법 제정 등 안보 및 방첩법제의 제정 및 개정이 요망된다. 특히 방첩사건에 대한 몰이해와 무지로 북한과 연계된 해외 스파이, 해외 각국 스파이와 연계된 국내적성세력, 군사기밀 누설세력, 산업기술 누출 범죄자들의 구속영장 청구를 연속 기각하거나 무죄, 집행유예 등을 선고하는 사법부의 솜방망이 판단에 국가정체성 차원의 대책을 강구해야 한다.

여섯째, 해외 각국의 스파이공작이 사이버영역에까지 확대됨에 따라 사이버방첩 활동을 강화해야 한다. 특히 국가차원이 아닌 비국가행위자들에 의한 사이버공격도 증가하고 있어. 이에 대비한 이른바 맞춤형 대응전략이 요망된다. 사이버방첩 활동을 효율적으로 수행하기 위해 먼저, 관련법 제정(가칭 사이버안보법), 대통령 직속 사이버안보보좌관 신설, 사이버방첩 기술개발 및 전문가 양성, 해외방첩기관과의 사이버영역에서의 협조채널 구축, 사이버스파이 행위에 대한 역 사이버공격체제 구축 등의 적극적 대응이 요망된다.

일곱째, 산업스파이활동이 증가함에 따라 이에 대비한 경제방첩(산업방첩) 활동을 강화해야 한다. 산업스파이활동이 국가적 차원뿐만 아니라, 비국가행위자들에 의한 산업스파이 활동도 기승을 부리고 있어, 예방방첩 활동이 중요시 된다. 따라서 경제방첩 활동을 효율적으로 수행하기 위해 관련법 제정 및 보완(가칭 경제안보법 등), 대통령 직속의 경제안보 비서관제 신설, 경제방첩 기법개발 및 전문가 양성 등의 적극적 대응이 요망된다.

여덟째, 국가방첩기관간 즉 국정원(방첩국 등), 경찰(보안경찰, 외사경찰), 검찰(외사부, 공안부), 기무사(방첩) 등 간 방첩정보의 공유와 커뮤니케이션 채널의 상시 유지가 필요하다. 국가방첩에 있어서, 기관 간 할거주의는 결코 바람직하지 않다.

끝으로, 방첩요원들의 확고한 국가관과 안보관 및 체제수호 의지와 사명감을 유인하기 위한 사기진작책이 강구되어야 한다. 낮과 밤, 국경과 목숨을 가리지 않는 방첩요원들의 활동과 헌신이 대한민국 안보수호의 초석이며 스파이들에겐 최대의 위협이기 때문이다.

참·고·문·헌

국가안전기획부. 『안보사건편람(1),(2),(3)』, 1991-1996.

국가정보원 홈페이지(http://www.nis.go.kr)

국가정보원 산업기밀보호센터 홈페이지(http://service4.nis.go.kr)

국가정보포럼. 『국가정보학』. 박영사, 2006.

국가정보학회. 『국가정보학』. 박영사, 2013.

국군보안사령부. 『방첩사건편람』. 1989.

김정자 역. 『베일에 가려진 스파이 이야기』. 시그마북스, 2010.

만프레드 빌게 외. 『동독슈타지의 침투 그리고 서독의 방어』. 평화문제연구소, 2012.

박종문 · 유동열. 『보안수사론』, 경찰대학, 2010.

북한연구소. 『북한총람 2003-2010』, 북한연구소, 2010(유동열 공저)

북한연구소. 『북한대사전』, 북한연구소, 1998(유동열 공저)

신평길. 『김정일과 대남공작』, 북한연구소, 1996.

유동열. 『북한의 대남전략』, 통일부 통일교육원, 2010.

_____. "개편된 북한의 대남공작기구", 『월간 북한』 2010년 7월호, 북한연구소, 2010.

_____. "위장탈북실태와 대책", 『월간북한』. 2010년 10월호, 북한연구소, 2010.

_____.『사이버공간과 국가안보』. 북앤피플, 2012.

_____. "북한의 사이버테러에 대한 우리의 대응방안". 북한민주화네크워크 세미나자
료집, 2011.6.1. 참조.

_____. "초국가적 안보위협, 정예화로 맞서야". 동아일보 기고문(2008.11.25.)

치안정책연구소.『치안전망 2013』. 2013.

한국산업기술보호협회.『기술유출사례와 Security Tips』. 2013.

후베르투스 크나베. 김주일 옮김.『슈타지문서의 비밀』. 월간조선사, 2004.

IN THE UNITED STATES DISTRICT COURT FOR THE EASTERN DISTRICT OF
VIRGINIA, Alexandria Division. 2001/ AFFIDAVIT IN SUPPORT OF CRIMINAL
COMPLAINT, ARREST WARRANT AND SEARCH WARRANTS(한센 기소장 원문)

제3장 **산업스파이와 경제방첩**

정 웅(경찰대학)

제1절 새로운 정보환경과 경제방첩

1. 정보환경의 변화와 경제방첩

21세기 국가 정보환경은 탈냉전 이후 전개된 세계화와 민주화의 조류, 그리고 IT 기술 발전에 기초한 정보화의 진전 속에 그 안보위협의 영역이 전통적 군사안보 위협 으로부터 비국가 행위자에 의한 국제테러, 사이버안보, 보건·환경안전, 자원안보에 이르기까지 다양한 범위로 확장되는 추세에 있다. 즉 탈냉전 이후 정보환경의 변화는 세계화와, 민주화, 정보화 등의 양상으로 나타나고 있으며 그에 따른 안보위협의 특징 은 크게 국가안보위협의 다양화와 위협행위자의 다양화 등으로 나타나고 있다.[59] 그 에 따라 이제 국가안보는 군사안보뿐만 아니라 경제, 사회, 환경, 사이버 등을 아우르 는 포괄안보의 개념으로 바뀌고 있으며, 이에 대응한 방첩개념도 포괄방첩의 개념으 로 바뀌고 있다.[60]

특히 세계화, 민주화, 정보화라는 국가 정보환경의 변화는 경제부문에서 시장 개 방 및 자본 자유화, 전자거래 확산 등의 양상으로 나타났으며 그로 인한 경제안보 위 협은 첨단산업기술의 유출에서부터 불법적 국제금융거래, 물류보안 위기 등의 형태로 확대되고 있다. 이처럼 전통적 안보로부터 포괄적인 안보개념으로의 변화는 경제안보 가 국가안보에서 차지하는 영역이 보다 넓어지도록 하는 여지를 만들어주었으며, 경 제방첩(economic counterintelligence)에 대해서도 그 활동이 경제적 안보나 국익 보호

---

59) 허태회·정준현, "대내외 정보환경의 변화와 국가방첩의 새로운 방향 모색", 『국제문제연구』, 제10
   권 제4호(2010), pp.87-88.
60) 허태회, "방첩환경의 변화와 국민방첩의식 제고방안", 『2012년 한국국가정보학회 하계학술회의논문
   집』(2012.6.15), pp.56-59.

를 겨냥한다는 의미를 넘어 국가안보와 국가번영의 공고화에 기여한다는 의의를 더욱 제고시켜 주고 있다.

새로운 정보환경과 안보개념 변화에 수반하여 이제 국가정보기관에게는 폭넓은 경제안보 영역에서 표출되는 다양한 위협 유형과 위협 행위자에 적극 대응하고, 위협 대상을 보호해내기 위한 능동적 방첩활동이 요청되고 있는 바, 이 같은 정보환경의 변화와 경제방첩의 중요성 등을 고려해 볼 때 경제방첩의 개념에는 적어도 "경제안보와 국익의 위협에 대응한 적극적 방첩활동"이라는 의미가 포괄된다고 할 수 있다.

2. 산업스파이와 국가경제방첩

탈냉전 이후 국제질서는 군사외교 중심에서 WTO로 대변되는 자유무역 경제질서가 힘을 얻고 이와 병행하여 1990년대 이후 지역주의(regionalism)에 기초한 FTA가 확산됨으로써, 국제시장의 치열한 경쟁 속에 한 기업의 산업기술이 국가경쟁력을 담보하는 중요한 요소가 되고 있다. 따라서 21세기에는 산업기술의 문제가 단순한 기업 차원을 넘어서 산업경쟁력과 국가생존이 걸린 문제로 떠오른다는 것을 시사하며, 바로 여기에서 산업기술의 보호 필요성이 발견된다.

첨단기술이 유출될 경우 개별 기업의 손실을 넘어 국내 산업의 경쟁력 약화는 물론 국민경제와 국가안보에도 큰 위협이 되고 있는 바, 이러한 유출 주체와 관련하여 가장 밀접하게 논의되는 것이 바로 산업스파이(industrial spy)이다. 산업스파이는 사전적으로 "이해가 상반하는 국내외 경쟁기업의 최신 산업정보를 입수하거나 교란시키는 공작 등을 전문으로 하는 사람"으로 정의된다.[61]

역사적으로 볼 때, 과거 미·소 냉전시대 스파이의 주된 임무는 적국의 정치, 군사 정보를 수집하는 것이었다. 그러나 냉전체제가 붕괴된 이후 이러한 스파이 임무는 그 의미가 상대적으로 감소되었으며, 경제적 패권주의 등장에 따라 첨단기술 보유 업체를 상대로 산업기술을 탐지·수집하는 산업스파이로서의 역할이 전면에 대두하게 된 것이다.

---

61) 두산백과사전, "산업스파이", http://100.naver.com/100.nhn?docid=85367(검색일: 2013.3.30); 스파이의 어원은 '멀리 본다' 또는 '숨겨져 있는 것을 목격 또는 발견한다'는 뜻의 고대 프랑스어인 'espier'에서 유래되었다고 한다. 조병인 외, 『사이버범죄에 관한 연구』, (한국형사정책연구원, 2000), p.41.

모든 기업은 시장정보·상품정보 등 통상적인 정보의 수집활동을 수행하고 있는데, 그 중에서도 가장 중요한 것이 기술개발 등 경쟁회사에 관한 정보인 것이며, 산업스파이는 이러한 경쟁회사의 정보를 합법적 또는 불법적 방법 등 그 수단을 가리지 않고 수집한다. 따라서 산업스파이에 대한 보안 활동은 경제방첩에서 가장 본질적이고 핵심적인 부분이라고 해도 과언이 아닐 것이다.

오늘날의 산업스파이 행위는 정보수집 과정에서 첨단화된 장비를 활용하면서 이른바 냉전시대부터 이어져온 절취·촬영·도청·녹음 등 전형적인 스파이 방법들이 더욱 정교해지고 있다. 즉 복사기, 사진기, 녹음기뿐만 아니라 인터넷 등 외부에서의 해킹, 이동통신, E-mail 등으로 실시간 대량유출과 침해가 가능해졌으며, 또한 CD, USB 등을 통해 기술정보를 소프트화 함으로써 그 불법유출이 수월해지고 있는 것이다. 최근의 산업스파이 행위들을 유형화하면 다음의 여섯 가지로 구분해 볼 수 있다.[62]

첫째로, 핵심기술인력의 영입에 의한 방법이다. 흔히 스카우트라고 불리며, 타 경쟁사의 영업비밀을 입수하는 가장 간단한 방법으로 경쟁사의 직원을 회사의 임직원으로 고용하여 필요한 정보를 얻는다. 기술인력의 영입은 영업비밀의 취득이라는 이익뿐 아니라 경쟁사의 인력 손실이라는 불이익을 초래한다.

둘째로, 컴퓨터를 통한 해킹 방법이다. 1990년대 중반 이후 인터넷의 급격한 발달로 정보네트워크가 사회의 핵심 기반으로 자리 잡으면서 컴퓨터에 의한 해킹도 주요한 산업기술정보의 유출수단으로 대두되고 있다.

셋째로, 전자신호 도청 방법이다. 전화, 팩스, 위성 등 통신수단에 대한 도청을 통해 중요한 정보를 얻거나 혹은 직접 경쟁사에 영상 및 음성 도청장치를 설치하여 필요한 정보를 얻는 방법도 중요한 정보유출 수단의 하나이며, 정보통신기술의 발달에 수반하여 그 차단 필요성이 더욱 높아지고 있다.

넷째로, 경쟁업체로 잠입하는 방법이다. 경쟁업체의 산업기밀을 얻기 위하여 위장 침투하는 형태로서, 특채 혹은 일반 공채를 통하여 입사한 후 단기 혹은 장기간에 걸쳐 기업의 핵심적인 정보를 입수하는 것이다.

다섯째로, 기업내부자의 매수이다. 스카우트와 더불어 우리나라에서 일어나는 기

---

[62] 산업스파이 행위의 6개 유형분류(경찰청, 『산업보안실무』, 2007, pp.23-27) 외에, ① 절취·복사·촬영, ② 전자기기에 의한 도청 및 비밀녹음, ③ 위장침투, ④ 기업내부자의 매수, ⑤ 인력 스카우트, ⑥ 제3자 이용, ⑦ 컴퓨터 이용 등 7가지로 분류 소개한 경우도 있으나(사법연수원, 『신종범죄론』, 2004, pp.95-99), 포괄된 기본 범주내용은 큰 차이가 없다.

술유출의 많은 부분을 차지하고 있는 방법이며, 상대 기업의 임직원을 매수하여 필요한 정보를 얻는다.

여섯째로, 제3자를 이용하는 방법이다. 상대 기업에 대한 많은 정보를 갖고 있는 사람, 예를 들어 기업담당 회계사, 컨설턴트, 변호사 등을 통하여 정보를 얻는 수법으로 첨단장비 등이 동원되어야 할 부담이 없다.

이 같은 산업스파이 행위에 대한 대응활동은 기업의 사적 자율성뿐만 아니라 국가안보에 기초한 공공성을 함께 갖고 있는 바, 그런 면에서 국가경제방첩은 순수한 기업이윤추구 관점에서의 기업보안과 구별된다.

즉 기업이 주체가 된 '기업보안' 활동은 그 보호대상에 있어서 기업의 존립이나 명예, 영리와 관련 있는 것은 모두 기업보안의 대상이 되지만, 국가경제방첩은 산업계 전반의 기술유출 취약요소, 주요 산업의 첨단기술 보호와 발전전략에 주안점이 있다. 따라서 기업 내의 금융비리나 시설관리상의 취약요소는 기업보안의 대상은 될 수 있지만 국가경제방첩의 대상은 되지 않는다.

산업스파이 대응활동이 기업차원 외에도, 공공성을 띠는 국가(national) 경제방첩으로 될 수밖에 없는 또 하나의 이유는 비용(cost)의 문제이다. 기업 스스로의 방첩활동이란 사실 기업성장에 써야 할 상당한 부분의 재원이 산업스파이 대응활동을 위해 희생되는 것을 의미한다.[63] 이는 기업의 생존에 하나의 큰 도전이 아닐 수 없으며, 국가가 민간부분에 공공재적 성격을 가지고 개입하여 경제방첩활동을 전개하는 논거가 된다. 나아가 첨단기술을 보유한 기업들은 대부분 국제거래 과정에서, 기업차원의 스파이뿐만 아니라 국가적 차원의 지원을 받는 경제스파이에 의해 기술이 유출될 수 있는 위험에 노출되어 있다. 따라서 기업의 산업스파이에 대한 방첩비용 부담 문제와 국가적 차원의 경제스파이 위협에 대처하기 위해서는 무엇보다 국가경제방첩(national economic counterintelligence) 체계의 구축이 긴요하다.

---

63) ONCIX, "ECONOMIC ESPIONAGE", http://www.ncix.gov/issues/economic/index.php(검색일: 2013.2.18).

해외 주요국의 경제방첩 동향

1. 미국의 경제방첩

(1) 미국의 경제방첩 법제와 조직

경제방첩의 효과성은 산업기술·정보의 사전적 보호와 함께 유출시 불법행위에 대한 엄정한 대응을 통해 확보될 수 있다. 이와 관련해서 미국은 1979년 통일영업비밀법(The Uniform Trade Secrets Act)을 제정, 시행해 왔다. 나아가 동법이 영업비밀 침해행위에 대한 민사적 구제수단만 규정하고 영업비밀 불법취득 행위에 대한 형사처벌을 규정하고 있지 않은 것을 보완하기 위하여 1996년 경제스파이법(Economic Espionage Act of 1996)을 제정하였다.

경제스파이법은 경제스파이 행위를 연방차원의 형사범죄로 규정하고, 연방정부의 수사·정보기관이 해당사건을 직접 수사할 수 있는 근거를 마련하기 위해 제정한 것인 바, 모든 침해 행위자(비목적범)에 대해 고소 없이 형사처벌이 가능(비친고죄)하며, 소송과정상 영업비밀의 기밀성 유지를 위한 법원명령 등이 가능하도록 규정되어 있다.

경제스파이법의 보호대상 범위는 통상정책은 물론 모든 형태의 재무·사업·과학·기술·공학 정보로 폭넓게 규정하고 있으며, 특히 외국정부·기관 등과 연계된 영업비밀의 유출행위에 대해서는 경제스파이죄로 가중 처벌한다(〈표 3-1〉).

표 3-1 >> 미국의 경제스파이 처벌 규정		
	개인	법인
경제스파이죄(국외)	15년 이하 징역 또는 50만불	1000만불 이하 벌금
영업비밀절도죄(국내)	10년 이하 징역 또는 50만불	500만불 이하 벌금

자료: 국정원 산업기밀보호센터, "주요국 법령정보(미국)", http://service4.nis.go.kr/servlet/page?cmd=preservation&cd_code=law_06&menu=ACF00(검색일: 2013.2.18)

미국 방첩활동의 경우 법집행 권한을 갖고 있는 FBI의 역할 비중이 큰 바, 특히 FBI는 경제방첩이 주요 업무의 하나임을 명백히 하고 있다. 즉 FBI는 방첩을 테러 저지와 함께 국가안보(national security)를 확보하는데 필요한 우선적 직무임을 밝히고, 방첩에 포함된 구체적인 업무 영역으로 ① 대 간첩(Counterespionage) ② 확산저지(Counterproliferation) ③ 경제스파이(Economic Espionage) 대응 등을 제시하고 있다.[64]

FBI의 방첩직무는 전통적인 대 간첩 활동에서부터 탈냉전 이후 대량살상무기의 확산방지와 전략물자 수출통제 등 확산저지 방첩활동으로 넓어져왔으며, 현재 경제스파이에 대응한 경제방첩 활동까지 그 주요 임무 범위가 확장되어 온 것이다. 2013

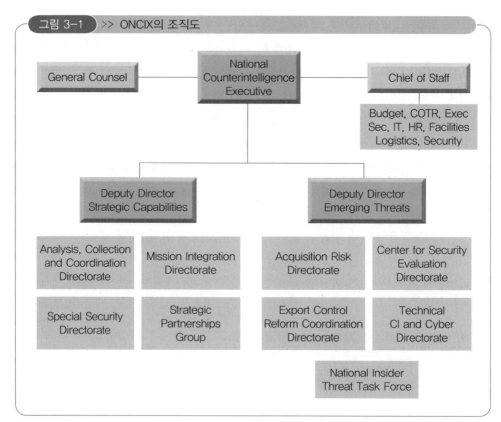

그림 3-1 >> ONCIX의 조직도

자료: ONCIX, "Organizational Chart", http://www.ncix.gov/about/docs/ONCIX_Org_Chart.pdf
(검색일: 2013.2.18).

---

64) FBI, "Counterintelligence", http://www.fbi.gov/about-us/investigate/what_we_investigate
(검색일: 2013.2.18).

년 현재 방첩활동과 관련된 업무는 국가안보실(National Security Branch) 산하 방첩부(Counterintelligence Division)에서 총괄하고 있다.[65]

　　FBI와 함께 미 경제방첩 관련 국가조직으로 중요한 것은, 2001년 1월 클린턴 대통령이 서명한 '21세기 방첩활동전략'에 따라 동년 5월 발족한 국가방첩실(ONCIX, Office of the National Counterintelligence Executive)이다. ONCIX는 2013년 현재 국가방첩관(NCIX) 아래 2명의 부국장을 두고, 전략역량(Strategic Capabilities) 담당 부국장 하에 3개 위원회(정보분석·수집·조정, 임무통합, 특별안보)와 전략적 파트너쉽 그룹 1개가 조직되어 있으며 신종위협(Emerging Threats) 담당 부국장 하에는 4개 위원회(인수리스크, 안보평가센터, 수출통제 개편조정, 기술방첩·사이버)와 국가 내부자위협대응 T/F 1개가 운영되고 있다([그림 3-1]).

　　ONCIX는 전략적 방첩역량 관련 부서, 신종 위협에 대한 리스크관리 부서들의 배치에서 보듯이 극히 전략적이며 효율적인 조직운영을 지향하고 있다. 즉 방첩 사안에 대한 정확한 정보수집과 분석, 중첩된 첩보활동의 통합, 방첩활동의 파트너쉽, 외국의 기업인수 리스크분석, 안보평가 등이 강조되고 있는 것이다.

　　ONCIX는 국가 방첩전략이 국가안보 목표달성에 적합하도록 매년 국가방첩전략(National Counterintelligence Strategy)을 작성하고, 특히 외국의 대미 경제정보수집과 경제스파이 활동 실태에 관한 연례 보고서를 작성하여 의회에 보고하고 있다.[66]

(2) 미국의 국가방첩전략과 전략적 경제방첩

　　국가방첩전략은 정보환경의 변화를 수용하지 못한 채, 수동적이며 비체계적인 방첩활동에 머물러 있는 미국 국가방첩에 대한 자성에서 출발하고 있다. 때문에 2005년에 등장한 국가방첩전략은 그 서두에서부터 방첩의 개념을 기존 국가안보법 등에서 규정한 것보다 더욱 적극적으로 정의하고 있다. 즉 방첩이란 "전통적 위협과 21세기

---

65) FBI, "Counterintelligence Division," https://www.fbijobs.gov/311121.asp(검색일: 2013.2.18).
66) 국가방첩전략은 2005년도에 최초 수립되어 2007, 2008, 2009년도 전략까지 공개되어 있고, 이밖에 외국의 경제정보수집과 산업스파이 실태에 관한 연례 보고서의 경우는 1995년부터 미의회에 제출되어 왔다. 이 산업스파이 보고서는 최근 3년(2009-2011)의 기간으로 compile 되어 사이버공간에서 경제기밀 절도를 경고하는 내용을 담아 'Foreign Spies Stealing US Economic Secrets in Cyberspace' 제하로 2011년 10월 미의회에 보고되었다. ONCIX, "ONCIX Reports to Congress", http://www.ncix.gov/publications/reports/fecie_all/index.php(검색일: 2013.2.18).

새로운 정보위협에 대응하여, 국내·외에서 행해지는 방어적·공격적 활동을 포함한다"고 규정하고 있다.[67]

미국은 국가안보와 번영에 대한 외부 위협들에 대처하기 위해 국가적 차원의 체계적이고도 잘 정의된 정책이 필요하다고 보면서, 그 위협들을 분쇄하는데 있어 성공의 열쇠는 바로 '국가안보전략(National Security Strategy)을 지원하는 전략적 방첩(Strategic Counterintelligence)'이라고 역설한다.

이 같은 공세적 방첩 기조에서 출발한 국가방첩전략의 목표는 ① 외국, 테러집단, 국제범죄조직 등에 의한 정보활동의 확인, 평가, 무력화 또는 이용 ② 정보수집과 분석 역량의 보호 ③ 민감한 국가안보공작의 성공적 수행을 위한 지원 ④ 미국의 핵심 국가기밀, 자산, 기술에 대한 보호 등이며, 이러한 목적 달성을 위해 적대적인 정보활동에 대한 대간첩 활동뿐만 아니라 역기만(counter-deception), 공세적 공작활동 등 광범위한 방첩역량이 활용되고, 이러한 수단들이 "전략적으로" 동원·배치될 때 비로소 미국은 해외의 위협으로부터 보호되고 국가이익 역시 증대될 것이라고 보고 있다.[68]

이러한 맥락에서, 국가방첩전략의 주요 내용으로 ① 전략적 방첩을 세계적 차원의 대 테러전으로 확대, ② 방첩활동을 사후적(reactive) 자세로부터 사전적(proactive) 전략으로 전환, ③ 국가안보의 근간인 민감 기술(sensitive technologies)의 보호, ④ 정보공작 및 분석에서의 충실성 유지와 외국 정보공작의 파괴, ⑤ 국내 기업이 외국의 정보공작에 의해 불이익을 당하지 않도록 하는 공정경쟁의 환경 확보, ⑥ 대통령과 국가안보 정책팀에 대한 정보공동체의 방첩분석 결과물 제출 등 6가지를 제시하고 있다.[69]

이처럼 국가방첩전략은 미국 국가안보전략에 맞추어 입안되었는데, 국가방첩전략의 입안 및 시행은 국가의 방첩전략이 어떠한 방향으로 가야하는가에 대한 비전을 제시했으며, 방첩활동에 대한 국가의 임무를 처음으로 천명했고, 방첩의 기능이 미국 국가안보전략을 지원하는 것임을 확인함으로써 미국 방첩활동의 전환점이 되었다는

67) ONCIX, *The National Counterintelligence Strategy of the United States*(March, 2005), 특히 서문의 방첩 관련 개념 규정 참조. "counterintelligence includes **defensive and offensive** activities conducted **at home and abroad** to protect against the traditional and emerging foreign intelligent threats of the 21th Century."
68) 위의 글, pp.1-2.
69) 위의 글, pp.3-7.

데 의의가 있다.[70)]

아울러 국가방첩전략은 실효적 집행을 위한 국가방첩체계의 구축(National Counterintelligence System Building)을 강조하고 있다. 이는 과거 미국의 방첩역량이 분절된 방첩제도에 맞추어 진화되어 왔고 또한 최근까지 방첩활동은 통일된 리더십을 갖추지 못한 사업 수준에 머무름으로써, 결국 방첩공동체 조직은 파편화되어 그 활동 방향이 너무나 전술적으로 경도되었다는 자성에서 출발한다. 따라서 국가방첩전략이 보다 효과적으로 되기 위해서는, 정부구조 틀(government structures) 속에서 사업적 모델(business models) 방향으로 변모되어야 하며, 그 결과 새롭게 변모될 국가방첩체계의 모습은 다음을 포함해야 한다고 지적한다. 즉 그것은 국가정책 리더십과 전략적 지향성(national policy leadership and strategic direction), 범기관 시설 및 범부문 활동(facilities for cross-agency and cross-disciplinary work), 피해손실평가 절차(damage assessment process), 자원/성과 측정(resources and performance measurement), 방첩요원의 훈련과 표준화(training and standardization of the counterintelligence cadre), 정보에 대한 경보 절차(intelligence warning process) 등이다.[71)]

국가방첩전략의 목표와 임무 내용, 이를 달성하기 위한 국가방첩체계 등을 볼 때, 미국이 추구하는 전략적 방첩의 핵심은 한마디로 적극성, 효과성, 효율성에 대한 강조라고 요약할 수 있다. 즉 외부 위협에 대한 공세적 방첩활동의 기조, 국가안보전략을 지원하고 국가안보 및 국가이익을 달성하는 효과적 수단으로서의 방첩, 그리고 비용을 감안한 효율적 국가방첩체계 구축 등에서 그 성격이 잘 드러나고 있다.[72)]

이러한 전략적 방첩의 추구는 경제방첩 분야에서도 역시 전략적 성격을 갖는 것으로 평가된다. 앞서 보듯 국가방첩전략의 목표 중에는 경제방첩 즉 미국의 핵심 국가기밀, 자산, 기술에 대한 보호가 포함되어 있다. 또 국가방첩전략에는 광범위한 방첩수단들이 "전략적으로" 동원·배치되어야 한다고 보면서 6가지 주요 내용이 제시되었던 바, 경제방첩 역시 국가안보와 국가이익을 겨냥한 국가방첩전략의 틀 속에서, 사전적

---

70) 김왕식, "정보환경의 변화와 방첩제도의 개선방향", 『국가정보연구』, 제5권 1호(2012), p.52.

71) ONCIX(2005), pp.9-11.

72) 2005년 국가방첩전략은 2007년에 전자적 침투(electronic penetration)의 위협과 사이버 대응역량 강화 등의 내용이 보완되거나, 2009년에 NIS(National Intelligence Strategy) 내 최초로 방첩의 임무목표가 포함되었음을 밝히는 내용 등이 추가되었으나, 전략적 방첩의 기본 틀에는 큰 변화가 없다. ONCIX, *The National Counterintelligence Strategy of the United States of America*(2007-2009).

인 방첩전략으로의 전환, 민감 기술의 보호와 공정경쟁 환경 확보, 국가안보 리더그룹을 위한 경제방첩 정보의 제공 등의 활동이 이루어질 것으로 보인다.

또 경제방첩에서의 효율성 추구는 국가방첩체계가 구축하고자 하는 안보피해 손실에 대한 평가 절차, 방첩에 소요되는 자원 및 방첩성과에 대한 측정 등을 통해 이미 잘 드러나 있다. 효율성의 추구는 단순히 국가방첩체계의 설계로만 머문 것이 아니라 ONCIX 조직에서 볼 수 있는 리스크분석 부서, 안보평가 부서 등의 운영에서 현실적으로 구현되고 있다([그림 3-1]).

이러한 전략적 성격의 경제방첩은 2005년의 국가방첩전략에서 뿐만 아니라, 2007년에 보완된 국가방첩전략에서도 잘 나타나고 있다. 특히 2007년 국가방첩전략은 '미국의 경제적 우위, 영업비밀, 산업지식 보호'의 제하로 경제방첩 전략을 제시하면서 향후 미국의 핵심 국가자산에 대한 공격이 지적재산에 대한 절취, 금융·물류 혼란(financial or logistical chaos)을 겨냥한 정보의 조작 등으로 나타날 가능성이 있음을 지적하고, 누가 이러한 공격을 계획·수행하며 누가 그 공격을 와해시키고 나아가 미국에 유리하게 활용할 능력이 있는지를 파악하는 데 경제방첩이 중요한 역할을 갖는다고 강조한다.[73] 이러한 전략적 경제방첩 자세는 최근 2008년과 2009년까지 발표한 국가방첩전략에서도 변함없이 견지되고 있다.[74]

(3) 오바마 행정부의 산업스파이 방지전략

미 오바마 행정부는 미국 기업을 상대로 가속화하고 있는 산업기밀 절취 행위에 대한 저지 대책의 일환으로 2013년 2월 20일 산업스파이 방지전략(ADMINISTRATION STRATEGY ON MITIGATING THE THEFT OF U.S. TRADE SECRETS)을 발표하였다.

이 전략안은 미 상무부와 국방부, ONCIX 뿐만 아니라 국토안보부, 법무부, 재무부, 무역대표부까지 입안에 참여한 범정부 대책안으로서, 그 전략적 행동항목(Strategy Action Items)으로 ① 기밀 절취에 대한 압력과 통상 규제 등 외교적 노력(Diplomatic Efforts to Protect Trade Secrets), ② 기업의 자발적 산업기밀 보호 활동에 대한 지원

---

73) ONCIX, "PROTECT US ECONOMIC ADVANTAGE, TRADE SECRETS AND KNOW HOW", *The National Counterintelligence Strategy of the United States of America*(March, 2007). pp.4-5.

74) ONCIX, *The National Counterintelligence Strategy of the United States of America*(2008), p.5; ONCIX, *The National Counterintelligence Strategy of the United States of America*(2009), p.5.

(Voluntary Best Practices by Private Industry), ③ 법무부와 FBI의 국내 법집행활동 강화 (Domestic Law Enforcement Operations), ④ 기밀 절취 행위에 대한 형량 강화 등 입법론적 개선(Domestic Legislation) ⑤ 기밀 절취 위험과 방지에 대한 교육·홍보 및 이해당사자들의 참여(Public Awareness and Stakeholder Outreach) 등 5가지의 실행 과제를 세부적으로 명시하고 있다.[75]

이 전략안 발표에서 에릭 홀더(E. Holder) 미 법무장관은 "신기술의 발달로 글로벌 거래에서의 전통적 보호벽이 뚫리고 범죄자들이 세계 어느 곳으로부터도 산업기밀을 손쉽게 훔칠 수 있게 되었다"고 언급하고, 미국 경제와 국가안보에 심각한 위협을 주고 있는 산업기밀 유출 방지가 오바마 행정부의 최우선 정책과제(top priority for President Obama, for the entire Administration) 임을 분명히 하면서 정부의 산업스파이 대응활동에 대한 중요성을 강조하였다.[76]

한편 이 전략안에는 최근 3년간(2009.1~2013.1) 미 법무부가 처리한 대표적 경제스파이 및 영업비밀 절취사건이 공표되어 있다.[77] 사건 피해기업은 제너럴 모터스(GM), 포드(Ford), 듀폰(DuPont), 다우 케미컬(Dow Chemical), 모토롤라(Motorola), 보잉(Boeing) 등 미국의 첨단기술 보유기업으로 여기에 나타난 총 20건의 사건 중에 17건은 중국기업과 중국인에 의한 산업기밀 절취사건이었다.

여기에서 미국은 중국을 산업스파이·해킹 국가로 특정하지는 않았지만 전략안 발표 직전인 2월 18일 미국의 컴퓨터 보안 회사(맨디언트)가 중국 인민해방군 61398부대 등을 최근 미국에서 발생한 해킹사건의 배후로 지목한 발표가 있었고, 또 전략안 발표에 즈음해서 CIA 마이클 헤이든(M. Hayden) 국장이 "우리는 국가가 사기업을 상대로 해킹하는 초유의 상황에 있다"는 언급이 있었다.[78] 이는 현 단계에서 미국이 단순히 개인과 기업 수준이 아니라 국가적 차원으로부터의 위협을 받는 상황에 있다고 평가하고 있으며, 특히 중국을 미국의 경제와 안보를 위협하는 중대한 산업스파이·해킹

---

75) Executive Office of the President of the United States, *ADMINISTRATION STRATEGY ON MITIGATING THE THEFT OF U.S. TRADE SECRETS*(2013), pp.3-12.

76) U.S. Department of Justice, "Attorney General Eric Holder Speaks at the Administration Trade Secret Strategy Rollout", http://www.justice.gov/iso/opa/ag/speeches/2013/ag-speech-1302201.html(검색일: 2013.2.18).

77) Executive Office of the President of the United States(2013), "Annex B: Summary of Department of Justice Trade Secret Theft Cases".

78) 『뉴스1』, "美백악관, 해킹·산업스파이 대책 발표", 2013.2.21.

국가로 주목하고 있다는 것을 보여준다.

2. 독일의 경제방첩

(1) 독일의 경제방첩 법제

독일의 방첩에 대한 제도적 개념 규정은 방첩업무를 담당하는 가장 중요한 기관인 연방헌법보호청(BfV, Bundesamt für Verfassungsschutz)의 직무를 통해 살펴볼 수 있다. BfV는 그 직무 분야 중 하나로서 간첩·보안·대파괴활동을 들면서, 방첩을 외국정보기관의 정보활동 방식을 밝혀내고 그들의 간첩행위에 대응하는 활동으로 정의하고 있다.[79] 따라서 독일에서의 경제방첩이란 이러한 BfV 방첩 직무에 비추어 볼 때, 외국정보기관의 경제정보활동과 경제스파이 행위에 대응하는 활동이라고 볼 수 있다.

한편 독일은 미국과 같이 경제스파이에 대하여 직접 규정한 단행법을 갖고 있지 않다. 대신 영업비밀의 보호 차원에서 부정경쟁방지법을 통해 산업기술·영업상의 정보 유출 등과 같은 경제스파이 활동을 규율하고 있는 바, 동법은 1909년 제정된 이래 영업비밀의 보호를 위하여 지속적으로 처벌 확대 및 강화의 방향으로 개정이 이루어져왔다.[80]

(2) 독일의 경제방첩 조직과 활동

독일의 주요 정보기관 범주에는 해외 정보기관인 연방정보부(BND), 연방군 방첩대(BMD) 등이 포함될 수 있으나, 그중에서도 경제방첩과 관련하여 중요한 기관은 BfV라 할 수 있다.

BfV는 직무 분야로 극우주의, 극좌주의, 외국인 극단주의, 이슬람(테러), 사이언톨로지(scientology)에 관한 직무와 함께 간첩·보안·대파괴활동을 밝히고 있는 바, 바로 이 직무 분야에서 경제방첩 즉 외국정보기관의 경제정보활동 탐지와 스파이행위에 대응하는 활동을 전개하고 있다. 독일은 그 지정학적 위치와 EU 및 NATO에서 차지하는

---

79) BFV, "Espionage, security and countersabotage", http://www.verfassungsschutz.de/en/en_fields_of_work/espionage(검색일: 2013.2.18).

80) 국정원 산업기밀보호센터, "주요국 법령정보(독일)", http://service4.nis.go.kr/servlet/page?cmd=preservation&cd_code=law_06sub1&menu=ACF02(검색일: 2013.2.18).

역할뿐만 아니라, 수많은 첨단기술 기업들이 소재하고 있는 까닭에 현재까지도 외국 정보기관들의 정보수집 표적이 되어왔음을 지적하면서 BfV에 의한 방첩활동 중요성 을 강조하고 있다.[81]

(3) 독일 내 산업스파이와 경제방첩 동향

독일은 자국에 대한 정보활동을 감행하는 국가로서 일부 중동 아시아 국가, 아프 리카 국가 외에 러시아, 중국, 이란, 북한 4개국을 지목하고 있다. 독일은 이들 국가의 비밀정보기관이 독일 주재 대사관, 영사관 또는 비공식 대표부 등 합법적 조직 내에 그 근거지를 두고 다양한 범위에서 정보활동을 전개하고 있는 것으로 파악하고 있으 며, 이러한 비밀정보기관의 불법적 활동이 곧 독일 안보이익에 대한 공격이라는 점을 명백히 하고 그에 대응한 방첩의 중요성을 거듭 확인하고 있다.[82]

러시아와 중국의 경우 그간 독일기업에 대한 피해 사례와 위험의 지적이 계속적 으로 있어 왔고,[83] 이란의 경우 2008년 독일 연방검찰이 이란 국방산업기구(DIO)를 위 해 대량의 무기장비를 구매한 혐의로 이란 산업스파이를 기소하였던 바,[84] 독일은 러 시아, 중국, 이란, 북한 등 그간 지목했던 스파이 위험국가군에 대한 경계를 계속할 것 으로 보인다.

독일은 최근 자국기업을 대상으로 한 외국 산업스파이들의 공세가 증대됨에 따라 경제스파이 관련 법제를 강화하는 한편으로 BfV을 통해 기업과의 긴밀한 협조체제를 구축하여 산업보안을 강화하는 정책을 펴고 있다. 경제스파이로 인한 독일 기업의 연 간 피해액은 500억 유로에 달하는 것으로 추산되고 있는 바(2008년 기준), 과거에는 주

---

81) BFV, "Fields of work", http://www.verfassungsschutz.de/en/en_fields_of_work(검색일: 2013.2.18).

82) BFV, "Espionage, security and countersabotage", http://www.verfassungsschutz.de/en/en_fields_ of_work/espionage(검색일: 2013.2.18).

83) 국정원 산업기밀보호센터, 해외동향 중 독일부문 참조. "獨 정보기관, 中 산업스파이 활동에 따른 피해 우려(2009.9.24)", "中·러 산업스파이, 독일 산업계 전반에 침투(2009. 5. 20)", "獨 헌법보호 청, 러·中의 산업스파이 수법 비교분석(2009.1.29)", http://service4.nis.go.kr/servlet/notice?nm_ code= global&menu=BCA00(검색일: 2013.2.18).

84) 국정원 산업기밀보호센터, "독일, 이란 산업스파이 기소", http://service4.nis.go.kr/servlet/ notice?cmd=notice_view&no_idx=184&nm_code=global&curpage=1&lst_word=독일&lst_ type1=&lst_type2=1& lst_from=&lst_to=&listNum=1(검색일: 2013.2.18).

로 대기업이 경제정보 수집 목표가 되었지만 현재는 스파이 대상이 중소·신규업체로
까지 확대되고 있다. 스파이 대상 기술은 특히 독일의 자동차·에너지재생·화학·통
신기술, 광전자공학, 방위기술 및 디지털제어시스템 등 향후 경제적 잠재력이 큰 분야
가 목표가 되고 있다. 그럼에도 불구하고 많은 독일 회사들이 스파이 기도를 포착하고
도 경쟁사에 무방비 상태임이 드러날 것을 우려해 오히려 피해 신고를 기피하는 등 소
극적인 반응을 보임에 따라, BfV는 자국 피해업체들이 효과적인 자구책을 마련할 수
있도록 전문가 출장교육 등 중소기업 지원강화 정책을 펴고 있다.[85]

3. 일본의 경제방첩

(1) 일본의 경제방첩 법제

일본은 경제스파이에 대하여 직접 규정한 단행법을 갖고 있지 않으며, 독일과 같이
영업비밀의 보호 차원에서 부정경쟁방지법을 통해 경제스파이 활동에 대응하고 있다.

일본은 1990년 동법 개정을 통해 영업비밀에 대한 민사 보호 규정을 도입하였으
며, 이후 지속적으로 보호 강화와 처벌 확대의 방향으로 법제를 정비해왔다(〈표 3-2〉).
즉 미국, 독일 등 외국의 영업비밀보호 강화 추세 속에 첨단기술 유출의 심각성에 대
해 깊게 인식한 일본은 2003년에 개정된 부정경쟁방지법(2004.1.1 시행)에서 영업비밀
침해행위에 대한 형사벌을 도입하고, 다시 2005년 개정 부정경쟁방지법(2005.11.1 시
행)에서는 영업비밀 침해죄에 대한 형벌수준을 높이는 한편(5년 이하의 징역 또는 500
만엔 이하의 벌금), 영업비밀 국외사용 및 공개행위 처벌, 퇴직자에 의한 영업비밀의 사
용·공개행위 처벌, 법인 처벌 등이 가능토록 규정하였다. 또 영업비밀의 누설 교사·
방조자 역시 정범으로 처벌토록 하였다.

이러한 일본의 영업비밀 침해에 대한 처벌 강화 추세는 2006년, 2009년에까지 이
어지고 있다.

---

85) 국정원 산업기밀보호센터, "獨 헌법보호청, 외국 산업스파이 방어대책 강화", http://service4.
nis.go.kr/servlet/notice?cmd=notice_view&no_idx=182&nm_code=global&curpage=4&lst_
word=&lst_type1=&lst_type2=&lst_from=&lst_to=&listNum=15(검색일: 2013.2.18).

표 3-2 >> 일본의 영업비밀보호 법제 정비 현황	
관련 법제	주요 내용
1990년 개정 부정경쟁방지법	영업비밀의 부정 취득·사용·개시 행위에 대한 민사 보호 규정의 신설
2002년 지적재산전략대강	知財立國 실현을 위한 마스터 플랜 수립, 그중 기업이 영업비밀 관리강화 프로그램을 수립할 수 있도록 하는 '참고지침' 작성이 포함됨.
2003년 영업비밀보호 관련 3대 지침	2002년 참고지침에 따라 영업비밀관리지침, 지적재산의 취득·관리지침, 기술유출방지지침 등 공표
2003년 개정 부정경쟁방지법 (영업비밀 침해죄 신설)	영업비밀 침해행위 중 특히 위법성이 강한 행위유형에 한정하여 형사벌의 대상으로 함
2005년 개정 부정경쟁방지법 (벌칙 강화)	형량 강화(5년 이하 징역, 500만엔 이하 벌금), 국외범 처벌 규정, 퇴직자 처벌 규정, 법인처벌 규정 등의 도입
2006년 개정 부정경쟁방지법 (벌칙 강화)	징역형 상한을 10년, 벌금형 상한을 1천만엔, 법인 중과의 상한을 3억엔으로 인상
2009년 개정 부정경쟁방지법 (벌칙 강화)	형사벌의 대상범위를 제3자 등에 의한 영업비밀의 부정한 취득으로 확대, 종업원 등에 의한 영업비밀 취득 자체에 형사벌 도입

자료: 윤선희, "일본의 기술보호정책 연구", 『산업보안 연구논총』, 제7호(2011), p. 231를 기초로 작성.

(2) 일본의 경제방첩 조직과 활동

2차 대전 패전 후 일본은 변화된 안보목표로 인하여 중앙집권적인 정보관리 및 운용보다는 다양한 주체에 의한 정보수집 및 분석이 제도화되는 양상으로 정착되어 왔다. 때문에 현재 일본은 미 CIA 같은 중앙정보기구를 두고 있지 않으며, 대신 내각정보조사실(내조실)을 중심으로 하여 각 성·청별 정보기관을 두고 있다.[86]

내각정보회의는 일본 내각의 정보관계기관간 연락조정회의로서 1998년 10월 설치되었다. 내각정보회의는 정보관계 성청의 차관급 회의이며 내각관방 장관이 주재한다.[87] 합동정보회의 역시 일본 내각에 있는 회의로서 정보관계기관간 제휴를 위해 내각정보회의 아래에 설치되어 있다. 정보관계 성청의 국장급 회의이며 내각관방 副長官(사무)이 주재한다.[88]

---

86) 김선미, "일본의 정보기관: 연혁, 조직, 활동", 『국가정보연구』, 제4권 1호(2011), p.143, p.159.

87) ウィキペディア, "內閣情報会議", http://ja.wikipedia.org/wiki/%E5%86%85%E9%96%A3%E6%83%85%E5%A0%B1%E4%BC%9A%E8%AD%B0(검색일: 2013.2.18).

88) ウィキペディア, "合同情報会議", http://ja.wikipedia.org/wiki/%E5%90%88%E5%90%8C%E6%83

표 3-3 >> 일본의 정보기관

내각 정보회의	내각관방★	경찰청★	방위성★	법무성	외무성★	해상보안청	기타
합동정보회의	카운터인텔리전스 센터 내각정보조사실★	경찰청 경비국★ 도부현경찰본부 경비부 경시청 공안부 경찰서 경비과	자위대 정보본부 방위정책국★	공안조사청★	국제정보통괄관조직★	경비구난부	日本貿易振興機構(JETRO) 등 재단법인 라디오프레스

주: 1) 2012년 12월 9일 기준.
  2) ★는 내각정보회의 또는 합동정보회의 구성기관
자료: ウィキペディア, "情報機関" 항목 내 "日本の情報機関"을 기초로 작성, http://ja.wikipedia.org/wiki/%E6%83%85%E5%A0%B1%E6%A9%9F%E9%96%A2 (검색일: 2013. 2. 18).

내조실은 2001년 시행된 행정 개혁에 의해 내조실장이 내각정보관으로 승격되면서 국가정보에 대한 중앙조정·통제기능이 점차 강화되고 있다. 즉 탈냉전 시대에 접어들어 국제적 불안정과 국내 위기 상황에 대처하기 위한 정보력 강화가 강조되면서, 내조실의 규모와 인원은 계속적으로 확장되고 있으며 위성 정보 운영과 같은 새로운 임무를 부여받게 되는 등 그 역할과 비중도 계속 확대되는 추세에 있다. 내조실은 내각정보관 아래에 차장 및 총무부문, 국내부분, 국제부문, 경제부문, 내각정보집약센터 및 내각위성정보센터 등으로 나뉘어 활동하고 있다. 이중에서도 경제부문이 국내외의 경제정보 수집을 담당하고 있다.[89]

특히 주목할 것은 내조실에 방첩기능 강화를 위한 카운터인텔리전스 센터(Counterintelligence Center)가 설치되었다는 점이다. 동 센터의 설치를 위해 일본은 2006년 12월 '카운터인텔리전스 추진회의'를 설치하고 센터의 설립을 추진하여 왔으며, 마침내 2008년 4월 내각정보조사실에 카운터인텔리전스 센터를 두게 되었다.[90]

%85%E5%A0%B1%E4%BC%9A%E8%AD%B0(검색일: 2013.2.18).

89) 김선미(2011), p.162.

90) 日本 内閣官房, "我が国における情報機能\강化에向けた政府の取組", 『情報と情報保全』(2010.5), p.3.

일본 정보기관의 하나인 경찰청은 경비국 소속의 공안경찰이 그 정보활동을 담당하고 있다.[91] 경비국 내에서도 특히 외사정보부 외사과가 방첩업무 부서로서의 성격을 가지면서 외국정보기관의 첩보활동, 국제테러, 전략물자 부정수출 등에 대한 수사를 담당하고 있다.[92]

(3) 일본의 최근 경제방첩 동향

일본은 산업분야의 스파이 활동 차단을 위해 우선 처벌 규정 등 법제를 강화하는 정책을 지속적으로 펴고 있다.

일본에서는 기업정보의 해외유출이 심화되면서 그동안 형법으로 보호하기에는 한계가 있는 기술정보의 절취를 막아 기업경쟁력을 보호해야 한다는 움직임이 있었고, 또한 특허법 개정을 통해 국가안보 측면에서 군사전용 등이 가능한 중요한 특허는 비공개 특허로 하는 방침을 추진하고자 했다. 그러나 2008년 당시 추진되었던 입법 내용은 퇴직 이후 개인의 직업선택의 자유 제한 및 산업계의 반대 등으로 인해 가시화되지 못했으나[93] 앞서 보았듯이 기존 법률인 부정경쟁방지법(2009년)에 처벌 규정을 강화하는 방향으로 구현되었다.

일본의 경제방첩 정책 동향과 관련하여 법제 측면과 함께 방첩조직 측면에서의 강화도 주목된다. 그중에서도 국내외 경제정보 수집을 포괄하는 일본 내조실은 그 규모와 기능이 계속적으로 확대되고 있으며, 특히 카운터인텔리전스 센터가 개설됨으로써 방첩기능이 강화되고 있다.

일본의 방첩기능 강화에 대한 정책적 의지는 카운터인텔리전스 관련 조직의 승격에서도 나타나고 있다. 즉 일본 정부의 정보기능 강화를 위해 2006년 12월 설치된 '카운터인텔리전스 추진회의'의 의장은 당초 정보기능강화검토회의 의장(내각관방장관)보다 낮은 내각관방 副長官(사무)이었다. 그러나 2009년 12월 카운터인텔리전스 추진회의의 의장은 정보기능강화검토회의 의장과 동급인 관방장관으로 승격되었다.[94]

---

91) 문경환·황규진, 『경찰정보론』, (용인: 경찰대학, 2011), p.106.

92) ウィキペディア, "警察庁 外事課", http://ja.wikipedia.org/wiki/%E5%A4%96%E4%BA%8B%E8%AA%B2(검색일: 2013.2.18).

93) 윤선희, "일본의 기술보호정책 연구", 『산업보안 연구논총』, 제7호(2011), p.268.

94) 日本 内閣官房, "カウンターインテリジェンス機能の強化に関する基本方針", 情報と情報保全(2010. 5), p.11.

4. 중국의 경제방첩

(1) 중국의 경제방첩 법제

중국의 경제방첩 관련 법제로는 우선 국가안전법(國家安全法)을 들 수 있다.[95] 1993년 2월 22일부터 공포·발효된 국가안전법은 국무원 국가안전부 주도로 제정되었으며, 동법은 어떤 조직이나 개인도 국가안전을 위해하는 모든 행위에 대해 법적 처벌을 받게 됨을 명시하고 있다(국가안전법 제4조). 국가안전을 위해하는 행위에는 정부전복, 간첩행위는 물론이고, 국가비밀의 절취, 탐지, 매수, 불법제공(竊取, 刺探, 收买, 非法提供) 등이 포괄되어 있다(국가안전법 제4조 3항).

중국의 산업기술·정보 유출에 관한 직접적인 법제로는 中華人民共和國反不正當競爭法(이하 부정경쟁방지법)을 들 수 있다.[96] 중국의 부정경쟁방지법은 공정한 경쟁과 영업비밀보호 등을 위해 1993년 9월 2일 공포되어 1993년 12월부터 시행되고 있다. 중국의 부정경쟁방지법은 그 제정 목적에서 사회주의 시장경제의 건전한 발전과 공평한 경쟁을 보호, 부정경쟁행위를 제지하고 경영자와 소비자의 합법적 권익을 보호하기 위해 제정되었음을 밝히고(동법 제1조), 동법에 영업비밀의 정의, 침해유형, 민사책임에 대하여 규정하고 있다.

부정경쟁방지법 외에 영업비밀보호를 위한 법제로는 행정법규로서 영업비밀침해행위에 관한 규정(关于禁止侵犯商业秘密行为的若干规定, 1995. 12. 23 공포)이 있으며, 기타 영업비밀 관련 법률로서 민법통칙, 계약법, 회사법, 노동법 등이 있다.

중국에서의 산업기술·정보에 관한 보호는 위 법제 중에서도 부정경쟁방지법에 의하여 주로 이루어지고 있는 바, 동법은 영업비밀에 대해 "공중이 모르고(不爲公衆所知悉), 권리자에게 경제이익을 가져다주며(能爲權利人帶來經濟利益), 실용성을 구비하고(具有實用性), 그 권리자가 비밀조치를 취한(經權利人采取保密措施) 경영정보와 기술정보를 말한다"고 규정하고 있다(동법 제10조 3항).

영업비밀침해에 대한 형사적 규정을 보면, 영업비밀 권리자에게 중대한 손해를

95) 法邦网, "中华人民共和国国家安全法", http://code.fabao365.com/law_15118.html(검색일: 2013.2.18)
96) 중국의 부정경쟁방지법은 1993년 9월 2일 제8회 전국인민대표대회 제3차회의에서 통과되고 1993년 9월 2일 중화인민공화국 주석령 제10호로 공포되었다. 法邦网, "中华人民共和国反不正当竞争法", http://code.fabao365.com/law_15094.html(검색일: 2013.2.18).

초래한 경우, 그 침해자에 대해 3년 이하의 유기징역 또는 구역(拘役: 6개월 이하 단기징역)에 처할 수 있도록 규정되어 있다. 침해행위로 인해 특별히 심각한 결과를 초래한 경우에는, 3년 이상 7년 이하의 유기징역에 처하고 벌금을 병과한다(中华人民共和国刑法, 제219조).[97]

(2) 중국의 경제방첩 조직과 활동

중국은 당, 정, 군에 걸쳐 방대한 정보조직을 갖추고 있다. 당중앙에는 통일전선공작부(統一戰線工作部)와 대외연락부(對外聯絡部)가 설치되어 있으며, 정부 내에는 국무원 내 부급(部級) 기관으로 국가안전부 및 공안부를 두고 있고, 군에서는 인민해방군 총참모부(人民解放軍 總參謀部; 2부, 3부, 4부) 및 총정치부(總政治部)의 연락부와 보위부 등이 설치되어 군사와 관련된 정보와 방첩의 임무를 수행한다. 그 외 국영통신사인 신화사(新華社)는 전세계적 조직과 인적 네트워크를 활용하여 국가정보활동에 참여하는 것으로 알려지고 있다.[98]

중국의 정보기관 가운데서도 경제첩보와 관련하여 가장 중요한 기관은 중국 정부의 공식적 정보기관인 국가안전부라고 할 수 있다. 국가안전부는 개혁개방 이후의 변화된 정보환경에 대응하고 4개 현대화를 통한 경제발전이라는 국가목표에 적극 부응하기 위해서, 당중앙 조사부(调查部)와 공안부 정치보위국(政治保卫局), 당중앙 통전부(統戰部) 내 일부조직, 국방과공위(国防科工委)의 일부 조직 등을 통합하여 1983년 설립되었다.[99]

중국의 경제방첩은 국가안전부의 탄생 배경에서 보듯이 자국의 산업기술보호라는 전통적 방첩 개념이 아니라 실질적으로는 서방 선진국의 첨단 기술정보를 획득하는데 초점이 있었고, 그 정보 유출 지원활동에 대해 선진국으로부터 끊임없는 의혹을 받아 왔다.

---

97) 중국 형법(제219조)는 부정경쟁방지법과 같이 보호대상(영업비밀)을 기술상, 경영상의 정보로 정의하고 있다. 침해행위는 절취, 유인, 협박 기타 부정한 수단으로 권리자의 영업비밀을 취득하는 행위, 또는 전술한 수단으로써 권리자의 영업비밀을 공개·사용하거나 타인에게 사용을 허락하는 행위이다. 法邦网, "中华人民共和国刑法", http://code.fabao365.com/law_11400_23.html(검색일: 2013.2.18).

98) 이호철, "중국의 정보조직과 정보활동: 國家安全部 중심으로", 『국가정보연구』, 제1권 2호(2008), pp.120-121.

99) 维基百科, "中华人民共和国国家安全部", http://zh.wikipedia.org/wiki(검색일: 2013.2.18).

(3) 중국의 최근 경제방첩 동향

중국의 경제방첩은 자국의 산업기술 보호보다는 사실상 서방 선진국의 첨단 기술정보를 획득하는데 초점이 있었기 때문에, 개혁개방 과정에서 선진기술획득 방식이 외견상 외국인 직접투자(FDI) 또는 기술도입, 인수 · 합병(M&A), 고급기술인력 확보 등 합법적 형태로 이루어져왔다고 하더라도, 다양한 계층과 직업군 아래 전 세계적 규모의 요원 풀을 활용한 스파이활동은 여전히 지속되고 있는 것으로 보인다.

미국 지역에서 발생한 명백한 경제스파이 사건만 하더라도 군수기업(Power Paragon社)을 상대로 한 중국계 미국인의 스파이행위에 대해 미 연방법원이 징역 24년 6개월의 유죄판결을 내린 사건이 있었고(Washington Post, 2008. 4. 3), 최근 2010년에도 Boeing社의 첨단 기술정보를 중국으로 유출한 혐의로 기소된 중국계 미국인에게 역시 연방법원이 15년 8개월의 징역형을 선고한 사건이 있었으며,[100] 2012년 들어서도 미국 Dow Chemical社에서 연구원으로 일했던 중국계 인물이 공정 비밀을 중국 기업들에 넘겨준 죄로 5년 징역형을 선고 받았다.[101]

중국의 경제스파이 활동은 미국 이외에도 독일, 영국, 캐나다, 일본 등 지역에서 여전히 계속되고 있다. 독일의 경우는 이미 앞서 지적되었듯이 중국을 위험국가로 분류해 그 경제스파이 활동을 경계하고 있으며, 영국 정보당국은 최근 중국이 영국 경제계 고위 임원들의 컴퓨터를 도청하는 등 무차별 스파이 활동을 벌이고 있는 것으로 보고 있다.[102]

호주의 경우는 최근 중국의 경제스파이 활동이 자원산업과 관련된 것으로 알려져[103] 중국의 경제첩보 정책 방향이 에너지 · 자원 안보를 지원하는 쪽으로 확대되는 조짐을 보이고 있다. 중국의 경제발전에 따라 그에 소요되는 에너지 · 자원 확보 문제가 중국 당국의 중대 관심사로 부상하고 있는 바, 선진기술 보유국뿐만 아니라 자원 대국에 대해서도 중국 정보기관이 더욱 활발히 움직일 것으로 전망된다.

---

100) 『아시아경제』, "美법원 산업스파이 중국계 15년형 선고", 2010.2.9.
101) 『연합뉴스』, "美기업 기밀 넘겨준 중국계에 징역 5년", 2012.1.14.
102) 『KBS 뉴스』, "중국, 영국서 산업스파이 자행", 2010.2.1.
103) 국정원 산업기밀보호센터, "호주 前 정보기관원, 자국내 중국 스파이조직 암약 언급", http://service4.nis.go.kr/servlet/notice?cmd=notice_view&no_idx=189&nm_code=global&curpage=2&lst_word=&lst_type1=0&lst_type2=1&lst_from=&lst_to=&listNum=5(검색일: 2013.2.18).

국내 산업스파이 추세와 경제방첩의 과제

1. 최근 산업스파이 추세와 유형

(1) 해외 유출사건 추이

2004년부터 국내 첨단기술을 해외로 불법유출하려다 국정원에 의해 적발된 건수를 보면 2012년까지 320건이 적발된 것으로 나타나고 있다.

적발된 산업기술 해외 유출의 추이를 연도별로 살펴보면, 2004년 26건에서부터 2005년 29건, 2006년 31건, 2007년 32건, 2008년 42건, 2009년 43건, 2010년 41건, 2011년 46건으로 대체로 지속적인 증가 추세를 나타냈다. 다만 지난 2012년에 30건으로 감소하는 양상을 보였다.

경찰에 의한 해외 불법유출사범 검거 실적 역시 2004년 2건, 2005년 6건, 2006년

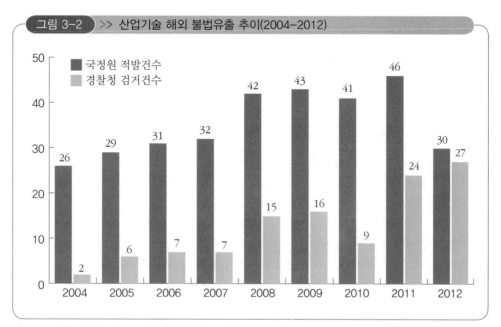

그림 3-2 >> 산업기술 해외 불법유출 추이(2004-2012)

자료: 국정원 산업기밀보호센터, "기술유출 통계", http://service4.nis.go.kr(검색일: 2013.2.18); 경찰청, "산업기술유출사범 검거현황(내부자료)", 2013.

과 2007년 각 7건, 2008년 15건에서 2009년 16건으로 증가하고, 2010년에는 9건으로 주춤하였으나, 2011년에는 다시 24건으로 증가하여 2012년을 제외하고는 대체로 국정원의 적발 추이와 유사한 모습을 보이고 있다([그림 3-2]).

중요한 것은 지난 2010년 일시 안정을 보이던 산업기술 해외 불법유출이 2011년 들어 다시 증가세로 돌아섰다는 점이다. 즉 2010년 다소 감소했던 국정원 적발건수(41건)는 2011년 46건으로 사상 최대치를 기록했으며, 경찰청에 의한 검거건수 역시 24건으로 최고점을 찍었다.

2012년에 들어서도 해외 불법유출 추세는 꺾이지 않아, 경찰청에 의한 검거건수의 경우 27건에 달함으로써 2011년의 검거건수를 넘어섰다.[104]

(2) 유출 유형

지난 5년간(2007-2011) 국정원에 의해 적발된 산업기술유출 사건을 유형별로 살펴보면, 우선 유출 분야에서는, 총 204건 중 전기전자 분야가 가장 많은 75건(37%)으로 나타났다. 다음으로 정밀기계 55건(27%), 정보통신 32(15%), 정밀화학 18건(9%), 생명공학 6건(3%), 기타 18건(9%)로 나타나고 있다. 전체 유출품목 중에서도 반도체, 휴대폰 등 전기전자와 정보통신 품목이 유출품목의 대부분을 차지하고 있었으나 최근에는 자동차, 조선을 포함한 기계, 화학 등 거의 전분야로 확대되고 있는 추세이다.

국제시장에서의 지배력이 높은 우리나라 첨단기술 품목의 유출 위험은 경찰청의 검거 사례에서도 잘 나타나고 있다. 예컨대 산업기술 불법유출 급증으로 해외 유출 피해가 약 15조원(경찰청 검거사건 기준)으로 추산되던 2008년 당시 해외 유출 사건(15건)은 전체 검거건수(72건)의 약 1/5에 불과하였지만, 피해추산 1조원 이상의 사건이 빈발하여 시장 가치가 높은 첨단기술들이 해외유출을 겨냥한 범죄자들의 집중적인 유출목표가 되어 왔음을 보여주고 있다. 즉 고부가 첨단기술의 해외 유출 위험이 높다는 것은 2008년 검거되었던 고화질 HD영상 수신기 제조 핵심기술 중국유출 미수사건(피해예방액, 1조 6천억원), Dental Implagraphy(첨단 의료기기) 설계도의 미국계 회사 유출사건(피해추산, 2조 2천억원), PTMEG(첨단섬유 원료) 생산기술 중국유출 미수사건(피해예방액, 1조 2천억원) 등의 검거 사례에서 뚜렷이 나타나고 있다.[105]

---

104) 경찰청, "산업기술유출사범 검거현황(내부자료)", 2013.
105) 치안정책연구소, 『치안전망 2013』, 2013, p.108.

유출 수법별로 살펴보면, 무단보관 86건(42%), 내부공모 51건(25%), 매수 47건(23%), 공동연구 4건(2%), 위장합작 2건(1%), 기타 14건(7%) 등의 순으로 나타나고 있다. 과거에는 연구원 등 개인을 대상으로 금전적 유혹을 유발시키는 매수 형태가 일반적이었으나, 최근에는 무단보관 형태에 의한 것이 가장 많고, 내부공모에 의한 수법도 늘어나고 있다.

유출 유형을 유출 주체별로 살펴보면 아래의 [그림 3-3]에서 보는 바와 같이, 전직 직원 127건(62%), 현직 직원 34건(17%), 협력업체 26건(13%), 유치과학자 5건(2%), 투자업체 1건(1%)의 순으로 나타나고 있다. 주로 전·현직 직원(161건, 79%)에 의한 기술유출이 가장 많은 부분을 차지하고 있으나, 최근에는 협력, 용역업체에 의한 기술유출 사례도 점차 증가하고 있음에 주목할 필요가 있다.

유출 동기별로 살펴보면, 개인영리 125건(61%), 금전유혹 41건(21%), 인사불만 16건(8%), 처우불만 13건(6%), 기타 9건(5%) 등의 순으로 나타나고 있다. 유출동기에서는 개인영리와 금전유혹 등 경제적 동기에 의한 유출(166건)이 가장 많은 83%를 차지하고 있다.

피해기업 규모별로 기술유출 사례를 보면, 중소기업이 141건(69%), 대기업이 54건(27%), 기타 9건(4%)로 나타나 중소기업이 산업보안과 유출피해에 상대적으로 취약

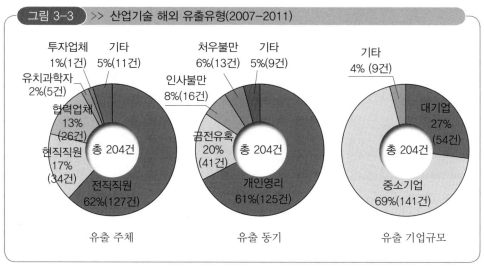

그림 3-3 >> 산업기술 해외 유출유형(2007-2011)

자료: 국정원 산업기밀보호센터, "기술유출 통계"(2012).

한 상태에 있음을 알 수 있다.

한편 해외 불법유출 상대국을 보면 2011년 유출 검거건수 24건(경찰청 검거건수 기준) 중 중국이 14건으로 가장 많고 그 외 미국, 독일, 스페인, 영국, 대만, 일본 등 다양하게 나타나고 있다.[106] 국내 기술의 발달로 인해 아시아권 국가뿐만 아니라 서구 선진국 등으로 불법유출이 다양화 되고 있는 추세에 있음은 분명하나, 중국에 집중되고 있는 양상(58.3%)도 여전히 계속되고 있다.

국가정보원의 적발 사례에서도 기술유출 사건의 50% 이상은 중국으로의 기술유출인 것으로 나타나고 있다. 국가정보원 산업기밀보호센터에 따르면 지난 2005년부터 2011년까지 국내 첨단 기술을 해외로 불법 유출했거나 유출을 시도하다가 적발된 사건은 총 264건이며, 그중 130건 이상은 중국으로의 유출이었다.[107]

중국으로의 기술유출은 2012년 능동형유기발광다이오드(AMOLED) 기술 유출, 2011년 특수선박기술 유출, 2010년 3차원(3D)기술 유출 사례 등에서 보듯이 반도체, 조선, 디스플레이 등 첨단 산업분야가 모두 포함돼 있어 한국 경제의 산업경쟁력에 치명적인 피해를 주고 있다. 한편 국내로부터의 유출뿐만이 아니라 중국에 진출한 대기업이나 중소기업이 현지에서 기술유출 위험에 노출되어 있는 것도 큰 문제이다.

2. 한국의 경제방첩 도전과제

(1) 경제방첩 개념의 정립

정보환경의 변화와 새로운 안보위협에 맞서 경제방첩을 본격적으로 전개한다고 할 때, 가장 중요한 과제는 경제방첩에 대한 개념과 범주를 정립해내는 것이라 할 수 있다. 방첩의 기본 개념이 어떻게 정의되는가에 따라 방첩의 목표, 활동범위, 임무 등이 다르게 설정될 수 있기 때문이다.[108]

변화된 정보환경과 위협요인을 고려한다면 경제방첩의 개념은 국익 확보를 겨냥한 능동적, 적극적, 공세적 입장에서 정의될 필요가 있다. 경제방첩에 대한 능동적 개

---

106) 경찰청, "보도자료: 국제범죄수사시대, 산업기술유출수사의 첨병으로 거듭나", 2012.2.16.
107) 『파이낸셜뉴스』, "한중 동반성장의 그늘 '기술 유출'", 2012.8.23.
108) 전웅, "방첩개념의 재조명: 목적, 범위, 활동유형을 중심으로", 『국가정보연구』, 제2권 2호(2009), p.9.

념 정의는 앞서 살펴본 미국 국가방첩전략(2005)의 방첩개념 규정에서 잘 드러나고 있다. 이 개념 규정은 비록 경제방첩에 대한 직접적인 정의는 아니지만, 국가안보뿐만 아니라 국가이익의 확보, 비국가행위자들로부터의 위협 등에 대한 적극적 경제방첩 시각이 잘 함축되어 있다.

정보환경의 변화와 경제방첩의 중요성 등을 고려해 볼 때, 경제방첩 개념은 적어도 "경제안보와 국익의 위협에 대응한 적극적 방첩활동"을 포함해야 할 것으로 생각된다. 나아가 더욱 공세적인 경제방첩을 추구한다면 경제방첩 개념을 경제안보와 국익의 "확보"뿐만 아니라 국가이익 "확대"까지 그 범위까지 넓히는 것도 고려될 수 있다. 실제 미국은 국가안보와 번영(Nation's security and prosperity)에 대한 외부 위협들에 대해 대간첩 활동뿐만 아니라 공세적 공작활동 등 광범위한 방첩역량을 활용할 때 위협으로부터 보호되고 국가이익(national interests) 역시 증대될 것이라고 보고 있다.[109]

(2) 전략적 경제방첩(strategic economic counterintelligence)

경제방첩을 위의 개념에 따라 전개한다고 할 때, 다음으로 중요한 과제는 방첩위험의 최소화와 방첩비용의 최소화를 달성하는 것이다. 즉 경제방첩의 정책목표로서 이러한 효과성과 효율성의 추구는 전략적 경제방첩이라는 정책 틀 내에 축약될 수 있다.

전략적 경제방첩이란 경제방첩이 경제안보 및 국가이익을 효과적으로 달성하는 수단이어야 함을 분명히 하고(효과성), 나아가 비용을 감안한 효율적인 국가 경제방첩 체계를 구축해내는 것이다(효율성).

이에 따라 우리가 추구해야 할 전략적 경제방첩을 좀 더 부연해보면 전략적 경제방첩이란 경제안보 및 국가이익을 겨냥하면서, 광범위한 방첩역량들을 국가 경제방첩 체계(national economic counterintelligence system) 내에 "전략적으로" 동원·배치하고, 그 운용을 위험관리와 비용분석에 기초하여 효율적으로 진행하는 것이다.

즉 전략적 경제방첩은 미국의 방첩 실패에서 보는 방첩공동체 조직의 파편화와 방첩역량의 전술적 운용을 지양하고, 경제방첩의 전략적 지향성을 분명히 하면서, 방첩목표에 맞는 범기관적 방첩자원 배치와 활용, 방첩비용 및 성과 측정, 방첩요원의 전문화 등을 도모하는 것이다.

---

109) ONCIX, *The National Counterintelligence Strategy of the United States*(March, 2005), pp.1-2.

(3) 한국 경제방첩의 개선방향

1) 경제스파이 관련 법규의 정비

적극적 개념과 넓어진 범주에서 전략적인 경제방첩 활동을 전개하기 위해서는 우선 미흡한 법제적 기반이 보완되어야 하며, 여기에는 첫째, 국가정보원법의 개정이 필요하다.

현행 국가정보원법 제1조에 따른 국가방첩의 개념은 그 목적이 "국가안전보장"에 한정되어 있다. 나아가 직무에서도 우리 국가정보원법은 미국 국가안보법과 달리 방첩의 범주를 매우 좁게 규정하고 있다는 문제가 있다.[110]

이러한 외국의 사례와 비교하면 우리 방첩개념의 법제적 범주는 극히 협소하고, 경제방첩의 경우는 아예 그 관련 문구 또는 내용 자체도 찾아볼 수 없다. 정보환경의 변화로 첨단기술과 민감 경제정보의 보호 등 경제안보의 중요성이 증대하고, 위협주체들도 국가 외에 개인, 기업, 해외이주민, 국제범죄조직 등으로 다양해지는 현실에서 경제방첩활동을 지원하기 위한 법률적 제도 기반 조성은 매우 시급한 사안이다.

둘째로, 경제스파이 관련법이 보완되거나 제정될 필요가 있다. 즉 경제방첩이 그 효과성을 발휘하기 위해서는 사전 예방적인 활동뿐만 아니라 실제 경제스파이 행위에 대한 수사와 처벌 등 적극적인 방첩활동이 가능하도록 법률 정비가 이루어져야 한다.

국가이익을 위협하는 경제스파이는 스파이행위에 대한 처벌의 엄격성(severity of punishment) 즉 엄중한 처벌 형량과 함께, 실제 처벌의 가능성(probability of punishment)을 높이는 제도설계를 통해 그 억제(deterrence)가 모색되어야 한다.[111]

경제스파이를 처벌할 수 있는 현행 법률로는 영업비밀보호법과 산업기술보호법이 있으나 동 법률들은 주로 내부 관계자 등을 침해의 주된 주체로 상정하고 있어 외국이나 외국세력에 의한 본격적인 스파이활동에 대처하기 위한 법률로 보기에는 부족한 점이 많다. 따라서 미국의 경제스파이법과 같이 외국정부, 외국 대행기관 또는 외국 행위자를 이롭게 할 의도나 그 점을 알면서 스파이 행위를 하는 자에 대한 처벌규정을

---

110) 국가정보원법 제3조 제1항 제1호에 의하면 방첩은 국정원 직무범위 중에서 국외 정보활동과 대비되는 여러 국내 정보활동의 하나로 규정되어 있으며 그나마도 '보안' 정보의 수집·작성 등 방어적 범주에 머물고 있다.

111) 정웅, "산업보안범죄의 최근 동향과 대응전략", 『한국행정학회 2010 추계국제학술대회 발표논문집』(2010), pp.32-33.

두도록 산업기술보호법을 개정할 필요가 있다.[112]

2) 경제방첩조직의 확충과 효율화, 경제방첩요원의 역량강화

전략적 경제방첩 정책을 통해 경제방첩의 효과성과 효율성을 추구해 나가기 위해서는 경제방첩을 수행하는 조직의 역량이 강화되어야 한다. 이를 위해 경제방첩조직의 확충과 함께 조직의 효율화, 그리고 조직 내 방첩요원의 역량강화가 이루어질 필요가 있다.

첫째, 경제방첩 조직이 확충되어야 한다. 우선 경제방첩 조직의 확대는 초기에 인력 증원배치와 소요 예산의 증가로 인해 방첩비용의 증가를 초래할 수 있으나 이는 경제방첩 위험의 최소화라는 정책목표를 달성하여 그 효과성을 높여가고자 하는데 있어 가장 먼저 충족되어야 할 사안인 것이다. 또한 장기적으로 효율적 조직운용과 위험관리를 통해 방첩비용과 방첩위험을 낮추는 성과를 도모할 수 있다. 따라서 국가정보원 조직 내에 경제방첩 업무 부서를 확대 개편하여 조직역량을 강화해야 한다.

둘째, 경제방첩 조직의 효율화를 위한 조직 설계와 부서 배치가 이루어져야 한다. 경제방첩의 정책목표로서 높은 효과성은 방첩활동의 효율성 즉 소요되는 예산과 시간, 소중한 인력자원의 희생을 최소화하면서 달성될 때 그 가치가 확보된다.

효율화를 겨냥한 전체적인 조직 설계의 차원에서 볼 때 우선 미국의 국가방첩관실(ONCIX)과 같은 통합적 방첩업무 수행기관을 설치하고, 나아가 국가방첩관 하의 경제방첩 부서 배치를 고려해 볼 수 있다.

우리의 경우도 경제방첩활동의 효율성 제고를 위해 국가방첩의 최고 책임을 맡아 방첩활동을 통일적으로 지휘하는 국가방첩관을 설치하고, 국가방첩관 아래에 경제방첩국장(Economic Counterintelligence Director)을 두어 여기에서 산업보안과 금융보안, 물류보안, 전략물자 수출통제, 에너지·자원 안보 등 경제방첩과 관련한 정보수집과 방첩리스크 분석, 스파이사건 기대손실 평가, 방첩자원 배치 및 성과 측정, 경제방첩공작 등을 담당할 것을 제안한다.

셋째, 경제방첩요원의 역량강화가 이루어져야 한다. 경제방첩조직의 확충과 조직

---

112) 한희원, 『국가정보: 법의 지배와 국가정보』, (서울: 법률출판사, 2011), p.710; 김호정, "외국 스파이 처벌유형·적용법규 비교 연구와 우리의 스파이 규제법 정비 방안", 『국가정보연구』, 제2권 2호 (2009), pp.141-142, 172-173.

의 효율화를 통해 이루고자 하는 경제방첩의 정책목표는 결국 각 경제방첩 부서에 배치되어 조직의 업무를 수행하는 경제방첩요원들의 역량에 달려있다.

따라서 경제방첩조직의 효과적, 효율적 운용을 위해서는 각 경제방첩 분야별로 전문화된 정보수집요원과 분석요원, 수사요원, 공작요원의 체계적 양성이 필수적이며 여기에는 국내외 경제방첩 관련 법제도와 경제정보에 대한 해독, 경제스파이활동으로 침해될 손실 및 영향 평가, 소요될 방첩자원 및 방첩성과 측정, 수사기법과 방첩공작기법 등에 대한 보다 전문적 교육훈련과정이 마련되어야 할 것이다.

3) 경제방첩 협력체계의 구축

21세기 경제방첩은 다양한 위협 행위자로부터 초국가적인 위협에 대항해야 하기 때문에 과거와 같이 중앙 정보기관에만 의존할 수 없으며, 공공부문(public sector)과 민간부분(private sector) 모두가 함께 노력하는 협력체계 속에서 이루어져야 한다.

경제방첩 모델에서 가장 기본적인 방첩활동 주체(player)로 국가정보원, 경찰, 기업, 시민 등을 들 수 있다.[113] 경제방첩 협력체계의 구축을 위해서 무엇보다 강조되어야 할 것은 바로 이들 방첩주체 간 강력한 동반자관계(partnership)의 형성에 의한 상호협력(cooperation) 및 네트워크(network)의 구축이다.

첫째, 공공부문 내에서 방첩기관 간의 협력이 활성화되어야 한다.

올슨(Olson)이 방첩 십계명에서 지적했듯이, 방첩은 지극히 우호적인 여건 하에서도 매우 어려운 것이기에 방첩기관들은 결코 할거적이어서는 안 되며 상호간 협력해야 한다(The Sixth Commandment: Do Not Be Parochial).[114]

둘째, 방첩기관과 기업 간의 협력이 활성화되어야 한다.

방첩기관과 기업 간의 협력은 공공부문과 민간부분 간 협력방첩 거버넌스(cooperative counterintelligence governance)의 범주, 또는 민관파트너쉽 구축 차원에서 매우 중요하다. 국가 방첩기관은 관련업체로부터 적극적인 협조관계를 이끌어낼 필요가 있으며, 기업부문으로부터 참여와 협력관계를 발전시킴으로써 경제방첩 관련 의무

---

113) 위험−비용 매트릭스(matrix of risk and cost)에 기초한 경제방첩 모델과 방첩활동 주체(player)에 관한 내용은 다음을 참조. 정웅, "해외 주요 국가들의 경제방첩 정책과 우리의 정책과제", 『국가정보연구』, 제5권 2호(2012), pp.135-138.

114) James M. Olson, "A Never-Ending Necessity: The Ten Commandments of Counterintelligence", *Studies in Intelligence*, No. 11(2001), p.85.

사항에 대한 자율적 법규준수(Informed Compliance), 기업에 대한 방첩홍보 및 정보수집 확대의 효과를 기할 수 있다.

기업과의 방첩협력과 관련하여 강조되어야 할 것은 중국으로의 기술유출 방지에 공동 노력해야 한다는 점이다. 중국은 자국 산업기술 보호보다는 선진기술에 대한 스파이활동 의혹을 받아왔고, 우리의 경우 2011년만 보아도 해외 유출 검거건수 24건(경찰청 기준) 중 중국이 14건으로 가장 많은 비중(58.3%)을 차지하고 있다. 중국으로의 기술유출은 반도체, 조선, 디스플레이 등 첨단 산업분야가 모두 포함돼 있어 한국 경제의 산업경쟁력에 치명적인 피해를 주고 있으며, 이 같은 유출 위험은 특히 중국에 진출한 중소기업의 경우 더욱 심각하다. 중소기업은 보안인력 부족 등으로 보안 여건이 취약하기 때문에 보다 치밀한 방첩협력 망이 구축되어야 하며, 여기에는 중점관리업체 리스트의 주기적 검토와 선정, 중점보호 중소기업에 대한 유출 예방 및 사후 수사력의 집중, 중소기업체와의 정보공유 및 신고망 확대 등 협력네트워크 강화가 뒤따라야 할 것이다.[115]

셋째, 방첩기관과 시민 간의 협력이 활성화되어야 한다.

방첩기관과 시민 간의 협력은 기업과의 협력과 함께 공공부문과 민간부분 간 협력방첩에서 또 하나의 정책 옵션이다. 우리의 방첩은 정보환경의 변화에 따라 사회 전체가 방첩역량강화에 동참해야 하는 절실한 상황에 있으며, 이러한 국익수호와 방첩역량강화에 시민들의 적극적 참여를 끌어내기 위해서는 무엇보다 방첩의식의 제고가 필요하다.[116]

방첩의식의 제고에서 특히 중요한 것은 경제정보 불법유출에 대한 유인의 억제와 불법유출 예방에 대한 의식의 제고이다.

첨단 산업기술과 같은 귀중한 경제정보의 유출은 방첩기관과 기업의 보호노력에도 불구하고 높은 범죄 기대수익으로 인해 항상 불법유출의 위험성이 존재한다. 여기서 정보 유출자들이 경제적 이익을 위해 불법적 행동을 선택하는 과정에서 고려하는

---

115) 경찰청은 기술유출 예방 차원에서 2011년 6월, 중소기업청과 합동으로 중국에 진출한 우리기업 230여개 업체 CEO 등을 대상으로 '기술유출 사례 및 대응기법, 현지법 활용 구제방안'에 관한 교육을 실시한 바 있다. 경찰청, "보도자료: 국제범죄수사대, 산업기술유출수사의 첨병으로 거듭나", 2012.2.16.
116) 허태회, "정보환경변화에 대응한 對국민 방첩의식 제고방안", 『국가정보연구』, 제4권 1호(2011), p.73.

처벌의 가능성은 객관적 확률이 아니라 자신이 인식하는 주관적 확률이다.[117] 때문에, 수사사례 및 홍보물에 의한 교육과 홍보프로그램을 통해 경제정보의 불법유출에 대한 강력한 차단의지, 엄격한 처벌 사례들을 인식시킴으로써 산업기술 유출 유인을 억제하는 노력이 매우 중요하다.

또한 국가 경제정보의 유출은 유출자와 피해회사 이외 일반시민의 경우 그 직접적인 피해를 느끼지 않기 때문에 불법 유출이 초래하는 국익 침해 문제점에 대한 인식이 높지 못하다. 따라서 이러한 경제정보 불법유출이 국가안보와 국익을 침해하는 범죄로서, 반드시 차단 · 예방되어야 한다는 의식이 시민사회 내에서 높아질 수 있도록 불법유출 예방에 대한 적극적 교육 · 홍보가 지속되어야 한다.

참·고·문·헌

1. 국문문헌

경찰청. 『산업보안실무』. 2007.

경찰청. "보도자료: 국제범죄수사대, 산업기술유출수사의 첨병으로 거듭나". 2012.2.16.

경찰청. "산업기술유출사범 검거현황(내부자료)". 2013.

김선미. "일본의 정보기관: 연혁, 조직, 활동". 『국가정보연구』. 제4권 12호(2011).

김왕식. "정보환경의 변화와 방첩제도의 개선방향". 『국가정보연구』. 제5권 1호(2012).

김호정. "외국 스파이 처벌유형 · 적용법규 비교 연구와 우리의 스파이 규제법 정비 방안". 『국가정보연구』. 제2권 2호(2009).

문경환 · 이창무. "국정원 국내정보활동의 법적 근거 및 활동방향연구". 『국가정보연구』. 제2권 2호(2009).

문경환 · 황규진. 『경찰정보론』. 용인: 경찰대학, 2011.

사법연수원. 『신종범죄론』. 2004.

윤선희. "일본의 기술보호정책 연구". 『산업보안 연구논총』. 제7호(2011).

이호철. "중국의 정보조직과 정보활동: 國家安全部 중심으로". 『국가정보연구』. 제1권 2호(2008).

전웅. "방첩개념의 재조명: 목적, 범위, 활동유형을 중심으로". 『국가정보연구』. 제2권 2호(2009).

---

117) 정웅(2010), p.37.

정웅. "산업보안범죄의 최근 동향과 대응전략". 『한국행정학회 2010 추계국제학술대회 발표논문집』(2010).

정웅. "해외 주요 국가들의 경제방첩 정책과 우리의 정책과제". 『국가정보연구』. 제5권 2호(2012).

조병인 외. 『사이버범죄에 관한 연구』. 한국형사정책연구원, 2000.

치안정책연구소. 『치안전망 2013』. 2013.

한국산업보안연구학회. 『산업보안학』. 서울: 박영사, 2012.

한희원. 『국가정보: 법의 지배와 국가정보』. 서울: 법률출판사, 2011.

허태회. "정보환경변화에 대응한 對국민 방첩의식 제고방안". 『국가정보연구』. 제4권 1호(2011).

허태회. "방첩환경의 변화와 국민방첩의식 제고방안". 『2012년 한국국가정보학회 하계 학술회의논문집』. (2012.6.15).

허태회·정준현. "대내외 정보환경의 변화와 국가방첩의 새로운 방향 모색". 『국제문제 연구』. 제10권 제4호(2010).

2. 외국 문헌

Executive Office of the President of the United States. ADMINISTRATION STRATEGY ON MITIGATING THE THEFT OF U.S. TRADE SECRETS, February, 2013.

Olson, James M. "A Never-Ending Necessity: The Ten Commandments of Counterintelligence." *Studies in Intelligence*. No. 11(2001).

ONCIX. *The National Counterintelligence Strategy of the United States*. March, 2005,

ONCIX. *The National Counterintelligence Strategy of the United States of America*. 2007-2009 각년도.

日本 內閣官房. "我が国における情報機能\強化に向けた政府の取組". 『情報と情報保全』(2010. 5).

3. 인터넷 자료 및 신문류

두산백과사전. "산업스파이". http://100.naver.com/100.nhn?docid=85367(검색일: 2013. 3. 30).

국정원 산업기밀보호센터. "기술유출 통계", "주요국 법령정보", "해외동향". http://service4.nis.go.kr(검색일: 2013.2.18).

BFV. "Espionage, security and countersabotage". http://www.verfassungsschutz.de/en/en_fields_of_work/espionage(검색일: 2013.2.18).

BFV. "Fields of work". http://www.verfassungsschutz.de/en/en_fields_of_work(검색일: 2013.2.18).

EXECUTIVE ORDER No. 12036. 24 January, 1978. http://www.fas.org/irp/offdocs/eo/eo-12036.htm(검색일: 2013.2.18).

Executive Order 12333. 30 July, 2008. http://www.fas.org/irp/offdocs/eo/eo-12333-2008.pdf(검색일: 2013.2.18).

FBI. "Counterintelligence". http://www.fbi.gov/about-us/investigate/what_we_investigate(검색일: 2013.2.18).

FBI. "Counterintelligence Division". https://www.fbijobs.gov/311121.asp(검색일: 2013.2.18).

ONCIX. "Organizational Chart". http://www.ncix.gov/about/docs/ONCIX_Org_Chart.pdf(검색일: 2013.2.18).

ONCIX. "ONCIX Reports to Congress". http://www.ncix.gov/publications/reports/fecie_all/index.php(검색일: 2013.2.18).

ONCIX, "ECONOMIC ESPIONAGE". http://www.ncix.gov/issues/economic/index.php(검색일: 2013.2.18).

U.S. Department of Justice. "Attorney General Eric Holder Speaks at the Administration Trade Secret Strategy Rollout". http://www.justice.gov/iso/opa/ag/speeches/2013/ag-speech-1302201.tml(검색일: 2013.2.18).

法邦网. "中华人民共和国国家安全法", "中华人民共和国反不正当竞争法", "中华人民共和国刑法". http://code.fabao365.com (검색일: 2013.2.18).

维基百科. "中华人民共和国国家安全部". http://zh.wikipedia.org/wiki(검색일: 2013.2.18).

ウィキペディア. "警察庁 外事課". http://ja.wikipedia.org/wiki/%E5%A4%96%E4%BA%8B%E8% AA%B2 (검색일: 2013.2.18).

ウィキペディア. "内閣情報会議". http://ja.wikipedia.org/wiki/%E5%86%85%E9%96%A3%E6%83%85%E5%A0%B1%E4%BC%9A%E8%AD%B0(검색일: 2013.2.18).

ウィキペディア. "情報機関(日本の情報機関)". http://ja.wikipedia.org/wiki/%E6%83%85%E5%A0%B1%E6%A9%9F%E9%96%A2(검색일: 2013. 2. 18).

ウィキペディア. "合同情報会議". http://ja.wikipedia.org/wiki/%E5%90%88%E5%90%8C%E6%83%85%E5%A0%B1%E4%BC%9A%E8% AD%B0(검색일: 2013.2.18).

『뉴스1』. "美백악관, 해킹·산업스파이 대책 발표". 2013.2.21.

『아시아경제』. "美법원 산업스파이 중국계 15년형 선고". 2010.2.9.
『연합뉴스』. "美기업 기밀 넘겨준 중국계에 징역 5년". 2012.1.14.
『파이낸셜뉴스』. "한중 동반성장의 그늘 '기술 유출'". 2012.8.23.
『KBS 뉴스』. "중국, 영국서 산업스파이 자행". 2010.2.1.

제4장 사이버 위협의 확산과 사이버 방첩

허태회(선문대) · 이상호(대전대)

제1절 사이버 위협의 증대와 사이버 안보

1. 사이버안보와 사이버전 · 정보전의 개념

정보기술의 혁신으로 인하여 전 방위적으로 확산되고 있는 정보화 현상이 이제 정치 · 경제 · 사회영역뿐만 아니라 국가체제의 보호라는 안보영역에까지 급격한 변화를 초래하고 있다. 안보개념이 변하고 안보위협의 요소들이 다양화되면서 정보에 대한 통제와 관리가 국가안보의 핵심요소로 자리 잡게 되었다. 정보화 시대에서는 정보를 이용하고 활용하는 새로운 유형의 공격방식과 대응체계의 마련이 국가적 현안으로 부상하고 있는 것이다.[118]

IT기술 혁신이 가져온 산업의 변화에서 보듯이 지식(knowledge) 또는 정보(information)는 생산성의 중심 요소가 되고 있으며 전쟁 시에는 파괴의 핵심대상이 되고 있다. 바로 이 때문에 21세기 정보화시대의 군사안보정책의 성패는 지식과 정보를 얼마나 효율적으로 관리하고 활용하며, 적대세력으로부터의 위협을 예방하고 차단할 수 있는가가 관건이 되고 있다. 군사안보 영역에서 사이버전은 지상, 해상, 공중 그리고 우주에 이은 새로운 다섯 번째 영역의 싸움이다.

사이버안보에 대한 연구는 1990년대에 들어서면서 사이버 위협의 심각성을 인식한 영미 학자들 사이에서 본격적으로 시작되었다. 미국은 사이버전과 사이버안보 문제를 매우 중요하게 생각하여 일찌감치 정부 차원에서 체계적인 조사와 예산

---

118) 국가 간 전쟁은 다양한 원인으로 발생하며 또한 여러 가지 다양한 방식으로 전개된다. 이런 국가 간의 전쟁과 관련하여 지금까지 군사안보정책의 전제는 군사력이 국가 간 싸움의 승패를 좌우하는 데 가장 결정적인 요인으로서 간주하는 경향이었다. 하지만 21세기 국제분쟁의 형태는 기존 군사 안보정책의 기본패턴에서 크게 벗어나 전개될 가능성이 있다. 즉 이제 국가 간 혹은 적대세력간 싸움은 기술, 특히 정보기술의 발전정도에 따라 분쟁의 유형과 결과가 결정될 수 있게 된 것이다.

지원을 통해 대응책을 마련하기 시작하였다. 먼저 사이버안보 또는 정보전이란 용어들은 국제정치와 국방정책을 다루는 전문가들 사이에서 다양한 의미로 사용되고 있는데 그 개념의 범주에 따라 적용되는 사례들도 크게 다르다. 먼저 정보전은 정보전 (information warfare), 사이버전(cyberwarfare), 네트전(netwarfare), 전자전(electronic warfare), 사이버전쟁(cyberwar), 소프트전쟁(softwar), 해커전(hacker warfare), 저강도전 (low-intensity warfare), 지휘통제전(command and control warfare) 등으로 표기될 정도로 다면적인 특성을 갖고 있으며 그 양상도 다른 모습으로 나타난다.[119]

또한 사이버전이나 정보전의 유형은 그 범주와 시각에 따라 다양하게 나누어지게 된다. 해커들의 컴퓨터 공격에서부터 대규모 무력분쟁, 혹은 첨단무기의 활용 그리고 상대방의 심리적 영향에 이르기까지 다양하게 분류된다. 마틴 리빅키(Libicki)는 정보전 유형을 정보의 보호, 조작, 파괴 그리고 거부의 형태에 따라 7가지 유형을 제시하였다.[120] 쉬와타우(Schwartau)는 정보전을 정보공격의 대상에 따라 세 가지로 구분하여 개인정보전(personal information warfare), 기업들의 기밀을 훔치거나 정보를 확신시키는 기업정보전(corporate information warfare), 그리고 전 세계적인 경제주체나 국가들을 겨냥한 전 지구적 정보전(global information warfare)을 제시하였다. 반면에 정보전의 유형에 관하여 아퀼라와 론펠트(Arquilla and Lonfeldt)는 정보전이 이루어지는 범위에 따라 사이버전(cyberwar)과 네트전(netwar)으로 구분하는데 전자는 군사활동의 영역에서 벌어지는 정보전을 가리키고, 후자는 사회와 국가 차원에서 등장하는 정보전을 의미한다는 것이다.[121] 한편 미국 국방대학교(National Defense University)는 정보전에 대해 "국가목적을 달성하기 위한 정보수단의 공격적 활용"으로 정의하고 있다.[122]

---

119) 국가보안기술연구소, Cryptopia 2003년 제7권 3호 pp.1-4.

120) (i) 상대국가의 두뇌에 해당하는 지휘 통제부를 공격하는 '지휘통제전(command-and-control warfare)'이 있다. (ii) 전장(戰場)을 장악하기 위해 충분한 지식을 얻는데 필요한 시스템의 구성, 보호, 거부 요소를 포함하는 '첩보기반전(intelligence-based warfare)'이 있다. (iii) '전자전 (electronic warfare)'으로 무선전자 혹은 암호 기술과 관련된 것이다. (iv) '심리전(psychological warfare)'으로 상대국가의 인식을 바꾸기 위한 싸움이다. (v) 컴퓨터 시스템을 공격하는 '해커전 (hacker warfare)'이 있다. (vi) 경제적 우위를 추구하기 위해 정보를 차단하거나 얻어내는 '경제정보전(economic information warfare)'이 있다. (vii) '사이버전(cyberwarfare)'으로 미래형의 전쟁을 가리킨다. Martin Libicki, *What is Information Warfare?* (Washington, DC: National Defense University, 1995).

121) John Arquilla and David Ronfeldt, *Networks and Netwars*(RAND, 2001).

122) 남길현, "사이버전 및 사이버테러대응기술과 민관군 CERT 공동 대응방안", 『21세기 정보환

이는 적대세력의 정보시스템을 파괴하고, 훼손하며, 상대 정보망을 역이용하기 위해 모든 분쟁당사국들이 채택하는 일련의 행동이 정보전이라는 것이다.[123]

그러면 사이버 안보란 무엇인가? 사이버안보와 관련하여 중요한 것은 먼저 기존의 전통적 안보개념과 사이버안보 개념의 차이를 구분하는 것이다. 군사안보의 경우 국가안보의 대외적 안보를 강조하고 국가의 생존과 번영을 보존하기 위한 안보 (안보의 대상이 국가의 전통적인 구성요소, 즉 국민, 영토 및 주권은 물론 국가의 조직원칙 및 체제 포함)를 중시한다.[124] 이와 반면에 정보환경의 변화차원에서 사이버안보의 의미를 살펴보면 이는 정보통신기술과 무기체계 간의 융합을 넘어서 전쟁의 속성, 전쟁의 범위와 강도의 혁신적 변화를 포함하는 군사전략적 차원에서 고려할 필요가 있다. 국가의 안보영역이 군사 및 외교적인 측면뿐만 아니라 정치, 경제, 과학기술, 사회문화 분야로 확대되면서 외부의 공격위협이 오프라인인 물리적 공간을 넘어서서 사이버공간까지 전장이 확대되어지기 때문이다.[125] 따라서, 사이버안보란 "다양한 사이버 상의 공격위협으로 부터 국가적 이익을 지켜내고 방어하려는 국가적 차원의 정책행위와 관련된다."고 하겠다.[126]

상대방의 정보시스템에 침투하여 효율적인 군사 활동을 저해하기 위해 정보처리과정을 마비시키거나, 정보를 훼손하고 파괴하는 활동은 사이버안보가 중요하게 여기는 측면이다. 그러나 정보를 파괴하고 교란하는 활동은 군사 활동과 직접적인 관련이 있는 영역뿐만 아니라 사회의 주요 기능을 마비시키기 위한 목적에서도 이루어질 수 있다. 요컨대, 정보화시대에는 군사, 정치 혹은 민간부문이 서로 별개의 독립적 영역으로 활동하기에 어렵게 되어 버렸다. 사이버안보는 정보화시대에 더욱 민감한 상황에 노출되어 있는 것이다. 그러나 우리에게 특별히 사이버 공격 위협의 심각성은 한국사회가 급속도로 정보화되고 세계적인 IT 강국이 되면서 오히려 사이버 공격의 위험성에 더 취약해지고 있다는 데 있다.

경 변화와 국방정보보호 방안」, 국군 기무사 사령부 주최 세미나, 2003. 5.

123) 백용기, "국방정보보호 발전방향", 『21세기 정보환경변화와 국방정보보호 방안』, 2003. 5. 국군 기무사 사령부 주최 세미나

124) 앞의 글; 길병옥·허태회, "국가위기관리체계 확립방안", 『국제정치논총』, 제43집 1호(2003.5).

125) 허태회, 이상호, 장노순, "21세기 현대 정보전의 실체와 한국의 전략과제", 『국가전략』, 제10권 2호(2004), pp.73-100.

126) 허태회, 이상호, 민병원, 길병옥, "국가위기관리 차원에서의 사이버안보 및 위기관리향상 프로그램 연구", 국가보안기술연구소 정책보고서(2004), pp.25-32 참조

2. 사이버 위협의 특징과 사이버안보

정보망을 통한 사이버공격은 매우 신속하고 비밀스럽게 이루어지기 때문에 그런 공격의 사전 인지·억제·방어가 매우 어렵다.[127] 결국 정보전의 가장 큰 강점이 공격의 징후포착이 매우 어렵기 때문에 적에게 노출되지 않고 효과적으로 공격을 수행할 수 있으며 적의 네트워크를 효과적이고 신속하게 마비시킬 수 있다는 부분이지만 반면에 방어차원에서 본다면 생화학무기 공격과 같이 누구로부터 언제 어떻게 공격당하는지 파악하기가 매우 어렵다는 것이 취약점이다.[128]

사실상 첨단정보기술의 발전에 따른 사이버안보 위협의 특징은 기존의 안보 위협과는 몇 가지 점에서 차이점이 있다. 첫째, 모든 첨단기술은 모든 국가들에게 위협이 될 수 있는 요소를 갖고 있다. 첨단기술의 발전은 역사적으로 인류에게 많은 혜택과 편의성을 제공하였지만 그에 따른 부작용과 재앙도 만만치 않다. 예를 들면 정보기술혁신으로 인한 정보화의 확산은 그 자체로 자유로운 정보의 공유와 교환을 촉진시키면서 민주주의 가치를 고양하는데 도움을 줄 수 있겠지만, 많은 사람들을 잘못된 방향으로 왜곡하거나 인도하는 커뮤니케이션 수단으로 전락할 수도 있다는 것이다. 둘째, 정보매체나 정보기기 수단들의 발전은 인간의 인식, 감정, 관심 혹은 선택을 조작하는 새로운 수단으로 부상함으로써 심리전 무기로 활용될 수 있다. 일방적인 혹은 왜곡된 정보를 무차별적으로 제공함으로써 잘못된 이미지와 오해를 만들어내는 적극적인 수단이 되는 것이다. 셋째, 첨단정보기술에 의한 공격이 이루어지는 속도가 대단히 빨라졌다. 공격을 받는 국가가 이에 대응할 수 있는 시간적 여유가 거의 없어졌다. 과거의 위협 수단과 공격은 공격이 시작된 이후 공격이 최고점에 다다르기 위해서는 일정한 시간적 공백이 있었으나, 정보화 사회에서 활용하고 있는 정보시스템은 정보공격을 시간적 공백 없이 실행할 수 있도록 되었다. 마지막으로, 정보공격에 이용될 수 있는 기술정보가 원하는 모든 사람들에게 이용 가능하게 되었다. 테러리스트 혹은 범죄세력, 나아가서 적대 국가마저 비슷한 양과 질의 정보를 공개된 사이버공간에서 얻을 수 있게 되었다. 심지어 높은 비용을 지불하고 이용해야 하는 정보도 해킹을 통해

---

127) 국가보안기술연구소 *Cryptopia*, 제7권 3호(2003), pp.1-4.
128) Colonel John B. Alexander, *Future War: non-lethal weapons in twenty-first-century warfare,* (New York: Thomas Dunne Books, 1999), pp.103-113.

서 손쉽게 얻는 것이 가능해졌다. 정보의 가치와 정보시스템의 비중이 과거에 비해 급격하게 높아지면서 정보를 지킬 수 있는 안전장치와 상대방 정보를 이용하려는 시도와 노력들이 국가, 집단, 개인 등 다양한 수준에서 발생하고 있다. 국가안보가 군사력의 강화로만 달성될 수 없을 만큼 정보안보의 중요성이 부각되고 있다. 현대전에서 국가의 전투력을 최고조로 높이기 위해서는 정보의 효율적이고 신속한 활용과 정보의 흐름을 지원하는 정보시스템의 안전한 관리가 긴요하게 된 것이다.

1) 사이버안보의 위협증대와 전장의 확대

사이버위협의 안보적 의미와 관련하여 가장 먼저 주목해야 할 것은 이러한 트렌드로 인하여 사이버 안보상의 위협이 증폭되면서 기존의 물리적 공간에서 사이버 공간으로 전장이 확대되는 것이다. 즉, 정보와 정보수단, 정보공간의 효과적인 사용과 방어라는 정보전쟁의 측면에서 본다면 기존의 군사작전은 물론 첨단무기 및 적대세력에 관한 첩보, 국력의 근간이 되는 경제활동, 정부의 주요 활동시스템 등 국가의 안보역량을 결정짓는 중요한 요소들이 적대적 공격이나 우발적 침입 위협에 노출되면서 이들을 보호하고 안전하게 관리하는 것이 시급한 안보요구로 대두된다. 이른바 디지털 시대의 사이버 공간이용과 보호라는 새로운 정보환경의 변화는 이미 가속화되고 심화되고 있는 정보우위 또는 정보선점의 싸움을 더욱 치열하고 첨예하게 만들게 된다. 이러한 양상은 탈냉전 이후 테러조직과 같은 비전통적 적대세력(NTA: Non Traditional Adversaries)과의 게릴라식 전쟁에서 사이버 공간의 이용 및 보호를 놓고 첨예한 싸움을 전개해야 한다는 것이며 이들의 활동이 일반 국민들의 사이버 생활환경 전역에 광범위하게 확대되면서 전장이 물리적 공간에서 사이버공간으로 더욱 확대된다는 것을 의미한다.[129]

오늘날 이 문제와 관련하여 주목할 사실 중의 하나는 정보기술이 다른 어떤 것에 비교할 수 없을 정도로 급격히 발전하면서 정보의 효과가 극대화될 수 있는 상황에서의 정보력 활용이 그 어느 것보다 강력한 수단이 되어간다는 것이다. 이것은 모든 사회가 온라인상으로 네트워크화 되어 상호밀접하게 연결되어 가는 상황에서 전선(frontline)개념 자체가 실종될 수 있다는 것을 의미하는 것으로 더 이상 전방과 후방의

---

129) 코소보사태 관련 사항 및 기타 사례에 대해서는 노훈, 이재욱, "사이버전의 출현과 영향, 그리고 대응방향", 『국방정책연구』, 2001, 가을, pp.188 참조.

경계개념이 무의미해지며 전장이 국경 외에도 사이버공간까지 더 확대되어짐을 의미
한다.[130]

2) 공격주체의 다양화와 비대칭위협의 증대

정보기술의 혁신은 그 자체로서 사이버 생활화가 된 사회를 더욱 고도화된 형태
로 발전시키면서 안보와 관련해서는 오히려 취약성이 증대되어 질 수 있다는 것을 의
미하며 특히 정보화가 더 잘된 국가일수록 취약성이 커진다는 것을 의미한다.[131] 즉 고
도의 정보화 사회에서 맞이하게 될 사이버환경에서 새롭게 주목해야 할 부분은 이제
특정한 적대국가와의 싸움이 아닌 다양한 안보위협세력들 간의 공방전 양상이 나타나
게 된다는 점이다. 과거 미국의 9 · 11 테러사태와 중동분쟁이 보여주듯이 이제 전쟁
은 더 이상 국가들만의 싸움이 아닌 다양한 세력들 간에 분쟁, 심지어는 불만을 가진
일반 개인까지 국가를 상대로 싸움을 할 수 있게 되는 상황이 전개되고 있다. 사이버
안보위협의 대비를 어렵게 하는 요인이 국가부터 개인에 이르기까지 다수의 공격자들
이 존재하게 되었다는 것으로 이제 사이버 공격주체의 다양화 및 비대칭적(asymmetric
threat) 위협의 증대에 대비해야 하는 상황이 도래한 것이다. 각국 정부들이 사이버 안
보확보에 적극 대책을 마련하지 못하고 있는 상황에서 정보공격자들을 추적하여 응
징하거나 예방하는 것은 매우 어렵다. 정보기술혁신으로 더욱 가속화될 네트워크 통
신(network communications)의 확산과 소셜 네트워크 서비스의 확대는 오히려 정보
강국을 공격대상으로 삼는 비정부 행위자들의 잠재력을 강화시켜 줌과 동시에 공격
한 위치를 위장할 수 있도록 하여 비대칭위협의 증대라는 새로운 안보위협에 직면
하게 만들고 있는 것이다.[132] 이러한 것은 결국 안보차원에서 볼 때 과거의 억지전략
(deterrence strategy)이나 대칭적 방어(symmetric defense) 전략이 더 이상 유용성을 잃
게 되었으며 따라서 상대적으로 비대칭위협(asymmetric threat) 또는 비대칭전략의 유
용성이 사이버안보시대에 주요전략으로 나타날 수 있다는 것이다.[133] 실제 재래식 군

---

130) Libicki, Martin, *What is Information Warfare?* (Washington, DC: National Defense University,
   1995) and *Cyberdeterrence and Cyberwar*, (Rand, CA, 2009)를 참조할 것
131) 허태회 외 3인, "위기관리이론과 사이버안보 강화방안: 이론과 정책과제", 『국방연구』, 제48권 3호
   (2005.8), (안보문제연구소), pp.55-89.
132) 위의 글.
133) 물론 일부 전문가들은 사이버전 상황에서도 억지전략 즉 Cyberdeterrence가 작용할 수 있다고 주
   장하는 사람들도 있으나 국가가 아닌 일반 테러단체나 불순세력에게 적용될 수 있는지는 회의적이

사력의 열세를 극복하지 못하여 초조해하고 있는 북한과 같은 국가들은 대량살상 테러 혹은 사이버공격과 같은 비대칭적 전략에 눈을 돌릴 가능성이 높으며 사이버전 수행에 있어서 이미 상당한 능력을 축적하고 있는 것으로 알려지고 있다.[134]

3) 정보공간의 활용과 심리전 효과의 증대

정보화의 시대에는 정보통신 관련 다매체의 출현 및 융합으로 인해 과거보다 정보매체의 효과성 및 기술성을 증대시키면서 "정보공간의 활용 효과"가 급격하게 확대될 수 있다. 즉 이제 안보차원에서 주목해야할 가장 중요한 사실은 적대세력 간의 싸움에서 물리적 공간의 활용뿐만 아니라 "사이버 공간"의 활용 또한 중요한 영역으로 대두되어 이러한 "사이버 공간의 활용"을 놓고 양 측 간의 공방이 치열해 질 수 있다는 것이다. 이것은 결국 급속한 정보기술의 발전이 기존 사고방식 및 인식체계의 변화를 촉진시키거나 인식조절에 기여하는 부분으로서 소위 '사이버 심리전'의 위협 및 효과에 주목하게 만든다.[135] 즉, 소위 "사이버 심리전"의 양태가 전통적 심리전과 달리 인터넷으로 대표되는 사이버 공간의 익명성, 시간과 공간적 제약을 극복하는 광범위한 파급효과 등으로 인해 그 중요성이 더욱 증대되면서 새로운 형태의 안보위협으로 등장할 수 있다. 현대 정보화 사회에서 사이버 심리전의 효용가치는 큰 비용과 인력 없이도 가상의 공간을 통해 인력을 충원하고 조직을 운영할 수 있으며, 허위·협박정보를 실시간으로 전 세계에 유포하여 심리적 우위를 달성할 수 있음은 물론, 군 병력과 화력 없이도 대상목표의 사회적 혼란을 야기할 수 있는 등 전형적인 비대칭위협이 된다는 데 있다.[136] 더구나 이러한 심리전 수행에 필요한 정보들의 대다수가 언제 어디서나 사이버 공간을 통해 쉽게 획득될 수 있으며 이렇게 획득된 정보는 다시 조직적이고 체계적인 사이버 심리전을 통해 더 그 파괴력이 배가 될 수 있어 이런 안보적 측면을 심

다. Martin Libicki, *Cyberdeterrence and Cyber war*, (Rand: CA, 2009)

134) 북한의 사이버전 수행 능력관련 사안은 유동열,『국가안보와 사이버 공간』, (북앤피플, 2012) 참조.

135) Libicki, Martin, *What is Information Warfare?* (Washington, DC: National Defense University, 1995) and *Cyberdeterrence and Cyberwar*, (Rand, CA, 2009)를 참조할 것

136) 자국의 이념, 가치, 규범, 법 그리고 윤리 등을 통해 상대방의 적대감을 약화시키고 자국의 입장에 동조해낼 수 있도록 정보공간(infosphere, cyber-space plus the media)을 활용하려는 전략이다. 흔히 이는 '강성국력(hard power)'에 비하여 '연성국력(soft power)'에 해당하는 요소로 지목된다고 하겠다. 이에 대한 논의를 위해서는 Robert Keohane and Joseph Nye, "Power and Interdependence in the Information Age," *Foreign Affairs*, (September/October, 1998)

각하게 고려하여야 할 것이다.

 제2절 **주요 사이버 공격의 유형과 사이버안보**

1. 사이버 정보수집과 사이버 테러

「사이버안전관리규정」에 의하면 "해킹이나 컴퓨터 바이러스, 논리폭탄, 서비스 방해 등 전자적 수단을 통하여 정보통신망에 불법침입, 교란, 마비, 파괴하거나 정보를 절취, 훼손하는 일체의 행위"를 사이버공격행위로 정의하고 있다. 즉, 사이버 공격이란 정보통신망을 통해 다른 컴퓨터에 불법 접속하여 상대방 국가나 기업에 손상을 입히려는 일련의 행위[137]를 지칭한다는 것이다. 그러나 이러한 정의는 최근의 사이버 공간에서 적대적 세력에 의해 전개되는 소위 "사이버 심리전"과 같은 새로운 양태의 사이버전의 특성을 충분히 담아내지 못하는 문제점이 있다. 즉 기존의 "사이버 공격"개념대로 "정보통신망을 통해 다른 컴퓨터에 불법 접속하여 상대방 국가나 기업에 손상을 입히려는 일련의 행위"만을 사이버공격이라고 한다면 최근 적대적 세력이나 국가들 간에 전개되는 사이버 심리전은 사이버공격행위의 범주에 들지 못하기 때문이다. 따라서 이미 언급하였듯이 사이버안보가 "다양한 사이버상의 공격위협으로 부터 국가적 이익을 지켜내고 방어하려는 국가적 차원의 정책행위"라고 한다면 사이버 공격의 개념은 "특정국가나 단체의 정보통신망을 침해·훼손하는 일련의 행위는 물론 그들의 안보이익을 위해하는 일체의 공세적 행위"라고 확대할 수 있다. 따라서 이러한 개념적 차원에서 사이버공격의 유형과 범위를 나눈다면 ① 사이버 정보수집(해킹)과 ② 사이버 테러, ③ 사이버 심리전 등으로 나눌 수 있으며 이러한 각각의 유형에 따라 공격기술과 대응방식도 달라진다.

먼저 해킹이나 사이버테러와 관련된 사이버 공격기술은 90년대 후반 이후부터 인터넷 사용의 대중화에 따라 다양한 방법이 개발되었다. 그런데 최근 이런 사이버 공격

---

137) http://terms.naver.com/entry.nhn?docId=1232504&categoryId=200000753.

이 분산 서비스거부 공격, 인터넷 웜, 피싱 등 해킹기술과 웜 바이러스가 결합되는 양태로 점점 더 지능화되면서 고도화된 공격기술들이 출현하고 있다. 그 중에 시스템에 대한 사이버공격기술로 대표적인 것에는 패스워드 공격과 버퍼 오버플로우 공격이 있다. 패스워드 공격유형에는 사회공학적 기법, 사전공격기법, 무차별대입공격의 형태가 있다.[138] 또 다른 형태의 공격방법으로는 악성코드가 있는데 이는 컴퓨터 시스템에 설치되어 컴퓨터를 오동작 또는 마비시킴으로써 정상적인 서비스를 제공하지 못하게 하는 악의적인 목적을 위해 작성된 코드의 통칭으로 컴퓨터 바이러스(virus), 웜(worm), 트로이목마(Trojan Horse) 등이 이에 해당된다.[139] 여기에 백도어(Back Door)란 공격은 공격자가 해킹을 통해 시스템에 침입하여 루트권한을 획득한 후 시스템을 재침입할 때 권한을 쉽게 획득하기 위하여 제작된 프로그램이다. 일종의 비밀통로로 원격지에서 공격자가 몰래 정보를 수집하거나 시스템의 특정 명령을 수행하고 재구성할 수 있도록 통제하는 것이다.[140] 리버스 엔지니어링(Reverse Engineering) 공격이란 목표가 되는 프로그램이나 프로토콜을 분석하여 똑같은 동작을 만들어 내거나 설계구조를 알아내는 것을 말한다.[141]

앞에서 살펴본 바와 같이 정보시스템 및 네트워크의 발달과 인터넷 사용의 확장에 따라 공격기술은 매우 다양하고 고도화되고 있다. 또한 특정 시스템뿐만 아니라 네트워크로 연결된 모든 불특정 시스템과 사용자들이 공격의 대상이 되고 있다. 따라서 시스템 공격에 대한 대응책은 무엇보다도 컴퓨터 사용의 최초 단계인 컴퓨터의 취약성에 대한 관리와 사용자의 접근에 있어서 사용자 인증, 접근제어, 백신프로그램 등을 효과적으로 사용하는 방법이 있다.

반면에 최근 사이버공격은 단일시스템을 대상으로 한 공격에서 네트워크 인프라를 위협하는 대규모 공격으로 발전하고 있는데 가장 대표적인 것이 서비스 거부공격

---

138) 버퍼 오버플로우(Buffer overflow) 공격이란 버퍼를 넘치게(overflow) 하는 것을 의미하는 것으로서 메모리에 할당된 버퍼의 양을 초과하는 데이터를 입력하여 프로그램의 복귀 주소(return address)를 조작, 궁극적으로 공격자가 원하는 코드를 실행하는 것이다. 정태영 외 3명, 『사이버 공격과 보안기술』, (서울: 홍릉과학출판사, 2009), pp.31-91.

139) 위의 책.

140) 한국국가정보학회, 『국가정보학』, (박영사, 2013), pp.305-319.

141) 통상적으로 컴파일된 바이너리코드(EXE, DLL, SYS 등)를 디스어셈블러라는 도구를 이용하여 어셈블리 코드를 출력한 후, 그것을 C언어 소스형태로 다시 옮겨 적고 적당한 수정을 통해 기존 파일과 동일한 동작을 하는 프로그램을 만드는 것이다. 한국국가정보학회, 『국가정보학』, (박영사, 2013), pp.305-319.

(DoS: Denial of Service attack)이다. 이 공격방식은 주로 시스템 및 네트워크의 취약점을 이용하여 해당 시스템 및 네트워크의 사용 가능한 자원을 부족하게 하여 원래 의도된 용도로 사용하지 못하게 하는 형태의 공격방식이다.[142] 여기에 분산 서비스 거부 공격(DDoS : Distributed DoS)은 다수의 시스템을 통해 공격을 시도하며 다양한 방법을 통해 동시에 공격하기도 한다.[143] 대표적인 피해사례로 2009년 7월 7일과 2011년 3월 4일에 발생했던 DDoS 공격사례가 있다.

이외에도 스니핑(Sniffing)·스푸핑(Spoofing) 공격이 있는데 "Sniff"라는 단어의 의미인 '냄새를 맡다'에서도 알 수 있듯이 스니퍼(sniffer)는 "컴퓨터 네트워크상에 흘러 다니는 트래픽을 엿듣는 도청장치"라고 말할 수 있다. "스니핑"이란 이러한 스니퍼를 이용하여 네트워크상의 데이터를 도청하는 행위를 말한다. 특히 스니핑은 패킷을 가로챈 후 패킷 디코딩을 통하여 주요 정보를 획득하는 데 목적을 두고 있기 때문에 보안의 기본 요소 중 기밀성을 해치는 공격 방법이다.[144] "스푸핑(Spoofing)"이란 '속이다'는 뜻으로 외부의 악의적 네트워크 침입자가 임의로 웹사이트를 구성해 일반 사용자들의 방문을 유도하여 인터넷 프로토콜의 구조적 결함을 이용해 사용자의 시스템 권한을 획득한 뒤 정보를 빼가는 해킹 수법이다.[145]

오늘날 IT 기술과 통신매체의 혁명적인 발전으로 인해 우리 사회가 유비쿼터스 사회로 진화해 나가면서 그만큼 개인이나 사회·국가 모두 가상공간에 대한 의존도가 심화되고 있는 상황에서는 네트워크 시스템 자체의 부분장애가 전체적 장애로 전화될 가능성이 매우 높다.[146] 요컨대 정보기술이 사회전반에 사용됨으로 인하여 다양한 새로운 분야에서 보안과 관리의 취약성이 발생하게 된 것이다. 불법접근, 바이러스확산, 서비스거부 공격, 스니핑, 스푸핑, 사회 공학적 공격 등과 같은 정보시스템에 대해 미리 계획된 악의적 공격뿐만 아니라 사용자의 우발적 행위에 의한 것이라도 다양한 형

---

142) 정태영(2009).

143) 이러한 디도스 공격은 악성코드나 바이러스와 같은 악의적인 프로그램들을 통해서 일반 사용자의 PC를 감염시켜 좀비 PC로 만든 다음, 특정 서버를 통해 DDoS 공격을 수행한다. 한국국가정보학회, 『국가정보학』, (박영사, 2013), pp.305-319.

144) 위의 책.

145) 위의 책, pp.307-311.

146) 권문택, "유비쿼터스 시대의 사이버안전대책", 『제5회 사이버테러정보전 컨퍼런스 2004 논문집』, 한국 사이버테러정보전 학회, 2004년 11월 16일 서울 인터내셔날 호텔, 국가보안기술연구소, *Cryptopia*, 2003년 7권 3호 참조

태로 대상과 장소에 상관없이 취약성이 발생할 수 있어서 새로운 사이버안보문제에 직면하게 되는 것이다.[147]

〈표 4-1〉에서 보듯이 그중에서도 가장 심각한 문제로 지적될 수 있는 것이 정치적 목적을 가지고 사회의 주요기능을 마비시킬 목적으로 수행하는 조직적이고 체계적인 사이버공격의 형태, 즉 사이버 테러이다. 미국 국토안보부(DHS: The Department of Homeland Security) 내에 설치되어 있는 국가기간시설보호센터(NIPC)는 사이버테러리즘을 "정부를 위협하여 정부정책을 변경시킬 목적으로 컴퓨터를 통하여 폭력, 사망, 파괴를 초래하여 공포감을 생기게 하도록 계획된 범죄행위"로 정의한다. 이러한 사이버상의 테러공격의 속성은 국가위기를 구성하는 핵심 기본요소인 ① 시간적 절박성,

표 4-1	>> 사이버안보 관련 전문기술의 분류
구 분	**사 례**
일반지원기술	- 정보유통 시스템 구축 및 운영 시스템 - 정보전 시뮬레이션 등 훈련 평가 시스템 - 자동화 피해 분석 및 복구 시설 - 원격피해 복구 시설
방어기술 (정보보호)	- 각종 정보통신망의 보호수준에 따른 등급별 암호 시스템 - 정보전 공격탐지 및 경보를 위한 실시간 침입탐지 기술 - 정보통신기반 다단계 접근제어 및 접근통제 시스템 - 강력한 신분확인을 위한 하드웨어 기반 개인용 인증장치 - 정보망을 보호할 수 있는 네트워크 침입차단 기술 - 전자파 수집, 분석 및 차단 기술 - 가상 정보전 공격에 의한 피해손실 및 기간 최소화 복구 기술
공격기술 (정보마비)	- 암호해독 기술 - 전자기기 공격용 컴퓨터 바이러스 및 유포 기술 - 정보시스템 및 정보통신망을 파괴하는 전자기파 폭탄 - 정보시스템 내부 정보유통 시스템을 조작하는 치핑 기술 - 컴퓨터 전자회로 기판 기능마비의 초미세형 로봇 - 컴퓨터의 집적회로를 파괴하는 전자적 미생물 - 고출력 무선주파수로 정보시스템을 마비시키는 고에너지 전자총 - 논리폭탄 등 고수준 해킹 기술 - 정보시스템 및 정보통신망을 오작동시키는 전파방해 기술 - 가상 정보전 위성공격 기술

147) 허태회, "커뮤니케이션 융합시대의 국가안보", 『국제문제연구』, 제10권 4호(2011), pp.77-110.

② 위협의 크기 및 ③ 기습성의 3가지 요소를 모두 충족한다는 점에서 사이버안보의 중요성을 시사한다.[148]

결국 사이버위협의 종류를 보면 물리적 위협, 기술적 위협, 관리적 위협으로 나눌 수 있기 때문에 사이버 공격위협에 대한 신속한 판단과 조기대응을 위해서는 신속한 자료수집 및 정보교류, 관련자료 제공을 위한 사이버테러 종합대응시스템을 구축하는 것이 중요하다. 사이버안보차원에서 정보공간에 대한 외부의 접근을 차단하고 보호하며 중요 정보시스템을 안전하게 관리하는 것만큼 중요한 과제는 없을 것이다. 또한 반대로 상대방의 정보시스템에 침투하여 효율적인 정보활동을 저해하거나 정보처리 과정을 마비, 정보를 훼손하고 변질시키며 파괴하는 활동도 공세적 사이버전 차원에서는 중요한 측면이다. 문제는 국민들의 사이버 생활이 일상화되면서 사적인 삶은 물론 일반 업무수행 영역에게까지 전 방위로 확대됨에 따라 이러한 정보를 파괴하고 교란하는 활동이 군사 활동 영역뿐만 아니라 사회의 주요 기능을 마비시키기 위한 악의적 목적에서 비롯될 수 있다는 것이다. 요컨대, 정보화가 고도로 발전한 시대에는 군사, 정치 혹은 민간부문이 서로 별개의 독립적인 영역으로 활동하기에 어렵게 되어 있다. 국방분야가 아닌 일반 정부기관 및 민간부문에 대한 사이버안보의 확보도 국가안보의 중추적인 요소가 된다는 것이다. 사이버안보는 디지털시대, 정보화시대에 더욱 민감하고 취약한 상황에 노출되기 쉽기 때문이다.

2. 사이버 심리전 위협의 공세와 사이버안보

사이버 공간의 효과적 활용'이라는 차원에서 현대 사이버 심리전의 효과를 살펴보면 과거와의 가장 큰 차이는 바로 전달수단의 발전에 의한 변화로서 새로운 사이버 심리전의 효과에 주목하게 된다. 다시 말해 언론, TV, 라디오 등에서 컴퓨터, 인터넷, 스마트폰, SNS 등으로 정보통신매체가 급속히 발전해 왔고, 또 인터넷의 양방향성에 기인하여 심리전을 수행할 수 있는 주체와 단위가 더욱 광범위해졌다는 사실은 이 사이버 심리전의 효과에 주목하지 않을 수 없게 만든다. 정보망을 통한 사이버공격은 매우 신속하고 비밀스럽게 이루어지기 때문에 그런 공격의 사전인지나 억제, 방어가 매우 어렵다. 결국은 매우 작은 문제를 발생시켜 대규모 심리적인 공황을 초래하는 '물

148) 위의 글.

결효과(ripple effect)'가 발생하게 되는 점이 경계해야 할 점이다.[149] 비록 직접적인 비유는 어렵지만 만약 범세계적으로 조직적이고 획기적인 사이버테러가 발생할 경우, 9·11 테러와 마찬가지의 엄청난 심리적 공황과 후폭풍을 초래할 가능성도 있다. 특히 유사 공격을 통해 국가의 정치적 신뢰의 추락, 이를 통한 국민의 심리적인 불안·공황 사태의 발생은 대단한 잠재적 파괴력을 지니고 있는 것이다.[150]

가상의 사이버 공간에서 심리전 목표를 달성하기 위해 수행되는 첨단 심리전 형태인 "사이버 심리전"은 전통적 심리전과 달리 인터넷으로 대표되는 사이버 공간의 익명성, 시간과 공간적 제약을 극복하는 광범위한 파급효과 등으로 인해 그 중요성이 커져가고 있는 새로운 형태의 안보 위험이다. 일반적으로 심리전이란 '국가정책의 효과적 달성을 지원하기 위해 주체 측 외의 모든 국가 및 집단의 견해, 감정, 태도, 행동에 영향을 주는 선전 및 기타 모든 활동의 계획적 사용'을 의미한다. 리비키(Libiki)와 같은 학자는 정보전의 심리전적 요소를 제시하면서 "정보통신기술, 사이버 공간 등이 수반되는 정보전 과정에서 적대세력의 인식이나 여론 등을 자국 측에 유리하게 만들기 위한 활동"으로 해석하기도 했다.[151] 따라서 사이버 심리전이란 '정보통신기술 기반의 사이버 공간에서 국가 정책의 효과적 달성을 목적으로 주체 측 외 모든 국가 및 집단의 견해, 감정, 태도, 행동에 영향을 주는 선전 및 기타 모든 활동의 계획적 사용'이라고 정의할 수 있다.[152] 한편 사이버 심리전은 정보전의 일반적 속성 이외에 그 고유의 특성을 지니고 있다. 우선 사이버 공간에서 정보통신 기술에 기반을 둔 심리전이라할 수 있다. 다시 말해 전통적 심리전의 방법인 대면 접촉, 언론플레이, 전단 살포, 확성기 방송 등과는 달리 이메일 발송, 블로그·홈페이지 운영, 댓글달기 등 사이버 공간상의 수단들이 활용된다는 점이다. 따라서 사이버상 정보통신기술 발달과정과 밀접한 연관을 맺을 수밖에 없으며 심리전 목표 달성을 위한 기술력개발이 매우 중요한 요소중 하나로 될 수 있다.[153] 여기에 또한 인적·공간적 은폐가 용이한 점도 매우 중요한

---

149) 허태회 외 2인, "세계 주요 강대국들의 정보전 준비와 대응체계", 『국방연구』, 49권 1호(2006), pp.31-58

150) 허태회(2011), pp.77-110.

151) 사이버전 또는 사이버 심리전에 대한 개념정의에 대해서는 Libicki, Martin, *What is Information Warfare?* (Washington, DC: National Defense University, 1995) and *Cyberdeterrence and Cyberwar*, (Rand, CA, 2009)를 참조할 것

152) Ibid.

153) 사이버 공간이 지닌 '양방향 통신' 역시 사이버 심리전의 중요한 요소이다. 과거 전통적 심리전 수

속성 중 하나라고 할 수 있다.[154] 실제 IP추적 등의 보안대책에도 불구, 여러 개의 ID를 활용하여 인터넷에 접근하는 한편 해외 각 지역의 서버를 활용해 우회하는 등의 방법은 심리전 대상 단체나 국가로 하여금 수행주체의 실체를 밝히는데 큰 어려움을 가중시키고 있다. 이러한 특징은 향후 사이버 심리전의 영역이 무한대로 확대될 수 있음을 의미한다. 정보통신기술의 발전과 정보화 사회의 심화로 정보전의 중요성이 증대될 수밖에 없고 그 과정에서 사이버 심리전의 역할은 아무리 강조해도 지나침이 없을 것이다.[155]

특히 우리 한국의 경우 전통적 군사력에서 열위에 처한 북한이 남한의 정치적 상황과 불안을 이용한 대남심리전을 더욱 강화하고 있는 상황에서 이에 대한 대책과 대응방안의 모색이 필요하다. 또한 인접 국가들과도 군사적 전면전 가능성은 현저히 감소하였으나 한국의 국가적 역량 및 위상이 향상되는 데 대한 주변국들의 대응이 온라인을 이용한 사이버 심리전의 강화로 나타나고 있어 이에 대한 체계적인 대책마련이 시급하다. 국제적으로 확산되고 있는 급진주의 단체와 알—카에다 등의 테러단체들도 사이버 심리전의 모든 요소 및 각종 홍보, 선전, 여론조작 및 세력 규합 방법 등을 적극 활용하고 있다.[156] 인력과 조직, 예산이 부족한 테러 단체 등 비국가 행위자들이 사이버 심리전을 활용한 것처럼 국가기강과 사회질서를 혼란에 빠뜨리려는 불온한 세력들이 역시 이들 비국가 행위자들과 유사한 행동 패턴을 시현하였다는 사실을 기억할 필요가 있다.[157] 이처럼 사이버 심리전은 고도의 정보화 사회에서 심리전 목표를 달성하

단들은 심리전 대상을 일방적으로 설득하는 '일 방향 통신' 성격이 강했다고 볼 수 있다. 확성기 방송, 전단 등 전통적 심리전의 경우 '효과 여부'를 파악하기 위해서는 비교적 오랜 시간이 필요했음은 물론, 실질적이고 계량적인 효과측정 자체가 쉽지 않았다. 이에 비해 양방향 통신이 가능한 사이버 공간 내에서는 심리전 결과에 대한 신속하고 정확한 피드백이 용이하게 되었다. 히트·접속수 파악 등을 통해 심리전 콘텐츠의 영향력 여부를 계량적으로 평가할 수 있음은 물론, 댓글 등을 통해 목표 대상자들의 평가나 반응을 거의 실시간으로 파악할 수 있게 되었다. 허태회(2011), pp.77-110.

154) 위의 글.

155) David J. Lonsdale, *The Nature of War in the Information Age: Clausewitzean Future*, (London: Frank Cass, 2004), p.185.

156) 허태회(2011).

157) 「알카에다」로 대표되는 테러 단체들의 사이버 심리전은 여러 측면에서 주목할 수 있다. 상대적으로 자금·병력이 열세인 테러단체들은 적대 국가들의 삼엄한 감시를 피해 조직운영과 테러능력 유지는 물론 전 세계를 대상으로 자신들의 존재를 부각하는 주요 수단으로 인터넷을 활용하고 있다. 실제 「알카에다」의 알 자르카위는 새로운 조직원 선발과 훈련 매뉴얼 제공, 조직 내 지시하달 등을

기 위해 수행되는 최첨단 심리전이라 할 수 있다.

 세계 주요 국가들의 사이버전 전략과 대응

1. 미국

독립이래로 끊임없이 전쟁을 해 온 미국은 '정보력의 우위'와 '정보전의 대비'에 대하여 일찌감치 중요성을 깨닫고 준비해 왔다. 최근의 이라크전쟁에 이르기까지 2차대전 이후 미국이 주도한 모든 전쟁에서 미국은 거의 모두 정보우위를 갖고 전쟁을 수행하였기 때문에 승리가 가능했다고 믿고 있다. 더구나 최근 9 · 11 테러를 겪으면서 미국은 사이버전과 대테러전에 있어서 철저한 정보수집과 대응책을 마련해 나가면서 미래 정보전의 수행능력을 향상시키기 위한 능동적인 대응전략도 함께 준비해나가고 있는바 이러한 미국의 정보전 전략을 '전략적 정보전(strategic information warfare)'의 형태와 '종심방어(defense in depth) 전략'의 형태라고 부를 수 있다.[158]

먼저 '종심방어전략'은 정보기술의 발전에 따른 고도화, 지능화, 전문화되어가고 있는 정보위협에 대해 정보 및 정보시스템을 보호하며 궁극적으로 정보보안 달성을 위해 추진하는 전략이다. 이는 중세시대에 성을 방어하기 위한 다중 차원의 보호수단을 구축해나가는 방법을 응용하여 하나의 장벽이 침투되어도 계속해서 다른 방어수단을 통해 대응해나간다는 방어적 전략이다. 따라서 종심방어는 다양한 형태의 공격에 대해 하나의 방어시스템으로 모두 대응할 수 없다는 인식하에 다양한 공격에 다양한

위해 인터넷을 적극 활용함으로써 사이버 공간 내 '가상의 아프가니스탄'을 구축하였다. 알 자르카위는 잔혹한 그의 테러수법 외에도 이러한 인터넷 전사로서도 유명하다. 실제로 그는 2006년 이라크 저항세력이 미군과 저항하는 장면은 물론 일단의 자살폭탄 테러범들의 훈련장면과 유언, 그리고 실제 자살테러 장면을 담은 '모든 종교는 알라를 위한 것이다'라는 동영상을 인터넷에 소개하고 온라인 뉴스처럼 하루에 수차례씩 서비스 하였는데, 이는 중동 지역 내 반미 감정을 고조시키는데 일조하였다.

158) 허태회 · 이상호 · 장우영, "세계 주요 강대국들의 정보전 준비와 대응체계", 『국방연구』, 49권 1호 (2006), p.39.

보안수단을 강구하여 하나의 보안수단의 약점을 다른 보안수단의 강점으로 상호 보완한다는 전략으로서, 이러한 정보안보의 달성을 위해 인력, 운영, 기술의 3대 요소의 균형적인 집중을 중요한 원칙으로 강조하고 있다.[159]

이러한 종심방어는 국토안보부에서 미 국방부를 포함한 각 부처 및 기관의 사이버 대응을 위한 전략으로 개발되었는데, 다중계층, 다층차원의 방어를 위해 대상 계층을 지역 컴퓨팅 환경, 네트워크 경계, 네트워크 및 기반구조, 지원기반 구조의 4가지 영역으로 구분하여 각 계층적 영역에서 정보보호기술 및 시스템 구축에 대한 지침을 제공하고 있다.[160] 이러한 종심방어전략이 대테러 예방 및 대응차원에서 이루어진 수동적 방어전략이라면, 전략적 정보전 전략은 탈냉전 이후의 국제안보환경의 변화와 정보혁명에 의한 기술적 변화에 대응하기 위한 능동적이며 적극적인 전략이라고 할 수 있다. 랜드연구소에 의해 처음 개발되어 미 국방부의 핵심 전략으로 발전되고 있는 전략적 정보전(strategic information warfare)은 전쟁의 저비용, 공격자의 전통적 경계선의 부재, 인식조절, 전략적 정보활동, 전술경보와 공격평가, 동맹구성과 유지, 미국본토의 취약성 등의 특징에 기초하고 있다.[161]

지금까지 미국의 정보전과 관련된 전략 개념들을 살펴보았다. 이러한 미국의 정보우위에 대한 집착과 노력을 고려한다면, 한마디로 미국의 정보전 전략은 '정보패권의 유지 및 강화' 전략으로 요약될 수 있을 것이다. 물론 이러한 미국의 '정보패권 유지 전략(Information Hegemony Maintenance Strategy)'에 중국 등은 나름대로 '비대칭 위협 전략(Asymmetric Threat Strategy)'의 중요성을 인식하여 비대칭 전략을 추구하는 경향을 보이고 있다.

---

159) 위의 글.

160) 위의 글.

161) 이러한 점은 정보전쟁의 수행과 관련하여 첫째 누구라도 약간의 비용으로 국가적 위해를 가할 수 있다는 사실, 둘째 누가 공격하였는지 밝혀내기가 매우 어렵다는 익명성, 셋째 무엇이 사실이며 무엇이 거짓인지 식별하기 어려울 수준의 인식조절 가능성, 넷째 전략 정보활동이 쉽게 가능하지 않기 때문에 누가 적이며 누가 아군인지 판단하는 것이 어렵게 되며, 다섯째 전술경보의 한계로 인해 언제 공격을 받을 것인지, 누구로부터 받을 것인지 사전에 알아내는 것이 불가능하며, 여섯째 적대적인 정보전의 환경에 노출되기 쉬운 상황에서 새로운 동맹을 찾아 함께 위험에 빠질 수 있기 때문에 동맹의 구성과 유지가 어려울 수 있는 측면, 마지막으로 아무리 군사적으로 초강대국이라도 국내 경제의 효율적 관리를 위한 정보시스템과 인프라의 보호에 주력해야 한다는 점 등을 고려한 것이다.

2. 중국

1970년대 말 개혁개방으로 나선 이래로 고속성장을 거듭해오고 있는 중국은 그동안 축적된 막강한 경제력을 바탕으로 군 현대화에 박차를 가해 왔으나 아직 군사전략의 목표가 자국 영토 방위와 주권 수호라는 제한된 범위를 넘어서지 못하여 답답함을 느끼고 외연을 확대해 나가고 있는 상황이다. 즉 자국의 영향권을 인근지역에서 점차 동북아 지역, 태평양과 인도양지역으로 확장해 나가는 한편 양안문제와 같은 첨예한 문제에 대해서는 미국의 군사적 개입 가능성을 경계하면서 미국과의 군사적 대결을 염두에 두고 현실적으로 존재하는 군사력의 차이를 극복하려는 전략으로 나아가고 있다. 중국의 전략가들은 아직도 심대한 미·중 간의 군사력 격차를 만회할 수 있는 전략적인 방법으로 사이버전·정보전을 심도 있게 고려하고 있는 것으로 알려지고 있다. 즉 중국은 ICTs의 막강한 우위를 바탕으로 최첨단 무기체계를 갖춘 미국을 맞상대하기에는 군사적으로 역부족이란 사실을 인지하고 이를 극복하기 위한 비대칭 위협 전략으로 정보전을 선택하여 미국의 절대 우위 군사력을 상쇄하려는 것이다.[162]

물론 중국이 비대칭적인 군사력 열세를 만회할 수 있는 전략으로써의 정보전만을 고려하고 있는 것은 아니다. 중국의 군사 전략가들은 다른 국가(집단)로부터의 정보공격에 대한 중국의 방어 전략과 중요성도 잘 인식하고 있다. 중국이 근대화와 경제발전을 통해 정보통신기술에 대한 의존성이 더욱 증대되면서 중국의 기술 발전과 현대화가 오히려 외부의 정보공격 위협에 취약성이 증대되고 있음을 인지하고 있다는 것이다. 중국 인민군은 1990년대 중반 이후 적대국가의 방송과 군사통신을 방해·마비·파괴하는 훈련을 지속적으로 실시하고 있으며 광범위한 지역에서 지역 간의 방위군들이 합동으로 사이버 공격에 의한 침투, 사이버 봉쇄, 공습을 저지하기 위한 사이버·정보전훈련을 실시해 오고 있다. 미 국방성의 평가에 따르면, 중국의 전자공격 대비능력은 아직 충분히 갖추어져 있지 않다. 그렇지만 중국은 다른 대상 국가들의 경제와 병참, C4I 등에 대한 공세적 정보전 프로그램을 구상하고 있는 것으로 알려지고 있다. 구체적으로 외국의 군사·민간 컴퓨터망에 바이러스를 침투시켜 무능력하게 만드는 방안을 구상하면서 한편으로는 자신들의 전자전 능력을 개선시키기 위한 다양한 방법들—인터셉션, 재밍, 전자정보수집—을 시도하고 있다. 특히 중국 인민군은 새로운

---

162) 허태회(2006), pp.31-58.

ICTs를 실제 전장에서 사용하기 위한 다양한 방안을 구상하면서, 적의 군사통신시스템을 교란·파괴시키기 위한 다양한 군사작전을 수행해오고 있다.

3. 러시아

　　러시아의 사이버·정보전 교리는 미국의 우월성에 대한 두려움을 의식하여 만들어진 것이라고 평하여도 과언이 아니다. 즉 미국이 국방분야나 정보분야에 있어서 러시아보다 훨씬 앞선 첨단기술능력을 보유하고 있으므로, 만약에 전면적인 정보전이라도 발생하면 패배할지 모른다는 두려움에서 출발하고 있는 것이다. 양측 간에 과거처럼 '기술적인 돌파구(technological breakthrough)'의 마련을 통해 우위를 선점하기 위한 무한 경쟁이 가속화되면 그러한 경쟁은 곧 사이버 전면전으로 나아가게 만들 것이고, 그러한 전면전에서 러시아가 비록 경쟁을 할 수는 있겠지만 이길 수는 없을 것이란 두려움을 안고 있는 것이다. 따라서 러시아 군사전략가들은 새로운 정보화시대에 들어 과거 냉전 시 전략핵미사일 개발과 같은 물리적 공격용 무기의 개발보다는 선제공격이 가능한 군사용 컴퓨터의 개발이 중요하다고 생각하고 있다. 따라서 러시아는 정보전의 성공을 거두기 위해 공격과 방어 수단을 총체적으로 개발하는 방향으로 정보전 전략을 추진하고 있으며 유달리 소프트웨어 무기 개발 프로그램의 중요성이 강조되고 있다. 이러한 소프트웨어 무기의 개발에는 장기적인 기획, 고도의 기술적 전문성, 뛰어난 정보수집능력 등이 다 필요한 것이다. 이런 능력을 모두 갖추기 위해서 러시아는 FAPSI 나 FSB가 배후에서 측면 지원을 하면서 바이러스, 리 프로그래밍 메모리칩, 원격조정 소프트웨어 등의 소프트웨어 개발에 박차를 가하고 있다.[163]

　　러시아의 사이버·정보전 전략을 살펴보면 중국의 그것과 유사한 공통점이 발견된다. 그것은 모든 정보전 프로그램이 그러하듯이 정보공격의 궁극적인 목표가 가상적에 대한 효과적인 선제공격을 기획·실행하는데 있다. 즉 상대가 직접 물리적인 전장에 나와서 싸우는 일 없이 상대를 굴복시킨다면 그것보다 더 좋은 승리는 없을 것이기 때문에, 이와 같은 '디지털 진주만공격(Digital Pearl Harbor)'이 공격자가 바라는 가장 이상적인 공격 행태이다. 러시아의 정보전 교리는 또한 '최적시간(optimum time)' 문제도 제기한다. 즉 정보공격에 앞서 모든 공격대상이 확인되고, 적의 외부정보에 대

---

163) 위의 글.

한 접근이 차단되도록 하며, 화폐 유통체제가 붕괴되도록 조치하고 선전과 거짓정보를 통해 대상국민들이 '대규모 심리전 공격'에 무방비로 노출되도록 한 뒤에 정보전 공격을 수행한다는 것이다. 이는 면밀한 선제공격의 기획, 정찰과 정보수집에 대한 장기적인 투자, 가상적국 체제에 대한 은밀한 사전 침투 등을 포함하여 주도 면밀한 준비에 의해서만 성취할 수 있는 것이라고 하겠다.[164]

러시아의 정보전 프로그램 개발은 상당 부분이 미국의 공격적인 정보전 프로그램 개발에 대한 두려움의 반응으로 시작되었다. 비록 탈냉전이후 양국 간의 진전된 관계로 인해 공식적인 정보전 얘기는 나오고 있지 않지만, 체첸 반군에 대한 러시아의 적극적인 정보공격과 정보작전활동, 미국의 일방적 패권주의에 대한 반대, 최근의 괄목할 만한 경제회복, 푸틴의 리더십 아래 강화되고 있는 러시아 민족주의 등을 고려해보면 향후 양국관계가 어떻게 진전될 지는 미지수이다. 더구나 과거 미국에 대해 첩보활동을 하면서 축적해온 첩보자산과 적극성, 선진 정보전 교리의 개발, 고도의 전문기술력, 헌신적인 러시아 정보기관들의 행태 등을 고려한다면 당분간 러시아가 미국이나 서방정보체계 침투에 가장 위협적인 요인이 될 가능성이 있다.

4. 북한의 사이버 위협 증대와 사이버전략

1980년대 후반이후 심각한 경제위기에 처해 있던 북한은 자신들의 대남 군사력 열세를 만회하기 위하여 비대칭 위협전력의 강화에 전력을 기울였다. 핵무기와 미사일의 개발이 북한이 의도하고 있는 그런 대표적인 비대칭전력의 핵심인데 최근 또 하나의 새로운 분야로 부각되고 있는 것이 사이버 공격 및 사이버전 분야이다. 북한이 사이버·정보전에 본격적으로 관심을 갖기 시작한 때는 김정일이 미국의 이라크 침공 작전인 '사막의 폭풍 작전'을 보고 인터넷과 초고속통신망의 군사적 이용이 전쟁수행에 커다란 영향을 미친다는 것을 깨달은 때부터였다고 한다.[165]

물론 북한의 IT기술이나 산업인프라가 아직 상당히 낙후되어있는 수준인 것이 사실이지만, 북한은 1990년대 중반부터 전문적인 해킹인력의 양성과 전자전 기술을 개발해 나가면서 해커부대의 창설, 사이버전법, 사이버심리전법, 경제정보 획득전법 등

---

164) 위의 글.
165) 육군사관학교 정보과학교수, 『소프트웨어로 배우는 사이버전』, (양서각, 2011), p.17.

다양한 사이버전략·전술도 동시에 발전시켜 왔다.[166] 현재 북한의 사이버전 조직은 국방위원회 직속의 정찰총국과 총참모부에 있는데 정찰총국의 121국은 컴퓨터망에 침입해 비밀자료를 입수하거나 바이러스를 유포하는 임무를 담당하고 있다.[167] 또한 국방위원회 정찰총국 산하에는 해커부대인 91소, 사회일반에 대한 사이버심리전을 담당하는 31소와 32소, 정치·경제·사회기관의 해킹을 전담하는 자료조사실, 군·전략기관에 대한 사이버공격을 정담하는 기술정찰조, 110호 연구소 등이 있다.[168] 여기에 북한군 총참모부 직속으로 지휘자동화국과 적공국이 있는데 지휘자동화국은 해킹 프로그램을 개발하는 31소, 군관련 프로그램을 개발하는 32소, 지휘통신프로그램을 개발하는 56소 등이 있으며 적공국에서는 204소를 운영하면서 군 상대로 사이버심리전을 전개하고 있다.[169]

이처럼 북한은 국방위위원회 총참모부 산하 정찰총국을 중심으로 대남 해킹 및 심리전을 담당하는 사이버전 조직을 운영하고 있으며 사이버공격 전문 인력은 최소 1,000여 명에서 3,000여 명에 달하는 것으로 알려져 있다. 이들 조직의 주요 임무는 대남 기밀 절취 및 방송, 금융, 전력 등 한국사회의 핵심 인프라에 대한 사이버공격을 주된 임무로 하고 있다고 한다.[170]

북한의 사이버공격 중에 가장 대표적인 것이 최근에 자행된 3·20 사이버 테러이다. 2013년 3월 20일을 기하여 북한이 악성코드 공격으로 KBS, MBC, YTN 등의 방송사와 신한은행, 제주은행, NH 농협은행 등 금융사의 전산망을 마비시킨 사례이다.[171] 또한 3월 26일에는 NK 지식연대와 북한민주화네트워크, 자유북한방송 등의 대북 보수단체의 홈페이지를 해킹하여 접속을 중단케 하고 자료를 삭제해버리는 등 사이버공

---

166) 김흥광, "북한의 사이버테러 정보전 능력과 사이버보안 대책 제언", 한국사이버테러정보전학회·경기산업기술보안협의회 공동주최 「국가 산업기술유출 대응 콘퍼런스」 발표자료, 경기중소기업종합지원센터, 2010.1.8.

167) NK지식인연대 대표인 김흥광은 정찰국 121소를 북한군 총참모부 소속으로 설명하고 있다. 앞의 글.

168) 북한은 사이버전을 준비하기 위해 해커병사를 길러내는 데 힘을 기울여 왔다. 김일성 군사대학에서는 1996년에 5년제 전산과정을 개설하여 매년 1,000여 명씩 컴퓨터교육을 시키고 있다. 특히 북한은 사이버전 능력을 배양하기 위해 1986년에 사이버전 인력 양성기관이 김일 정치군사대학(미림대학)을 설립했다.

169) 위의 글.

170) 이상배, "국정원 '남북 사이버戰 땐 우리 피해 훨씬 심각'", 『머니투데이』, 2013.5.2.

171) 임종인(2013), p.2.

격을 감행하였다.[172] 게다가 2013년 6월 25일에서 7월 1일 사이에 청와대 홈페이지의 접속차단, 주요 방송사 및 신문사 서버장비 파괴, 국가정보원과 정부통합전산센터에 대한 DDoS 공격, 경남일보를 비롯한 43개 민간기관 홈페이지 변조 등 총 70여 개의 기관·업체에 대한 연쇄적인 사이버 공격을 감행하였다.[173] 북한의 이러한 사이버테러 공격은 날로 갈수록 대담해지고 노골적인 성향이 나타나고 있어서 예의 주시해야 할 사안이다. 북한의 이러한 대남 사이버 테러 공격은 어제 오늘 일이 아닌 것으로 2011년 4월에도 농협 서버에 대한 CNO공격이 감행된 적이 있으며 지속적으로 남한의 민간 및 정부, 군 웹사이트에 대해 수 차례의 디도스(DDoS) 공격을 가해 접속불능 사태를 불러왔던 적이 있다.[174]

    그러나 사실 북한의 사이버테러 공격보다 훨씬 심각한 것은 북한의 적극적인 사이버 심리전 공세이다. 최근 북한은 이런 사이버 공간상에서의 새로운 트렌드를 잘 이해하고 활용하는 경향이 있는데 사이버 심리전의 효과에 주목한 북한이 최근에는 각종 수단을 동원하여 자체 체제선전 및 북한 지원세력 규합 등을 위해 대남 심리전을 강화하고 있다는 것이다. 한국사회 내에 정치적 혼란이나 분열이 심각하거나 과격시위와 데모로 정정이 불안한 상황에서는 북한은 적극적인 대남정책의 일환으로 교묘한 사이버 심리전을 이용하고 있는 것으로 알려져 있다.[175] 특히 남한 정부정책의 실패를 재료로 삼아 국민들을 선동하고 이를 반정권 투쟁과 반미투쟁, 그리고 친북 통일투쟁으로 연결하려는 불순한 세력들이 뒤에서 조직적이고 체계적으로 대남 심리전을 함께 전개할 수 있기 때문에 향후 이러한 북한의 대남 사이버 심리전에 대응하여 선제적이고 체계적으로 대응해 나갈 필요가 있다.[176]

---

172) 위의 글.

173) 위의 글.

174) 조성렬, "한반도 안보상황의 변화와 정보역량강화: 사이버안보를 중심으로", 『2013 한국국가정보학회 춘계 세미나 자료집』, 2013.5.23.

175) 유동열(2013), pp.7-25.

176) 위의 글.

한국의 사이버안보와 사이버방첩 강화방안

1. 한국의 사이버 위협 전망과 사이버안보 과제

　　지금까지 첨예하게 전개되고 있는 주변국들의 공세적 사이버전략에 대하여 살펴보았다. 또한 점증하고 있는 북한의 사이버위협과 공격양태를 살펴보았다. 러시아나 중국이 미국만큼 선진체계와 사이버전 능력은 갖추지 못했지만 주변 국가들과의 첨예한 군사적 대립이나 갈등관계를 배경으로 치열하고 적극적으로 사이버전·정보전 능력을 키우려는 노력을 보여 주고 있다. 이러한 차원에서 우리 한국도 북한을 포함한 가상적국과의 치열한 사이버전이나 공격에 대비하여 선진 사이버안보 대응체계를 구축하는데 전력을 기울여야 한다. 특히, 대남 사이버테러 및 사이버심리전에 열중하고 있는 북한과 한반도 주변국들의 사이버정보전 능력에 대한 정확하고 객관적인 판단과 평가를 토대로 치밀하고 체계적인 사이버안보 전략의 마련이 요구된다.[177]

　　우리 한국도 이들처럼 보다 체계적으로 독자적인 사이버 안보 강화전략과 사이버 방첩체계의 마스터플랜을 준비하여야 할 것이다. 특히 선진 정보강국으로서 위상을 확보하고 북한의 사이버공격에 대비한 견고한 사이버 방첩체계의 구축을 위해서는 민·관·군의 긴밀한 협조체계가 필요하다. 미래 사이버 안보상황은 유비쿼터스 상황으로서 과거와 같이 민·관·군 간의 임무와 대응을 분리하여 대책을 마련하게 되면 효과적이며 신속한 대책 수립이 어려워 질 것이기 때문에 사회 각 분야의 역할 분담적인 노력보다는 서로의 영역을 망라한 역할통합능력을 배가하는 방향으로 나가는 것이 중요하다. 북한을 포함한 주변국들과의 일대일 전투능력에서 상대방의 취약점 발굴과 이에 대한 다양한 공격방안 등에 초점을 맞추어 마치 중국이 미국을 겨냥하여 '첨단 사이버·정보전 전략'을 마련하고 있듯이 우리도 독자적인 사이버전략을 마련하고 종합적이며 체계적인 사이버방첩 강화방안을 마련하는 것이 무엇보다 시급하다.

　　최근 첨단 정보전에 대해 가장 많은 관심과 재원을 투입하고 있는 미국이 정보공격에 대한 보복위협, 네트워크와 정보시스템의 보안책 확충, 소규모 공격을 막아낼 수

---

177) 위의 글 참조.

있는 능력, 그리고 대규모 정보공격으로부터 회복할 수 있는 역량을 통해 사이버방어 전략을 준비하고 있는데, 이것은 장기적으로 세계경제의 통합이 범세계적인 네트워크화와 연계되면서 발전하기 때문에, 정보기술에 대한 의존이 안보불안의 원인이 되지 않도록 사이버공간 (cyber-space)을 보호해야 한다는 범국가적인 공감대에 기초하고 있는 것이다. 현재 다른 국가들과의 군사력 비교시 압도적 군사력 우위와 정보력의 절대 우위에도 불구하고, 미국이 현재 잠재 도전국인 중국과 러시아의 집중적인 정보전 프로그램 투자를 의식하여 방어적 정보전 능력은 물론 공세적 정보전 능력을 강화하기 위한 연구와 투자에 적극 나서고 있다는 것은 우리에게 많은 것을 시사해주고 있다.

우리 한국은 인터넷 환경이 좋고 민간부문이 잘 발달되어 있어 사이버전 능력에서도 잠재력을 갖고 있다. 하지만, 이것은 그만큼 한국이 북한 등 적대세력으로부터의 사이버공격에 취약성을 안고 있다는 것을 의미하기도 한다.[178] 한국의 사이버 인프라가 세계적 수준이기 때문에, 최근 들어 사이버공간을 활용해 국가안보를 위해하려는 활동들이 빠른 속도로 증가하고 있다. 북한을 비롯한 외부의 국가안보 위협세력들은 사이버공간을 자신들의 목표를 달성하기 위한 수단으로 활용하고 있는 것이다. 이와 같은 조건에서 외부로부터의 공격에 대해 사후대응만으로는 한계가 있으며, 적극적 방어, 나아가 공격까지도 포괄할 수 있는 사이버전략에 대한 인식이 새롭게 이루어져야 한다.

2. 한국의 사이버전 대응체계와 사이버 방첩역량 강화방안

현재 우리 정부는 사이버테러·사이버전 대응체계를 '사이버범죄', '사이버테러' 및 '군사 사이버전' 등 3단계로 구분하여 영역별로 대응방안과 절차를 마련하고 있다. 특히 국정원이 사이버안보체계의 중심이 되어 국방부와 미래창조과학부(과거 정통부) 그리고 경찰청과 함께 부처 간의 업무분장을 효율화하면서 기능을 강화하기 위한 대책들을 마련하고 있다. 2005년 1월 제정된 '국가 사이버안전 관리규정'에 따라 우리의 사이버안보체계는 사이버안전전략회의와 사이버안전대책회의 그리고 국가정보원 산하의 사이버안전센터, 국방부의 국방정보전대응센터, 정보통신부(현 미래창조과학부)

---

178) 이상배(2013).

의 인터넷침해사고대응지원센터, 경찰청의 사이버수사센터로 구성되어 있다.[179] 그중에서 국방부는 사이버 전쟁을 대비해 국방사이버사령부를 창설하여 운영중인 것으로 알려져 있는데 전문인력이 대략 500명 수준인 것으로 알려졌다. 이처럼 우리 정부가 나름대로 분산된 사이버테러 및 사이버전 대응체계를 관계부서 업무특성에 맞게 재조정하고 업무중복을 방지하며 부서 간 업무공조를 강화하려는 시도는 고무적이다. 더구나 국가정보원이 중심이 되어 '국가사이버안전센터'를 구축하고 '사이버안전전략회의' 등을 발족시킨 점은 매우 긍정적인 조치로 평가된다. 그러나 최근 사이버안보와 관련하여 일련의 전개된 상황은 현재 혼재되어 있고 혼란스러웠던 업무의 정상화 및 재조정의 의미만 부각되고 있을 뿐, 현실에서 요구되는 보다 선제적이고, 능동적인 사이버전 수행체계의 구축을 위해서는 아직 개선되어져야 할 부분이 많다.

따라서 우선 제일 먼저 점증하는 사이버 공격과 사이버전 위협에 대한 대응능력을 강화하기 위해서 선행되어야 할 것은 철저한 사이버안보의식의 확립이다. 주요 국가 핵심기반시설에 대해서는 말할 것도 없고 유사한 사이버 침해사건이 발생하더라도 다른 국가보다 유난히 우리 한국이 가장 피해가 심각하고 피해복구에 어려움을 겪는 주 원인은 국민들 개개인이 충분한 보안의식 없이 해킹에 무방비로 노출되어 있기 때문이다. 더구나 이런 심각한 침해사고를 겪고 난 후에도 그 심각성이나 사안의 중요성에 대해 금방 잊고 또 똑같은 실수를 반복하는 안전불감증이 우리 사회에 만연해 있다. 이러한 것은 궁극적으로 국가 핵심 정보기반시설이나 국방정보 인프라에 대한 보호의식 및 안보의식의 결여로 사이버방첩능력의 취약점으로 나타나게 된다. 이런 근본적인 문제점에 대한 해결책이 없이는 한국이 그 어떤 첨단 정보능력을 갖춘다하더라도 사이버 안보의 증진을 기대할 수 없다. 따라서 국민 개개인에 대한 철저한 사이버 안보교육 및 사이버 방첩훈련의 실시를 통하여 사이버안보의 역량강화를 위한 전 사회적 기반사업을 추진해 나가는 것이 필요하다.

둘째로 우리 나름대로의 미래 사이버정보전 주도권을 선점하는 데 독자적인 마스터플랜과 전략이 필요하다. 이미 앞에서 러시아와 중국 그리고 북한의 호전적인 사이버전 전략과 공격능력에 대해 살펴보았지만, 우리 한국도 보다 체계적으로 사이버위협에 대비한 독자적인 사이버안보 강화전략과 마스터플랜을 준비하여야 할 것이며 미래 선진정보 강국으로 나가기 위한 구체적인 로드맵을 작성하는 것이 중요하다. 현재

---

179) 육군사관학교(2011), pp.81-83 참조.

다른 국가들과의 군사력 비교시 압도적 군사력 우위와 정보력의 우위에도 불구하고, 미국이 현재 잠재도전국인 중국과 러시아의 집중적인 정보전 프로그램 투자를 의식하여 방어적 정보전 능력은 물론 공세적 정보전 능력을 강화하기 위한 연구와 투자에 적극 나서고 있다는 것은 우리에게 많은 것을 시사해주고 있다.

셋째로 사이버 억지능력의 확보이다. 북한 또는 제3국의 사이버공격으로 우리나라의 국가기간 망이 크게 파괴되고 이로 인해 인명이나 물적인 피해가 발생할 경우는 사이버공격의 주체를 색출한 뒤 이에 대한 적절한 대응공격을 가할 필요가 있다.[180] 미 국방부는 국가기간망을 흔드는 외부의 사이버 공격을 전쟁행위로 간주해 미사일 공격 등 무력으로 대응한다는 방침을 세웠다. 미 국방부가 마련한 사이버 전략 보고서는 사이버 공격을 전쟁행위로 규정하고, 재래적 방식의 무력으로 대응한다는 것이다. 다시 말해, 송전망 차단과 같은 컴퓨터 네트워크 공격은 미국에 대한 선전포고로 간주하겠다는 경고이다.[181] 이러한 공세적 방법은 적극적 사이버방호를 통해 기대할 수 있다. 여기에서 적극적인 사이버 방호란 단순히 북한이 이용하고 있는 해외의 사이버 거점을 색출하여 해당국 정부에게 폐쇄를 요청하는 등 북한의 사이버공격을 능동적이고 원천적으로 차단하는 것을 가리킨다. 이와 같은 적극적 사이버 방호능력은 북한의 사이버공격에 대한 억제효과를 갖는다. 이와 같이 적극적인 사이버방호가 가능한 이유는 이미 살펴본 대로 북한의 사이버공격이 북한 내부가 아니라 해외거점에서 수행되거나 해외 망을 통해서 이루어지기 때문이다. 따라서 가능한 선택지로 우리가 피해를 받은 만큼 '비례성의 원칙'에 입각해 사이버 대응공격을 가하는 방법을 생각할 수밖에 없을 것이다.[182]

넷째로 사이버 보안법제의 정비이다. 현재 국가 사이버안보에 관한 업무는 국정원이 총괄하고 있다. 하지만 관련 근거가 국가 및 공공기관에만 영향을 미치는 「대통령 훈령」에 불과해 유사시 민간까지 포괄하는 효율적이고 신속한 업무수행에 제약을 받게 된다. 이 때문에 국회에서는 국가사이버안보에 관한 법률을 제정하기 위한 논의가 진행되고 있다. 17대 국회에서 「국가사이버위기관리법」이 발의되었으나, 그 당시 야권으로부터 악법이라는 비판을 받으면서 상정조차 못하고 자동 폐기된 적이 있다.

---

180) 조성렬(2013).

181) DoD, *Department of Defense, Strategy for Operating in Cyberspace*, July 2011.

182) 佐々木孝博, 앞의 글, p.11.

사이버안보를 확보하기 위해 국가의 안전보장과 국민의 이익에 이바지할 수 있는 법적 근거의 필요성 때문에 18대 국회 들어와 다시 이 법이 발의되어 국회 정보위원회에 상정되었다. 「국가사이버위기관리법」(안)의 주요 내용은 △ 국가정보원장이 국가사이버안전기본계획 수립, △ 국가사이버안전에 관한 중요사항을 심의하기 위한 국무총리 소속으로 국가사이버안전전략회의 설치, △ 국정원장이 사이버위기 대응 훈련 실시, △ 국정원장이 사이버위기경보 발령, △ 중앙행정기관, 지방자치단체, 공공기관의 장은 사이버공격 정보를 탐지·분석하여 즉시 대응 조치를 할 수 있는 보안관제센터 설치·운영 등이다. 현재 이 법안은 야당의 반대로 국회 정보위원회에 상정되지 못한 채, 국회 내의 논의가 이루어지지 못하고 있다.[183]

다섯째로 견고한 사이버 방호체계의 구축이 필요하다. 일반적으로 사이버 방호능력이란 적성국가의 해커들이 국내 사이버공간에 침투하지 못하도록 하고, 침투하더라도 피해를 최소화시킬 수 있는 방어능력을 갖추는 것을 의미한다.[184] 따라서 이런 견고한 사이버 방호능력의 확보를 위해서는 전문인력의 양성과 확보이다. 북한의 계속되는 사이버테러 공격에 대한 무방비적인 침해사고의 재발 방지를 위해서는 정부기관이나 방송사 등과 같은 주요 공공기관의 보안전문 인력을 대폭 확충해야 하며 사이버보안위협에 대한 지속적인 정보공유와 사이버보안에 대한 교육의 활성화가 필요하다. 그동안 정부기관의 사이버보안 위협과 관련한 정보와 민간 전문기업의 악성코드 분석정보 등이 원활하게 공유되지 않았다. 이러한 문제점을 개선하기 위해 정부는 사이버위협 정보를 실시간으로 민간 전문기업들과 공유하는 시스템을 구축하고 악성코드 확산 방지를 위한 법제를 마련할 필요가 있으며 국가 중요시설에 대해서는 인트라넷의 망 분리를 의무화해야 한다. 방송사와 금융기관과 같은 민간 중요시설에도 '망분리의 의무화'를 확대 적용해 외부에서 악성코드가 유입돼도 내부 망에는 영향을 끼치지 못하도록 하는 등 사이버위협을 선제적으로 차단해야 한다.

마지막으로 부서 간 정보공조체제 및 국제공조체제의 강화이다. 정보기술의 발전에 힘입어 우리 사회가 유비쿼터스 사회로의 진입이 가시화되고 있으며 북한을 비롯한 적대적 세력에 의한 사이버공격위협의 증대로 정보보호에 대한 사회적 요구가 증대되고 견고한 사이버안보 체계의 정립이 더욱 중요해지고 있다. 비용절감 및 운영 편

---

183) 조성렬(2013).

184) 김태형, "3.20 사이버테러 재발방지 위한 가장 시급한 대책은?", 『보안뉴스』 2013.5.3.

의성 등으로 정부차원의 정부통합전산센터, 과학기술정보센터 구축 등 국가 정보통신 시스템의 통합화와 집중화가 추세이지만 오히려 사이버공격이 발생할 경우 대량 피해의 가능성이 더욱 증대되고 있어 부문별·업무별 대응기구간의 긴밀한 정보공유 및 협력체제가 요구되고 있다.[185] 게다가 미국, 중국 등 해외로부터 매월 수천만 건의 사이버공격 및 징후가 탐지되고 있으며, 요즘 자주 발생하고 있는 정부기관에 대한 해킹사건과 같은 침해사고의 재발 방지를 위해서라도 사이버위협의 정확한 분석과 위험예측이 필요하다. 대부분 사이버공격이 해외에서 발생되고 있어 외국 사이버위협 대응기구와 국제협력 및 공조 강화가 필수적이다. 군은 군 나름대로 군차원에서 사이버안보를 강화하고 민간 및 정부 차원에서는 정보기관을 중심으로 사이버 테러 및 사이버심리전에 대응하여 신속히 대응할 수 있는 국제공조 네트워크의 구축에 나서야 할 것이다.

참·고·문·헌 ●●●

권문택. "유비쿼터스 시대의 사이버안전대책". 『제5회 사이버테러정보전 컨퍼런스 논문집』. 한국 사이버테러정보전 학회, 2004.11.16. 서울 인터내셔날 호텔

국가보안기술연구소. "사이버전 개념 및 용어 정립". 『국가 사이버안보전략 참고자료』, 2012년 5월.

국가보안기술연구소. Cryptopia. 2003년 7권 3호

국방부. 『북한의 전자전 공격·교란무기』. 국회 국방위원회 제출자료, 2011.11.9.

김흥광. "북한의 사이버테러 정보전 능력과 사이버보안 대책 제언". 한국사이버테러정보전학회·경기산업기술보안협의회 공동주최 『국가 산업기술유출 대응 콘퍼런스』 발표 자료, 2010년 1월 8일.

길병옥·허태회. "국가위기관리체계 확립방안". 『국제정치논총』. 제43집 1호(2003.5).

남길현. "사이버전 및 사이버테러 대응기술과 민·관·군 CERT 대응방안". 『21세기 정보 환경변화와 국방 정보보호 발전』. 국군기무사령부 세미나, 2003.5.16.

노훈·이재욱. "사이버전의 출현과 영향, 대응방향". 『국방정책 연구』. (2001, 가을)

박휘락. "정보화시대 전쟁수행이론의 분석과 한국군의 과제". 『국제문제연구』. 2008년 제8권 제3호(2008).

---

185) 위의 글.

배달형·조용건. "NCW하 컴퓨터 네트워크작전의 작전적 원리와 한국군의 발전방향". 『국방연구』. 52권 2호(2009), 국방대학교 안보문제연구소.

배달형. "북한 사이버위협 분석 및 대응방향". 한국전략문제연구소 정책토론회 결과보고서, 2011년 5월.

백용기. "국방정보보호 발전 방향". 『21세기 정보환경 변화와 국방 정보보호 발전』. 국군기무사령부 주최 세미나, 2003.5.16.

신성호. "21세기 정보혁명과 네트워크 테러리즘". 『국제정치논총』. 제46집 3호(2006).

양정아. "북 사이버전 능력, IT강국 위협하는 세계 3위권…핵·게릴라전과 함께 남북한 '3대 비대칭 전력'". 『월간 NK Vision』. 2013년 5월호.

유동열. 『사이버공간과 국가안보』. 북앤피플, 2012.12.

_____. "북한의 대남 사이버심리전 실상과 대책". 『제31차 자유민주연구학회 논문집』. 2013.08.12.

윤규식. "북한의 사이버전 능력과 위협 전망". 『군사논단』. 제68호(2011년 겨울).

이민형. "북한OS '붉은별2.0', 사이버공격에 매우 취약". 『디지털데일리』. 2011.11.3.

이상배. "국정원 '남북 사이버戰 땐 우리 피해 훨씬 심각'". 『머니투데이』. 2013.5.2.

이강택. 이동휘, 김귀남, "정보전 대비 국방정보보호체계의 문제점 및 발전방안". 『제 5회 사이버테러정보전 컨퍼런스 논문집』. 사이버테러정보전 학회, 2004.11. 서울.

임종인. "북한의 대남 사이버테러 실상과 대책". 『제 31차 자유민주연구학회 세미나 논문집』, 자유민주연구학회, 2013.08.12. 서울 프레스 센터

정준현·김귀남. "사이버테러대응체제와 법치주의". 『제5회 사이버테러정보전 컨퍼런스 2004 논문집』, 한국 사이버테러정보전 학회, 2004.11.서울 인터내셔날 호텔.

조성렬. "한반도 안보상황의 변화와 정보역량강화: 사이버안보를 중심으로". 『2013 한국국가정보학회 춘계 세미나 자료집』. 2013.05.23.

황호상. "군사적 정보전 교리의 발전". 『사이버코리아』. 2003년 4월, pp.98-107.

_____. "이라크전에서의 정보전분석". 『국가사이버 안보정책과 전략』. 제3회 사이버테러정보전 컨퍼런스, 2003년 4월 2일

허태회. "커뮤니케이션 융합시대의 국가안보". 『국제문제연구』. 제10권 4호.

허태회·이상호·장노순. "21세기 현대 정보전의 실체와 한국의 전략과제". 『국가전략』 제10권 2호(2004).

허태회·이상호·장우영. "세계 주요 강대국들의 정보전 준비와 대응체계". 『국방연구』. 49권 1호(2006).

Adams, James. *The Next World War: The Weapons and Warriors of the New Battlefields in Cyberspace*. London: Arrow, 1998.

Alexander, Colonel John B. *Future War: Non-lethal Weapons in 21 C Warfare*. New York: Thomas Dunne Books, 1999.

Antal, John A., Battleshock XXI', in Bateman, Robert L. III, *Digital War: The 21st Century Battlefield*. New York, NY: ibooks, 1999.

Arquilla, John and Ronfeldt, David. *Networks and Netwars*, RAND, 2001

Barnett, Roger. "Information Operations, Deterrence, and the Use of Force," *Naval War College Review*. Vol.51, No.2(Spring 1998)

Berkowitz, Bruce. *The New Face of War: How War will be Fought in the 21st Century*. New York, NY: The Free Press, 2003.

Charles Billo. *Cyber Warfare: An Analysis of the Means and Motivations of Selected Nation States*. 2004

Denning, Dorothy. *Information Warfare and Security*. 1999. Addison,Wesley: Boston, MA.

Edward Sorbies. *Redefining the Role of Information Warfare in Chinese Strategy*. 2003

Keohane, Robert and Joseph Nye. "Power and Interdependence in the Information Age." *Foreign Affairs*. September/October, 1998.

Lebow, Richard Ned and Janice Gross Stein. 1989. "Rational Deterrence Theory: I Think, Therefore I Deter." *World Politics*. 41(2).

Libicki, Martin. *What is Information Warfare?* Washington, DC: National Defense University, 1995.

————, *Cyberdeterrence and Cyberwar*. Rand, CA, 2009

Lonsdale, David J. *The Nature of War in the Information Age: Clausewitzean Future*. London: Frank Cass, 2004.

Nina Hachigian. "China's Cyber-Strategy." *Foreign Affairs*. March/April 2001.

제3편

미래 방첩 전망과 대책

| 제1장 |

우리나라 방첩제도와 국민인식

| 제2장 |

정보환경변화에 대비한 방첩의 전망과 과제

21 Century
National
Counterintelligence

우리나라 방첩제도와 국민인식

송은희(국가안보전략연구소)

제1절 우리나라의 방첩에 관한 인식

2012년 5월 14일, 국가안보 및 국익을 침해하는 외국의 정보활동에 정부부처 및 공공기관 등이 체계적으로 대응하기 위한 대통령령인 '방첩업무규정(대통령령 제23780호)'이 공포되었다. 주요 내용을 보면 다음과 같다. 우선 방첩의 개념을 법령상 최초로 규정(제2조)하고 있다. 방첩 개념을 "국가안보와 국익에 반하는 외국의 정보활동을 찾아내고 그 정보활동을 견제·차단하기 위하여 하는 정보의 수집·작성 및 배포 등을 포함하는 모든 대응활동"이라고 정의하고 있다.[1] 그리고 방첩업무의 대상인 '외국의 정보활동'을 외국정부, 단체 또는 외국인이 직접 하거나 내국인을 이용하여 하는 정보수집활동과 대한민국 국가안보와 국익에 영향을 미칠 수 있는 모든 활동[2]으로 규정하고 있다. 또한 국가방첩업무 추진체계를 명시(제5조~제6조)하고 있는데, 방첩기관의 장은 방첩업무 수행을 위해 다른 방첩기관의 장이나 관계기관의 장에게 협조를 요청할 수 있으며, 국가정보원장은 필요한 경우 방첩업무를 합리적으로 조정한다고 규정하고 있다. 여기서 방첩기관은 국가정보원, 경찰청, 해양경찰청, 국군기무사령부를 지칭하며 관계기관은 국가기관, 지방자치단체, 공공기관을 지칭한다.[3] 스파이의 주된 접근, 포섭 목표가 되는 정부·공공기관 구성원들이 외국인 접촉 등을 통해 국가기밀·산업기술 또는 중요 정책사항이 유출되지 않도록 하기 위한 제도적 장치를 마련하였다. 즉 외국 정보요원 접촉관리 강화(제7조~제9조)에 의하면 방첩기관 및 관계기관의 장은 소속 구성원이 외국인과 접촉 시 국가기밀 유출 등을 방지하기 위해 자체 규정을 마련·시행하여야 한다고 되어 있다. 방첩기관 및 관계기관의 구성원은 외국인과 접촉

---

1) 대통령령 제23780호(방첩업무 규정) 제2조 참조.
2) 대통령령 제23780호(방첩업무 규정) 제2조 참조.
3) 대통령령 제23780호(방첩업무 규정) 제3조 참조.

시 국가기밀 탐지·수집 등이 의심될 경우 소속 기관장을 거쳐 국가정보원장에게 통보하여야 한다고 규정하고 있다. 또한 국가방첩전략회의 설치(제10조~제11조)도 규정하고 있는데 방첩업무에 관한 중요사항을 논의하기 위해 국가정보원장 소속하에 유관부처 차관급으로 구성된 '국가방첩전략회의'를 설치한다고 되어 있다.

그러면 왜 이제야 이러한 방첩업무규정이 대통령령으로 제정되어 공포되었는가? 대다수 국민들은 '방첩'이라고 하면 對共 방첩을 떠올리며 북한 간첩을 색출·검거하는 업무라고 인식하는 것이 일반적이다. 이는 남북한이 대치하고 있는 우리의 특수한 상황에 기인한 것이다. 그러나 이제는 방첩의 대상이 더 이상 북한만을 의미하는 협소한 개념으로 규정하기가 어려운 상황이 되었다. 방첩업무규정에서 밝히고 있는 것처럼 방첩이란 국가안보와 국익에 반하는 외국의 정보활동을 찾아내고 이를 견제·차단하기 위한 모든 대응활동을 의미하게 된 것이다.[4] 여기에서 대다수 국민들이 막연하게 생각하는 '방첩' 개념이 실제로 방첩 관련 정책수립과 유리된 측면이 있으므로 대학생들의 의식조사를 통하여 방첩에 관한 인식을 점검한 연구결과[5]를 토대로 방첩에 관한 인식 및 문제점 등을 구체적으로 살펴본다.

먼저 방첩의 대상과 관련하여 "귀하는 '방첩'이라는 용어가 지칭하는 주요 대상이 누구라고 생각하십니까?"라는 질문에 대해서 '국내외 안보위협 단체, 북한 및 주요 테러 지원 국가'라는 응답이 49.6%(169명)으로 나타나 가장 높은 응답률을 보인 것으로 조사되었다(〈표 1-1〉 참조). 한편 '모든 국가'라고 응답한 대학생은 전체의 8.8%를 차지하였다. 이 조사를 통해 응답자들은 북한 및 주요 테러지원 국가뿐만 아니라 국내외 안보위협 단체 전부를 방첩의 대상으로 생각하고 있음이 밝혀졌다. 반면 국가정보의 보호를 위한 방첩의 대상이 보다 폭넓게 나타나고 있지만 여전히 북한을 중심으로 한

표 1-1 >> 방첩 대상에 대한 인식(단위: 명(%))

국내외 안보위협 단체	북한	북한 및 주요 테러지원국가	국내외 안보위협 단체, 북한 및 주요 테러지원국가	모든 국가	합계
48 (14.1)	34 (10.0)	60 (17.6)	169 (49.6)	30 (8.8)	341 (100.0)

---

4) 국정원 홈페이지 참조(http://www.nis.go.kr/svc/affair.do?method=content&cmid).
5) 한정택, "국가정보환경 변화에 따른 안보 의식조사 결과 분석: 대학생의 방첩의식을 중심으로", 『국제문제연구』, 제10권 제4호(2010).

안보위협 요인에만 집중하고 있는 모습을 보인다. 이러한 경향은 '방첩'의 의미에 대한 인지도가 높을수록 강하게 나타난 것으로 조사되었다.

다음은 냉전의 붕괴 이후에 다양화되고 있는 안보환경의 변화 속에서 과거에는 '북한'이 주로 우리나라에 대한 스파이 활동을 했다면, 최근의 경향은 각국이 자국의 이익을 증대 및 보호하기 위한 스파이 활동을 전개하고 있다는 현실에 대한 대학생들의 인식을 조사한 것이다. 먼저 "귀하는 우리나라에서 활동하는 외국 스파이의 존재 가능성과 위험성 등에 대해 들어보신 적이 있습니까?"라는 질문에 대하여 응답자의 73.8%인 259명이 '그렇다'라고 응답하였다. [그림 1-1]에서 보는 바와 같이 "귀하는 외국이 우리나라를 대상으로 주요 국가기밀 수집 시도를 비롯한 스파이 활동을 전개할 가능성이 있다고 생각하십니까?"라는 질문에 '매우 그렇다'가 23.6%, '그렇다'가 58.2%로 나타나 전체 응답자 가운데 81.8%에 해당하는 대학생들이 외국의 우리나라에 대한 스파이 활동이 가능하다고 응답하였다. 반면 '그렇지 않다'라고 응답한 사람은 7명, '전혀 그렇지 않다'라고 응답한 대학생은 단 2명뿐이었다. 의식조사 결과 응답자들은 대한민국에 대한 외국의 스파이 활동 가능성을 높게 보았다.

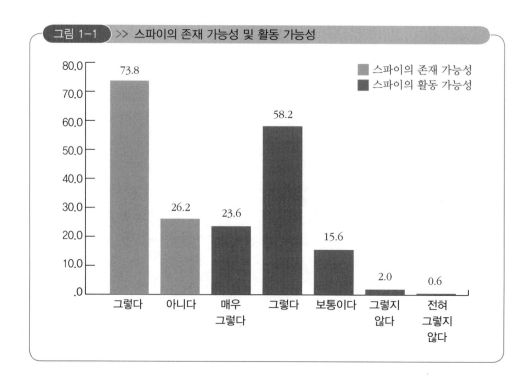

그림 1-1　>> 스파이의 존재 가능성 및 활동 가능성

그렇다면 스파이 활동을 진행하는 주요 행위자는 누구인지에 대한 설문에 대하여 응답자의 43.3%(151명)은 '북한'일 것이라 대답하였고, '전 세계의 국가'라고 응답한 사람은 30.1%, 다음으로 '중국, 일본 등 이웃 국가'라는 응답이 17.8%로 나타났다. '미국, 영국 등 서구권 국가'라는 응답은 6.0%에 그쳤다(〈표 1-2〉 참조). 그러나 "우방 국가들의 스파이 활동 가능성"에 대해서는 전체 응답자의 79.3%('매우 그렇다' 20.5%, '그렇다' 58.8%)가 우방국가들 또한 스파이 활동이 가능하다고 응답한 것으로 조사되었다.

표 1-2 >> 스파이 활동 가능성 국가 및 우방국의 스파이 활동 가능성(단위: 명(%))

스파이 활동 가능성 국가					
러시아 등 CSI권 국가	중국, 일본 등 이웃 국가	미국, 영국 등 서구권 국가	북한	전 세계의 국가	합계
10 (2.9)	62 (17.8)	21 (6.0)	151 (43.3)	105 (30.1)	349 (100.0)
우방국의 스파이 활동 가능성					
매우 그렇다	그렇다	보통이다	그렇지 않다	전혀 그렇지 않다	합계
72 (20.5)	207 (58.8)	61 (17.3)	9 (2.6)	3 (0.9)	352 (100.0)

〈표 1-3〉에서는 "귀하는 현재 우리나라에 외국의 스파이 활동이 전개되고 있다고 생각하십니까?"라는 질문에 대해서 전체 응답자 중 91.5%에 해당하는 322명의 응답자가 '그렇다'라고 대답하였고 나머지는 '아니다'라고 응답하였다. 현재 우리나라에 외국의 스파이 활동이 전개되고 있다고 응답한 사람들 중 13.7%는 스파이의 수가 '많다'라고 응답하였고, 42.5%는 '보통이다', 그리고 적거나 매우 적다라는 응답은 43.8%로 나타났다.

표 1-3 >> 국내 스파이 활동 가능성 및 활동 스파이의 수(단위: 명(%))

그렇다						아니다	합계
매우 많다	많다	보통 이다	적다	매우 적다	전체		
6 (1.9)	38 (11.8)	137 (42.5)	107 (33.2)	34 (10.6)	322 (91.5)	30 (8.5)	352 (100.0)

〈표 1-4〉에서 '안보환경의 변화를 인식하는 경로'에 대한 질문에 대해 즉 어느 경로를 통해 안보환경의 변화를 인식하는지를 질문한 결과 응답자의 40.8%는 'TV나 뉴스'를 통해 안보환경의 변화를 인식하는 것으로 나타났다. 다음으로 '인터넷'(28.9%), '영화/드라마'(11.6%), '정부기관'(4.3%), '교육기관'(3.2%) 순으로 응답한 것으로 조사되었다.

표 1-4	>> 안보환경의 변화 인식 경로(단위: 명(%))					
TV/뉴스	영화/드라마	인터넷	교육기관	정부기관	잘 모르겠다	합계
141 (40.8)	40 (11.6)	100 (28.9)	11 (3.2)	15 (4.3)	39 (11.3)	346 (100.0)

안보환경이 과거의 군사안보 중심에서 최근 들어 경제, 사회, 사이버, 환경 등으로 확대되고 다변화되었다. "귀하가 생각하는 안보 개념의 우선순위는 무엇입니까?"라는 질문에 대하여 응답자들이 우선순위대로 답변하였다. 그 결과 남성 응답자의 경우 '정치·군사 안보', '경제 안보', '사이버 안보', '환경·생태 안보', '마약 등 사회 안보'의 순으로 응답하였고, 여성 응답자의 경우 '정치·군사 안보', '경제 안보', '사이버 안보', '마약 등 사회 안보', '환경·생태 안보'의 순으로 응답하였다. 전체적인 분석 결과 응답자들은 여전히 '정치·군사 안보'를 안보개념의 다변화 속에서도 최우선 과제로 응

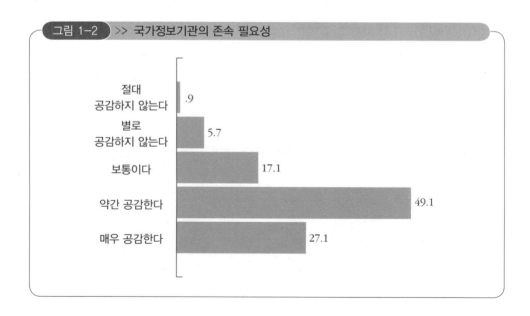

그림 1-2 >> 국가정보기관의 존속 필요성

절대 공감하지 않는다 .9
별로 공감하지 않는다 5.7
보통이다 17.1
약간 공감한다 49.1
매우 공감한다 27.1

답하였고, '경제 안보'를 2순위로, '사이버 안보'를 3순위로 대답하였다. 한편, "귀하는 탈냉전기 이후 국가정보기관의 존속필요성에 대해 어떻게 생각하십니까?"라는 질문에 대하여 응답자의 27.1%가 '매우 공감한다', 49.1%가 '약간 공감한다'라고 응답하여 전체적으로 76.3%의 응답자가 국가정보기관의 존속이 필요하다고 응답하였다. 반면 '별로 공감하지 않는다'(5.7%), '절대 공감하지 않는다'(0.9%)라는 응답은 소수에 그쳐, 탈냉전 이후에도 여전히 국가정보기관이 존속해야 한다는 의견이 압도적으로 나타났다([그림 1-2] 참조).

위의 연구 결과에 따르면 한국의 대학생들은 방첩의 의미를 정확하게 파악하고 있지는 않으나, 방첩의 필요성에는 대체로 공감하는 양상을 보였다. 특히 정보환경의 변화에 따라 적성국가뿐만 아니라 우방국가들도 스파이 활동의 가능성이 있다고 응답하였다. 그러나 스파이 활동을 목격하였거나 경험하였을 경우 어떻게 대처해야 하는지에 대한 정확한 정보는 갖고 있지 못한 것으로 나타났다. 응답자들은 군사 안보를 가장 우선시하였고, 다음으로 경제 안보와 사이버 안보를 지목하였다. 한편 응답자들의 대부분은 정보환경이 변화하였지만, 여전히 국가정보기관의 존속 필요성에 공감하였고, 특히 국가정보원을 중심으로 방첩활동이 수행되어야 하는 것을 강조하였다.

세계화의 추세와 더불어 국가안보의 국내외 구분이 불분명해지고 있는 것도 특징이며 다중적 안보위협의 등장과 비국가적 행위자의 확산은 전통적 의미의 국경 개념을 무용화하였다. 게다가 국가정보기관에 대한 민주적 통제의 강화와 정보공개의 강화 역시 국가정보기관의 역할을 상당히 제한하고 있다. 그럼에도 불구하고 탈냉전, 세계화 시대에 있어서 안보환경 변화에 대한 가시성이 떨어지는 만큼, 오히려 국가정보에 대한 수요가 더욱 확대되고 있음은 분명하다. 세계화, 정보화, 민주화 시대가 도래하였다 하더라도 비밀 정보 기능과 방첩기능의 중요성은 여전히 강조되어야 함을 알수 있다.

정보전쟁시대에 스파이로부터 대한민국의 안보와 국익을 지키기 위하여 '방첩' 활동 영역을 다음과 같이 규정할 수 있다. 첫째, 스파이 색출 및 견제, 차단업무이다. 즉 외국의 우리나라에 대한 스파이 행위를 색출·견제·차단함으로써 우리 안보와 국익을 침해하는 외부 세력에 대해 적극 대응해야 함을 의미한다. 둘째, 경제안보 지킴이 역할이다. 우리의 경제적 안정과 번영을 저해하는 외국 또는 외국과 연계된 각종 경제질서 침해행위에 대한 대응활동을 통해 경제안보를 수호해야 한다. 셋째, 국가방첩체계 구축 및 국제방첩협력 강화를 들 수 있다. 방첩 업무 관련 유관기관의 공조하에 국가방첩체계를 견고하게 하는 한편, 자유민주주의 체제·이념 및 세계평화를 위협하는 세력에 맞서 외국 정보기관과의 방첩협력도 강화해야 한다. 넷째, 방첩업무 관련 對국민 협조이다. 효율적인 스파이 대응활동을 위해 일반국민들의 적극적인 협조가 필요하다 할 것이다.

국가의 정보활동이 국가안보를 지키고, 국가의 이익을 증대함에 있어 가장 중요한 요소로 간주되어야 함에도 불구하고, 대한민국의 현행 법령에는 국가정보의 개념을 적극적으로 규정한 것은 찾기 어렵고, 다각적인 국가 차원의 정보관리체계 또한 구축하지 못한 현실이다. "21세기는 정보전쟁의 시대이고, 정보에서 국력이 나온다"[6]는 말처럼, 지금 각국은 정보기관의 역량 강화에 발벗고 나섰다. 세계화와 함께 도래한 정보전쟁 시대에 국가안보와 국익 수호를 위한 다양한 정보활동이 필요하며, 동시에 자국의 이익을 보호하기 위한 방첩활동 또한 강조되어야 할 것임에 분명하다.

제2절 우리나라 방첩제도의 문제점

방첩활동 영역이 다양화되고 있는 추세임에도 불구하고 방첩제도에 관한 정비는 미비한 상황이다. 앞서 살펴본 대학생 의식조사를 통해 방첩활동의 중요성에 대해서는 대체로 공감하지만 방첩 개념에 대해서는 협의의 개념에 머물러 있는 것이 문제이다. 즉 제한된 방첩개념, 구시대적 발상에 의한 방첩개념 접근 등은 새로운 방첩활동 영역에 부정적 영향을 미칠 수밖에 없다. 따라서 수동적이며 방어적인 협의의 방첩 개념에서 벗어나 보다 능동적이고 광의의 방첩 개념 설정을 통해 방첩 역량을 강화할 필요가 있다.

무엇보다 방첩활동 관련, 법·제도적 차원의 강화가 필요하다. 안보 및 정보환경의 변화에 따라 방첩 개념도 안보개념과 마찬가지로 포괄방첩(Comprehensive Counterintelligence) 개념으로 바뀌고 있는 상황임을 감안해야 한다. 변화된 방첩업무

---

6) 제성호, "국정원 정보활동의 법·제도적 기반 강화 문제", 『저스티스』, 통권 제103호(2008), pp.183-200.

에 관한 규정은 현재 대통령령으로 설치되어 있는데, 이는 행정조직 내부에는 구속력이 있지만 법률과 같은 대외적 구속력을 갖지 못하므로 일반 국민에게 강제력을 갖지 못하는 등 문제점이 제기되고 있다. 말하자면 우리의 방첩활동은 명확한 법률적 근거를 갖고 수행되는 외국과 달리 대통령령에 근거하여 수행되고 있기 때문에 법적 측면에서 상대적으로 약한 바, 방첩 업무 관련 법률제정이 시급하다.

현행 방첩 관련 법체계는 다음과 같은 문제점이 제기된다. 첫째, 북한 이외의 다른 국가로부터의 국가안보 침해에 대한 공백이 우려된다. 국가보안법과 형법이 반국가단체, 적국으로 국가안보의 상대를 한정하여 현실과의 괴리가 커지고 있다. 즉 적국이 아닌 외국으로부터의 국가안보 위협에 대해서 아무런 규정을 두지 않는 안보상 중대한 허점이 존재한다. 둘째, 방첩업무 규정과 관련하여 지켜야 할 정보 범위에 대한 재검토가 필요하다. 즉 간첩활동의 대상과 행위유형을 '국가기밀'의 '탐지·수집 및 누설'에 한정하고 있는데, 국가기밀에 해당되지는 않으나 지켜야 할 주요 기밀사항에 대한 규정이 정비되지 않아 지켜야 할 정보임에도 불구하고 유출될 소지가 있다. 셋째, 간첩행위에 대한 재정의 및 법·제도적 장치 마련이 필요하다. 말하자면 국가안보체계 재정립을 위해 간첩, 산업스파이 등의 용어에 대한 법적 정의를 통한 용어 통일이 필요하다. 무엇보다 대북에만 한정된 안보가 아니라 북한을 포함하여 모든 외국으로부터의 국가안보라는 차원에서 형법체계의 보완이 필요하다.[7]

또한 원활한 방첩활동을 담보하기 위해서 중요한 것이 對스파이 활동과 관련된 부분인데 이 "對스파이활동" 처벌규정과 관련하여 우리의 현행 실정법은 몇 가지 근본적인 문제점을 노정하고 있다. 먼저 형법상 간첩죄의 구성요건과 관련하여 "적국을 위하여"라는 규정은 탈냉전 이후 명확한 적이 없이 전개되고 있는 국제정치 현실과 맞지 않는 측면이 있고 또한 경제안보 및 환경보건안보에 이르기까지 포괄적 안보상황에서 잠재적 위협의 대상이 다양화되고 있는 상황을 직시하지 못한 점이 있다. 이런 점에서 "적국을 위하여"라는 규정은 "타국을 위하여"라는 형태로 개정될 필요가 있으며 국가기밀의 범위 또한 전형적인 "국가기밀"은 물론 국가안위나 존립에 위해가 될 수 있는 "정보"나 "첩보"의 수준까지 확대시킬 필요가 있겠다.[8]

---

7) 이와 관련하여 신의기, "국제환경의 변화와 간첩죄 규정 정비방안", 『국제문제연구』, 제10권 4호 (2010) 참조.

8) 김호정, "외국 스파이 처벌유형·적용법규 비교연구와 우리의 스파이 규제법 정비방안", 『국가정보연구』, 제2권 2호(2009), pp.127-141.

다구나 국가 간 또는 기업 간 첨단기술 경쟁이 가속화되고 있고 기술력 자체가 국력의 핵심요소로 부각되고 있는 현재의 경쟁세계에서 "산업기술의 유출 방지 및 보호에 관한 법률"이 2006년 마련되긴 하였지만 이에 관한 법률도 더 강화하여 미국과 같은 "경제 간첩법" 수준의 입법이 필요한 실정이라고 하겠다.[9] 외국의 사례를 보면 스파이규제 및 처벌에 관한 "간첩죄의 구성"과 관련하여 "적국을 위하여"라는 주관적 요건을 더 이상 두고 있지 않으며 적이든 우방이든 "타국"을 위한 의사가 있다면 충분한 것으로 간주하고 있다. 국가기밀에 대한 실체도 "국가기밀"이라는 제한된 범위에 한정시키지 않고 국가안위나 존립에 위해가 가해질 수 있는 실질적인 "첩보 및 정보"로 확대하는 추세이며 간첩행위의 양태 또한 "탐지·수집과 누설"로 제한됨이 없이 "외국인이나 대리인과의 직·간접 연락 및 금지된 장소에의 접근, 불법적인 전달, 교신, 파괴행위, 허위정보제공, 정보내통"까지 다양하게 포함시키고 있다.[10] 따라서 보다 효율적이며 명확한 방첩시스템의 구축을 위해서는 이러한 구체적이고 상세적이며 명확한 법적 규정과 법령의 정비가 필요하다고 하겠다.

최근 주요 선진국들의 정보기관들은 국가 내부의 공격 위험성에 대처하기 위해 국내정보활동을 강화하고 있는 추세이다. 9·11 사태를 겪은 미국은 이러한 차원에서 국토안보부를 설치하고 애국법을 통과시키는 등 적극적인 국내정보 노력을 기울이고 있다. 이는 민주화와 정보화로 인한 사회 환경의 급속한 변화에 따른 "국내정보위기(Crisis in Domestic Intelligence)"[11]의 문제점이 심각하게 부상하고 있기 때문이다. 국내정보위기에 따른 안보위협 증가는 국가정보원의 국가방첩 활동영역 및 대상이 더욱 확대되고 다양해질 것을 요구하고 있다. 이는 법·제도적 미비로 인해 국내안보위협에 대한 방첩활동의 취약성이 우려되므로 국가안보 차원에서 바람직하지 않기 때문이다.

한편, 앞에서 지적한 바 있듯이 한국의 대학생들은 정보환경의 변화에 따라 적성국가뿐만 아니라 우방국가들도 스파이 활동의 가능성이 있다고 응답하였는데, 그러나 스파이 활동을 목격하였거나 경험하였을 경우 어떻게 대처해야 하는지에 대한 정확한 정보는 갖지 못한 것으로 나타났다. 이 점에서 방첩활동과 관련한 명확한 법·제도적 정비가 시급한 과제라 할 것이다. 그리고 대학생 응답자들은 군사 안보를 가장 우선시

---

9) 김호정(2009), pp.130-144.

10) 김호정(2009), pp.142-163.

11) 이에 대한 상세한 논의를 위해서는 Richard Posner, 2006. *Uncertain Shield: The U.S. Intelligence System in the Throes of Reform*, Rowman and Littlefield Publishers, Inc. pp.87-139를 참조.

하였고, 다음으로 경제 안보와 사이버 안보를 지목하였는데, 사실상 오늘날 새로운 방첩 영역으로 중요시되고 있는 경제 및 사이버 영역에서의 방첩활동을 강화시킬 수 있는 법률 개정이 필요하다. 대학생들의 효과적인 방첩의식 제고를 위한 대응방안으로 다음의 내용을 정책대안으로 제시할 수 있다.

첫째, 스파이활동 여부 판단 관련, 인식 제고를 위한 정보교육 강화방안을 들 수 있다. 이는 보안의식 부재에 따른 적국의 스파이활동 방조를 차단할 수 있는 방향으로의 전문 정보·보안 교육기관의 활동 강화를 통해 이뤄질 필요가 있다. 따라서 대학생들의 국가관 확립 및 애국심 고취 함양의 교양강좌 설치 또는 전문기관의 위탁교육을 통한 교육기능 방안을 들 수 있다.

둘째, 스파이활동이 전통적인 군사·안보 측면 이외 경제·산업 및 사이버 영역에서 무차별적으로 행해지고 있음과 관련하여 경제·산업 방첩의식 제고를 위한 정기적인 교육은 물론 경제·산업 및 사이버 방첩을 위한 관련 법제도 정비 강화를 통한 철저한 방첩활동이 시급하다.

셋째, 사이버 방첩의 중요성이 날로 증대함에 따른 제도적 보완 및 청년 사이버 일자리 창출을 통한 인식 제고가 필요하다. 무엇보다 사이버 스파이활동을 통한 적국의 사이버 공격의 결과는 공공 안전뿐만 아니라 민간경제까지 위험에 빠뜨릴 수 있는 상황이다. 따라서 다양한 정책과 지원을 통해 정부와 민간 부문이 얼마나 협력해 사이버 안보위기에 대해 나갈 것인가를 고민해야 한다. 사이버 방첩을 위한 중장기적인 로드맵 마련은 물론 사이버방첩 관련 '국가사이버안보전략'의 수립이 필요하다. 특히 대학생들의 사이버 방첩의식 강화를 위한 방편으로 청년 일자리 창출을 사이버와 연관지어 볼 수 있다. 즉 미래 창조 경제의 일환으로 IT 강국의 장점을 살려 중소기업 중심의 사이버 벤처산업을 육성할 필요가 있다.

넷째, IT 첨단 소셜미디어 및 통신매체 활용을 통한 대학생들의 능동적·적극적 방첩의식 변화 필요성을 강조하는 방송 및 학술토론회 지원을 들 수 있다. 대학생들의 사이버 동아리 활성화가 사이버 방첩인식 제고로 연결될 수 있도록 노력한다. 또한 대학생들을 대상으로 한 '국제 해커대회' 활성화를 통해 사이버 방첩의식 강화를 도모한다.

동서독 방첩활동이 남북관계에 주는 시사점

1. 동독 방첩기관 슈타지의 對서독 공작

(1) 슈타지 개관

서독과 동독이 통일된 후 동독의 기밀문서들이 빛을 보게 되면서 수십 년간 동서독 대립의 이면에 있었던 '슈타지(STASI) 문서'라고 부르는 문건들이 우리의 관심을 끌고 있다. 1990년 통독 직후에 발견된 동독의 비밀정보기관의 명칭을 딴 슈타지 문서는 슈타지가 엄청난 노력을 들여 전부 소각하려고 했음에도 불구하고 많은 문서들이 고스란히 남겨졌다. 그리고 이 문서들에는 서독에서 활동한 동독 간첩 리스트가 적혀져 있었기에 서방세계는 발칵 뒤집어질 수밖에 없었다.

1972년 당시 빌리 브란트 총리의 최측근 비서였던 권터 기욤이 동독 간첩이었다는 사실 말고도 국제정치학 분야에서 저명했던 베를린 자유대의 한스 야콥센 교수도 동독의 간첩이었고 송두율씨가 벤치마킹한 '내재적 동독 접근법'의 창시자인 피터 루츠 교수도 위장간첩이었음이 밝혀져 독일 지성계를 경악시켰다.[12] 1970년대 권터 기욤 사건[13]으로 전세계를 충격에 빠뜨렸고 서독 및 유럽연방에 스파이 심기 활동을 활

---

12) 『문화일보』, 2004년 9월 9일자 칼럼 내용 참조.

13) 권터 기욤 사건은 우리가 잘 아는 독일 총리 빌리 브란트의 보좌관 권터 기욤이 동독스파이로 활약해 동독으로 국가기밀을 빼돌린 사건이다. 이로 인해 정치적 책임을 지고 빌리 브란트는 정계를 물러났다. 권터 기욤은 1950년 동독의 국가보안성에 들어가 서독 잠입을 위한 훈련을 받은 뒤에 1956년 서독으로 망명하여 프랑크푸르트에 정착했었다. 그리고 1957년에 서독 사회민주당에 입당했으며 1964년부터는 정치에 입문하여 1968년 프랑크푸르트 시의원으로 당선되어 사민당 시의회 원내교섭단체의 사무국장까지 되었다. 1969년 연방 총선거가 실시되자 기욤은 게오르크 레버 교통장관의 선거 캠프에 들어가 헌신적으로 선거운동을 했으며 장관의 당선에 기여하자 레버 장관은 그를 총리실의 경제·재정·사회정책 담당 비서관으로 추천했다. 이에 1972년 브란트 총리는 기욤의 능력을 높이 사 그를 수행보좌관으로 임명했고 기욤은 서독 총리의 기밀 문건이나 회의록, 사생활 등에 자유롭게 접근할 수 있는 신분을 유지하게 되었다. 그런데 그 과정에서 브란트의 업적으로 칭송받는 '동방정책'과 같은 서독의 對동독정책이 동독에 의해 이미 낱낱이 파악되고 있는 정황이 포착되어 서독의 방첩기관이 그에 대한 11개월 동안의 잠복수사 끝에 증거를 잡고 1974년 4월 24일 비로소 당시 서독의 수도 본의 자택에서 간첩 혐의로 그를 체포하였다. 간첩과 관련된 정황을 포착하고 체포영장이 발부되자 기욤은 "나는 독일 인민군 장교로서 국가 보안성에 소속되어 있다. 적의 장

발하게 벌이던 슈타지는 직원 수만 당시 70,000명에 육박할 정도였다고 한다. 지금까지 확인된 정보에 의하면 1989년 당시 슈타지에는 91,015명의 공식요원, 173,200명의 비공식 요원들이 종사했는데, 동독 역사 40년을 통틀어 비공식 요원으로 슈타지에 종사한 사람은 60만 명 이상으로 파악된다.[14] 공식 요원들이 베를린 중앙본부, 시도 단위 지부, 읍면 단위 지부 등 각 부처에서 정식 근무한 반면, 비공식 요원들은 평범한 시민으로서 삶을 살면서 활동하였다. 비공식 요원의 임무는 특정 정보를 수집해 공식 요원들에게 전달하는 것이었는데, 이들 두 부류 외에 정보 수집에 동원되었던 요원들로는 '사회안전요원', '접선요원', 동독인민경찰 산하의 'K1 요원' 등이 존재했다.[15]

슈타지는 우리가 흔히 동독이라 부르는 독일민주공화국(Deutsche Demokratische Republik, DDR)의 정보기관인 국가보안부(Ministerium für Staatssicherheite, MfS)를 일컫는다. 통일 이전 동독 사회는 사회주의와 전체주의가 사회운영체제였고 1950년부터 독일이 통일되던 때인 1990년까지 이 슈타지는 동독의 정보 및 첩보기관으로 현재 미국의 CIA와 같은 역할을 했다고 볼 수 있다.[16]

슈타지에 대한 우리의 관심은 동독과 서독이 상대국가에 대해 엄청난 공작을 수행했다는 사실에서뿐만 아니라 독일의 정치지형이 우파에서 좌파로 급격하게 넘어간 사건 배후에 동독 간첩의 혁혁한 공작이 존재했고 서독 총리의 보좌관 중에 동독의 비밀간첩이 있었다는 충격적인 사실에 기인한다. 서독 정계의 각 정당에 침투해 들어간 대부분의 첩자들이 그렇듯이 귄터 기욤 역시 동독 슈타지 내의 정치선전조직(정보조직) 요원이었다.[17] 슈타지는 서독 정부의 동방정책(Ostpolitik)[18]을 틈타 총리(내각책임제) 비서실 등 핵심 기관을 비롯해 서독 곳곳에 다수의 간첩을 침투시켰다.

당시 동독 간첩에 포섭된 서독인 가운데는 좌파 계열 정당원과 지식인이 많이 포

교로 대우해 주길 바란다"며 당당하게 나오기도 했다.
14) 카르스텐 뒴멜·멜라니 피펜슈나이더(김영윤 번역), 『슈타지:그들의 정체는 무엇이었나?』. 통일연구원. 2010. pp.16-17.
15) 위의 글, p.17.
16) 슈타지의 숨겨진 동독정부의 비밀정치에 대한 상세한 내용은 John O. Koehler, *Stasi : The Untold Story of the East German Secret Police*, (Westview Press, 1999) 참조
17) 후베르투스 크나베(김주일 번역), 『슈타지 문서의 비밀:서독 총리실을 점령하라!』, (일간조선사, 2004). p.51.
18) 1949년 동서독의 정부수립 이후부터 1990년 통일 시까지 서독의 외교정책은 한마디로 '동방정책'(Ostpolitik)으로 불리워지고 있는데, 동방정책에 관한 상세한 내용은 Willy Brandt, *Friedenspolitik in Europa,* (Frankfurt: S. Fisher Verlag, 1968) 참조.

함되어 있었다고 한다. 동독 전문 연구기관이 베를린 자유대학의 '동독 사회주의 통일
당 독재체제 연구협회'는 "당시 서독인들의 안일한 자세는 정부가 동유럽 사회주의 국
가를 대상으로 화해정책을 적극 추진했던 것에 영향 받은 측면이 있다"고 지적하였다.

　1973년 동·서독 기본조약이 체결되면서 서독은 동독을 하나의 국가로 인정했으
며 이후 서독에서는 동독을 체제 위협 요소로 보는 시각이 사라졌다. 1970년대 초반
서독은 동방정책(Ostpolitik)을 통해 동독으로 하여금 '접근을 통한 변화'를 유도하려
하였다. 당시 서독은 동독 정부와 정치적 접촉을 크게 늘렸는데, 그 과정에서 1950년
대 제정된 국가보안법을 유명무실하게 개정하였다. 공산주의자와의 접촉을 엄격하게
규제하는 법이 더 이상 시대정신에 맞지 않다는 이유에서인데, 당시 서독 정부의 동방
정책이란 중부유럽에 위치한 서독이 분단 후 '對소련 정책', '對동유럽 정책', '對동독
정책'(Deutschlandpolitik)을 포괄하는 총체적 전략을 의미한다.[19] 이 가운데 아데나워
의 동방정책은 친서방을 기반으로 하는 동방정책이라고 할 수 있고, 브란트의 동방정
책은 對동독 접근에 무게를 둔 동방정책이었는데, 브란트의 동방정책을 '新동방정책'
이라고 특별히 구별하여 부르는 이유도 여기에 있다.

　우리가 주목해야 할 점은 문건을 통해 확인된 간첩활동의 사례들은 서독이 '동방
정책'을 추진하면서 즉, 동서독 교류가 활발해졌을 때인 1970년대부터 1980년대까지
더욱 극심해졌고 기승을 부렸다는 점이다. 이 과정에서 빌리 브란트 총리의 수행보좌
관이 간첩으로 밝혀진 '기욤사건'이 벌어진 것이다. 그리고 동독의 비밀정보기관 슈타
지가 서독에서 벌어진 여러 수많은 항의운동들과 학생시위, 반전 평화시위 같은 반정
부 운동에 직·간접적 참여해서 주도했었다는 것도 확인되었다.

　1980년대 서독에서 형사 처벌된 499명의 동독 정보원 중 30%선에 해당하는 135
명이 정당의 당적을 가지고 있었는데, 그 가운데는 좌파인 사민당원이 42%로 가장 많
았으며 이들의 동독 첩자들에 대한 협력은 대부분 정치적 신념에 따른 것이었다. 다시
말해 사회주의를 신뢰하고 사회주의 이데올로기에 대한 확신을 갖고 있던 자들이다.[20]

　슈타지에 의해 서면 작성된 자료들은 일반적으로 색인카드와 문서형태를 띠고 있
는데, 현재까지 발견된 색인카드의 양만 하더라도 3,900만 장이나 되며 이 문서들을

19) Timothy Garton Ash, *Im Namen Europas, Deutschland und der geteite Kontinent*, (Frankfurt/a.M.:
　　Fischer Taschenbuch Verlag, 1995), S.61.
20) 카르스텐 뒴멜·멜라니 피펜슈나이더(김영윤 번역), 『슈타지: 그들의 정체는 무엇이었나?』, (통일연
　　구원, 2010), p.162.

한 줄로 늘어놓으면 그 길이가 180Km에 달한다.[21] 독일 통일 이후 슈타지 문서들이 슈타지에 의해 분쇄되고 망실 처리되었지만, 대부분의 내용이 남아있을 수 있다는 것은 비밀경찰 조직의 특징으로 간주된다. 즉 태우고 망실처리하더라도 비밀 경찰조직의 문건은 누군가에 의해 유출되고 따라서 후대에 남게된다는 교훈을 준다.

(2) 슈타지의 對서독 공작활동과 행태

슈타지의 활동이 서독에서 상당히 활발했다는 사실은 명백한데, 슈타지는 서독에서의 임무수행을 '작전지역 내 임무수행'이라고 불렀다. 슈타지 관련 자료를 표본 추출한 결과 슈타지는 서독에서 40년간 대략 2만~3만 명 정도의 공작원들을 운영해 왔던 것으로 추정되는데, 이들은 수년간에 걸쳐 적발되지 않은 채 활동했으며 슈타지 공작총국은 산하 조직들로부터 포섭된 비공식 협조자들을 넘겨받곤 하였다.[22] 그리고 서독내 슈타지 활동은 단순한 정보 수집에 그치지 않았는 바, 동독 '사회주의 통일당의 창이자 방패'였던 슈타지가 서독지역에서 벌였던 활동들은 사회주의통일당의 궁극적 목표였던 '노동자 계급의 적'을 제거하기 위한 활동이 주요 임무였다. 슈타지의 對서독 공작행태를 통해 서독 침투기법은 다음과 같이 정리할 수 있다.[23]

첫째, 서독내 슈타지 활동은 서베를린과, 본과 같은 인구 밀집지역에 집중되어 있음을 알 수 있다. 즉 서독내 슈타지 간첩단이 서베를린과 당시 연방 수도인 본에 암약했고 최대 인구가 밀집해 있었던 서부 노르트라인 베스트팔렌주에 집중되었다. 동서독 통일 전까지 40여 년간 30,000명의 슈타지 비밀요원이 적발되지 않고, 고정 간첩으로 활약하였으며, 역으로 동독 내에서도 주민들의 일거수 일투족을 감시하였다.

둘째, 지속적인 공작원으로 남게 하기 위해 슈타지는 다양한 약점 확보에 주력하였다. 1988년에 나온 슈타지 자료는 서독인 협조자의 60% 정도가 정치적·이데올로기적 신념에 의해 협조하고 27% 정도만 물질적인 욕심으로 협조하고 있다고 분석하고 있다. 7%가 포섭관에 대한 개인적 호감 때문에, 1%가 압력을 받아서, 4%는 자신이 포

---

21) 앞의 글, p.17.

22) 만프레드 빌케·미하엘 쿠비나·빌헬름 멘징 공저, 『동독 슈타지의 침투 그리고 서독의 방어』, (평화문제연구소, 2012), p.35.

23) 이 부분은 독일통일 16주년을 맞아, 2006년 10월 베를린 자유대학 부설 '동독 사회주의 통일당 (SED) 독재체제 연구협회'가 슈타지 활동내용을 체계적으로 분석한 "서독에서의 동독 간첩활동의 실태와 서독 정부의 대응조치"란 제목의 보고서를 참조.

섭된 것도 모른 채 포섭됐다고 한다. 그러나 실제 조사를 해보면 정치적·이데올로기적 신념에 따라 협조한 사람은 거의 없었던 것으로 밝혀졌고, 협조자들은 간첩행위를 할 때마다 경제적인 대가를 받았던 것이다. 경제적 대가가 없으면 배신할 수 있으므로 슈타지는 이들을 계속 협조할 수 있게 하기 위해 다양한 약점을 확보한 것으로 조사되었다.

셋째, 친지를 통한 서독내 협조자 포섭을 들 수 있다. 협조자의 포섭은 대상 인물의 친지들 가운데 이미 슈타지의 협조자로 활동하고 있는 주변인이 슈타지에 추천한 경우가 대부분이었다. 다른 중요한 포섭 방법으로는 서독 주민이 동독의 친척 방문시 제시하는 개인 자료를 기초로 이들을 협조자로 포섭하는 경우였다. 슈타지는 포섭관을 보내 협조자를 구하기도 하였지만, 포섭관이 협조자를 구하는 비율은 10분의 1도 되지 못했다고 한다. 말하자면 포섭관의 전문적인 포섭 공작보다는 친지 관계 등으로 인해 협조자로 돌아서는 서독인이 훨씬 더 많았던 것으로 밝혀졌다.

넷째, 민족통일투쟁(독일통일투쟁) 참여 국수주의 및 극우주의자는 슈타지의 포섭 대상이었다. 흥미로운 것은 극우주의 운동권에 대한 슈타지의 시각인데, 슈타지는 민족통일투쟁에 참여하는 국수주의와 극우주의 학생들도 잠정적으로 협조자가 될 수 있다고 판단하였다. 그러나 순수 공산당원은 포섭하려고 하지 않았는데, 서독 공산당은 서독 정보기관원에게 감시를 받고 있어 이들에 대한 포섭은 금기시 되었기 때문이다.

다섯째, 슈타지는 포섭대상으로 고학력자를 우대하였다. 슈타지는 서독내 모든 직업계층에서 협조자를 포섭하려 했지만 특히, 전문직종 종사 대학졸업자를 집중적으로 포섭대상으로 삼았다. 슈타지의 학원을 상대로 한 활동양태를 보면, 비서·대학생 등 미래 간첩활동 가치가 높은 자를 집중적으로 포섭하였다. 즉 슈타지는 비서나 대학생 같이 현재보다는 미래에 있어서 간첩으로서 활동 가치가 높은 서독인을 집중 포섭하였는데, 연방의원이나 각료 등 당장 써먹을 수 있는 고위직 인사도 선호하긴 했지만, 앞으로 주요 인물의 비서가 될 수 있는 젊은 비서 및 대학생에 대해 특별한 관심을 기울였다. 슈타지는 능력있는 대학생을 포섭하기 위해 서독의 각 대학을 담당하는 슈타지 전담 부서를 만들기도 했다.

여섯째, 활용 가치가 높은 주요 여비서 포섭을 위하여 미남계도 적극 활용하는 등 '연애공작'[24]도 서슴치 않았다. 슈타지는 비서직 여성들을 대상으로 '연애공작'을 펼쳐

---

24) 슈타지는 잘생긴 꽃미남을 서독에 침투시켜 정부 부처에서 일하는 독신 여비서들을 포섭 (일명

정보원으로 포섭하기도 하였는데, 미남 공작원의 사랑 공세에 속아 넘어간 3명의 여비서 간첩단 사건이 뒤늦게 밝혀지기도 하였다. 즉 서독 여성 '게르다 오'는 동독 공작원 '슈뢰터'의 미남계에 넘어가 정보원이 됐는데, 그녀는 수년 동안 독일 외무부 속기사, 바르샤바 주재 독일 대사관 직원으로 근무하며 500건이 넘는 서류를 남편을 통해 동독으로 넘겼다. '다그마'라는 여인도 비슷한 방법으로 슈뢰터에게 포섭된 뒤 1975년 서독 총리실 비서로 취직하여, 1977년 체포될 때까지 수시로 정치 담당 부서의 기밀문서를 슈타지로 빼돌린 것이었다. NATO 본부에서 일하는 '마가레테'라는 서독 여인도 슈타지 지령을 받은 동독 배우 '롤란드'에게 유혹돼 정보원이 됐는데, '롤란드'는 덴마크 방위청 장교로 신분을 속인 뒤 '롤란드'를 통해 정보를 수집하여 슈타지로 넘긴 것이었다.

일곱째, 서독내에서 스스로 동독의 첩자를 원하는 부류도 존재했으므로 슈타지는 이들을 적극 활용하였다. 특별한 기관과 일한다는 '인정받고 싶은 욕구' 때문에 자발적으로 정보를 제공하는 사람도 있었는데, 이들은 슈타지가 목표하는 기관의 내부까지 침투할 능력이 없어 큰 가치는 없는 것으로 분류되었다. 그러나 이러한 부류에 속하는 다양한 협조자가 제공한 정보를 모으면 전체적인 그림을 그릴 수 있어서 슈타지는 이들을 가볍게 끊어버리지는 않았다. 물론 이들은 다른 곳에서 본인의 '인정받고자 하는 욕구'를 채워 주면 그쪽에 붙기 때문에 슈타지는 이들을 무조건 신뢰하지는 않았다.

여덟째, 동독인을 이용해 정보를 흘리고 서독 언론인을 포섭하기도 하였다. 해외정보총국은 동독 내에도 협조자를 두고 있었는데, 10,000여 명에 달하는 이들은 사회적 지위가 높았으므로 그만한 지위의 서독인과의 접촉이 가능했다. 슈타지는 이들에게 서방세계를 여행할 수 있는 특권을 주는 대신에 공작 활동을 하라고 요구하였던 것이다. 말하자면 슈타지는 이들에게 특별한 정보를 흘려주고 서독 언론인과 접촉하게 하여 서독 언론인들을 적극 포섭하였다.

아홉째, 슈타지는 협조자의 장기간에 걸친 첩보활동에 의존하였던 것으로 나타났다. 협조자 활동 기간이 대부분 상당히 오랜 시간 동안 지속되고 있는바, 1988년 당시 대외정보국이 운용하고 있던 전체 서독 협조자의 절반이 10년 이상 활동한 사람들인 것으로 밝혀졌다. 그리고 약 20년간 활동한 협조자는 29%, 약 30년간 활동한 협조자는

'로미오 작전')하기도 하였다. 이로써 아데나워 총리의 여비서까지 포섭하는 등 슈타지 덕분에 호네커 동독 서기장은 서독정책과 요인 동태를 책상 위에서 훤히 꿸 수 있었다.

14%를 차지하였다.

열 번째, 1950년대에 슈타지는 서독에서 습격, 납치 등과 같은 '특수 작전'들을 서슴없이 감행했는데, 이러한 행동들은 무엇보다도 동독 주민들의 저항을 차단하기 위한 방편이었다. 당시에 동독 주민들은 서독 사민당 동독지부와 같은 서독의 관공서나 동독으로 보내지는 RIAS 방송과 같은 미국의 소리방송에 크게 의지하던 터였다. 그러나 슈타지의 위협적인 방식은 1960년대가 되면서 사라졌는데, 1960년대 초부터 사회주의 통일당이 국제사회의 인정을 받고자 적극 노력하기 시작하면서 슈타지의 對서독 공작방식을 바꾸지 않을 수 없었기 때문이었다. 이후에는 서독에서의 슈타지 활동은 우회적인 방법을 통해 이뤄지기 시작하였다. 예를 들어 슈타지는 서독 정부와 정치가들이 '파시즘적'이라고 소문을 내거나 산업스파이를 이용하여 서독내 분란을 일으키는 방식을 사용하기도 하였다. 1970년대와 1980년대에는 서독 지역내의 적대적 기관과 세력에 대한 정보수집과 정찰에 보다 집중했는데, 왜냐하면 슈타지는 당시 서독의 긴장완화정책이 동독을 보다 더 교묘하게 위협하는 것으로 인식했기 때문이다. 슈타지는 많은 비용을 들여 있을지도 모르는 위기와 전쟁 상황에 대비했는데, 그 일환으로 각종 방해 공작과 살인을 담당할 '특공대'를 서독에 들여 보냈으며 서베를린 지역에는 10여개의 슈타지 시지부를 추가로 설치, 고정 인력을 배치하고자 했다.

(3) 서독내 슈타지 활동이 서독 사회에 미친 영향

동독 정보기관 슈타지의 서독 침투 및 파괴공작 양상을 보면 정계·경제계·노조·학계·종교계·학생운동 등 어느 분야에도 슈타지의 마수가 뻗치지 않은 곳이 없을 정도였다.[25] 말하자면 '40년간 슈타지의 손아귀에서 놀아난 서독사회'(후베르투스 크나베의『슈타지 문서의 비밀: 서독 총리실을 점령하라!』역자 서문)라는 경구에서 보듯이 서독내 슈타지 활동이 미친 영향은 가히 충격적이었다. 당시 관련된 자료들은 슈타지가 서독 사회의 거의 모든 핵심기관과 단체의 심장부에 비공식 요원들을 심어놓고 임무를 부여했다는 점을 잘 보여주고 있는데, 1984년 사회주의통일당 지도부는 "서독이 우리에게 미치는 영향보다 우리가 서독에 미치는 영향력이 더 큰 것"으로 평가한다고 하였다. 따라서 동·서독 분단시기 동독의 정보기관 슈타지의 對서독 활동으로 인한

---

25) 후베르투스 크나베(2004), p.13.

서독 사회에의 영향은 다음과 정리될 수 있다.

첫째, 서독 정부는 동독의 분단고착화 전략에 말려 무력함을 느껴야 할 정도였다. 동독 사회주의통일당은 對서독 공작을 위한 지도부로 당중앙위원회에 '對서독국'을 두었는데, 동독의 실력자들은 '라인강의 기적'을 만든 서독을 흡수 통일하기가 어렵다는 사실을 간파하였다. 이러한 인식하에 對서독국은 내각 직속의 국제정치경제연구소에 서독체제의 강점과 약점을 집중 연구하게 하고, 반공 및 통일로 점철된 서독 여론을 바꾸는 방법을 모색하게 되었던 것이다.

둘째, 동독이 서독을 흡수통일할 수 없다고 판단한 바, 동독 정치인들은 서독 지식인을 상대로 한 무력화 작업에 나섰고 이 전략은 들어 맞았다. 즉 동독 사회주의통일당은 독일을 통일하겠다는 꿈을 포기하고 동독의 국가적 지위를 국제법 및 국제정치적으로 굳히는데 주력하였다. 특히 슈타지를 활용하여 서독내 반공·통일의 주장을 최소화하는 공작에 주력한 결과, 1980년대 서독 엘리트들이 의식적이든 무의식적이든 사회주의통일당의 주장을 수용하게 유도하는 공작을 수행하였다. 결과적으로 서독 엘리트들은 의식적이든 무의식적이든 간에 동독 사회주의통일당 주장을 수용하게 되었던 것이다.

셋째, 슈타지에 포섭된 비밀정보요원들은 통독 전까지 40여 년간 서독 안에서 30,000여 명이 암약한 것으로 추정되는데 이들은 정계·경제계·노조·학계·종교계 등 서독사회 구석구석에 포진되었다. 슈타지 문서보관소 연구원으로 근무했던 후베르트 크나베는 본인 저서 '슈타지 문서의 비밀'에서 다음과 같이 기술하고 있다. "슈타지가 서독에서 활개칠 수 있었던 것은 1960년대 이후 동독 편을 들어주고 동독을 인정해야만이 진보적이라는 서독 지식인 사회의 분위기 때문"이라고 지적하였다. 크나베는 동독 공산당이 40여 년간 장기 독재를 유지할 수 있었던 것은 상당 부분 이러한 서독 지식인들의 방조에 책임이 있다고 기술하고 있다.

그 밖에도 사회주의통일당은 서독의 사민당(SPD), 노동조합 및 기타 기관의 주요 인사들과도 긴밀하게 연계되어 있었는데, 동독의 대서독 공작은 사회주의통일당의 정치적 목적을 실현하는데 초점을 맞추어 이뤄졌다는 것이다. 對서독 활동의 초창기에는 서독에 사회주의 체제를 구축할 수 있을 것이라는 기대를 가지고 사업을 진행하였으나 시간이 지나면서 동독을 위한 보다 유리한 정치적 분위기를 조성하는 데 주력하였다. 여기에는 서독의 정당과 미디어, 개별 인사들과 외부로 잘 드러나지 않는(다시 말해 공산주의 모습을 띠지 않은) 동독과의 공조가 지대한 역할을 했다.

표 1-5 >> 동독 간첩 혐의에 대한 수사 및 처벌 결과(1997년 7월 1일 기준)				
총 수사대상 7,099명		수사 중단	기소	처벌
동독인(공작원·정보원·비공식 협조자 포함)	4171명	3801명	82	23
서독인	2928명	2300명	388	252

자료 : 베를린 자유대 '동독 사회주의통일당(SED) 독재체제 연구협회'

    슈타지 논란과 관련해서 통일 이후 상황에까지 미치는 영향에 대해서는 다음에서 잘 알 수 있다.[26] 슈타지 논란은 2009년 7월 9일 "현재 옛 동독 지역의 6개 주에 1만 7,000명에 달하는 슈타지 요원 출신이 주 정부·경찰·병원·학교를 비롯한 각 분야에 근무하고 있다"라는 사실이 밝혀지면서 일기 시작했다. 경제일간지 <파이낸셜 타임스 도이칠란트>(FTD)는 장벽이 무너지고 그 이듬해 동·서독 통일정부가 들어선 후 악명 높았던 동독 정권의 국가기관인 국가안전보위부에서 활약하던 비밀경찰 정규 요원과 비공개 첩자(IM)등 1만 7000명이 간단한 경력 검증을 거친 뒤 옛 동독 지역의 다양한 공공기관에서 지금까지 근무해 오고 있다고 폭로하고 "이들은 검증도 없이 공무원으로 채용됐다"라고 전했다. 옛 동독시절 슈타지에 의해 감시당하고 체포된 후 고문을 당하고 감옥살이를 한 인권운동가들과 옛 동독 정권을 반대했던 인사들은 통일된 정부가 이들을 철저한 검증도 없이 공무원으로 채용했다는 사실에 분노하면서 "지금이라도 재심을 통해 그들이 국가의 중요 부서에서 계속 근무하는 것을 막아야 한다"라고 목청을 높였다.[27]

    또한 같은 해 7월 25일자 '시사IN'의 <'슈타지 망령'이 배회하고 있다> 에 의하면 슈타지 망령과 관련하여 양측의 상반된 주장이 제기되기도 하였다. 우선 1989년 11월 9일 베를린 장벽이 무너진 뒤 가장 먼저 슈타지 본부를 습격해 비밀 서류를 살펴보았

---

26) 『시사IN』. <'슈타지 망령'이 배회하고 있다>. 2009년 7월 25일자 참조.

27) 슈타지 요원 출신으로 현재 옛 동독지역의 공공기관에서 근무하는 사람은 작센안할트 주에 4400명, 작센 주 4101명, 브란덴부르크 주 2942명, 베를린 2733명, 메클렌부르크포르포메른 주 2247명, 튀링겐 주 800명으로 밝혀졌다. 이들은 동서독이 통일되기 직전인 1989년에 옛 동독 정권에서 활약하던 슈타지 전직원 10만 명과 비공식 협력자(IM) 20만 명 가운데 선발되어 고스란히 지금의 자리로 옮겨온 사람들이다. 시사IN. <'슈타지 망령'이 배회하고 있다>. 2009년 7월 25일자 참조.

던 슈타지 연구가인 스테판 볼레는 슈타지 문제로 국민이 히스테리를 일으킬 필요는 없으며, 슈타지 요원들은 민주사회에 융화됐고 민주주의 체제에 위험요소가 되지 않는다고 주장하였다. 한편, 옛 동독시절 인권운동가였고 녹색당의 유럽의회 의원 베르너 슐츠는 슈타지 요원의 행적에 관한 담론은 계속되어야 한다고 항변하였으며 기민당의 하원 원내총무 볼프강 보스바흐 의원은 한술 더 떠서 슈타지 출신 공무원을 전부 재심사해야 한다고 목소리를 높였다. '슈타지 희생자를 위한 기념사업회' 후베르투스 크나베 회장도 다시 이들을 재심할 수는 없다 하더라도 최소한 공무원의 경우 내부 통제는 이뤄져야 한다고 주장했다.

동독의 스파이 활동이 서독의 거의 모든 영역에 걸쳐 상당히 성공적으로 전개되었다는 것은 분명하다. 동독 정보기관 슈타지는 서독의 정치·경제·군사·정보기관은 물론 서독 주재 해외공관 등의 공격목표에 대한 접근통로를 확보하여 엄청난 양의 정보를 빼내 갔다. 서독은 동독 스파이들이 서독사회를 종횡무진 암약하는 동안 거의 완전하게 개방되어 있었다 해도 지나치지 않을 정도였다. 이로써 남북분단 상황의 우리에게 주는 시사점을 찾아야 할 것이다.

2. 서독의 對슈타지 방첩활동

(1) 서독 방첩활동 주무 부처

2차 세계대전 후 동·서 간의 교섭이 실패하고 냉전이 구체화되면서 1949년 5월 서독은 독일연방공화국(BRD)을 수립하였고, 1949년 10월 동독은 독일민주공화국(DDR) 수립을 선포하면서 동·서독으로 분단되었다. 건국 과정에서 서독 정부는 '자유민주주의체제 수호'라는 헌법의 기본 정신을 지키기 위해 헌법보호청(BfV, Bundesamt für Verfassungsschutz)을 만들어 공산주의와 극좌세력들의 자유 민주질서에 대한 위해활동 감시뿐만 아니라, 극우 세력들의 자유민주주의 파괴활동에 대해서도 철저한 감시를 위해 반국가 세력의 준동을 막기 위한 헌법 파괴세력 통제 차원에서 8개의 특정조항의 법체계를 갖추고 담당 공무원에게 반국가단체에 대해서는 도·감청을 포함하는 제한 없는 정보 수집활동을 보장하였다.

한편, 통일문제에 대해서는 당시 독일 헌법에 기초한 자유민주주의 체제하에서

통일 추진을 보장하기 위해 1972년에는 '급진주의자 훈령'[28]이라는 법령을 발령하여
서독의 민주체제를 부정하는 세력, 극단적인 좌익세력, 국가와 사회질서를 파괴하는
세력들에 대해 서독 공직에 진출을 금지하는 것을 주 내용으로 하는 등 반국가단체에
몸담았던 자들도 잠재적 반역자로 간주했으며 이미 취업을 했다 하더라도 과거의 경
력이 밝혀지면 해임 조치되도록 하였다. 특히 공직의 영역을 공무원은 물론 공공부문
의 단순노무직이나 계약직에게까지 확대하여 적용한 것은 내부의 적이 생존할 토양을
완전히 제거하는 특단의 조치였다.

이상에서 보듯이 독일의 방첩업무와 관련한 기관은 연방헌법보호청(BfV:
Bundesamt für Verfassungsschutz)[29]의 직무를 통해 살펴볼 수 있다. 독일의 BfV는 미국
의 FBI와 비슷한 역할을 수행하며 연방정보부(BND: Bundes Nachrichten Dienst)와 달
리 헌법상의 내적인 문제를 다루고 있다. BfV는 방첩 업무를 외국정보기관의 정보활
동방식을 밝혀내고 그들의 간첩행위에 대응하는 활동으로 정의하고 있는데,[30] 특히 극
우주의자, 폭력적 극좌주의자, 외국인차별주의자, 이슬람테러주의자, 방첩, 방호, 사이
언톨로지(Scientology)방첩 등의 역할을 헌법과 법률상으로 부여받았다. 이는 서독의
안보 활동의 특징과 관련지어 생각해 볼 수 있는 바, 즉 서독 정부는 헌정 질서에 대한
적대적인 세력이나 공작활동에 관한 정보기관의 정보 수집 임무와 국가 안보와 관련
된 범죄 수사와 형사소추 권한을 엄격히 분리하고 있기 때문이다.[31] 즉 BfV는 연방독

28) '급진주의자 훈령'은 독일의 진보정권인 사민당의 빌리 브란트 총리가 집권할 때인 1972년 1월 28
일에 공식 선포되었고, 통일을 이룩한 지금까지도 엄중하게 적용되고 있다. 서독은 건국 초기부터
강력한 법 집행으로 동독 측의 일체의 공작에 대응한 결과, 1987년까지 약 350여만 명의 취업희망
자의 적격성을 심사하여 그 중에서 2,200여 명의 위헌성분을 가려내어 임용을 거부하는 기록을 세
웠다. 그럼에도 불구하고 독일 통일 직후 확인된 동독의 공작원은 슈타지 산하 對서독 관련기관과
동독 인민군 산하 군첩보국, 구소련의 첩보기관과 협력하여 이 기간에도 서독을 상대로 1989년까지
대대적인 공작을 벌였던 것으로 밝혀지는 등 동독의 이런 공작활동에 투입된 동독 비밀 정보원은
약 3만여 명에 달하였던 것이다.
29) 연방헌법보호청의 법적 근거는 다음과 같다. Gesetz uber die Zusammenarbeit des Bundes
und der Lander in Angelegenheiten des Verfassungsschutzes und uber das Bundesamt für
Verfassungsschutzes in der Fassung(헌정 질서 보호 문제에 관한 연방 및 주 정부의 협력과 연방 헌
법보호청에 관한 법), 1990년 12월 30일 제정.
30) BFV, "Espionage, security and countersabotage", http://www.verfassungsschutz.de/en/en_fields_
of_work/espionage.
31) 만프레드 빌케·미하엘 쿠비아·빌헬름 멘징 공저, 『동독 슈타지의 침투 그리고 서독의 방어』, (평
화문제연구소, 2012), p.123. 서독에서는 지난 1950년대 이후 다음과 같이 권한이 조정되어 시행되

일의 대내정보기관으로서 방첩 및 자유민주질서 파괴 세력 등에 의한 반국가 활동에 대한 감시 또는 사찰을 중요한 임무로 삼고 있다.

독일의 3대 연방정보기관은 BfV(연방내무부 산하 연방헌법보호청, 대내정보기관), BND(연방수상청 산하 연방정보부, 해외정보기관), MAD(연방국방부 산하 연방군 기무사, 군사정보기관) 등을 들 수 있다. 특히 정보기관의 방첩활동은 정보활동의 핵심으로 볼 수 있는데, 동독의 슈타지에 대응하여 서독의 연방정보부(BND)는 동독 주민 약 10,000명을 정보원으로 고용한 사실이 밝혀지기도 하였다.[32] 이는 동독 정부가 출범한 1949년부터 베를린 장벽이 붕괴된 1989년까지 BND의 동독내 정보 수집이 활발하게 이뤄진 점을 상기시켜 준다.

슈타지 공작총국 및 동독 군 첩보국의 주요 대상국이었던 서독으로서는 방첩활동 대부분이 이들 기관의 활동에 대응하는 것이었는데, 물론 바르샤바 조약기구의 여타 회원국들도 對서독 공작 활동을 수행했으며(이는 합법적 거점을 통해 서독 영토 내에서 이루어졌다), 바르샤바 조약기구 주도국이었던 소련의 첩보기관은 서독 관련 정보의 약 80% 정도를 동독 첩보기관, 특히 동독의 공작총국을 통해 입수하였다.[33]

(2) 서독 방첩기관의 대(對)슈타지 활동

서독의 방첩기관은 동독의 첩보기관에 대응함에 있어서 철저한 분석으로 검증된 추적 조사방식에 의존하기도 하였다.[34] 이러한 추적 조사 방법은 서독 이외에는 서구 어느 정보기관에서도 사용하지 않았으며 경우에 따라 괄목할 만한 성공적인 방첩 활동사례로 이어지기도 하였다. 서독 방첩기관에 의한 對슈타지 방첩활동에 대한 대응방안은 다음과 같이 정리될 수 있다.

고 있다. 외국 정부로부터 임무를 부여받거나 이들을 이롭게 할 목적으로 정보를 수집하고 분석하는 첩보기관의 활동에 대한 방첩임무는 우선 헌법보호청에서 담당한다. 연방헌법보호청의 경우 쾰른에 소재하고 있으며 활동에서 독립성을 인정받는 주 헌법보호청은 현재 16개 주(통독 전에는 11개 주)에 각각 소재하고 있다.

32) 독일 역사학자 아르민 바그너와 마티아스 울이 2007년 9월 28일 공동 출간한 저서 'BND와 소련군의 투쟁'을 참조(독일 시사주간지 슈피겔 인터넷판, 2007년 9월 30일자).

33) 만프레드 빌케·미하엘 쿠비아·빌헬름 멘징 공저, 「동독 슈타지의 침투 그리고 서독의 방어」 평화문제연구소, 2012. p.128.

34) 이하에서 기술되는 '서독 방첩활동의 기법 및 실제 활동방식'에 대해서는 만프레드 빌케 외(2012), pp.128-145 참조.

첫째, 서독 방첩기관들은 서독 이주민들에 대한 질의 과정 등 조사를 통해 서독에 잠입한 공작원들에 관한 결정적 단서를 확보하는데 주력하였다. 서독 이주민들로부터 얻은 정보들은 對동독 첩보활동에서 중요한 기반으로 활용되어 역공작 수법으로 개발하는 데 유용하게 사용되었다. 이중 간첩 작전이 초기 단계를 넘어서지 못하는 경우에는 슈타지도 정보 전달자를 투입하지 않았다고 한다. 또한 접선을 위해서는 공작원이 동독으로 이동해야 하는 상황에서 일부는 눈에 띄는 행동으로 인해 당국에 체포된 사례도 있고, 어떤 경우에는 서독 방첩기관 내 첩자의 누설로 희생되기도 하였다.

동독은 1961년 8월 13일 동·서독 국경을 따라 베를린 장벽과 철조망을 설치함으로써 동독 주민이 서독을 방문하거나 서독으로 이주하는 것을 금지시켰다. 이로써 동독 정보기관 요원들의 서독 현지 정보활동도 상당 부분 영향 받았다. 또한 공작원과의 접선을 위해 동독으로 일시 귀환하는 것이 더는 여의치 않게 되었는 바, 서독 방첩기관은 소수 서독 이주민들에 대한 각별한 감시를 할 수 있었다.

둘째, 그물망 수사기법에 의한 불법 입국자에 대한 추적조사를 실시하였다. 1970년대 초부터 1990년대까지 헌법보호청에서 수행한 '전입 신고 자료 추적' 방식은 방첩활동 가운데 가장 성공적인 조치였다. 위장신분(주민 정보)으로 서독 및 서독과 국경을 접하고 있는 다른 인접국으로 잠입한 인물들, 소위 '불법입국자'들을 추적하는 방식도 여기에 포함되었다. 이 같은 방식으로 1989년 말까지 확인된 잠입 사례 만도 450건에 달하며 1993년 말 당시에는 누적 건수로 총 495건 이상이 적발되었고 82명이 검거되었다.

셋째, 여행경로에 대한 체계적 분석방법을 동원하였다. 동독의 슈타지 간부들은 서독으로 여행하는 것이 엄격히 금지되어 있었기 때문에 공작원과 공작관 간 접선 장소는 제3국이나 동독으로 제한되었다. 1970년대 그리고 특히 1980년대에 서독인들이 동독 지역을 방문하는 것이 더 이상 특수한 사례가 아니었지만 그렇다고 해도 공작원들에게는 위험이 따랐다. 물론 동독에 친지들을 두고 있는 공작원은 좀 더 수월하게 동독으로 건너갈 수 있었지만 실제로 친지 방문하는 뚜렷한 이유가 없을 때 당국으로부터 의심을 사게될 가능성도 다분히 있었다. 따라서 정보 및 지침 전달자 등 중간 전달자가 이 과정에서 중요한 역할을 수행하였으며, 이들은 대개 동독 첩보기관의 비공식 협조자들이었다. 한편, 방첩 당국에서는 확인된 사례들을 자세히 분석함으로써 이 같은 이동 과정에서 전형적으로 나타나는 양상을 밝혀냈는데, 이동 과정과 관련 슈타지의 명확한 규정이 있고 정보전달자들이 지켜야 할 예방조치들이 있었다는 점에서 놀랄 일은 아니었다. 간첩과의 연락을 담당하는 전령 및 지도원 등이 동·서독 국경을 넘는 여행은 해당 인물의 사정을 고려하여, 주도 면밀하게 계획되었음에도 불구하고 일련의 동일한 방식이 드러날 수 밖에 없었다는 점에서 색출 가능했다.

한편, 동독의 슈타지 활동에 대응하여 BND는 동독 사회 전반에 정보원을 심어 놓고 있었으며 특히 동독 주둔 소련군의 동태 등 군사 정보를 수집하는 데 주력하였다. 동독에 소련군 정예병력 40만 명이 주둔하고 있던 당시 서독은 소련군의 침입을 두려워하고 있었으며 이에 따라 BND는 동독내 군사적인 움직임을 파악하는데 필사적인 노력을 기울인 것으로 보인다. 이 같은 노력으로 서독 정보기관은 1961년 8월 베를린 장벽이 무너지기 전에 이 계획을 알아내는 데 성공하였다. 한편, BND는 이 정보를 서독 정치인에게 보고했으나, 그들은 이를 믿으려 하지 않았다고 슈피겔지는 보도한 바 있다.[35)]

또한 서독 정부는 독일통일의 외부문제 해결과 관련하여 국제정치적 문제와 국제법적인 문제가 해결되어야 함을 인식하였다. 말하자면 전승 4개국은 이런 독일통일 문제와 관련해 상이한 입장을 취하고 있었기 때문이었다. 서독 콜 수상의 외교는 1980년대 전반기와 1980년대 후반기의 외교를 나누어 그 특징을 살펴 볼 수 있는데, 1980년대 전반기의 서독 외교는 미·소 대결이 증대되는 시기였기 때문에 제한적일 수밖에 없었다. 따라서 서독정부의 정보기관은 이와 관련한 정보수집에 주력하였던 것으로 보인다.

BND는 동독의 학생·주부 등 일반인 수천 명을 정보원으로 채용했는데 이들은 단파 라디오를 이용하거나 동독을 방문한 서독 친척들을 통해 정보를 전달하였다. 동독인들이 서독을 위해 스파이 노릇을 하는 동기는 매우 다양한데, 물론 돈을 대가로 일한 경우도 있지만 이는 소수에 불과하고 공산주의에 대한 반감으로 자발적으로 정보를 제공한 사례가 많다는 지적이다.

그러나 결과적으로 동서독 스파이 전쟁에서 실질적인 우위는 동독이 차지한 것으로 보인다. 서독 정보기관이 동독 정보기관보다 정보원 수는 많았으나 정보 활동 수준은 동독이 앞섰다고 볼 수 있다. 예컨대 동독의 정보원들은 서독 정계와 정부 고위직에 상당 수 침투해 있었으며 이들은 더 많은 고급 정보를 입수하는데 성공하였던 것이다.

---

35) 슈피겔, 2007년 9월 30일자(인터넷판).

심지어 1974년 당시 빌리 브란트 총리의 보좌관 기욤이 동독 스파이로 드러나 브란트 총리가 사임하는 사태가 초래된 것은 충격적인 사건이었다.

무엇보다 서독의 對슈타지 방첩활동 가운데 중요한 점은 동독의 對서독 공작 실태를 밝혀내는 데 성공한 것이었다. 특히 동독 첩보요원 '슈틸러'가 1979년 서독으로 망명하므로써 동독 스파이 총책 '마르쿠스 볼프'의 신원 파악에 성공하였다. 독일 통일 후 일부 공개된 슈타지 문서에 의하면 볼프가 이끈 서독 침투작전이 얼마나 광범위하고 치밀했음을 보여주고 있다. 슈타지 문서 관리소장이 후에 서독 전후사를 다시 써야 할 정도라고 술회한 적이 있을 정도이다.

3. 우리나라 방첩활동에 대한 시사점

동독 슈타지 활동 등에 대한 과거사 청산은 '승자의 보복'이 될 수 있다는 측면에서 비판도 받지만 기본적으로는 이러한 요구가 서독이 아닌 동독 내부에서 시작됐다는 점은 참고할 만한 점이다. 슈타지가 서독은 물론이고 동독 주민에 대하여 감행한 감시활동은 역으로 통일 이후 동독 주민 간 화합에 부정적인 여파를 미칠 수 있다. 앞서 지적했지만 슈타지 요원으로 같은 동독 주민을 감시하고 밀고했던 자들이 통일 이후에 징벌당하기는 커녕 공무원 등 주요 요직을 차지했다는 점은 문제가 되지 않을 수 없다.

남북한 상황과 관련하여 주목할 점은 북한이 동독과 달리 전쟁 책임이 있고, 소련·중국 등 국제 공산주의 영향에서 배제되었으며 상식에 부합하지 않는 세습정권이라는 점이다. 또한 동·서독은 경제교류가 활발했고 군사적 위협은 한반도 상황에 비해 없었다고 볼 수 있다. 반면에 남북관계는 상대의 군사·정치적 체제 전복 위협이 상존하고 있다.

이 점에서 동서독 사례를 우리에게 그대로 적용하는 것은 무리가 될 수도 있다. 따라서 동독의 對서독 슈타지 활동과 관련한 사후 처리 문제 등에 있어서 서독정부와 다른 방법을 취할 가능성도 배제할 수 없지만, 동독 슈타지 활동 및 서독의 대응과 관련하여 지금까지 제기되고 논의되고 있는 문제 몇 가지를 정리하면 다음과 같다.

첫째, 슈타지의 對서독 공작기법을 우리 사회에 시뮬레이터 했을 경우에 우리 안보 위해 요소를 발견할 수 있을 것으로 생각된다. 말하자면 슈타지 활동양태를 고려할 때 남북 화해정책의 이면에 숨어 있는 공작정치의 난무를 고려하지 않을 수 없다. 1960년 중반부터 통일될 때까지의 독일 사정을 참고할 때, 즉 서독이 동방정책(Ostpolitik)을 펼친 1960년대 중반 이후 兩獨 간의 긴장이 외견상 크게 완화되었지만 동서독 긴장 완화 이면에는 양쪽 정보기관의 치열한 공작 및 정보활동이 펼쳐졌다는 것이다. 서독이 동방정책을 펴던 시절에 동독이 슈타지를 통해 감행한 對서독 공작에 대한 연구는 북한의 공작 실체와 규모를 짐작케 하는 데 도움이 될 수 있을 것이다.

둘째, 분단 직전 남하한 고정간첩의 암약 및 여행경로를 통한 간첩활동 가능성도 예의주시할 필요가 있다. 슈타지 해외정보총국은 베를린 장벽 구축(1961년) 전인 1950년대에는 주로 서독으로 탈출한 동독인으로 가장해 공작원으로 침투한 경우가 많았다. 이들은 상당히 장기간 정보원으로 활동하였는 바, 세대를 이어 대물림을 하면서 정보활동을 할 가능성이 있는데, 한국의 경우도 북한에서의 남하를 가장한 장기간에 걸친 고정 간첩(장기 협조자 네트워크 가능성) 암약을 예상해 볼 수 있다. 즉 분단 시기 독일과 마찬가지로 가족, 친척, 친구 등 주변인 추천에 의한 협조자망의 구축이 예상되므로 과거 간첩행위 처벌자, 공산주의·사회주의 전향자, 재북 친지 방문자, 조총련 접촉자와 이들의 주변 인물에 대한 지속적인 감시활동이 필요하다. 또 객관적 추적방법의 개발 및 실행이 필요한데, 과거 간첩사건에 대한 조사를 통해 일반적 유형을 추출하는 한편 조선족 동포이주자, 탈북자 등 입국 후 한국 국적 취득자에 대한 광범위한 조사를 통해 객관적 추적방법의 개발과 집행이 필요할 것이다.

셋째, 동방정책으로 여행이 자유화되자 여행자로 가장한 공작원이 많이 투입되었는 바, 우리 사회도 과거보다 남북왕래가 자유로운 점을 이용한 북한의 공작원 침투 및 탈북자를 가장한 간첩 활동의 가능성 증대에 유념하여야 할 것이다. 특히 우리 국민이지만 외국 시민권자라는 신분을 이용한 방북 등을 통한 친북활동도 예외가 되지 않으므로, 이들의 리스트를 수집하여 체계적인 관리시스템 마련이 필요하다. 즉 이들의 입국 경로, 입국 연령, 신분증 종류, 입국 이후 이사 경로, 해외여행 목적지 및 빈도수 등을 정밀 조사하여 객관적 간첩 추적방법을 개발하여 집행하는 것도 고려해야 할 것이다. 무엇보다 남한 출신의 북한 협조자 포착을 위해 방북자 및 북한인 접촉자에 대해서도 방북 사유, 경로, 접촉인물 등에 대한 유형분류 작업을 통해 객관적인 혐의자 추적방법에 대한 개발이 필요하다.

넷째, 방첩 개념의 확대 및 국가 간 대외협력 강화를 통한 방첩활동에 주력하여야 할 것이다. 일반적으로 국가 방첩에 대한 중요성은 인정하지만 방첩 개념에 대해서는 논란의 여지가 있는데, 왜냐하면 방첩개념이·무엇인가에 따라 방첩의 목표, 활동범위, 임무 등이 달라지기 때문이다. 기존의 전통적 방첩이 '일반적인 보안과 對스파이활동'에 국한되는 것인 반면, 능동적 방첩이란 외부세력에 의한 테러, 사보타지, 국제범죄, 사이버테러에 대응한 정보활동까지를 포함하는 광의적 개념이다. 현재의 급속한 정보환경 변화를 고려한다면 더 적극적이며 선제적인 방첩활동이 정보기관의 역할로서 바람직하다고 생각된다.

다섯째, 무엇보다 한반도 통일에 대비한 간첩활동 처벌규정의 보완이 필요하다. 현재 우리의 실정법은 간첩죄와 관련하여 근본적 문제점이 있는 바, 대북 방첩활동 담보를 위해 간첩활동 처벌규정 보완이 필요하다. 정보의 범위에 대한 재검토도 필요하다. 우리 형법은 간첩활동의 대상과 행위유형을 국가기밀 탐지·수집 및 누설에 한정하고 있는데, 국가기밀에 해당되지는 않으나 지켜야 할 주요 기밀 사항에 대해선 규정이 없으므로 중요한 정보 유출 가능성이 높음에 유념할 필요가 있다. 말하자면 기밀의 범위 등 지켜야 할 정보 내용에 대한 보완이 필요한 실정인데, 국가기밀의 범위는 전형적인 국가기밀은 물론 국가 안위 및 존립에 위해가 될 수 있는 정보, 첩보의 수준까지도 확대시킬 필요가 있다는 것이다. 서독이 1972년 '급진주의자 훈령'이라는 법령을 발령하여 서독의 민주체제를 부정하는 세력, 극단적인 좌익세력 및 국가와 사회질서를 파괴하는 세력들에 대해 서독의 공직에 진출하는 것을 금지하는 것 및 이미 취업했더라도 과거 경력이 밝혀지면 해임조치되는 규정을 공무원은 물론 공공부문 단순노무직이나 계약직에게까지 확대 적용한 것은 참고할 만하다.

여섯째, 독일의 '슈타지 문서 관리법' 같은 '북한공작원 문서 관리법'이 필요하다. 서독은 통일 전 동독의 비밀경찰이었던 슈타지의 문건을 어떻게 관리하여야 할 것인가에 대비하여, 슈타지 문서 관리법을 특별히 제정하였다. '슈타지 문서 관리법'은 비공개 및 비수사가 원칙이되, 국익과 관련 되거나 필요가 있을 경우에는 제한적으로 공개하고 있다. 우리도 통일 이후를 대비한 법·제도의 정비가 필요하다. 독일의 경우 반란죄와 관련된 사건들만 형사처벌 대상이었는데, 그러나 반란죄로 처벌된 사례는 극히 일부에 지나지 않았다. 우리 또한 통일에 대비한 '간첩활동'과 관련한 독일 사례를 참고하되 우리의 상황에 맞도록 법제정 및 대책 마련이 필요할 것으로 생각된다.

일곱째, 사이버 공간에서의 간첩활동 영역이 새롭게 부각됨에 따라 사이버 방첩활동 강화 및 사이버 정보활동에도 주력하여야 할 것이다. 동서독 분단 시기만 해도 인터넷에 의한 간첩활동보다는 직접적인 휴민트(HUMINT)를 통한 정보수집이 주류였다. 그러나 과학기술 발달과 인터넷 확산으로 인해 인간 또는 문서 등으로 유통되던 정보가 DB와 정보통신시스템 등에 의해 유출되는 상황을 유의해야 한다. 이는 곧 정보 및 보안활동 영역의 확대 및 발전 동력으로 작용하고, 기술정보(TECHINT)에 대한 의존도를 증대시키는 결과를 초래하게 되었다. 따라서 과거 인적 · 물적 기법에다 첨단 과학장비 보급 및 IT 기술 통합 · 응용으로 정보수집, 가공, 관리 등 전 분야의 일체화 작업이 필요하다.

여덟째, 국가간 협력 강화를 통한 방첩활동에 주력하여야 할 것이다. 국가 정보업무 영역 확장으로 기술부문의 정보활동에 의존하는 정보 수요가 점증하여 국내에 국한된 수집시스템과 네트워크의 한계를 극복할 필요가 있으므로 정보수집 및 방첩활동에서의 대외협력이 필수적이다. 특히 국가와 지역의 벽이 없는 사이버테러 · 정보전 등에 대비, 자체 기술연구와 함께 우방국가와의 대외협력이 필요하다.

참·고·문·헌

김명식. "미국에서의 국가정보 개념에 대한 논의". 『미국헌법연구』. 제20권 제2호 (2009).

김호정. "외국 스파이 처벌유형 · 적용법규 비교연구와 우리의 스파이 규제법 정비방안". 『국가정보연구』. 제2권 2호(2009). 한국국가정보학회.

만프레드 빌케 · 미하엘 쿠비나 · 빌헬름 멘징(공저). 『동독 슈타지의 침투 그리고 서독의 방어』. 평화문제연구소, 2012.

문경환 · 이창무. "국정원 국내정보활동의 법적 근거 및 활동방향연구". 『국가정보연구』. 제2권 2호(2009).

신의기. "국제환경의 변화와 간첩죄 규정 정비방안". 『국제문제연구』. 제10권 4호 (2010).

아르민 바그너 · 마티아스 울(공저). 『BND와 소련군의 투쟁』. (2007).

전웅. 2009, "방첩개념의 재조명 : 목적, 범위, 활동유형을 중심으로". 『국가정보연구』. 2009년 제2권 2호.

제성호. "국정원 정보활동의 법·제도적 기반 강화 문제". 『저스티스』. 통권 제103호 (2008).

한정택. "국가정보환경 변화에 따른 안보 의식조사 결과 분석: 대학생의 방첩의식을 중심으로". 『국제문제연구』 제10권 제4호(2010).

허태회·정준현. "대내외 정보환경의 변화와 국가방첩의 새로운 방향 모색". 『국제문제연구』. 제10권 제4호(2010).

카르스텐 뒴멜·멜라니 피펜슈나이더(김영윤 번역). 『슈타지:그들의 정체는 무엇이었나?』. 통일연구원, 2010.

후베르투스 크나베(김주일 번역). 『슈타지 문서의 비밀:서독 총리실을 점령하라!』. 일간조선사, 2004.

국정원 홈페이지 참조(http://www.nis.go.kr/svc/affair.do?method=content&cmid).

대통령령 제23780호(방첩업무 규정).

『문화일보』. 2004.9.9.

『슈피겔지』. 2007.9.30(인터넷판).

『시사IN』. <'슈타지 망령'이 배회하고 있다>. 2009.7.25.

Abram N. Shulsky and J. Gary Schmitt. *Silent Warfare: Understanding the World of Intelligence*, 3rd. ed. New York: Brassey's, Inc. 2002.

John O. Koehler. *Stasi : The Untold Story of the East German Secret Police*. Westview Press, 1999.

Richard Posner. *Uncertain Shield: The U.S. Intelligence System in the Throes of Reform*, Rowman and Littlefield Publishers, Inc. 2006.

Timothy Garton Ash. *Im Namen Europas, Deutschland und der geteite Kontinent*. Frankfurt/a.M.: Fischer Taschenbuch Verlag, 1995.

Willy Brandt. *Friedenspolitik in Europa*. Frankfurt: S. Fisher Verlag, 1968.

Gesetz uber die Zusammenarbeit des Bundes und der Lander in Angelegenheiten des Verfassungsschutzes und uber das Bundesamt für Verfassungsschutzes in der Fassung(헌정 질서 보호 문제에 관한 연방 및 주 정부의 협력과 연방 헌법보호청에 관한 법), 1990.12.30 제정.

BFV. "Espionage, security and countersabotage". http://www.verfassungsschutz.de/en/en_fields_ of_work/espionage.

제2장 정보환경변화에 대비한 방첩의 전망과 과제

허태회(선문대학교)

제1절 21세기 정보환경변화와 방첩영역의 확대

　　탈냉전 이후 세계 정보환경은 전통적 안보위협 요소로부터 테러, 환경오염, 보건 및 자원위기까지 많은 위협요소들을 부각시키면서 정보활동의 영역과 범위를 확장시키고 있다. 먼저 냉전이 종식되면서 초강대국 간에 긴장과 대립은 사라졌지만 이러한 탈냉전 상황은 정보기관의 정보목표와 우선순위의 변화를 초래하였다. 냉전시 자유민주주의 진영의 정보목표가 적대적이었던 동구사회주의 국가나 공산권국가에 우선순위가 있었다면 탈냉전으로 인한 새로운 정보환경은 정보목표의 명확성을 상실하게 하였으며 정보 우선순위에도 테러, 환경과 같은 다양한 이슈들이 서로 경합되게 하였다.[36] 이처럼 냉전의 종식은 정보환경에 있어서 정보목표의 불확실성과 정보 의제의 다양화를 초래하였으며 이러한 상황은 정보기구로 하여금 훨씬 더 정보활동의 어려움을 겪게 하고 분석의 전문성을 요구하게 만들었다.[37]

　　과거 냉전시대 적국과 우방국이라는 이분법적 구도 하에서는 정보대상과 목표가 명확하고 정보우선순위가 단순한 군사안보에 있었던 반면에, 탈냉전 상황에서는 정보목표도 불분명해지고 정보우선순위도 불확실해져 효과적인 정보활동이 어렵게 되었다. 탈냉전 시대의 안보위협이 특정 적대국의 군사안보적 위협으로부터 테러리즘과 같이 국내로 파급되는 국내안보적 요소에 집중되면서 정보공동체 내에 정보활동의 영역과 책임에 대한 혼선의 문제를 야기하기도 하였다. 미국의 경우 FBI와 CIA, 국토안보부 간에 테러문제와 관련 정보활동의 영역문제를 야기하면서 정보기구들 간에 정보

---

36) 김계동, 『국가정보: 비밀에서 정책까지』, Mark Lowenthal(2005)의 번역, (서울: 명인문화사, 2008), p.325.
37) 위의 책.

공유 문제를 새로운 정보개혁 과제로 부각시켰다.[38] 이처럼 탈냉전 이후 정보환경의
변화는 각국의 정보기관으로 하여금 새로운 시대 변화에 대한 적응과 개혁을 요구하
고 있다.[39]

　　세계화의 심화로 인하여 나타나는 초국가적인 현상(Transnational Relations)은 초
국가적 위협의 등장과 함께 위협의 주체, 대상과 범위, 대응방식 등에서 기존의 국가
중심적인 정보활동과는 다른 양상을 보여준다. 즉, 과거에는 주로 국가들이 타국을 대
상으로 정보활동을 하였지만 안보위협의 주체가 개인, 이익집단, 기업, 테러리스트 등
으로 다양하게 변하면서 정보활동의 대상과 범위가 확장되고 다양화되었으며 대응방
식도 기존의 대응형태와 다른 방식이 더 효과적이게 되었다.[40] 즉 기존의 전통적 안보
위협에 대한 대응이 주로 군사적 위협에 대한 것이므로 동맹관계나 세력균형, 집단안
보 등의 현실주의적 접근방식이 중심이 되었으나 국제테러, 마약, 전염병확산, 환경오
염과 같은 새로운 안보위협들은 초국가적인 형태로 발생되기 때문에 그 대응방식도
행위자들 간의 상호 이해와 협력을 바탕으로 긴밀한 협조체제를 구축하는 것이 효과
적이게 되었다. 이러한 것은 정보기관으로 하여금 정보활동에 있어서 국가들 간에 정
보협력의 필요성을 크게 증대시켜 놓았다.[41]

　　여기에 ICT의 발전으로 인하여 가속화되고 있는 정보화의 확산은 국내사회는 물
론 국제사회에 다원주의와 민주화를 촉진시키면서 해외정보 환경은 물론 국내정보활
동에도 심각한 영향을 미치고 있다. 2011년 초 중동에서 발생한 아랍의 봄 사태가 보
여주듯이 정보화환경의 변화는 시민여론 형성과 국내 거버넌스에 있어 엄청난 파급효
과를 미치고 있다. 튀니지의 민주화운동으로 시작된 쟈스민 혁명이 이집트, 이란, 리
비아 지역으로 확산되면서 독재정권의 붕괴와 민주화의 확산에 기여한 것은 긍정적
인 측면이긴 하다. 하지만 스마트폰에 실시간으로 보여지는 현장의 충격적인 장면과
시위군중들의 모습은 급기야 세계여론과 국제사회를 자극하면서 소통과 타협을 부정
하던 현지의 장기독재자들을 몰락시키게 하였다. 과거에는 내정간섭이라고 하여 쉽
게 관여할 수 없었던 국내 인권문제에 UN을 포함한 국제사회가 적극개입하게 된 배경

---

38) 위의 책, pp.325-326.
39) 허태회, "대내외 정보환경의 변화와 국가방첩의 새로운 방향 모색," 『국제문제연구』, 제10권 4호
　　(2010), pp.77-110.
40) 위의 글.
41) 국가정보포럼, 『국가정보학』, (서울: 박영사, 2006), pp.387-389.

(인도주의적 개입과 보호책임: Humanitarian Intervention and Responsibility to Protect)에
는 정보기술의 발달과 민주화 확산에 기인하는 새로운 정치사회 환경의 변화가 중요
한 요인이다. 이처럼 세계적인 정보화와 민주화 과정으로 인한 정치사회 환경의 변화
는 제 3세계 권위주의 정권의 통치 및 국내 거버넌스 취약성을 증대시키면서 개발도상
국 사회 내부의 정치적 불안정을 야기하는 측면도 있다. 하지만 이러한 상황은 선진국
사회도 마찬가지여서 국내사회의 여론 형성과 정치권력의 통제영역에 있어서 정보화
와 민주화과정의 심화가 제도권 정치의 강화보다는 시민사회의 영향력 확대 및 국내
거버넌스 약화를 초래할 수 있게 만들었다.[42]

　　게다가 IT 기술의 발전으로 인하여 소위 "유비쿼터스 사회"가 도래하고 그만큼 개
인이나 사회 · 국가 모두 인터넷과 같은 가상공간에 대한 의존도가 심화되고 있는 상
황에서 "전장도 없고 소리도 없는"사이버테러, 정보전쟁에 대비한 사이버안보 문제도
심각한 위협요소로 부상하고 있다.[43] 요컨대 정보기술이 사회전반에 사용됨으로 인하
여 다양한 새로운 분야에서 취약성이 발생하고 있으며 "불법접근, 바이러스 확산, 서
비스 거부 공격, 사회 공학적 공격" 등과 같이 정보시스템에 대한 사전에 계획된 악의
적 공격행위가 다양한 형태로 대상과 장소에 상관없이 발생할 수 있어 새로운 방첩문
제로 등장하게 된 것이다.[44] 특히 소셜 미디어 및 새로운 정보통신 매체들의 융합으로
인하여 더욱 가속화될 정보환경의 변화차원에서 보면 이는 단순히 정보통신기술과 무
기체계간의 융합을 넘어서서 테러리즘이나 전쟁과 같은 위협의 속성, 범위와 강도의
혁신적 변화를 초래함으로써 이에 대비한 방첩역량 강화를 중요한 과제로 부각되게
만들었다.[45]

　　반면에 이러한 것은 방첩활동과 관련하여 정보활동의 범위 확대로 인해 기본권
침해 소지 논란을 야기하여 정보기관에 대한 민주적 통제 및 감시의 강화요구로 나타
기도 한다. 이러한 민감한 문제로 인하여 시민들의 정보기관에 대한 국내 정보활동의

---

42) 앞의 글, pp.67-73.

43) 권문택, "유비쿼터스 시대의 사이버안전대책", 『제5회 사이버테러정보전 컨퍼런스 2004 논문집』; 위
　　의 글 참조.

44) 국가의 안보영역이 군사 및 외교적 측면뿐만 아니라 정치, 경제, 과학기술, 사회문화 분야로 확대되
　　고 안보역량이 국가 경제력에 크게 좌우되며 국가 경제력을 뒷받침하는 것이 과학기술과 정보기술
　　이라고 볼 때 사이버 공격의 위협은 국가안보에 직접적인 영향을 줄 수 있다.

45) 허태회 · 이상호 · 장노순, "21세기 현대 정보전의 실체와 한국의 전략과제," 『국가전략』, 제10권 2
　　호(2004), pp.73-100.

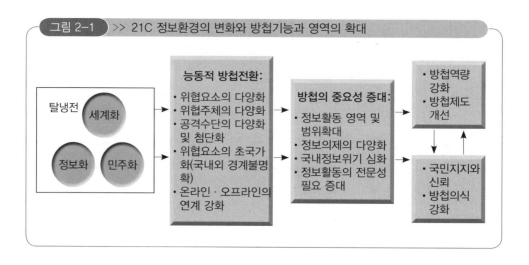

탈냉전의 새로운 국제상황 변화와 전 지구적으로 확산되는 세계화 및 정보화, 그
리고 민주화의 확산에 기인하여 이제 안보환경은 경제, 사회, 환경, 에너지자원, 사이
버안보 등을 아우르는 포괄안보(Comprehensive Security)의 개념으로 바뀌고 있으며 방
첩개념도 포괄방첩(Comprehensive Counterintelligence)의 개념으로 바뀌어야 할 상황
이다. 그만큼 정보활동의 영역과 대상도 확대되고 정보의제의 변화와 정보기관의 기
능 및 역할까지 변하면서 정보생태계 자체가 급격한 변화의 시대를 맞이하고 있는 것
이다. 여기에서는 이와 같이 급속히 변화하는 대내외 정보환경의 변화에 대응하여 우

규제강화 및 통제강화 요구가 나타나게 되며 정보기관의 정치적 중립화 요구가 훨씬
더 강력하게 제기되는 것이다. 물론 정치·사회적 변화에 맞게 정보기관의 개혁이 필
요하긴 한 것이지만 이러한 취약한 정보활동 상황이 적대적 세력의 악의적 심리전에
이용될 개연성도 커지고 있으므로 원활한 국가 방첩활동이나 대내안보 강화 차원에서
는 예의 주시해야 할 사안이라고 하겠다.[46] [그림 2-1]은 이와 같은 정보환경의 변화
로 인하여 과거보다 정보활동, 특히 방첩의 기능과 역할이 더 중요해지고 있는 상황을
구체화시킨 것이다.

---

46) 지금 한국안보의 최대위협요소는 외부에 있기보다 지난 10년간 민족공조론에 입각한 북한의 공작에 휘말
려 우리 내부의 심각한 이념과 계층 간 갈등을 겪는 것으로 이로 인한 정치적 혼란의 가중과 불안정 등은
큰 정치·사회적 손실이 될 수 있다. 특히, 이념갈등과 노사문제가 상호 연결되고 이러한 것이 노사갈등을
빙자한 파업이나 태업 등으로 나타나면서 여기에 종교적 급진주의까지 개입한다면 사태는 매우 심각할 수
있다.

리 국가정보가 직면한 방첩제도의 개선방향에 대하여 살펴본다.

 제2절 **방첩의 영역확대에 따른 전망과 과제**

　　현재 우리 정보기관이 직면하고 있는 새로운 정보환경의 지형도를 바탕으로 국가
방첩의 과제를 살펴보면 제도적인 것과 비제도적인 것이 있다. 그 중에서 제도 개혁에
앞서서 선행되어야 할 과제는 정보환경의 변화에 대한 범국민적·범사회적 인식의 전
환이다. 즉 모든 국민역량을 모으고 결집하여 선진 방첩체제의 구축으로 나가는데 앞
서서 기존의 방첩개념과 범위의 한계, 현행 제도의 미비점 등을 우리 국민들이 인식하
여 이에 대한 하나의 공감대를 형성하여야 한다. 이러한 것은 결국 우리 정보기관으로
하여금 ① 정보환경 변화에 따른 새로운 방첩개념과 방첩활동의 방향 설정 ② 방첩의
기능 및 역할확대에 대한 국민적 공감대 형성 ③ 국민적 공감대와 지지를 토대로 비효
율적이며 불합리한 법/제도의 개선문제로 귀결된다.[47]

　　먼저 세계 정보환경 변화의 특징은 안보위협의 다양화이다. 즉 세계 안보 및 정보
환경의 변화에 따라 안보위협 요소가 훨씬 다양지고 있다. 이것은 안보의 범위와 개
념자체가 포괄적으로 확대되고 안보위협 요소가 다양해지면서 더 이상 전통적 군사분
야의 위협만을 위협요소로 고집할 수가 없으며 군사안보 이상으로 경제·민생과 같은
비군사분야의 중요성이 국가안보 비중에서 커지고 있기 때문에 과거처럼 군사와 비군
사의 이분법식 논리로 대응해 나갈 수 없다는 것이다. 따라서 이제 정보기관의 역할이
나 방첩활동의 영역을 기존의 전통적 안보영역 범주로 제한시키는 것은 매우 시대착
오적이며 편협한 생각일 수 있다.[48]

　　또한 세계화과정과 정보화의 확산으로 인하여 이러한 위협요소들이 초국가적인
연계망과 다양한 행위주체들을 통해 전 세계적으로 상호 연결되고 영향을 미치고 있
는 상황에서 과거와 같이 안보위협의 대상을 특정국가나 적대적 단체에만 한정시키는
것은 너무 단순하고 구시대적인 사고이다. 적대적인 국가단체의 위협을 넘어서 이제

47) 허태회(2010), pp.77-110.
48) 위의 글.

다중이용시설에 대한 불특정 일반인의 테러문제가 심각한 위협요소로 등장하고 있으며 물리적 공간의 보호 이상으로 사이버공간의 보호가 중요해지고 있는 상황에서 국가방첩의 대상을 특정국가에만 한정한다거나 정보활동영역을 국내안보와 국제안보로 분리·제한하는 것은 심각한 정보실패의 위험을 초래할 수 있다. 이처럼 정보환경의 변화에 따라 다양한 위협세력이 등장하고 이에 따라 새로운 방첩수단이 강구되게 된다는 것은 이제 전통적 방첩패러다임에서 벗어나 보다 능동적인 방첩패러다임으로의 전환될 필요성을 의미한다.[49] 과거의 방첩대상이 주로 국가업무와 관련된 공무원과 유관부처의 직원, 테러리스트, 외국첩자 등이었지만 이제는 기업, NGO, 해외이주민, 일반 민간인, 잠재적 불만세력에 이르기까지 다양하게 변모되어야 하며 방첩을 위한 보안시설도 기존의 국방이나 첨단산업 분야를 넘어 전력, 가스, 항공, 전산망과 같은 핵심기반시설과 일반 다중이용시설, 사이버 공간에 이르기까지 크게 확장되어져야 될 상황이 된 것이다.[50]

　　이는 이제 더 이상 국내안보와 국제안보를 구별하기 어려우며 해외정보와 국내정보의 분리가 점점 더 어려운 상황에 놓이게 된다는 것을 의미한다. 최근 민주화와 정보화로 인한 사회 환경의 급속한 변화는 "국내정보의 위기(Crisis in Domestic Intelligence)"를 야기하고 있다. 외부의 군사적 위협보다 불특정 테러리스트에 의한 내부공격의 위험이 과거 어느 때 보다 증가하고 있는 추세이다. 9·11 사태를 겪은 미국은 이러한 차원에서 국토안보부를 설치하고 애국법을 통과시키는 등 적극적인 국내정보 강화의 노력을 기울이고 있다. 이러한 것은 우리에게도 마찬가지여서 북한의 끊임없는 군사위협과 함께 외국의 정보위협 등 국내안보 위협요소가 다양해지고 있는 상황에서 국내정보활동의 축소보다는 확장이 더 요구되는 현실을 간과해서는 안된다.[51] 문제는 이처럼 국내안보의 위험이 심각해지고 있고 국내정보가 필요해지고 있는 상황에서 아직까지 우리사회는 비국가행위자의 정보활동에 대한 규제나 감시제도가 미비하여 새로운 안보위협에 대한 적절한 정보활동이나 효과적인 방첩이 이루어지지 못하고 있다는 것이다. 이러한 것이 자칫 우리의 안보 및 국가방첩 역량을 심각하게 약화시킬 수 있다.[52] 이제 국가정보도 해외정보 수집이나 정보활동에서뿐만 아니라 방첩과

49) 전웅(2009), pp.7-41.
50) 허태회(2010), pp.77-110.
51) 위의 글.
52) 최근 FBI와 CIA로 나누어 국내외 정보를 분담하고 있는 미국마저 일각에서는 독립된 국내안보

관련하여서도 보다 선제적이며 능동적으로 대응해 나가야 한다.

하나의 잘못된 정보실패가 9·11과 같은 국가적 재앙사태를 초래할 수 있기 때문에 기존의 수동적이며 방어적인 방첩에서 벗어나 선제적이며 능동적인 형태로의 발전이 필요한 상황이다. 세계적 안보위협요소의 확대와 국내안보의 취약성 증대로 인해 방첩활동 영역 및 대상이 더 다양해지고 구체화되어져야 할 상황이다. 우리 사회가 국내정보활동을 과거처럼 정치사찰의 일환으로 폄훼해 버리거나 정보활동에 필요한 합리적 감시제도의 미비로 인하여 방첩역량이 약화되게 내 버려두는 것은 결코 바람직하지 않다. 국내외의 각종사건 사고들이 국경을 가로질러 연결되고 서로 영향을 미치는 민감한 상황에서 이에 대비한 방첩역량강화 개선책의 마련에는 나서지 않고 정보위기를 간과하여 우리의 방첩활동이 심각하게 훼손된다면 그로 인한 피해는 온 국민이 다 겪을 수밖에 없는 불행한 일이다.

사실 우리의 국가정보활동도 1989년 방첩업무 태동기의 대한민국 내 방첩요소는 미·일 등 주요국과 일부 공산권 수교국 공관에 불과했고 이들에 대한 정보목표도 對北 등 안보문제 위주였다. 그러나 23년이 지난 올해 2013년 우리 국내 방첩요소는 외교공관·대표부·영사관·언론사·NGO·기업체 등 기하급수적으로 증가하였으며 各國 정보활동의 주체도 외교관 등 백색요원은 물론 다양하게 위장한 흑색요원 위주로 변모하는 등 우리 방첩환경도 급변하였다. 또한, 정보목표도 외교·안보에서 경제·통상·과학기술·에너지 등 사실상 사회 全분야로 확대되는 등 국익을 위협하는 외국의 對韓 정보활동이 다변화되고 있는 추세이다. 그럼에도 불구하고, 우리나라는 남·북 대치라는 특수상황에 따라, '방첩=대북'이라는 인식이 확고하여 사실상 외국인의 정보활동에 대한 국민적 경각심이 전무하고 형법·국가보안법 등 각종 법령도 '적'을 위한 정보활동의 경우에만 처벌이 가능하게 되어 있는 등 제도적으로 냉전적 유산을 버리지 못하고 있었다.[53]

이러한 가운데 2012년 5월 대통령령으로 제정된 「국가방첩업무규정」은 비록 때

담당 정보기구의 창설을 주장하고 있는 실정이다. 이미 FBI가 국내분야를 담당하고 있지만 FBI의 범죄 및 마약부문에 치중된 기능이 국내안보에 치명적인 대테러 및 확산문제, 방첩문제를 다루는 데 미흡하다고 생각하기 때문이다. 이에 대해서는 Richard Posner, *Uncertain Shield: The U.S. Intelligence System in the Throes of Reform,* (Rowman and Littlefield Publishers, Inc. 2006). pp.87-139를 참조할 것.

53) 이 문제에 대한 자세한 논의를 위해서는 문경환·이창무, "국정원 국내정보활동의 법적 근거 및 활동방향연구", 『국가정보연구』, 제2권 2호(2009)를 참조할 것.

늦은 감이 있지만 이러한 제도적 한계를 극복하기 위한 정부차원의 노력이라고 하겠다. 이러한 규정제정의 필요성과 관련하여 "기존의 법령 및 제도적 대응체계 미흡과 외국으로의 잦은 국가기밀 유출사고, 국가위상의 향상에 따른 외국인들의 對한국 정보활동 강화"를 적시하면서 방첩개념의 명확한 규정을 포함한 몇 개의 실질적인 업무지침을 대통령령으로 제정한 것은 방첩환경변화에 대응하여 방첩업무기반을 명확하게 한 최소한의 입법조치이다.

사실 그동안 국내 기밀사항에 대한 외국인들의 불순한 정보활동에 대하여 외국인 신고 · 제보 제도도 제대로 정비되어 있지 않았다. 외국어 습득이나 친분과시 등의 목적으로 자발적으로 협조하는 공직자 등이 사회에 만연해 있어 이들에 대한 단속에 어려움이 많았다. 이제 방첩역량 강화를 통해 이러한 문제점을 해소하고 사회 전체가 국익수호를 위해 명실상부한 선진 방첩체제를 지향해 나가야 할 상황이다. 최근 정보환경 변화의 특징은 안보위협 요소의 다양화, 방첩 대상 및 수단의 다양화, 국외 · 국내정보의 초국가적 연계성, 국내정보의 위기 심화 등이다. 그러나 이러한 정보환경의 현실에 비해 기존 방첩개념과 범위는 매우 제한적이며 시대에 맞지 않게 되어 있어 정보기관이 효율적인 방향으로 정보활동을 하는 것이 어렵게 되어있다. 따라서 작금의 방첩개념이나 방향을 단순한 "보안활동이나 대스파이활동(counterespionage)"으로 제한하기보다는 유연하고 능동적인 방향으로 개선해 나갈 필요가 있는바 이러한 경향은 최근 선진국들의 방첩강화 노력에서도 엿볼 수가 있다.[54]

먼저 2007년도 미국 국가방첩전략보고서(National Counterintelligence Strategy)는 "미국은 이제 미국안보에 위해가 되는 광범위한 안보위협요소들에 직면해 있다. 전통적인 외국 정보기관들의 정보활동 이외에도 국내외에 미국의 군사 · 외교 · 경제 이익을 침해하려는 테러주의자들과 같은 비전통적 적대세력(NTAs: Non-Traditional Adversaries)의 위협에 직면해 있다."라고 선언하면서 미국 정보공동체가 직면한 새로운 적대세력에의 대응문제를 국가방첩 전략과제로 제시하고 있다.[55] 최근 미국의 방첩전략 및 국가지침은 방첩조치의 강화를 위해 먼저 미국이 당면한 최우선 위협으로서 비전통적 적대세력의 출현을 명확하게 규정하는 것이었다. 1981년도에 나온 이후 몇

---

54) 허태회(2010), pp.77-110.

55) Justin Harber, "Unconventional Spies: The Counterintelligence Threat from Non-State Actors," *International Journal of Intelligence and Counterintelligence*, Vol.22, No.2(2009), pp.221-236. 허태회(2010), pp.77-110에서 재인용.

표 2-1	>> 방첩대상의 변화에 따른 방첩수단의 변화	
	기존 방첩 개념	새로운 방첩 개념
방첩개념 및 방향	수동적/소극적	능동적/적극적
방첩 대상	국가단체(FISS)	비국가 적대세력(NTA)
방첩수단	기술정보(TECHINT) 지향	인간정보(HUMINT) 지향
대상의 활동성향	모험 기피적(Risk-Aversing)	모험 지향적(Risk-Taking)
대상의 활동목표	거시적, 정치적 파장에 민감	단기적, 정치적 파장에 둔감

주: Aden Magee, "Countering Nontraditional HUMINT Collection Threats,"를 저자정리

차례의 수정을 거친 "대통령 명령 12333"도 방첩의 정의를 "미국을 대상으로 정보수집을 하는 그 어떤 외부주체에 대한 활동"으로 폭넓게 정의하고 있다. 여기에서 비전통적 적대세력(Non-Traditional Adversaries)이라 함은 주로 테러리스트들과 국제 범죄단체로서 마약·인신매매 및 불법 밀매업자들을 총칭한다.[56] 문제는 이들 비전통적 적대세력들도 마치 일반 국가정보기관들이 자신들의 정보활동을 효과적으로 수행하기 위해 미리 은밀하게 기획하여 하듯이 이들도 사전에 기획하기 때문에 이에 대한 적극적인 방첩대책이 필요하다는 것이다. 위의 〈표 2-1〉에서 보듯이 이들도 자신들의 활동을 탐지하거나 통제하기 위해 만들어 놓은 법규정 및 안전대책에 대해 미리 충분히 연구하고 준비하여 주로 인간정보방식(HUMINT)을 활용하는 경향이 있다.[57] 즉 정보수사기관이 불법 테러조직 및 마약조직에 자신들의 요원을 침투시켜 고급정보를 수집하고 체포 및 수색에 나서듯이 이들 또한 국가정보조직 내에 내부 정보원을 심어 자신들의 활동을 효과적으로 수행한다는 것이다.[58] 특히 중요한 것은 이들 조직의 활동목표나 성격이 이들의 구성원이 집단적으로 어떻게 기능하고 있는지에 영향을 미치는데, 예를 들면 종교적 색채가 강한 테러단체의 경우에는 이념적 명분이나 신념을 이용하여 내부 침투자를 포섭하는 반면에 마약 밀매와 같은 불법범죄단체의 경우에는 금전적 이해관계나 개인적 이익을 포섭동기로 활용하기 때문에 이들에 대한 방첩의 방향이나

---

56) Aden Magee, "Countering Nontraditional HUMINT Collection Threats," *International Journal of Intelligence and Counterintelligence,* Vol.23. No.3(2010), pp.509-520. 허태회(2010), pp.77-110에서 재인용.

57) Ibid.

58) Ibid.

수단을 똑같이 일반화시키는 것은 바람직하지 않다.[59]

　이러한 것은 결국 방첩개념의 변화에 따른 방첩영역 및 대상의 변화가 방첩수단이나 방법에도 직접적인 영향을 미친다는 것을 의미한다. 즉 방첩활동의 대상이 이제 국가단체에서 비국가단체·세력으로 전환되면서 방첩수단도 기존의 기술정보(TECHINT)로부터 인간정보(HUMINT)의 중요성이 더 부각된다는 것을 의미한다.[60] 또한 기존의 외국 정보안보기관(FISS: Foreign Intelligence Security Services)들에 대한 방첩과 새로운 비전통 적대세력(NTA: Nontraditional Adversaries)에 대한 방첩의 다른 점은 FISS가 상대적으로 정보수집이나 활동에 있어서 모험(리스크)을 취하기를 꺼리는데 비해 이들 비전통적 적대세력(NTA)들은 훨씬 더 모험(리스크)지향적이며 호전성(Aggressive)이 강하다는 것이다.[61] 이것은 국가조직의 경우 그 목표가 장기적이며 거시적이고 그 행위결과에 대해 매우 민감한 반면에 이들 비전통 적대세력들의 목표는 단기적이며 즉각적이고 그 정치적 파장에 대해 덜 예민하기 때문에 모험을 취하는 성향이 훨씬 강하다(risk taking)는 것이다.[62] 문제는 〈표 2-1〉이 잘 보여주듯이 방첩의 성격이나 대상의 차이가 방첩의 수단이나 활동방향까지 영향을 미치는 추세를 반영해야 함에도 불구하고 이러한 방첩환경의 변화에 대한 제도적·법적 대응은 아직도 제대로 이루어지질 않고 있다는데 있다. 그 이유는 첫째 우리사회가 아직도 방첩의 대상을 전통적 세력이나 국가단체에 한정시켜 놓고 있기 때문에 제도적으로 원활한 방첩활동의 어려운 측면이 있으며 또 하나는 대부분의 비전통 적대세력의 영역이나 활동범위가 국내와 국외 경계에 걸쳐 있어 수사기관 간의 명확한 업무분장의 규정이 없는 상황에서 허점이 쉽게 이용될 수 있기 때문이다.[63] 우리사회의 방첩 및 보안의식의 수준

---

59) 허태회, "정보환경변화에 대응한 대국민 방첩의식 제고방안", 『국가정보연구』, 제4권 1호(2011), pp. 71-106.

60) 이러한 국가방첩환경의 변화에 대응하여 새로운 정보활동의 과제를 제시한다면 ① 정보기관의 조직구조 및 문화의 개선 ②정보기획 및 순환과정에서의 기존관행 탈피 ③첩보수집 기법 및 수단의 변화 ④ 정보기관 및 부서 간에 정보공유 및 협력의 활성화 ⑤ 정보기관의 인력수급 및 관리 체계의 변화 등이다. 이에 대한 자세한 논의를 위해서는 전웅, "초국가안보위협과 정보활동의 방향," 『2010 한국 국가정보학회 학술회의 논문자료집』, 국가정보학회 (서울 프라자호텔, 2010. 09.20) 를 참조할 것.

61) Aden Magee, "Countering Nontraditional HUMINT Collection Threats," *International Journal of Intelligence and Counterintelligence*, Vol.23. No.3(2010), pp.509-520.

62) Ibid.

63) Aden Magee(2010), pp.509-520.

은 아직도 냉전시대와 과거 권위주의 시대에 머물러 있어서 새로운 정보환경에 대비한 원활한 방첩제도 개선이나 정보개혁을 어렵게 하고 있다. 최근 방첩의식에 대한 한 연구조사에서 전체 조사대상 352명 중에 방첩의 의미를 알고 있다고 대답한 응답자의 수는 7.4% 정도라고 한다. 게다가 외국인 스파이에 대한 경각심과 관련하여서는 응답자의 80%가 외국 스파이에 대한 인식이 아주 미미한 것으로 나타났다.[64] 이처럼 우리 사회의 방첩의식의 수준은 아직도 냉전시대에 머물러 있어 원활한 정보활동에 필요한 제도개선이 어렵다. 최근 국내 체류 외국인이 150만이 넘어가고 있고 단일문화에서 점차 다문화 사회로 이행하고 있는 우리 사회의 변화된 상황에서 점차 비국가행위자들의 등장과 위협에 대하여 효과적인 방첩을 하기 위해서는 적절한 개선조치가 필수적이다. 따라서 이제 우리 국가정보가 직면한 방첩환경의 변화에 보다 능동적으로 대응하여 국익을 수호하고 명실상부한 선진방첩체제를 구축하는 데 있어서 필요한 방첩역량 강화방안에 대하여 살펴본다.

 ## 제3절 선진 방첩체제의 정립을 위한 방첩역량 강화방안

1. 對국민 방첩의식 제고 및 방첩홍보강화

이제 시대적 상황의 변화나 정보환경의 변화를 고려하여 방첩활동의 방향을 재정립해 나가면서 방첩에 대한 국민적 인식도 그에 맞게 전환시켜 나갈 필요가 있다. 물론 국민과의 소통이나 공감대의 형성이 없이 일방적으로 정보활동이나 방첩업무를 확장시키려고 한다면 이는 우리사회에 민감한 문제들 - 즉 국민기본권 침해 소지 및 정보의 정치화 가능성 - 을 야기할 수가 있으므로 이에 대한 오해의 소지를 불식시키고 중립성을 확보하려는 노력도 뒤따라야 하겠다.[65] 무엇보다 방첩역량 강화를 위한 국민들의 적극적인 지지와 신뢰가 필요하며 이를 위해서는 국민과 소통하고 공감하는

---

64) 한정택(2010), 앞의 글 pp.10-20.

65) 송은희, "외국의 입법사례를 통해본 바람직한 국가정보원법의 개정방향", 『21세기 정보기관의 역할과 바람직한 국정원법 개정을 위한 정책토론회 논문집』, (서울 코리아나 호텔: 국가정보학회, 2008).

일이 중요한 선결과제이다. 이에 우리의 방첩역량을 강화하고 국민적 지지를 확보하기 위해 선행되어야 할 과제로서 필요한 것이 새로 제정된 「방첩업무규정」에 대한 대국민 설명과 홍보의 강화이다. 이미 앞에서 살펴본 것처럼 세계적 안보위협요소의 확대와 국내안보의 취약성 증대로 인해 방첩활동 영역 및 대상이 더 다양해지고 구체화되어져야 할 상황에 처해있다. 그럼에도 불구하고 우리의 경우 방첩활동에 필요한 합리적 감시제도가 미비하여 방첩역량의 약화는 물론 국민들의 방첩의식이 현저히 낮은 수준에 머물러 있다.

이러한 의미에서 2012년 5월 대통령령으로 제정된 「방첩업무규정」은 그나마 정부차원에서 이 문제를 해결하려는 적극적인 노력의 가시적 성과라고 하겠다. 이 새 규정은 규정제정의 필요성과 관련하여 "기존의 법령 및 제도적 대응체계 미흡과 외국으로의 잦은 국가기밀 유출사고, 국가위상의 향상에 따른 외국인들의 對한국 정보활동 강화"를 제시하면서 이렇게 실질적인 업무지침을 대통령령으로 제정하게 된 배경을 설명하고 있다. 비록 때 늦은 감이 없지 않지만 우리도 방첩환경변화에 대응하여 미국과 일본처럼 명확한 업무지침과 관리제도가 필요하였던 시점이다.

미국의 경우 외국대리인 등록법(FARA: Foreign Agents Registration Act)과 외국인 접촉보고에 대한 대통령령(PDD/NSC-12) 그리고 국무부 매뉴얼(FAM) 등의 규정이 마련되어 있으며 영국은 공적비밀법(OSA: Official Secret Act)을 두고 있고 이웃 일본도 2006년 12월 총리명령으로 방첩추진회의를 설치한 예를 볼 때 이번의 방첩업무규정 제정은 수동적인 방첩에서 능동적인 방첩으로 나가는 추세에 보조를 같이하는 시도라고 하겠다.[66] 이제 이러한 새로운 제도적 정비를 바탕으로 모든 공직자와 국민들이 보다 방첩에 경각심을 갖고 적극적인 마인드로 나가도록 설명하고 홍보하는 것이 중요하다.

과거 미국의 9·11 사태처럼 자칫 한 번의 잘못된 정보실패가 국가적 재앙을 초래할 수 있으므로 수동적인 방첩에서 벗어나 적극적이며 능동적인 방첩의 형태로 국민의 역량과 협력을 모으고 결집해 나가야 한다. 따라서 능동적이고 적극적인 방첩개념을 수용하는 한편, 확고한 방첩체제의 구축에 나서도록 우리 국민들을 홍보하고 설득하는 것이 중요하다. TV나 방송토론을 통해 새로운 방첩환경의 변화와 제도개선의 필요성에 대해 대국민 홍보를 지속하는 한편 이론적이며 합리적인 설득을 위해 방송 및

---

66) 허태회(2011), pp.71-106.

학술토론을 적극 활용할 필요가 있다.[67] 이것은 단기적으로는 원활한 방첩활동에 유리한 국내 분위기를 조성하는 노력이기도 하지만 장기적으로는 효과적인 방첩활동에 필요한 제도적 개선과 맞물려 있으므로 정부차원의 과감한 노력이 필요하다.

한편 이런 노력이 방첩역량의 강화를 위한 사전 정지작업으로도 필요하지만 점점 더 치열해지고 있는 적대세력들과의 심리전에 대응하기 위해서도 필요하다. 즉 현재 한국사회에 뿌리깊은 보혁갈등이나 이념적 분열이 민주사회의 관용적 한계를 벗어나 국론분열 및 사회갈등을 조장하거나 정치적 소요의 기폭제로 작용할 수도 있어서 이에 대한 사전대비가 필요하다.[68] 그러한 정책적 대응의 일환으로서 언론, 방송, 인터넷매체를 활용한 "방첩개념의 확대 필요성과 당위성, 그 명분에 대한 적극적인 홍보노력"이 필요하다. 즉 불순세력들에 의한 우리 국민들의 방첩의식 약화 시도를 좌절시키기 위해서도 "방첩개념 확대의 필요성 및 능동적 방첩의 중요성"을 강조하여야 하며 이러한 방첩강화 분위기 조성을 위해서 정부산하 국책연구기관들이 함께 다양한 학술토론 및 세미나를 개최할 필요가 있다.[69]

2. 21세기 정보환경 변화에 부응하는 새로운 "방첩개념" 연구

안보위협의 요소와 주체가 다양해지고 국내안보의 위기가 고조되어 국내정보활동이 더 필요해지고 있는 상황에서 아직까지 우리사회는 제한된 방첩개념, 구시대적인 방첩개념에서만 접근하려고 하고 있어서 새로운 위협요소에 대한 효과적인 방첩의 토대가 미흡하다.[70] 이러한 것은 이제 우리도 기존의 수동적이며 방어적인 방첩의 개념에서 벗어나 더 적극적이며 능동적인 형태로 방첩개념을 규정하고 영역과 수단을 확장해 나갈 필요가 있다는 것을 시사한다.[71] 일반적으로 국가방첩(counterintelligence)

---

67) 허태회(2010), pp.77-110.
68) 위의 논문.
69) 전웅, "방첩개념의 재조명: 목적, 범위, 활동유형을 중심으로", 『국가정보연구』, 제2권 2호(2009), pp.7-41.
70) 앞에서 살펴보았듯이 최근 정보환경 변화의 특징이 안보위협 요소의 다양화, 방첩 대상 및 수단의 다양화, 국외·국내정보의 초국가적 연계성, 국내정보의 위기심화 등이다. 그러나 이러한 정보환경의 현실에 비해 기존의 방첩개념과 범위는 매우 제한적이며 시대에 맞지 않게 되어 있다. 전웅(2009)을 참조할 것.
71) 사실 우리의 국가정보활동도 1989년 방첩업무 태동기에는 대한민국 내 방첩요소를 親서방 주한 공

의 새로운 개념정의에 대한 필요성을 대부분 인정하지만 아직까지 시대환경 변화와
우리 국민들의 의식에 적합한 개념은 나오지 않고 있다. 방첩의 개념이 무엇인가에 따
라 방첩의 목표, 활동범위, 임무 등이 달라지기 때문에 정보환경의 변화에 대해 시의
적절하게 대응하는 데 무엇이 적합한지가 중요하다고 하겠다.

　　시대적 상황의 필요성이나 정보환경의 변화에 맞지 않는 지나치게 협의적이며 한
정된 개념의 설정은 방첩의 역할과 기능 자체를 크게 위축시킬 수 있는 반면에 시대
적 상황의 변화를 고려하여 너무 가변적이며 확장적인 개념으로 설정하게 되면 이것
은 방첩의 역할을 지나치게 과장하여 "기본권침해"의 소지를 낳을 수 있게 된다.[72] 따
라서 적절한 범위와 한계를 고려한 중용적 선택의 개념이 바람직하다. "방첩"의 본
래 개념은 기원적으로 "대스파이활동(counterespionage)"과 관련되어 왔기 때문에 이
러한 원래의 고유기능이나 의미를 고려한다면 오늘날의 "보안"의 개념과 유사하며 슐
스키가 주장하는 "수동적 방첩"에 가까운 개념이 된다.[73] 그러나 세계화과정과 민주
화, 정보화와 같은 정보환경의 급속한 변화추세를 고려할 때 이보다 더 적극적이며 선
제적인 방첩활동이 정보기관의 역할로서 바람직하다는 것이 일반적인 학자들의 중
론이다.[74] 따라서 이런 시대적 변화의 상황이 요구하는 방첩활동의 범위와 방향을 고
려한다면 방첩활동에 "수사활동"과 "대응활동"을 포함하는 것이 "능동적 방첩"의 방
향이라고 할 수 있다. 따라서 일부 학자들이나 전문가들이 주장하는 것처럼 "방첩"
의 개념을 단순한 "보안활동이나 대스파이활동(counterespionage)"으로 제한하는 것
은 작금의 시대적 상황이나 정보환경의 변화를 간과한 편협한 생각일 수 있다. 여기
에 보다 적극적인 형태의 방첩으로서 "수사 및 대응활동"을 포함하는 "능동적 방첩"으
로 확장시키는 것을 고려해야 한다. 이렇게 되면 능동적 방첩이란 "적대적 세력에 의

관 및 일부 공산권 수교국 공관에만 불과했고 이들에 대한 정보목표도 對北 등 안보문제 위주였다.
그러나 20여 년이 지난 현재 우리 국내 방첩대상은 외교공관·대표부·영사관·언론사·NGO·기
업체 등 기하급수적으로 증가하였으며 各國 정보활동의 주체도 외교관 등 백색요원은 물론 다양하
게 위장한 흑색요원으로 변모하는 등 우리 방첩환경도 급변하였다. 또한, 정보목표도 외교·안보에
서 경제·통상·과학기술·에너지 등 사실상 사회 全분야로 확대되고 있는 추세이다. 이에 대해서는
전웅(2009)과 허태회(2011)을 참조할 것.

72) 허태회(2010), pp.77-110.

73) 위의 글.

74) 전웅, "방첩개념의 재조명:목적, 범위, 활동유형을 중심으로", 『국가정보연구』, 제2권 2호(2009), 한
국국가정보학회, pp.15-24.

한 테러, 사보타지, 범죄, 마약, 사이버테러에 대응하여 선제적으로 수행하는 정보활동(intelligence activities conducted to protect)"까지 포함되는 광의적 방첩의 형태가 된다.[75] 이러한 것은 이제 시대적 상황의 요구에 대한 적극적인 대응조치로서 우리 국가정보에 많은 시사점을 주고 있다. 오늘날의 시대적 상황이나 정보환경의 변화에서 오는 다양한 안보위협을 고려한다면 기존의 "전통적인 형태의 수동적 방첩활동을 넘어서 모든 유형의 적대행위에 대응할 목적으로 수행되는 적극적인 정보활동을 포함하여야 하며 해외 정보기관과 테러조직은 물론 심지어 불특정 단체나 세력 및 일반 개인에 의한 모든 적대적 행위를 대상으로 하여 이들에 의한 기만, 파괴, 전복 등과 같은 위협행위에 대응하는 모든 정보활동을 포괄"하는 것으로 확대하는 것을 고려해야 할 것이다.[76] 마치 요즘 국제정치학계에서 "전통적 안보개념" 대신에 "포괄안보"를 대체하여 사용하듯이 "포괄방첩(Comprehensive Counterintelligence)의 개념안에서 기존의 수동적인 대간첩활동(Counterespionage)의 범위가 아니라 능동적이며 선제적인 대정보활동(Counterintelligence)을 사용하는 방안도 고려하여야 한다.[77] 최근 서구 국가들은 이미 "포괄방첩(Comprehensive Counterintelligence)"이라는 개념을 사용하기 시작하고 있다. 물론 여기에서 제시한 용어는 단지 하나의 대안적인 개념으로서 제안하는 것이지만 아무튼 기존의 관행적으로 사용하고 있는 "방첩"의 개념은 지나치게 과거의 권위주의적 시대와 냉전시대의 용어처럼 들려서 이제 이 개념부터 이 분야 전문가들이 창의적이며 능동적인 방첩개념을 연구할 필요가 있다.

3. 선진 방첩체계 정립을 위한 학문적 인프라 투자 및 지원

현대 민주주의 국가에서 어떤 새로운 제도의 확립이나 법령의 제정은 국민의 지지와 신뢰가 절대적으로 토대가 되어야 한다. 그러한 의미에서 정보개혁이나 방첩제도의 개혁에 앞서서 국민과 소통하고 지지와 협력을 구하는 것이 가장 중요한 선결과제이다. 국가차원에서 정보안보의 중요성과 방첩개념의 확대 필요성을 강조하고 설득해 나가는 선행 작업으로서 "국내 고등교육기관 내에 국가정보학이나 방첩학의 전문

---

75) 전웅(2009), pp.25-33.
76) 위의 글.
77) 허태회(2011), pp.86-96.

과정을 설치·운영"하는 작업도 중요한 대국민 정보교육 방안이다.[78] 물론 우리나라는 아직도 일반 국립대학이나 사립대학에서 정보학 관련 학위프로그램이나 강좌의 개설이 많이 되어 있지 않다. 그러나 해외사례의 경우 우리보다 훨씬 더 앞서서 활성화되고 있다. 미국이나 영국의 경우에는 1980년대 중반 이후 활성화되기 시작하였다.[79] 물론 이들의 경우에도 처음에는 기존 학계에서 비밀활동에 관련되고 싶지 않은 심리적 부담감 같은 것 때문에 대학들이 정보학 영역과 관련된 프로그램의 개발이나 연구를 기피했던 것이 사실이다. 그러나 이후로 정보환경의 변화에 따른 국가정보의 중요성 때문에 해외의 정보학 연구는 새로운 전환점을 맞게 된다.[80] 1985년경에는 약 55개의 정보학 관련 강의가 미국 내 대학에 개설되었으며 10년 후인 1999년경에는 아메리칸 대학, 조지아 대학, 조지워싱턴 대학, 예일대학 등에서 정보학 과목이 개설되기에 이르렀다.[81] 영국의 경우에는 1969년 프랜시스 해리 힌슬리(Fransis Harry Hinsley) 경이 2차대전 이후에 공직을 떠나 캠브리지 대학 국제관계학과 교수로 임용되면서 정보학이라는 학문적 토대를 구축하기 시작하였으며 이후 1990년대 크리스토퍼 앤드류가 이 대학에서 본격적으로 정보학을 소개하기 시작하였다.[82]

아무튼 선도적으로 정보학 분야의 정착에 나선 미국의 경우 2005년 미 정보공동체가 "우등생 프로그램"을 대학에 지원하였는데 이것은 미국 대학들로 하여금 정보학 관련 프로그램의 개발에 나서게 할 목적과 함께 정보기관에서 일할 뛰어난 자원들을 확보하는 데 있었다. 여기에 사회안보와 국가핵심 기반시설 보호와 관련된 강의 및 연구조사를 위해 미국 국토안보부도 1억 5천만불을 지원하여 대학과 공동 연계프로그램의 개발에 나섰다. 학부 및 대학원 석박사 프로그램의 개발과 함께 전공 핵심과목과 선택과목의 개발이 중요하였기 때문이었다.[83] 대학 내 정보학분야를 개설하고 정보연구를 진작시키는 것은 이제 대학으로 하여금 실제 정보 및 안보관련 지식에 대한 사회

---

78) 허태회(2010), pp.77-110.

79) Martin Rudner(2009), "Intelligence Studies in Higher Education: Capacity-Building to Meet Societal Demand," International Journal of Intelligence and Counterintelligence, 22: 1, pp.110-130.

80) 본격적인 정보학분야의 시작은 1985년 미국 CIA가 이 분야의 학문적 관심을 불러일으키기 위해 대학가에 "거주정보관 (Officer in Residence) 프로그램"을 도입하여 전직 정보요원들로 하여금 강의를 하게 한데서 비롯된다.

81) Martin Rudner(2009), pp.110-130.

82) Ibid.

83) Ibid.

적 요구와 필요성을 적극적으로 수용하게 하는 것은 물론 개인 및 국가 수준에서 정보
보호 및 관리에 대하여 늘 경계하고 대비하는 방첩의식 제고에도 필요한 것이 되었다.

세계안보 및 정보환경은 급변하고 있으며 우리 정보기관이 수행해야할 역할은 어
느 때보다 다양하게 변하고 있다. 이러한 세계화의 시대, 정보화시대에 대응하는 데 필
요한 고도의 정보기술 및 인프라가 우리 정보기관에게는 부족하고 전문성이 부족한
것이 사실이다.[84] 급속한 과학기술의 발전과 함께 나타나는 IT, BT, CT 등 새로운 전문
기술 분야에 대한 국가정보기관 차원의 역량확보를 위하여 고등고육기관을 통한 전문
인력의 충원이 필요하며 이러한 방법을 통해 독자적이며 자율적인 고급정보를 생산할
수 있는 체계와 역량도 갖추어 나가야 한다.[85] 따라서 정보기관 산하 교육기관은 물론
일반대학들도 정보교육 역량강화 사업에 나서서 전문능력 강화 및 취약분야(과학기술,
보건환경 및 마약·테러문제 등)의 보완에 적극 나설 필요가 있다. 역사적으로 사회가 필
요로 하는 분야의 전문적 지식의 창출이나 기술의 발전에 항상 대학과 같은 전문 교육
기관들이 연구기관으로서의 중요한 역할과 기능을 담당해왔다. 과거에도 국제정치학
이 정치학의 분야에서 파생되어 독자적 학문영역을 구축한 것이 1세기가 채 안되고 현
대 행정학이나 정책학은 그보다 연원이 더 짧음에도 불구하고 사회과학의 한 분야로
서 현재 학문적 위상과 정체성을 발전시켜 나아가고 있다. 국가정보학이나 방첩학도
새로운 시대 상황에 맞게 독자적 학문영역을 발전시켜 나가면 얼마든지 사회가 요구
하는 학문적 영역으로서 그 역할과 기능을 다할 수 있을 것이다.

4. 국가방첩의 제도적 · 법적 미비점 개선 및 보완

9·11 테러 이후 국가정보체제를 전면적으로 개편한 미국의 정보개혁 핵심은 방
첩활동의 강화 및 정보통합성의 지향이었다. 물론 다른 나라의 제도개선 노력이 우리
의 상황에 맞는 바람직한 것이라고 말하기는 어렵다. 그러나 선진 방첩체계를 구축하
고 있는 미국의 제도개혁 경험은 우리에게 많은 시사점을 준다. 특히 우리 국가정보체
계에 있어서 방첩의 기능과 역할은 시대적 환경이나 국내 상황의 변화에 맞게 개선되

---

84) 문정인, "21세기 정보기관의 역할과 새로운 비젼", 『21세기 정보기관의 역할과 바람직한 국정원법
    개정을 위한 정책토론회 논문집』, (서울 국회도서관: 한국국가정보학회, 2008).
85) 허태회(2011), pp.95-96.

지 못하였다. 최근 세계 정보환경의 변화로 정보활동의 국내외 구분이 모호해지고, 정보활동과 방첩활동이 서로 보완적으로 발전하고 있는 것이 현실이다. 미국은 이미 해외정보와 방첩활동을 정보활동의 두 축으로 설정하여 방첩 분야를 담당하던 FBI내에 국가안보처(National Security Branch)를 신설하고, 테러공격, 외국정보기구와 스파이 활동, 그리고 사이버범죄 등으로부터 미국을 보호하기 위한 임무를 강화해 나가고 있는 실정이다. 이러한 해외 선진 방첩체제의 변화를 감안하여 우리도 방첩역량 강화를 통한 선진 방첩체제의 구축이 필요하다.

특히, 국가방첩업무를 국가정보차원에서 조정하고 통제하는 국가방첩관제도의 설치를 고려할 필요가 있다.[86] 국가방첩의 최고 책임을 맡아 방첩활동을 통일적으로 지휘, 감독하는 국가방첩관제도를 설치하여 선제적이며 능동적인 방첩체제를 지향해 나가자는 것이다. 이처럼 어느 정도 독자적이며 자율적인 국가방첩관 제도를 설치하는 것은 단순히 방첩활동의 통합적 지휘·감독체제를 마련하는 것을 넘어서 점점 더 복잡해지는 정보환경에 대응하여 국가적 위기나 재앙을 미리 선제적으로 대비하는 선진 방첩체계의 구축을 지향하자는 것이다. 국가방첩관의 기능은 국가안보위협에 대한 평가, 방첩프로그램과 방첩전략의 수립, 시행 및 지휘감독뿐만 아니라 해외정보와의 유기적인 연계를 통하여 상호보완적이며 미래지향적인 선진 방첩체제를 구축하는데 있다.[87]

미국의 경우에도 한때 부문 정보기관간의 방첩활동에 있어서의 통일성 및 공조성의 결여가 방첩활동에 심각한 결과를 초래한 것으로 평가되었다.[88] 단순히 외국의 정보활동에 대한 대응능력의 미흡문제뿐만 아니라 새로운 방첩환경의 변화에 대한 공유된 인식이나 갈등의 조정이 미흡하여 국가안보나 국익이 심각하게 훼손되고 있다고 판단하였던 것이다. 따라서 미국의 경우 방첩활동의 통일성을 확보하기 위하여 국가방첩의 최고 책임을 맡는 국가방첩관과 국가방첩실을 설치하였다.[89] 국가방첩관은 국

---

86) 미국이 9·11 테러 이후 국가정보활동에 대한 전면적인 평가를 통해서 정보기관의 정보실패를 평가하면서 국가정보체계를 새롭게 재편할 때 새로 도입한 방첩분야의 개혁이 국가방첩관과 국가방첩실의 설치이다.

87) 김왕식, "정보환경의 변화와 방첩제도의 개선방안", 『국가정보연구』, 제5권 1호(2012). pp.53-58.

88) *Strategic Counterintelligence*, p.6.

89) 국가방첩관과 국가방첩실 제도의 신설배경은 방첩책무라는 것이 개별적인 정보기구가 달성할 수 있는 능력의 범위를 넘어서는 것으로 방첩공동체의 공작과 자원이 통합되고 전략적 지침 하에서 행해질 때 실현이 가능하다는 인식하에 된 것이다. 국가방첩관과 국가방첩실은 2001년 클린턴 대통령

가정보장(DNI) 산하에 편제되어 국가정보장의 지휘와 통제 하에 국가방첩기구의 수장 역할을 담당하는데 산하에 CIA, FBI를 포함하여 23개 방첩조직들이 활동하고 있다.[90] 국가방첩관의 지휘와 통제 하에 있는 국가방첩관실의 기능은 방첩전략계획 평가서인 "국가위협 확인 및 우선순위 평가"보고서 발간과 방첩활동전략을 담은 "국가방첩전략" 의 발간, 방첩손상 평가 및 방첩관련 사항에 대한 전략적 분석의 감독 및 조정, 국가방 첩 프로그램 예산과 관련된 방첩 예산과 자원할당의 조정, 방첩활동의 취약점 조사 및 방첩 훈련과 전문요원 교육 등 다양하다.[91]

    결국 국가방첩관과 국가방첩실 제도는 국가방첩의 최고 사령탑으로서 국가안보 나 국가이익에 대한 위협 평가, 방첩 예산과 방첩 프로그램에 대한 지도 및 조정, 그리 고 방첩 공작의 우선순위 설정 및 국가방첩전략의 수립을 통하여 미국 국가방첩 활동 의 통합을 촉진하고, 전략적 방첩을 수행하는 핵심 기구라고 할 수 있다.[92] 국가방첩관 과 국가방첩실이 정보기관들의 방첩활동을 국가 차원의 전략적 방첩으로 통합·조정 할 수 있었던 것은 이들이 방첩조사(공작) 및 독자적 활동 금지와 같은 제도적 한계와 활동의 제약요소가 있음에도 불구하고 방첩강화법이 국가방첩관이 수행하여야 할 업 무와 기능을 명확하게 제시하고 있기 때문이다.[93] 물론 이러한 기관들의 활동을 제약 하는 제도적 한계와 활동의 제약요소가 없는 것은 아니지만 방첩강화법이 국가방첩관 이 수행해야 할 기능을 명확히 제시하고 있기 때문에 나름대로 많은 성과를 거두고 있 는 것으로 평가된다.

    이런 제도적 개선문제 외에도 아직도 정보환경의 변화에 따라 확대되는 방첩영역

의 PDD75에 의거하여 만들어졌다가 2002년 방첩강화법과 2004년의 정보개혁 및 테러방지법에 의 하여 현재와 같은 권한과 기능이 확정되었다. 이에 대한 내용은 김왕식(2012)를 참조할 것.

90) 미국의 국가방첩관 산하에 있는 방첩조직들을 나열하면 Army Assistant Chief Staff(Intelligence), Air Force Office of Special Investigation, CIA, Counterintelligence Field Activities Department of Defense, Defense Intelligence Agency, Energy Department, Defense Security Service, Defense Threat Reduction Agency, FBI, Homeland Security Department, Joint Staff J2, Justice Department, Missile defense Agency, national Geospatial Intelligence Agency, National Nuclear Security Agency, National Reconnaissance Office, National Security Agency, Naval Criminal Investigative Service, State Department of Diplomatic Security, State Department Office of Intelligence and Research, Under Secretary of Defense(Intelligence), US Coast Guard, 650th Military Intelligence Group Nato.

91) Counter Intelligence Enhancement Act of 2002

92) 김왕식(2012), pp.55-58.

93) Counterintelligence Enhancement Act of 2002. sec 402c 참조.

에 대한 법적 규범이 미비 되어 있거나 미흡한 상태에 있다. 정보환경의 변화에 따라 국가의 방첩활동의 영역이 급격히 확대되고 있으나 이를 뒷받침할 수 있는 법률 체계는 아직도 미흡하다. 오늘날 새로운 방첩 영역으로 중요시되고 있는 경제방첩영역, 테러방지영역 그리고 사이버안보영역 등이 그러하다. 경제방첩과 관련하여서도 미국의 경제간첩법은 내외국인을 막론하고 자국의 경제나 산업의 중요 거래비밀의 침해행위가 있을 때 처벌할 수 있도록 분명히 하고 있다.[94] 그러나 한국의 산업기술유출방지 및 보호에 관한 법률은 침해행위의 내부 주체에 초점이 맞추어져 있고, 외국이나 외부세력에 의한 침해행위에 관해서는 불분명하다는 것이 문제이다. 점증하고 있는 경제이익의 침해위협으로부터 우리의 국가이익을 보호하기 위해서는 침해행위에 대처할 수 있는 분명한 법적 근거 마련을 위해 경제간첩 관련법을 시급히 제정해야 한다.[95]

미국은 9·11 테러 공격 이후 대테러 관련 법규를 새로이 제정하거나 기존의 대테러활동을 보다 강화시키는 법률 개정을 통하여 보다 효율적이고 강력한 테러방지책을 마련하여 대테러활동을 수행하고 있다. 미국의 경우 일명 애국법이라 불리는 테러차단 및 방지에 필요한 적절한 수단 제공을 통한 미국 통합 강화법(Uniting and Strengthening America by Providing Appropriate Tools Required to Intercept and Obstructing Terrorism Act of 2001)을 제정하여 강력한 대테러활동의 법적 근거를 마련하였다.[96] 또한 국토안보법(Homeland Security Act of 2002)을 근거로 설치된 국토안보부를 통하여 미국 내 테러리스트의 공격 예방 및 대테러능력을 강화해나가고 있으며, 정보개혁 및 테러방지법(Intelligence Reform and Terrorism Prevention Act of 2004)을 근거로 국가대테러센터(National Counter Terrorism Center)를 설치하여 적극적인 대테러활동을 수행하고 있다. 영국 역시 테러법(Terrorism Act 2000)을 제정해 테러활동에 대비하고 있으며, 9·11 테러 이후 대테러, 범죄, 보안법(Antiterrorism, Crime and Security Act 2001), 그리고 2008년에 다시 대테러법(Counter-Terrorism Act)을 제정해 테러에 강력히 대응하고 있다. 대테러 업무는 주로 보안부(Security Service) 내에 합동테러분석센터(Joint Terrorism Analysis Center)가 담당한다.[97]

한국의 국가차원 대테러활동은 대통령령인 국가대테러활동지침을 근거로 하여

---

94) 김왕식(2012), pp.75-77.
95) 위의 글.
96) 위의 글.
97) 위의 글.

수행되고 있으며, 국가정보원에 테러정보종합센터를 두고 테러관련정보를 통합관리하고 있다. 이와 같이 한국의 대테러 활동은 명확한 법률적 근거를 갖고 수행되는 외국의 경우와는 달리 대통령령에 근거하여 수행되고 있기 때문에 법적 측면에서 상대적으로 낮은 수준이라고 할 수 있다. 최근 수년 동안 국회에서 테러방지법이 발의되었지만 이러한 법적 필요성에 대한 국민적 인식의 부족으로 인하여 계속해서 계류되다가 폐기되는 사태를 겪고 있다. 이 때문에 대통령령으로 되어 있는 국가대테러활동지침은 행정조직 내부에는 구속력이 있지만 법률과 같이 대외적 구속력을 갖지 못해 일반 국민에게 강제력을 갖지 못한다는 지적이다.[98]

또한 효과적인 방첩활동을 위해 중요한 것이 對스파이 활동과 관련된 처벌 규정인데 이와 관련하여 우리의 현행법은 몇 가지 문제점을 갖고 있다. 먼저 형법상 간첩죄의 구성요건과 관련하여 "적국을 위하여"라는 규정은 냉전의 종식 이후 명확한 적대국이 없이 전개되는 국제정치현실과 맞지 않고 또한 포괄안보가 강조되는 새로운 안보환경에서 안보위협이 다양화되는 상황을 간과한 측면이 있다. 이런 점에서 형법 98조 "적국을 위하여"라는 규정은 "외국을 위하여"라는 형태로 규정이 개정될 필요가 있다.[99] 외국의 사례를 보면 스파이규제 및 처벌에 관한 "간첩죄의 구성"과 관련하여 "적국을 위하여"라는 주관적 요건을 더 이상 두고 있지 않으며 적이든 우방이든 "외국"을 위한 의사가 있다면 충분한 것으로 간주하고 있다. 그리고 간첩행위 또한 "국내기밀의 탐지·수집과 누설"로 제한됨이 없이 "외국인이나 대리인과의 직·간접 연락 및 금지된 장소에의 접근, 불법적인 전달, 교신, 파괴행위, 허위정보제공, 정보내통"까지 크게 확대해 나가고 있는 추세이다.[100] 따라서 보다 원활하고 효과적인 선진 방첩시스템의 구축을 위해서는 시대상황의 변화나 정보환경의 변화를 수용하는 방향으로 제도적·법적 미비점이 개선될 필요가 있다.

사이버안보 및 사이버테러와 관련해서도 한국의 실정은 마찬가지다. 국가정보원법의 경우 직무 규정이 "국내보안 정보(대공, 대정부전복, 방첩, 대테러 및 국제범죄조직)의 수집, 작성 및 배포"로만 되어 있기 때문에 사이버안보 및 테러의 위협으로부터 국

---

98) 이기덕·문경환, "대테러 관련 법제와 대응체계의 문제점 및 개선방향-테러정보수집권을 중심으로", 『국가정보연구』, 제4권 1호(2011), p.27.

99) 김호정, "외국 스파이 처벌유형·적용법규 비교연구와 우리의 스파이 규제법 정비방안", 『국가정보연구』, 제2권 2호(2009), pp.127-141.

100) 위의 글, pp.142-163.

가안보와 국가이익을 보호할 수 있는 국가정보원의 활동 근거가 명확치 않다. 또한 국가사이버안전센터도 법적 근거가 약한 대통령령으로 설치되어 있기 때문에 사이버안보 및 사이버테러 방지를 위한 법률을 시급히 제정해야 한다.

5. 『국가방첩백서』 및 『국가방첩전략보고서』의 정기적 발간[101]

마지막으로 우리의 현실을 감안한 방안 중 또 하나는 우리 정부의 국가방첩 의지와 방향좌표로서 국방부의 『국방백서』와 유사한 형태의 『국가방첩백서』를 정기적으로 발표하는 방안도 검토할 필요가 있다.[102] 즉 안보위기와 위협에 대하여 유난히 둔감하고 방첩의식이 미약한 우리 국민들에게 국가방첩의 중요성을 알려주는 한편 여론의 환기를 통해 국가방첩의 명확한 방향을 제시하여 주는 것도 국가안보기관으로서는 중요한 책무이다. 더구나 최근의 정보환경변화에 대한 국민적 인식이 미흡하고 새로운 방첩패러다임으로의 전환에 대한 필요성을 국민들이 잘 인지하지 못하고 있는 상황에서 다양한 국내외 사례의 발표와 함께 우리의 방첩현실과 실상에 대한 정기적 발표도 국민적 공감대형성에 크게 도움이 될 것이다. 만약에 이러한 『국가방첩백서』 형식의 발표가 부담스럽다고 한다면 최소한 『국가방첩전략보고서』 정도는 발표할 필요가 있다.[103] 전 세계적으로 군사적 · 물리적 투사능력과 상상을 초월하는 정보력을 갖고 있음에도 불구하고 미국은 정기적으로 『국가전략』과 『국가방첩전략』을 발표하여 모든 국민들과 공직자들이 공유해야 할 국가안보의 목표와 방첩의 좌표를 제시하고 있다. 이러한 것은 방첩업무규정 제정을 계기로 우리의 정보요원은 물론 모든 공직자들의 보안의식 및 방첩의식을 점검하고 강화하기 위한 적극적인 조치로서도 필요한 것이다.[104]

---

101) 허태회(2011), pp.97-98.
102) 허태회(2010), pp.77-110.
103) 위의 글.
104) 송종환, "국가안보개념의 변화와 국가정보기관 개혁방향", (http://web.sungshin.ac.kr/~youngho/data/academy/3-030821Forum.pdf).

결 론

　　방첩활동은 상대의 정보활동에 대응하는 개념으로서 정보활동 자체만큼 복잡하고 다양하여 업무 범위를 한마디로 설명하기가 매우 힘들다. 게다가 예측 불가능한 안보 위협의 출현이 언제든지 가능한 만큼 국가방첩의 미래에 대한 전망이 쉽지 않다. 다만, 세계적으로 정보활동의 범위가 대폭 확대되고 국제테러단체 등 국가 이외의 안보위협 집단이 출현함에 따라 방첩활동의 영역이 급속히 확장되고 있는 것은 사실이다. 따라서 이에 대응해 세계 각국은 대테러 활동 등 새로운 안보위협 요소들을 방첩의 영역에 포함시키고, 선제적이며 능동적인 방첩 전략을 발표하는 등 국가 방첩활동 역량을 경쟁적으로 강화시키고 있으며 이러한 추세는 앞으로도 국가 생존전략의 일환으로 지속될 것이다.[105]

　　오늘날 세계화 및 민주화된 국제사회에서 국가 간 무한경쟁으로 인해 더욱 증가되고 있는 국가안보의 최대 위협요소는 외국정보기관들의 공격적인 첩보활동이다. 미국의 경우 거의 140여개 국가에서 정보요원을 파견해 각종 정보수집 기법을 활용해 미국의 국방 및 경제, 과학기술 정보 등을 수집하고 있다.[106] 이들 정보요원들은 대사관 및 무역대표부 등에 파견되어 공식가장 하에 정보활동을 수행하던 전통적 방식에서 더 나아가서 국방무관이나 교환교수, 학생, 비즈니스맨, 특파원, 학회참가 과학자 및 연구원 등으로 위장하여 정보목표에 대한 정보활동을 전개한다. 또한 회사 내부관계자를 매수하기도 하고 폐기된 자료들에서 유용한 자료를 찾아가기도 한다.[107] 이러한 활동에 대응해 미국의 경우에는 관련 예산 및 인원을 보강해 방첩활동을 강화하고 있으나 테러문제에 대한 대응에 우선순위가 주어지면서 관심도가 낮아지기도 하고, 부처 간의 정보공유 문제 등으로 비효율이 발생하기도 한다. 또한 정보통신의 발달 등으로 인해 방첩활동의 방식 자체도 과거와는 다른 새로운 접근이 요구된다. 이러한 상

105) 이 부분은 이상호 박사가 정리한 내용으로서 편집과정에서 이곳으로 삽입되었다.
106) House Judiciary Sbucommittee on Immigration, Border Security & Claims: *Hearing on Sources and Methods of Foreign Nationals Engaged in* Economic and Military Espionage, (15 September 2005).
107) Federal Bureau of Investigation, *Focus on Economic Espionage* in: http://fbi.gov/hq/ci/economic.htm.

황을 감안할 때 21세기의 방첩활동은 전통적인 활동기법을 새롭게 재조명하고 혁신적인 대안을 제시하는 등의 새로운 기법이 요구된다.

한편, 우리나라에서의 방첩활동은 그동안 분단국가라는 특수성으로 인해 북한을 상대로 한 방첩활동인 대공활동에 방첩역량의 대부분을 투입해온 관계로 여타 외국에 대한 방첩활동은 소홀히 해 온 것이 사실이다. 이에 따라 법제도 면에서도 간첩죄를 규정한 형법 제98조가 "적국을 위하여 간첩한 자"로, 구성요건을 매우 한정적으로 제한하고 있어서 사실상 외국을 위한 간첩행위를 처벌할 근거가 없다고 할 수 있으며, 이러한 점은 명백히 중대한 입법상의 불비라고 할 수 있다. 다만, 현행법 하에서도 행위의 대상이 외교상 기밀에 해당할 경우에는 형법 제113조(외교상 기밀의 누설)에 의거하고, 군사상 기밀에 해당할 경우에는 군사기밀 보호법 제11조(탐지, 수집) 및 제12조(누설)에 의거하여 처벌할 수는 있다.

물론, 방첩활동의 결과 정보활동 혐의자를 색출하였다고 하더라도 대상자가 외교관일 경우 사법처리의 대상이 되는 것은 아니고 대부분 외교적 절차에 따라 기피인물(PNG: Persona Non Grata)로 본국에 소환을 요구하거나 퇴거를 명령할 수 있을 뿐이지만 외국을 위한 간첩행위 일반에 대한 법적 처벌규정은 반드시 필요한 제도적 개선이라고 하겠다.[108]

탈냉전 이후 세계 안보환경은 전통적 군사안보 위협으로부터 국제테러, 환경오염은 물론 식량·자원에까지 다양하게 확장되면서 각국의 정보기관으로 하여금 국가방첩과 관련하여서도 새로운 변화를 요구하고 있다. 그럼에도 불구하고 우리나라는 아직도 남·북 대치라는 특수상황에 따라, '방첩=대북'이라는 고정된 인식에 사로잡혀 사실상 외국인의 對한국 정보활동에 대한 국민적 경각심이 낮은 실정이다. 국가방첩의 근간이 되어야 할 주요 법령이나 제도마저도 아직도 냉전적 유산을 버리지 못하고 있다.[109] 특히 우리 국민들이 국가정보기관에 대해 갖고 있는 부정적인 선입관 때문에 국가정보원법은 물론 테러방지법을 비롯한 여러 가지 제도적인 정비도 제대로 이루어지지 못하고 있다. 이제 세계 정보환경의 변화에 보다 적극적으로 대응하여 국가방첩역량의 강화를 통해 우리 사회 전체가 국익수호에 적극 동참하는 명실상부한 선진 방

---

108) 이 부분은 이상호 박사가 정리한 내용인데 전체 편집의 일관성을 유지하기 위하여 여기에 삽입되었음을 밝힌다.

109) 김호정, "외국 스파이 처벌유형·적용법규 비교연구와 우리의 스파이 규제법 정비방안",『국가정보연구』제2권 2호(2009),

첩체제의 구축이 필요한 상황이다.

이러한 문제인식을 기초로 하여 21세기 세계정보환경 변화에 대응한 바람직한 방첩의 방향을 모색하고 방첩의식의 제고와 방첩역량 강화를 위한 몇 가지 개선방안을 제시하고자 하였다. 세계 각국 정보기관들이 보다 능동적이며 효율적인 방첩을 지향하고 있는 시점에서 여기에서 제안된 개선방안들이 향후 우리 국가정보로 하여금 선진국 수준으로 방첩업무기반을 확충해 나가고 국가방첩 역량을 강화에 나가는데 있어 초석이 되길 기대해 본다.

참·고·문·헌

국가정보포럼.『국가정보학』. 서울: 박영사, 2006.

국가정보연구회.『분단국의 국가정보』. 서울: 박문각, 2012.

김계동.『국가정보: 비밀에서 정책까지』. (Mark Lowenthal(2005)의 번역, 서명인문화사, 2008.

김왕식. "정보환경의 변화와 방첩제도의 개선방안".『국가정보연구』. 제5권 1호, (2012).pp. 41-86.

김윤덕.『국가정보학: 이론과 실제의 이해』. 서울: 박영사, 2006.

김호정. "외국 스파이 처벌유형·적용법규 비교연구와 우리의 스파이 규제법 정비안".『국가정보연구』. 제 2권 2호(2009),

문정인. "21세기 정보기관의 역할과 새로운 비젼".『21세기 정보기관의 역할과 바람직한 국정원법 개정을 위한 정책토론회 논문집』. (서울 코리아나 호텔: 국가정보학회, 2008)

박영일 편저.『강대국의 정보기구』. 서울: 현대문예사, 1994.

송종환. "국가안보개념의 변화와 국가정보기관 개혁방향". (2005).(http://web.sungshin.ac.kr/~youngho/data/academy/3-030821Forum.pdf).

송은희. "외국의 입법사례를 통해본 바람직한 국가정보원법의 개정방향".『21세기 정보기관의 역할과 바람직한 국정원법 개정을 위한 정책토론회 논문집』. (서울 코리아나 호텔: 국가정보학회, 2008년).

송은희·김일기. "비국가행위자의 정보활동과 안보위협에 관한 연구".『국가정보연구』. 제4권 1호(2011).

신유섭. "ODNI 창설을 통해본 미국 정보계 개혁의 성격과 전망". 『국제정치논총』. 제45
집 3호, 2005. pp.127-147.

신의기. "국제환경의 변화와 간첩죄 규정정비방안". 『국제문제연구』. 제10권 4호(2010),
pp. 111-152.

이기덕 · 문경환. "대테러 관련 법제와 대응체계의 문제점 및 개선방향: 테러정보수집
권을 중심으로". 『국가정보연구』. 제4권 1호 (2011년 여름호).

이연수 · 이수연 · 윤석구 · 전재성. "주요국의 사이버안전관련 법 조직체계 비교 및 발
전방안 연구". 『국가정보연구』. 제1권 2호 (2008년 겨울호).

장노순. "9/11 이후 미국의 방첩전략과 조직에 관한 연구: ODNI와 국방부를 중심으로".
『국가정보연구』. 제2권 2호 (2009년 겨울호).

_____. "정보기관의 민주적 통제". 『2010 국가정보학회 학술회의 논문자료집』. (서울
코리아나 호텔: 국가정보학회, 2010)

전 웅, "방첩개념의 재조명: 목적, 범위, 활동유형을 중심으로". 『국가정보연구』. 제2권
2호(2009).

_____. "초국가안보위협과 정보활동의 방향". 『2010 한국 국가정보학회 학술회의 논문
자료집』. (서울 코리아나 호텔: 국가정보학회, 2010).

정경영. "북한급변사태와 우리의 외교안보전략". 『국제정치학회 연례 학술회의』. (외국
어대학교, 2008.12.15)

최평길. 『국가정보학』. (서울: 박영사, 2012).

한정택. "대중문화와 정보활동". 『2010 국가정보학회 학술회의 논문자료집』. (서울 코
리아나 호텔: 국가정보학회, 2010)

_____. "국가정보환경변화에 따른 안보의식조사 결과분석". 『국제문제연구』. 제10권 4
호(2010), pp.1-32.

한희원. "국가안보와 국민의 알권리에 대한 법리적 해석". 『2010 국가정보학회 학술회
의 논문자료집』. (서울 코리아나 호텔: 국가정보학회, 2010)

한희원. 국가정보: 법의 지배와 국가정보. 제3판. 서울:법률출판사, 2011.

허태회. "대내외 정보환경의 변화와 국가방첩의 새로운 방향 모색". 『국제문제연구』.
제10권 4호 (2010), pp.77-110.

_____. "정보환경변화에 대응한 대국민 방첩의식제고방안". 『국가정보연구』. 제4권 1
호(2011), pp.71-106.

Aden Magee. "Countering Nontraditional HUMINT Collection Threats." *International
Journal of Intelligence and Counterintelligence*. 23: 3, pp.509-520, 2010.

Charles Kegley & Eugene Wittkopf. *World Politics: Trends and Transformations*, 10th edition, (Bedfor/ St. Martin's Press, 2006.

Gaetano Joe Ilardi. "Al-Qaeda's Counterintelligence Doctrine: The Pursuit of Operational Certainty and Control," *International Journal of Intelligence and Counterintelligence*, 22: 2, pp. 246-274, 2009.

Gregory Treverton. *Reshaping National Intelligence for an Age of Information*, Cambridge University Press, 2003

Jennifer Sims and Burton Gerber. *Transforming U.S. Intelligence.* Georgetown University Press, 2007.

Jeffrey Richelson. *The U.S. Intelligence Community.* 4th Ed. Westview Press, 1999

John Baylis and James Wirtz, *Strategy in th Contemporary World.* Oxford University Press, 2003.

John. G. Heidenrich. "The State of Strategic Intelligence: The Intelligence Community's Neglect of Strategic Intelligence." *Studies in Intelligence*, Vol. 51, No. 2(2007).

Justin Harber. "Unconventional Spies: The Counterintelligence Threat from Non-State Actors," *International Journal of Intelligence and Counterintelligence.* 22: 2, pp. 221-236, 2009.

Martin Rudner. "Intelligence Studies in Higher Education: Capacity-Building to Meet Societal Demand," *International Journal of Intelligence and Counterintelligence.* 22: 1, pp. 110-130, 2009.

Michelle V. Cleave. *Counterintelligence and national Strategy.* Washington, D.C.:National Defense University Press, 2007.

_____. "The Question of Strategic Counterintelligence: What Is It, and What Should We Do About It?" *Studies in Intelligence.* Vol 51, No. 2(2007).

National Commission on Terrorist Attacks, *the 9/11 Commission Report: Final Report of the National Commissionon Terrorist Attacks upon the United States*, W.W. Norton Company, 2004.

National Intelligence Council. "Mapping the Global Future," *Report of the National Intelligence Council's 2020 Project*, Unversity Press of the Pacific Honolulu, Hawaii. 2006.

Paul Maddrell. "Failing Intelligence: U.S. Intelligence in the Age of Transnational Threats." *International Journal of Intelligence and Counterintelligence.* 22: 2, pp.

195-220, 2009.

Richard Posner. *Uncertain Shield: The U.S. Intelligence System in the Throes of Reform*, Rowman and Littlefield Publishers, Inc. 2006.

Richard Posner. *Not a Suicidal Pact: The Constitution in a Time of National Emergency*, Oxford University Press, 2006.

Roger George & Robert Kline. ed. *Intelligence and the National Security Strategist*. Rowman and Littlefield Publishers, Inc. 2006.

Sundri Khalsa. *Forcasting Terrorism: Indicators and Proven Analytic Techniques*. The Scarecrow Press, Inc., 2004.

William E Odom. *Fixing Intelligence: For a More Secure America*, 2nd Edition. MA: Yale University, 2004.

부록

방첩관련 법령

1. 국가정보원법

[일부개정 2014.1.14 법률 제12266호]

제1조(목적) 이 법은 국가정보원의 조직 및 직무범위와 국가안전보장 업무의 효율적인 수행을 위하여 필요한 사항을 규정함을 목적으로 한다.
[전문개정 2011.11.22]

제2조(지위) 국가정보원(이하 "국정원"이라 한다)은 대통령 소속으로 두며, 대통령의 지시와 감독을 받는다.
[전문개정 2011.11.22]

제3조(직무) ① 국정원은 다음 각 호의 직무를 수행한다.
1. 국외 정보 및 국내 보안정보[대공(對共), 대정부전복(對政府顚覆), 방첩(防諜), 대테러 및 국제범죄조직]의 수집·작성 및 배포
2. 국가 기밀에 속하는 문서·자재·시설 및 지역에 대한 보안 업무. 다만, 각급 기관에 대한 보안감사는 제외한다.
3. 「형법」 중 내란(內亂)의 죄, 외환(外患)의 죄, 「군형법」 중 반란의 죄, 암호 부정사용의 죄, 「군사기밀 보호법」에 규정된 죄, 「국가보안법」에 규정된 죄에 대한 수사
4. 국정원 직원의 직무와 관련된 범죄에 대한 수사
5. 정보 및 보안 업무의 기획·조정
② 제1항제1호 및 제2호의 직무 수행을 위하여 필요한 사항과 같은 항 제5호에 따른 기획·조정의 범위와 대상 기관 및 절차 등에 관한 사항은 대통령령으로 정한다.
[전문개정 2011.11.22]

제4조(조직) ① 국정원의 조직은 국가정보원장(이하 "원장"이라 한다)이 대통령의 승인을 받아 정한다.
② 국정원은 직무 수행상 특히 필요한 경우에는 대통령의 승인을 받아 특별시·광역시·도 또는 특별자치도에 지부(지부)를 둘 수 있다.
[전문개정 2011.11.22]

제5조(직원) ① 국정원에 원장·차장 및 기획조정실장과 그 밖에 필요한 직원을 둔다. 다만, 특히 필요한 경우에는 차장을 2명 이상 둘 수 있다.
② 직원의 정원은 예산의 범위에서 대통령의 승인을 받아 원장이 정한다.

[전문개정 2011.11.22]

제6조(조직 등의 비공개) 국정원의 조직·소재지 및 정원은 국가안전보장을 위하여 필요한 경우에는 그 내용을 공개하지 아니할 수 있다.
[전문개정 2011.11.22]

제7조(원장·차장·기획조정실장) ① 원장은 국회의 인사청문을 거쳐 대통령이 임명하며, 차장 및 기획조정실장은 원장의 제청으로 대통령이 임명한다.
② 원장은 정무직으로 하며, 국정원의 업무를 총괄하고 소속 직원을 지휘·감독한다.
③ 차장은 정무직으로 하고 원장을 보좌하며, 원장이 부득이한 사유로 직무를 수행할 수 없을 때에는 그 직무를 대행한다.
④ 기획조정실장은 별정직으로 하고 원장과 차장을 보좌하며, 위임된 사무를 처리한다.
⑤ 원장·차장 및 기획조정실장 외의 직원 인사에 관한 사항은 따로 법률로 정한다.
[전문개정 2011.11.22]

제8조(겸직 금지) 원장·차장 및 기획조정실장은 다른 직(職)을 겸할 수 없다.
[전문개정 2011.11.22]

제9조(정치 관여 금지) ① 원장·차장과 그 밖의 직원은 정당이나 정치단체에 가입하거나 정치활동에 관여하는 행위를 하여서는 아니 된다.
② 제1항에서 정치활동에 관여하는 행위란 다음 각 호의 어느 하나에 해당하는 행위를 말한다. <개정 2014.1.14>
1. 정당이나 정치단체의 결성 또는 가입을 지원하거나 방해하는 행위
2. 그 직위를 이용하여 특정 정당이나 특정 정치인에 대하여 지지 또는 반대 의견을 유포하거나, 그러한 여론을 조성할 목적으로 특정 정당이나 특정 정치인에 대하여 찬양하거나 비방하는 내용의 의견 또는 사실을 유포하는 행위
3. 특정 정당이나 특정 정치인을 위하여 기부금 모집을 지원하거나 방해하는 행위 또는 국가·지방자치단체 및 「공공기관의 운영에 관한 법률」에 따른 공공기관의 자금을 이용하거나 이용하게 하는 행위
4. 특정 정당이나 특정인의 선거운동을 하거나 선거 관련 대책회의에 관여하는 행위
5. 「정보통신망 이용촉진 및 정보보호 등에 관한 법률」에 따른 정보통신망을 이용한 제1호부터 제4호까지에 해당하는 행위
6. 소속 직원이나 다른 공무원에 대하여 제1호부터 제5호까지의 행위를 하도록 요구하거나 그 행위와 관련한 보상 또는 보복으로서 이익 또는 불이익을 주거나 이를 약속 또는 고지(告知)하는 행위

③ 직원은 원장, 차장과 그 밖의 다른 직원으로부터 제2항에 해당하는 행위의 집행을 지시 받은 경우 원장이 정한 절차에 따라 이의를 제기할 수 있으며, 시정되지 않을 경우 그 직무의 집행을 거부할 수 있다. <신설 2014.1.14>

④ 직원이 전항의 규정에 따라 이의제기 절차를 거친 후 시정되지 않을 경우, 오로지 공익을 목적으로 제2항에 해당하는 행위의 집행을 지시 받은 사실을 수사기관에 신고하는 경우 「국가정보원직원법」 제17조의 규정은 적용하지 아니한다. <신설 2014.1.14>

⑤ 누구든지 제4항의 신고자에게는 그 신고를 이유로 불이익조치(「공익신고자 보호법」 제2조제6호에 따른 불이익조치를 말한다)를 하여서는 아니 된다. <신설 2014.1.14>

[전문개정 2011.11.22]

제10조(겸직 직원) ① 원장은 현역 군인 또는 필요한 공무원의 파견근무를 관계 기관의 장에게 요청할 수 있다.

② 겸직 직원의 원(原) 소속 기관의 장은 겸직 직원의 모든 신분상의 권익과 보수를 보장하여야 하며, 겸직 직원을 전보(轉補) 발령하려면 미리 원장의 동의를 받아야 한다.

③ 겸직 직원은 겸직 기간 중 원 소속 기관의 장의 지시 또는 감독을 받지 아니한다.

④ 겸직 직원의 정원은 관계 기관의 장과 협의하여 대통령의 승인을 받아 원장이 정한다.

[전문개정 2011.11.22]

제11조(직권 남용의 금지) ① 원장·차장과 그 밖의 직원은 그 직권을 남용하여 법률에 따른 절차를 거치지 아니하고 사람을 체포 또는 감금하거나 다른 기관·단체 또는 사람으로 하여금 의무 없는 일을 하게 하거나 사람의 권리 행사를 방해하여서는 아니 된다.

② 국정원 직원으로서 제16조에 따라 사법경찰관리(군사법경찰관리를 포함한다)의 직무를 수행하는 사람은 그 직무를 수행할 때에 다음 각 호의 규정을 포함하여 범죄수사에 관한 적법절차를 준수하여야 한다.

1. 「형사소송법」 제34조[피고인·피의자와의 접견·교통·수진(受診)]와 같은 법 제209조에 따라 수사에 준용되는 같은 법 제87조(구속의 통지), 제89조(구속된 피고인과의 접견·수진), 제90조(변호인의 의뢰)

2. 「군사법원법」 제63조(피고인·피의자와의 접견 등)와 같은 법 제232조의6에 따라 수사에 준용되는 같은 법 제127조(구속의 통지), 제129조(구속된 피고인과의 접견 등) 및 제130조(변호인의 의뢰)

[전문개정 2011.11.22]

제12조(예산회계) ① 국정원은 「국가재정법」 제40조에 따른 독립기관으로 한다.

② 국정원은 세입, 세출예산을 요구할 때에 「국가재정법」 제21조의 구분에 따라 총액으로 기획재정부장관에게 제출하며, 그 산출내역과 같은 법 제34조에 따른 예산안의 첨부서류는

제출하지 아니할 수 있다. <개정 2014.1.14>

③ 국정원의 예산 중 미리 기획하거나 예견할 수 없는 비밀활동비는 총액으로 다른 기관의 예산에 계상할 수 있으며, 그 예산은 국회 정보위원회에서 심사한다. <개정 2014.1.14>

④ 국정원은 제2항 및 제3항에도 불구하고 국회 정보위원회에 국정원의 모든 예산(제3항에 따라 다른 기관에 계상된 예산을 포함한다)에 관하여 실질심사에 필요한 세부 자료를 제출하여야 한다. <개정 2014.1.14>

⑤ 국회 정보위원회는 국정원의 예산심의를 비공개로 하며, 국회 정보위원회의 위원은 국정원의 예산 내역을 공개하거나 누설하여서는 아니 된다.

[전문개정 2011.11.22]

제13조(국회에서의 증언 등) ① 원장은 국회 예산결산 심사 및 안건 심사와 감사원의 감사가 있을 때에 성실하게 자료를 제출하고 답변하여야 한다. 다만, 국가의 안전보장에 중대한 영향을 미치는 국가 기밀 사항에 대하여는 그 사유를 밝히고 자료의 제출 또는 답변을 거부할 수 있다. <개정 2014.1.14>

② 원장은 제1항에도 불구하고 국회 정보위원회에서 자료의 제출, 증언 또는 답변을 요구받은 경우와 「국회에서의 증언·감정 등에 관한 법률」에 따라 자료의 제출 또는 증언을 요구받은 경우에는 군사·외교·대북관계의 국가 기밀에 관한 사항으로서 그 발표로 인하여 국가 안위(安危)에 중대한 영향을 미치는 사항에 대하여는 그 사유를 밝히고 자료의 제출, 증언 또는 답변을 거부할 수 있다. 이 경우 국회 정보위원회 등은 그 의결로써 국무총리의 소명을 요구할 수 있으며, 소명을 요구받은 날부터 7일 이내에 국무총리의 소명이 없는 경우에는 자료의 제출, 증언 또는 답변을 거부할 수 없다.

③ 원장은 국가 기밀에 속하는 사항에 관한 자료와 증언 또는 답변에 대하여 이를 공개하지 아니할 것을 요청할 수 있다.

④ 이 법에서 "국가 기밀"이란 국가의 안전에 대한 중대한 불이익을 피하기 위하여 한정된 인원만이 알 수 있도록 허용되고 다른 국가 또는 집단에 대하여 비밀로 할 사실·물건 또는 지식으로서 국가 기밀로 분류된 사항만을 말한다.

[전문개정 2011.11.22]

제14조(회계검사 및 직무감찰의 보고) 원장은 그 책임하에 소관 예산에 대한 회계검사와 직원의 직무 수행에 대한 감찰을 하고, 그 결과를 대통령과 국회 정보위원회에 보고하여야 한다.

[전문개정 2011.11.22]

제15조(국가기관 등에 대한 협조 요청) 원장은 이 법에서 정하는 직무를 수행할 때 필요한 협조와 지원을 관계 국가기관 및 공공단체의 장에게 요청할 수 있다.

[전문개정 2011.11.22]

제15조의2(직원의 업무수행) 직원은 다른 국가기관과 정당, 언론사 등의 민간을 대상으로, 법률과 내부규정에 위반한 파견·상시출입 등 방법을 통한 정보활동을 하여서는 아니 된다. 그 업무수행의 절차와 방식은 내부규정으로 정한다.
[본조신설 2014.1.14]

제16조(사법경찰권) 국정원 직원으로서 원장이 지명하는 사람은 제3조제1항제3호 및 제4호에 규정된 죄에 관하여 「사법경찰관리의 직무를 수행할 자와 그 직무범위에 관한 법률」 및 「군사법원법」의 규정에 따라 사법경찰관리와 군사법경찰관리의 직무를 수행한다.
[전문개정 2011.11.22]

제17조(무기의 사용) ① 원장은 직무를 수행하기 위하여 필요하다고 인정할 때에는 소속 직원에게 무기를 휴대하게 할 수 있다.
② 제1항의 무기 사용에 관하여는 「경찰관직무집행법」 제10조의4를 준용한다.
[전문개정 2011.11.22]

제18조(정치 관여죄) ① 제9조제1항을 위반하여 정당이나 그 밖의 정치단체에 가입하거나 정치활동에 관여하는 행위를 한 사람은 7년 이하의 징역과 7년 이하의 자격정지에 처한다. <개정 2014.1.14>
② 제1항에 규정된 죄의 미수범은 처벌한다.
③ 제1항, 제2항에 규정된 죄에 대한 공소시효의 기간은 「형사소송법」 제249조제1항에도 불구하고 10년으로 한다. <신설 2014.1.14>
[전문개정 2011.11.22]

제19조(직권남용죄) ① 제11조제1항을 위반하여 사람을 체포 또는 감금하거나 다른 기관·단체 또는 사람으로 하여금 의무 없는 일을 하게 하거나 사람의 권리 행사를 방해한 사람은 7년 이하의 징역과 7년 이하의 자격정지에 처한다.
② 제11조제2항을 위반하여 국정원 직원으로서 사법경찰관리(군사법경찰관리를 포함한다)의 직무를 수행하는 사람이 변호인의 피의자 접견·교통·수진, 구속의 통지, 변호인 아닌 자의 피의자 접견·수진, 변호인의 의뢰에 관한 「형사소송법」의 규정을 준수하지 아니하여 피의자, 변호인 또는 관계인의 권리를 침해한 사람은 1년 이하의 징역 또는 500만원 이하의 벌금에 처한다.
③ 제1항에 규정된 죄의 미수범은 처벌한다.
[전문개정 2011.11.22]

부칙 〈제12266호, 2014.1.14〉

이 법은 공포한 날부터 시행한다.

2. 국가보안법

[(타)일부개정 2011.9.15 법률 제11042호]

제1장 총칙

제1조(목적등) ① 이 법은 국가의 안전을 위태롭게 하는 반국가활동을 규제함으로써 국가의 안전과 국민의 생존 및 자유를 확보함을 목적으로 한다.

② 이 법을 해석적용함에 있어서는 제1항의 목적달성을 위하여 필요한 최소한도에 그쳐야 하며, 이를 확대해석하거나 헌법상 보장된 국민의 기본적 인권을 부당하게 제한하는 일이 있어서는 아니된다. <신설 1991 · 5 · 31>

[제목개정 1991.5.31]

제2조(정의) ① 이 법에서 "반국가단체"라 함은 정부를 참칭하거나 국가를 변란할 것을 목적으로 하는 국내외의 결사 또는 집단으로서 지휘통솔체제를 갖춘 단체를 말한다. <개정 1991 · 5 · 31>

② 삭제 <1991 · 5 · 31>

[제목개정 1991.5.31]

제2장 죄와 형

제3조(반국가단체의 구성등) ① 반국가단체를 구성하거나 이에 가입한 자는 다음의 구별에 따라 처벌한다.

1. 수괴의 임무에 종사한 자는 사형 또는 무기징역에 처한다.

2. 간부 기타 지도적 임무에 종사한 자는 사형 · 무기 또는 5년 이상의 징역에 처한다.

3. 그 이외의 자는 2년 이상의 유기징역에 처한다.

② 타인에게 반국가단체에 가입할 것을 권유한 자는 2년 이상의 유기징역에 처한다.

③ 제1항 및 제2항의 미수범은 처벌한다.

④ 제1항제1호 및 제2호의 죄를 범할 목적으로 예비 또는 음모한 자는 2년 이상의 유기징역에 처한다.

⑤ 제1항제3호의 죄를 범할 목적으로 예비 또는 음모한 자는 10년 이하의 징역에 처한다. <개정 1991 · 5 · 31>

제4조(목적수행) ① 반국가단체의 구성원 또는 그 지령을 받은 자가 그 목적수행을 위한 행

위를 한 때에는 다음의 구별에 따라 처벌한다. <개정 1991 · 5 · 31>

1. 형법 제92조 내지 제97조 · 제99조 · 제250조제2항 · 제338조 또는 제340조제3항에 규정된 행위를 한 때에는 그 각조에 정한 형에 처한다.

2. 형법 제98조에 규정된 행위를 하거나 국가기밀을 탐지 · 수집 · 누설 · 전달하거나 중개한 때에는 다음의 구별에 따라 처벌한다.

    가. 군사상 기밀 또는 국가기밀이 국가안전에 대한 중대한 불이익을 회피하기 위하여 한정된 사람에게만 지득이 허용되고 적국 또는 반국가단체에 비밀로 하여야 할 사실, 물건 또는 지식인 경우에는 사형 또는 무기징역에 처한다.

    나. 가목외의 군사상 기밀 또는 국가기밀의 경우에는 사형 · 무기 또는 7년 이상의 징역에 처한다.

3. 형법 제115조 · 제119조제1항 · 제147조 · 제148조 · 제164조 내지 제169조 · 제177조 내지 제180조 · 제192조 내지 제195조 · 제207조 · 제208조 · 제210조 · 제250조제1항 · 제252조 · 제253조 · 제333조 내지 제337조 · 제339조 또는 제340조제1항 및 제2항에 규정된 행위를 한 때에는 사형 · 무기 또는 10년 이상의 징역에 처한다.

4. 교통 · 통신, 국가 또는 공공단체가 사용하는 건조물 기타 중요시설을 파괴하거나 사람을 약취 · 유인하거나 함선 · 항공기 · 자동차 · 무기 기타 물건을 이동 · 취거한 때에는 사형 · 무기 또는 5년 이상의 징역에 처한다.

5. 형법 제214조 내지 제217조 · 제257조 내지 제259조 또는 제262조에 규정된 행위를 하거나 국가기밀에 속하는 서류 또는 물품을 손괴 · 은닉 · 위조 · 변조한 때에는 3년 이상의 유기징역에 처한다.

6. 제1호 내지 제5호의 행위를 선동 · 선전하거나 사회질서의 혼란을 조성할 우려가 있는 사항에 관하여 허위사실을 날조하거나 유포한 때에는 2년 이상의 유기징역에 처한다.

② 제1항의 미수범은 처벌한다.

③ 제1항제1호 내지 제4호의 죄를 범할 목적으로 예비 또는 음모한 자는 2년 이상의 유기징역에 처한다.

④ 제1항제5호 및 제6호의 죄를 범할 목적으로 예비 또는 음모한 자는 10년 이하의 징역에 처한다.

제5조(자진지원 · 금품수수) ① 반국가단체나 그 구성원 또는 그 지령을 받은 자를 지원할 목적으로 자진하여 제4조제1항 각호에 규정된 행위를 한 자는 제4조제1항의 예에 의하여 처벌한다.

② 국가의 존립 · 안전이나 자유민주적 기본질서를 위태롭게 한다는 정을 알면서 반국가단체의 구성원 또는 그 지령을 받은 자로부터 금품을 수수한 자는 7년 이하의 징역에 처한다. <개정 1991 · 5 · 31>

③ 제1항 및 제2항의 미수범은 처벌한다.

④ 제1항의 죄를 범할 목적으로 예비 또는 음모한 자는 10년 이하의 징역에 처한다.
⑤ 삭제 <1991 · 5 · 31>

제6조(잠입 · 탈출) ① 국가의 존립 · 안전이나 자유민주적 기본질서를 위태롭게 한다는 정을 알면서 반국가단체의 지배하에 있는 지역으로부터 잠입하거나 그 지역으로 탈출한 자는 10년 이하의 징역에 처한다. <개정 1991 · 5 · 31>
② 반국가단체나 그 구성원의 지령을 받거나 받기 위하여 또는 그 목적수행을 협의하거나 협의하기 위하여 잠입하거나 탈출한 자는 사형 · 무기 또는 5년 이상의 징역에 처한다.
③ 삭제 <1991 · 5 · 31>
④ 제1항 및 제2항의 미수범은 처벌한다. <개정 1991 · 5 · 31>
⑤ 제1항의 죄를 범할 목적으로 예비 또는 음모한 자는 7년 이하의 징역에 처한다.
⑥ 제2항의 죄를 범할 목적으로 예비 또는 음모한 자는 2년 이상의 유기징역에 처한다. <개정 1991 · 5 · 31>

제7조(찬양 · 고무등) ① 국가의 존립 · 안전이나 자유민주적 기본질서를 위태롭게 한다는 정을 알면서 반국가단체나 그 구성원 또는 그 지령을 받은 자의 활동을 찬양 · 고무 · 선전 또는 이에 동조하거나 국가변란을 선전 · 선동한 자는 7년 이하의 징역에 처한다. <개정 1991 · 5 · 31>
② 삭제 <1991 · 5 · 31>
③ 제1항의 행위를 목적으로 하는 단체를 구성하거나 이에 가입한 자는 1년 이상의 유기징역에 처한다. <개정 1991 · 5 · 31>
④ 제3항에 규정된 단체의 구성원으로서 사회질서의 혼란을 조성할 우려가 있는 사항에 관하여 허위사실을 날조하거나 유포한 자는 2년 이상의 유기징역에 처한다. <개정 1991 · 5 · 31>
⑤ 제1항 · 제3항 또는 제4항의 행위를 할 목적으로 문서 · 도화 기타의 표현물을 제작 · 수입 · 복사 · 소지 · 운반 · 반포 · 판매 또는 취득한 자는 그 각항에 정한 형에 처한다. <개정 1991 · 5 · 31>
⑥ 제1항 또는 제3항 내지 제5항의 미수범은 처벌한다. <개정 1991 · 5 · 31>
⑦ 제3항의 죄를 범할 목적으로 예비 또는 음모한 자는 5년 이하의 징역에 처한다. <개정 1991 · 5 · 31>

제8조(회합 · 통신등) ① 국가의 존립 · 안전이나 자유민주적 기본질서를 위태롭게 한다는 정을 알면서 반국가단체의 구성원 또는 그 지령을 받은 자와 회합 · 통신 기타의 방법으로 연락을 한 자는 10년 이하의 징역에 처한다. <개정 1991 · 5 · 31>
② 삭제 <1991 · 5 · 31>

③ 제1항의 미수범은 처벌한다. <개정 1991 · 5 · 31>
④ 삭제 <1991 · 5 · 31>

제9조(편의제공) ① 이 법 제3조 내지 제8조의 죄를 범하거나 범하려는 자라는 정을 알면서 총포 · 탄약 · 화약 기타 무기를 제공한 자는 5년 이상의 유기징역에 처한다. <개정 1991 · 5 · 31>
② 이 법 제3조 내지 제8조의 죄를 범하거나 범하려는 자라는 정을 알면서 금품 기타 재산상의 이익을 제공하거나 잠복 · 회합 · 통신 · 연락을 위한 장소를 제공하거나 기타의 방법으로 편의를 제공한 자는 10년 이하의 징역에 처한다. 다만, 본범과 친족관계가 있는 때에는 그 형을 감경 또는 면제할 수 있다. <개정 1991 · 5 · 31>
③ 제1항 및 제2항의 미수범은 처벌한다.
④ 제1항의 죄를 범할 목적으로 예비 또는 음모한 자는 1년 이상의 유기징역에 처한다.
⑤ 삭제 <1991 · 5 · 31>

제10조(불고지) 제3조, 제4조, 제5조제1항 · 제3항(제1항의 미수범에 한한다) · 제4항의 죄를 범한 자라는 정을 알면서 수사기관 또는 정보기관에 고지하지 아니한 자는 5년 이하의 징역 또는 200만원 이하의 벌금에 처한다. 다만, 본범과 친족관계가 있는 때에는 그 형을 감경 또는 면제한다.
[전문개정 1991 · 5 · 31]

제11조(특수직무유기) 범죄수사 또는 정보의 직무에 종사하는 공무원이 이 법의 죄를 범한 자라는 정을 알면서 그 직무를 유기한 때에는 10년 이하의 징역에 처한다. 다만, 본범과 친족관계가 있는 때에는 그 형을 감경 또는 면제할 수 있다.

제12조(무고, 날조) ① 타인으로 하여금 형사처분을 받게 할 목적으로 이 법의 죄에 대하여 무고 또는 위증을 하거나 증거를 날조 · 인멸 · 은닉한 자는 그 각조에 정한 형에 처한다.
② 범죄수사 또는 정보의 직무에 종사하는 공무원이나 이를 보조하는 자 또는 이를 지휘하는 자가 직권을 남용하여 제1항의 행위를 한 때에도 제1항의 형과 같다. 다만, 그 법정형의 최저가 2년미만일 때에는 이를 2년으로 한다.

제13조(특수가중) 이 법, 군형법 제13조 · 제15조 또는 형법 제2편제1장 내란의 죄 · 제2장 외환의 죄를 범하여 금고 이상의 형의 선고를 받고 그 형의 집행을 종료하지 아니한 자 또는 그 집행을 종료하거나 집행을 받지 아니하기로 확정된 후 5년이 경과하지 아니한 자가 제3조제1항제3호 및 제2항 내지 제5항, 제4조제1항제1호중 형법 제94조제2항 · 제97조 및 제99조, 동항제5호 및 제6호, 제2항 내지 제4항, 제5조, 제6조제1항 및 제4항 내지 제6항,

제7조 내지 제9조의 죄를 범한 때에는 그 죄에 대한 법정형의 최고를 사형으로 한다.
[단순위헌, 2002헌가5, 2002. 11. 28. 국가보안법(1980. 12. 31. 법률 제3318호로 전문개정
된 것) 제13조 중 "이 법, 군형법 제13조·제15조 또는 형법 제2편 제1장 내란의 죄·제2장
외환의 죄를 범하여 금고 이상의 형의 선고를 받고 그 형의 집행을 종료하지 아니한 자 또
는 그 집행을 종료하거나 집행을 받지 아니하기로 확정된 후 5년이 경과하지 아니한 자가
…… 제7조 제5항, 제1항의 죄를 범한 때에는 그 죄에 대한 법정형의 최고를 사형으로 한
다."부분은 헌법에 위반된다.]

제14조(자격정지의 병과) 이 법의 죄에 관하여 유기징역형을 선고할 때에는 그 형의 장기 이
하의 자격정지를 병과할 수 있다. <개정 1991·5·31>

제15조(몰수·추징) ① 이 법의 죄를 범하고 그 보수를 받은 때에는 이를 몰수한다. 다만, 이
를 몰수할 수 없을 때에는 그 가액을 추징한다.
② 검사는 이 법의 죄를 범한 자에 대하여 소추를 하지 아니할 때에는 압수물의 폐기 또는
국고귀속을 명할 수 있다.

제16조(형의 감면) 다음 각호의 1에 해당한 때에는 그 형을 감경 또는 면제한다.
1. 이 법의 죄를 범한 후 자수한 때
2. 이 법의 죄를 범한 자가 이 법의 죄를 범한 타인을 고발하거나 타인이 이 법의 죄를 범하
   는 것을 방해한 때
3. 삭제 <1991·5·31>

제17조(타법적용의 배제) 이 법의 죄를 범한 자에 대하여는 노동조합및노동관계조정법 제
39조의 규정을 적용하지 아니한다. <개정 1997·12·13>

제3장 특별형사소송규정

제18조(참고인의 구인·유치) ① 검사 또는 사법경찰관으로부터 이 법에 정한 죄의 참고인
으로 출석을 요구받은 자가 정당한 이유없이 2회 이상 출석요구에 불응한 때에는 관할법원
판사의 구속영장을 발부받아 구인할 수 있다.
② 구속영장에 의하여 참고인을 구인하는 경우에 필요한 때에는 근접한 경찰서 기타 적당
한 장소에 임시로 유치할 수 있다.

제19조(구속기간의 연장) ① 지방법원판사는 제3조 내지 제10조의 죄로서 사법경찰관이 검
사에게 신청하여 검사의 청구가 있는 경우에 수사를 계속함에 상당한 이유가 있다고 인정
한 때에는 형사소송법 제202조의 구속기간의 연장을 1차에 한하여 허가할 수 있다.

② 지방법원판사는 제1항의 죄로서 검사의 청구에 의하여 수사를 계속함에 상당한 이유가 있다고 인정한 때에는 형사소송법 제203조의 구속기간의 연장을 2차에 한하여 허가할 수 있다.

③ 제1항 및 제2항의 기간의 연장은 각 10일 이내로 한다.

[단순위헌, 90헌마82, 1992.4.14. 국가보안법(1980. 12. 31. 법률제3318호, 개정 1991. 5. 31. 법률제4373호) 제19조중 제7조 및 제10조의 죄에 관한 구속기간 연장부분은 헌법에 위반된다.]

제20조(공소보류) ① 검사는 이 법의 죄를 범한 자에 대하여 형법 제51조의 사항을 참작하여 공소제기를 보류할 수 있다.

② 제1항에 의하여 공소보류를 받은 자가 공소의 제기없이 2년을 경과한 때에는 소추할 수 없다.

③ 공소보류를 받은 자가 법무부장관이 정한 감시·보도에 관한 규칙에 위반한 때에는 공소보류를 취소할 수 있다.

④ 제3항에 의하여 공소보류가 취소된 경우에는 형사소송법 제208조의 규정에 불구하고 동일한 범죄사실로 재구속할 수 있다.

제4장 보상과 원호

제21조(상금) ① 이 법의 죄를 범한 자를 수사기관 또는 정보기관에 통보하거나 체포한 자에게는 대통령령이 정하는 바에 따라 상금을 지급한다.

② 이 법의 죄를 범한 자를 인지하여 체포한 수사기관 또는 정보기관에 종사하는 자에 대하여도 제1항과 같다.

③ 이 법의 죄를 범한 자를 체포할 때 반항 또는 교전상태하에서 부득이한 사유로 살해하거나 자살하게 한 경우에는 제1항에 준하여 상금을 지급할 수 있다.

제22조(보로금) ① 제21조의 경우에 압수물이 있는 때에는 상금을 지급하는 경우에 한하여 그 압수물 가액의 2분의 1에 상당하는 범위안에서 보로금을 지급할 수 있다.

② 반국가단체나 그 구성원 또는 그 지령을 받은 자로부터 금품을 취득하여 수사기관 또는 정보기관에 제공한 자에게는 그 가액의 2분의 1에 상당하는 범위안에서 보로금을 지급할 수 있다. 반국가단체의 구성원 또는 그 지령을 받은 자가 제공한 때에도 또한 같다.

③ 보로금의 청구 및 지급에 관하여 필요한 사항은 대통령령으로 정한다.

제23조(보상) 이 법의 죄를 범한 자를 신고 또는 체포하거나 이에 관련하여 상이를 입은 자와 사망한 자의 유족은 대통령령이 정하는 바에 따라 「국가유공자 등 예우 및 지원에 관한 법률」에 따른 공상군경 또는 순직군경의 유족이나 「보훈보상대상자 지원에 관한 법

률」에 따른 재해부상군경 또는 재해사망군경의 유족으로 보아 보상할 수 있다. <개정 1997·1·13, 2011.9.15>

[전문개정 1991·5·31]

제24조(국가보안유공자 심사위원회) ① 이 법에 의한 상금과 보로금의 지급 및 제23조에 의한 보상대상자를 심의·결정하기 위하여 법무부장관소속하에 국가보안유공자 심사위원회(이하 "위원회"라 한다)를 둔다. <개정 1991·5·31>

② 위원회는 심의상 필요한 때에는 관계자의 출석을 요구하거나 조사할 수 있으며, 국가기관 기타 공·사단체에 조회하여 필요한 사항의 보고를 요구할 수 있다.

③ 위원회의 조직과 운영에 관하여 필요한 사항은 대통령령으로 정한다.

제25조(군법 피적용자에 대한 준용규정) 이 법의 죄를 범한 자가 군사법원법 제2조제1항 각호의 1에 해당하는 자인 때에는 이 법의 규정중 판사는 군사법원군판사로, 검사는 군검찰부검찰관으로, 사법경찰관은 군사법경찰관으로 본다. <개정 1987·12·4, 1994·1·5>

부칙 〈제3318호,1980.12.31〉

제1조 (시행일) 이 법은 공포한 날로부터 시행한다.

제2조 (폐지법률) 반공법은 이를 폐지한다. 다만, 동법 폐지전의 행위에 대한 벌칙의 적용에 있어서는 종전의 규정에 의한다.

제3조 (다른 법률의 개정 및 다른 법률과의 관계) ① 사회안전법중 다음과 같이 개정한다.

제2조제3호를 다음과 같이 하고, 제4호를 삭제한다.

3. 국가보안법 제3조 내지 제9조

부칙 제2항제3호를 제4호로 하고, 동항에 제3호를 다음과 같이 신설한다.

3. 법률 제3318호 국가보안법 시행전의 행위로 인하여 법률 제549호 국가보안법 제1조 내지 제8조 또는 법률 제643호 반공법 제3조 내지 제7조의 적용을 받아 금고 이상의 형의 선고를 받고 그 집행을 받은 사실이 있는 자

부칙 제3항중 "부칙 제2항"을 "부칙 제2항(제3호를 제외한다)"으로 한다.

② 반국가행위자의 처벌에 관한 특별조치법중 다음과 같이 개정한다.

제2조제1항중 "국가보안법(제9조를 제외한다)"을 "국가보안법(제10조를 제외한다)"으로 하고, "반공법(제8조를 제외한다)"을 삭제한다.

부칙 제2항을 다음과 같이 신설한다.

② 법률 제3318호 국가보안법 시행전에 법률 제549호 국가보안법(제9조를 제외한다) 또는 법률 제643호 반공법(제8조를 제외한다)에 규정된 죄를 범한 자는 제2조의 적용에 있어서는 국가보안법(제10조를 제외한다)에 규정된 죄를 범한 자로 본다.

③ 몰수금품등처리에관한임시특례법중 다음과 같이 개정한다.

제1조중 "국가보안법 또는 반공법"을 "국가보안법"으로 한다.

제2조중 "국가보안법 제12조제2항 및 반공법 제11조"를 "국가보안법 제15조제2항 및 제22조"로 한다.

④ 이 법 시행당시 다른 법령에서 종전의 국가보안법 또는 반공법을 인용하는 경우에는 종전의 법률에 갈음하여 이 법을 인용한 것으로 보며, 종전의 국가보안법 또는 반공법의 규정을 인용한 경우에 이 법중 그에 해당하는 규정이 있는 때에는 종전의 규정에 갈음하여 이 법의 해당조항을 인용한 것으로 본다.

제4조 (경과조치)   ① 구형법 제2편제2장 내란에 관한 죄, 제3장 외환에 관한 죄, 구국방경비법 제32조, 제33조, 구해안경비법 제8조의2, 제9조, 구비상사태하의범죄처벌에관한특별조치령, 종전의 국가보안법 또는 반공법의 죄를 범하여 유죄의 판결을 받은 자는 형법 제2편제1장 내란의 죄, 제2장 외환의 죄, 군형법 제13조, 제15조의 규정 또는 이 법에 의하여 유죄의 판결을 받은 자로 본다. 이 법 시행후에 종전의 국가보안법 또는 반공법의 죄를 범하여 유죄의 판결을 받은 자도 또한 같다.

② 이 법 시행전에 특수범죄처벌에관한특별법 제6조의 규정에 의하여 유죄의 판결을 받은 자는 이 법의 규정에 의하여 유죄의 판결을 받은 것으로 본다.

③ 이 법 시행전에 종전의 국가보안법 또는 반공법의 규정에 의하여 행한 처분은 이 법의 규정에 의하여 행한 것으로 본다.

④ 이 법 시행전에 한 반공법의 규정에 의한 상금 또는 보로금의 청구는 이 법의 규정에 의하여 한 것으로 본다.

부칙(군사법원법) 〈제3993호, 1987.12.4〉

제1조 (시행일) 이 법은 1988년 2월 25일부터 시행한다.

제2조 생략

제3조 (다른 법률의 개정) ① 내지 ⑫ 생략

⑬ 국가보안법중 다음과 같이 개정한다.

제25조중 "군법회의법"을 "군사법원법"으로, "군법회의관할관"을 "군사법원관할관"으로, "군법회의검찰관"을 "군사법원검찰관"으로 한다.

⑭ 및 ⑮ 생략

제4조 생략

부칙 〈제4373호, 1991.5.31〉

①(시행일) 이 법은 공포한 날부터 시행한다.

②(경과조치) 이 법 시행전의 행위에 대한 벌칙의 적용에 있어서는 종전의 규정에 의한다.

③(경과조치) 이 법 시행전에 국가보안법의 죄를 범하여 유죄의 판결을 받은 자는 이 법에 의

하여 유죄의 판결을 받은 자로 본다.

부칙(군사법원법) 〈제4704호, 1994.1.5〉

제1조 (시행일) 이 법은 1994년 7월 1일부터 시행한다.
제2조 생략
제3조 (다른 법률의 개정) ① 내지 ③ 생략
　④ 국가보안법을 다음과 같이 개정한다.
　제25조중 "군사법원관할관"을 "군사법원군판사"로, "군사법원검찰관"을 "군검찰부검찰관"
　으로 한다.
제4조 생략

부칙(국가유공자등예우및지원에관한법률)) 〈제5291호, 1997.1.13〉

제1조 (시행일) 이 법은 공포후 6월이 경과한 날부터 시행한다.
제2조 및 제3조 생략
제4조 (다른 법률의 개정) ① 내지 ⑫ 생략
　⑬ 국가보안법중 다음과 같이 개정한다.
　제23조중 "국가유공자예우등에관한법률"을 "국가유공자등예우및지원에관한법률"로 한다.
　⑭ 내지 〈21〉 생략
제5조 생략

부칙(정부부처명칭등의변경에따른건축법등의정비에관한법률) 〈제5454호, 1997.12.13〉

이 법은 1998년 1월 1일부터 시행한다. 〈단서 생략〉

부칙(보훈보상대상자 지원에 관한 법률) 〈제11042호, 2011.9.15〉

제1조(시행일) 이 법은 2012년 7월 1일부터 시행한다.
제2조(다른 법률의 개정) ①부터 ④까지 생략
　⑤ 국가보안법 일부를 다음과 같이 개정한다.
　제23조 중 "국가유공자등예우및지원에관한법률에 의한 공상군경 또는 순직군경의 유족"
　을 "「국가유공자 등 예우 및 지원에 관한 법률」에 따른 공상군경 또는 순직군경의 유족이나
　「보훈보상대상자 지원에 관한 법률」에 따른 재해부상군경 또는 재해사망군경의 유족"으로
　한다.
　⑥부터 〈27〉까지 생략

3. 산업기술의 유출방지 및 보호에 관한 법률

[(타)일부개정 2013.3.23 법률 제11690호]

제1장 총칙

제1조(목적)　이 법은 산업기술의 부정한 유출을 방지하고 산업기술을 보호함으로써 국내산업의 경쟁력을 강화하고 국가의 안전보장과 국민경제의 발전에 이바지함을 목적으로 한다.

제2조(정의)　이 법에서 사용하는 용어의 정의는 다음과 같다. <개정 2011.7.25>
　1. "산업기술"이라 함은 제품 또는 용역의 개발 · 생산 · 보급 및 사용에 필요한 제반 방법 내지 기술상의 정보 중에서 관계중앙행정기관의 장이 소관 분야의 산업경쟁력 제고 등을 위하여 법률 또는 해당 법률에서 위임한 명령(대통령령 · 총리령 · 부령에 한정한다. 이하 이 조에서 같다)에 따라 지정 · 고시 · 공고 · 인증하는 다음 각 목의 어느 하나에 해당하는 기술을 말한다.
　　가. 「산업발전법」 제5조에 따른 첨단기술
　　나. 「조세특례제한법」 제18조제2항에 따른 고도기술
　　다. 「산업기술혁신 촉진법」 제15조의2에 따른 신기술
　　라. 「전력기술관리법」 제6조의2에 따른 신기술
　　마. 「부품 · 소재전문기업 등의 육성에 관한 특별조치법」 제19조에 따른 부품 · 소재기술
　　바. 「환경기술 및 환경산업 지원법」 제7조제1항에 따른 신기술
　　사. 그 밖의 법률 또는 해당 법률에서 위임한 명령에 따라 지정 · 고시 · 공고 · 인증하는 기술
　2. "국가핵심기술"이라 함은 국내외 시장에서 차지하는 기술적 · 경제적 가치가 높거나 관련 산업의 성장잠재력이 높아 해외로 유출될 경우에 국가의 안전보장 및 국민경제의 발전에 중대한 악영향을 줄 우려가 있는 기술로서 제9조의 규정에 따라 지정된 산업기술을 말한다.
　3. "국가연구개발사업"이라 함은 「과학기술기본법」 제11조의 규정에 따라 관계중앙행정기관의 장이 추진하는 연구개발사업을 말한다.

제3조(국가 등의 책무)　① 국가는 산업기술의 유출방지와 보호에 필요한 종합적인 시책을 수립 · 추진하여야 한다.
　② 국가 · 기업 · 연구기관 및 대학 등 산업기술의 개발 · 보급 및 활용에 관련된 모든 기관은 이 법의 적용에 있어 산업기술의 연구개발자 등 관련 종사자들이 부당한 처우와 선의의

피해를 받지 아니하도록 하고, 산업기술 및 지식의 확산과 활용이 제약되지 아니하도록 노력하여야 한다.

③ 모든 국민은 산업기술의 유출방지에 대한 관심과 인식을 높이고, 각자의 직업윤리의식을 배양하기 위하여 노력하여야 한다.

제4조(다른 법률과의 관계) 산업기술의 유출방지 및 보호에 관하여는 다른 법률에 특별한 규정이 있는 경우를 제외하고는 이 법이 정하는 바에 따른다.

제2장 산업기술의 유출방지 및 보호 정책의 수립 · 추진

제5조(종합계획의 수립 · 시행) ① 산업통상자원부장관은 산업기술의 유출방지 및 보호에 관한 종합계획(이하 "종합계획"이라 한다)을 수립 · 시행하여야 한다. <개정 2008.2.29, 2011.7.25, 2013.3.23>

② 산업통상자원부장관은 종합계획을 수립함에 있어서 미리 관계중앙행정기관의 장과 협의한 후 제7조의 규정에 따른 산업기술보호위원회의 심의를 거쳐야 한다. <개정 2008.2.29, 2011.7.25, 2013.3.23>

③ 종합계획에는 다음 각 호의 사항이 포함되어야 한다. <개정 2011.7.25>

1. 산업기술의 유출방지 및 보호에 관한 기본목표와 추진방향
2. 산업기술의 유출방지 및 보호에 관한 단계별 목표와 추진방안
3. 산업기술의 유출방지 및 보호에 대한 홍보와 교육에 관한 사항
4. 산업기술의 유출방지 및 보호의 기반구축에 관한 사항
5. 산업기술의 유출방지 및 보호를 위한 기술의 연구개발에 관한 사항
6. 산업기술의 유출방지 및 보호에 관한 정보의 수집 · 분석 · 가공과 보급에 관한 사항
7. 산업기술의 유출방지 및 보호를 위한 국제협력에 관한 사항
8. 그 밖에 산업기술의 유출방지 및 보호를 위하여 필요한 사항

④ 산업통상자원부장관은 종합계획의 수립을 위하여 관계중앙행정기관의 장 및 산업기술을 보유한 기업 · 연구기관 · 전문기관 · 대학 등(이하 "대상기관"이라 한다)의 장에게 필요한 자료의 제출을 요청할 수 있다. 이 경우 자료제출을 요청받은 기관의 장은 특별한 사유가 없는 한 이에 협조하여야 한다. <개정 2008.2.29, 2011.7.25, 2013.3.23>

[제목개정 2011.7.25]

제6조(시행계획의 수립 · 시행) ① 관계중앙행정기관의 장은 종합계획에 따라 매년 산업기술의 유출방지 및 보호에 관한 시행계획(이하 "시행계획"이라 한다)을 수립 · 시행하여야 한다 <개정 2011.7.25>

② 시행계획의 수립 · 시행에 관하여 필요한 사항은 대통령령으로 정한다.

제7조(산업기술보호위원회의 설치 등) ① 산업기술의 유출방지 및 보호에 관한 다음 각 호의 사항을 심의하기 위하여 국무총리 소속하에 산업기술보호위원회(이하 "위원회"라 한다)를 둔다. <개정 2011.7.25>

1. 종합계획의 수립 및 시행에 관한 사항
2. 제9조의 규정에 따른 국가핵심기술의 지정·변경 및 해제에 관한 사항
3. 제11조의 규정에 따른 국가핵심기술의 수출 등에 관한 사항
4. 제11조의2에 따른 국가핵심기술을 보유하는 대상기관의 해외인수·합병등에 관한 사항
5. 그 밖에 산업기술의 유출방지 및 보호를 위하여 필요한 것으로서 대통령령으로 정하는 사항

② 위원회는 위원장 1인을 포함한 25인 이내의 위원으로 구성한다. 이 경우 위원 중에는 제3항제3호의 규정에 해당하는 자가 5인 이상 포함되어야 한다.

③ 위원장은 국무총리가 되고, 위원은 다음 각 호의 자가 된다. <개정 2008.2.29>

1. 관계중앙행정기관의 장으로서 대통령령으로 정하는 자
2. 산업기술의 유출방지업무를 수행하는 정보수사기관의 장
3. 산업기술의 유출방지 및 보호에 관한 학식과 경험이 풍부한 자로서 위원장이 위촉하는 자

④ 위원회에 간사위원 1인을 두되, 간사위원은 산업통상자원부장관이 된다. <개정 2008.2.29, 2013.3.23>

⑤ 산업기술의 유출방지 및 보호에 관한 다음 각 호의 사항을 심의하기 위하여 위원회에 실무위원회를 두며, 실무위원회 소속으로 안건 심의 등을 지원하기 위하여 분야별 전문위원회를 둔다. <개정 2011.7.25>

1. 위원회의 심의사항에 대한 사전검토
2. 대통령령으로 정하는 바에 따라 위원회로부터 위임받은 사항
3. 그 밖에 산업기술의 유출방지 및 보호를 위하여 필요한 실무적 사항으로서 대통령령으로 정하는 사항

⑥ 그 밖에 위원회·실무위원회 및 분야별 전문위원회의 구성·운영 등에 관하여 필요한 사항은 대통령령으로 정한다.

제3장 산업기술의 유출방지 및 관리

제8조(보호지침의 제정 등) ① 산업통상자원부장관은 산업기술의 유출을 방지하고 산업기술을 보호하기 위하여 필요한 방법·절차 등에 관한 지침(이하 "보호지침"이라 한다)을 관계 중앙행정기관의 장과 협의하여 제정하고 이를 대상기관이 활용할 수 있도록 하여야 한다. <개정 2008.2.29, 2011.7.25, 2013.3.23>

② 산업통상자원부장관은 산업기술의 발전추세 및 국내외 시장환경 등을 감안하여 관계 중앙행정기관의 장과 협의하여 보호지침을 수정 또는 보완할 수 있다. <개정 2008.2.29,

2011.7.25, 2013.3.23>

제9조(국가핵심기술의 지정·변경 및 해제 등) ① 산업통상자원부장관은 관계중앙행정기관의 장으로부터 그 소관의 국가핵심기술로 지정되어야 할 대상기술(이하 이 조에서 "지정대상기술"이라 한다)을 통보받아 위원회의 심의를 거쳐 국가핵심기술로 지정할 수 있다. <개정 2008.2.29, 2013.3.23>

② 관계중앙행정기관의 장은 지정대상기술을 선정함에 있어서 해당기술이 국가안보 및 국민경제에 미치는 파급효과, 관련 제품의 국내외 시장점유율, 해당 분야의 연구동향 및 기술확산과의 조화 등을 종합적으로 고려하여 필요최소한의 범위 안에서 선정하여야 한다.

③ 산업통상자원부장관은 관계중앙행정기관의 장으로부터 그 소관의 국가핵심기술의 범위 또는 내용의 변경이나 지정의 해제를 요청받은 경우에는 위원회의 심의를 거쳐 변경 또는 해제할 수 있다. <개정 2008.2.29, 2013.3.23>

④ 산업통상자원부장관은 제1항의 규정에 따라 국가핵심기술을 지정하거나 제3항의 규정에 따라 국가핵심기술의 범위 또는 내용을 변경 또는 지정을 해제한 경우에는 이를 고시하여야 한다. <개정 2008.2.29, 2013.3.23>

⑤ 위원회는 제1항 및 제3항의 규정에 따라 국가핵심기술의 지정·변경 또는 해제에 대한 심의를 함에 있어서 지정대상기술을 보유·관리하는 기업 등 이해관계인의 요청이 있는 경우에는 대통령령이 정하는 바에 따라 의견을 진술할 기회를 주어야 한다.

⑥ 대상기관은 해당 기관이 보유하고 있는 기술이 국가핵심기술에 해당하는지에 대한 판정을 대통령령으로 정하는 바에 따라 산업통상자원부장관에게 신청할 수 있다. <신설 2011.7.25, 2013.3.23>

⑦ 제1항 및 제3항의 규정에 따른 국가핵심기술의 지정·변경 및 해제의 기준·절차 그 밖에 필요한 사항은 대통령령으로 정한다. <개정 2011.7.25>

제10조(국가핵심기술의 보호조치) ① 국가핵심기술을 보유·관리하고 있는 대상기관의 장은 보호구역의 설정·출입허가 또는 출입시 휴대품 검사 등 국가핵심기술의 유출을 방지하기 위한 기반구축에 필요한 조치를 하여야 한다.

② 제1항의 규정에 따른 조치에 관하여 필요한 사항은 대통령령으로 정한다.

③ 누구든지 정당한 사유 없이 제1항의 보호조치를 거부·방해 또는 기피하여서는 아니 된다. <신설 2009.1.30>

제11조(국가핵심기술의 수출 등) ① 국가로부터 연구개발비를 지원받아 개발한 국가핵심기술을 보유한 대상기관이 해당국가핵심기술을 외국기업 등에 매각 또는 이전 등의 방법으로 수출(이하 "국가핵심기술의 수출"이라 한다)하고자 하는 경우에는 산업통상자원부장관의 승인을 얻어야 한다. <개정 2008.2.29, 2013.3.23>

② 산업통상자원부장관은 제1항의 규정에 따른 승인신청에 대하여 국가핵심기술의 수출에 따른 국가안보 및 국민경제적 파급효과 등을 검토하여 관계중앙행정기관의 장과 협의한 후 위원회의 심의를 거쳐 승인할 수 있다. <개정 2008.2.29, 2013.3.23>

③ 제1항의 규정에 따라 승인을 얻은 국가핵심기술이 「대외무역법」 제19조제1항의 기술인 경우에는 같은 조 제2항에 따라 허가를 받은 것으로 보며, 「방위사업법」 제30조 및 제34조의 국방과학기술 및 방산물자인 경우에는 같은 법 제57조제2항에 따라 허가를 받은 것으로 본다. 이 경우 산업통상자원부장관은 사전에 관계중앙행정기관의 장과 협의를 하여야 한다. <개정 2008.2.29, 2011.7.25, 2013.3.23>

④ 제1항의 규정에 따른 승인대상 외의 국가핵심기술을 보유·관리하고 있는 대상기관이 국가핵심기술의 수출을 하고자 하는 경우에는 산업통상자원부장관에게 사전에 신고를 하여야 한다. <개정 2008.2.29, 2013.3.23>

⑤ 산업통상자원부장관은 제4항의 신고대상인 국가핵심기술의 수출이 국가안보에 심각한 영향을 줄 수 있다고 판단하는 경우에는 관계중앙행정기관의 장과 협의한 후 위원회의 심의를 거쳐 국가핵심기술의 수출중지·수출금지·원상회복 등의 조치를 명할 수 있다. <개정 2008.2.29, 2013.3.23>

⑥ 제4항의 신고대상 국가핵심기술의 수출을 하고자 하는 자는 해당국가핵심기술이 국가안보와 관련되는지 여부에 대하여 산업통상자원부장관에게 사전검토를 신청할 수 있다. <개정 2008.2.29, 2013.3.23>

⑦ 산업통상자원부장관은 국가핵심기술을 보유한 대상기관이 제1항의 규정에 따른 승인을 얻지 아니하거나 부정한 방법으로 승인을 얻어 국가핵심기술의 수출을 한 경우 또는 제4항의 규정에 따른 신고대상 국가핵심기술을 신고하지 아니하거나 허위로 신고하고 국가핵심기술의 수출을 한 경우에는 정보수사기관의 장에게 조사를 의뢰하고, 조사결과를 위원회에 보고한 후 위원회의 심의를 거쳐 해당국가핵심기술의 수출중지·수출금지·원상회복 등의 조치를 명령할 수 있다. <개정 2008.2.29, 2013.3.23>

⑧ 위원회는 다음 각 호의 어느 하나에 해당하는 경우에는 대상기관의 의견을 청취할 수 있다.

1. 제2항의 규정에 따른 승인신청에 대한 심의

2. 제5항의 규정에 따른 국가안보에 심각한 영향을 주는 국가핵심기술의 수출중지·수출금지·원상회복 심의

3. 제7항의 규정에 따른 미승인 또는 부정승인 및 미신고 또는 허위신고 등에 대한 국가핵심기술의 수출중지·수출금지·원상회복 심의

⑨ 산업통상자원부장관은 제1항의 규정에 따른 승인 또는 제4항의 규정에 따른 신고와 관련하여 분야별 전문위원회로 하여금 검토하게 할 수 있으며 관계중앙행정기관의 장 또는 대상기관의 장에게 자료제출 등의 필요한 협조를 요청할 수 있다. 이 경우 관계 중앙행정기관의 장 및 대상기관의 장은 특별한 사유가 없는 한 이에 협조하여야 한다. <개정

2008.2.29, 2013.3.23>

⑩ 제1항의 승인, 제4항의 신고, 제5항 및 제7항의 수출중지 · 수출금지 · 원상회복 등의 조치 및 절차 등에 관하여 세부적인 사항은 대통령령으로 정한다.

⑪ 제6항의 규정에 따른 국가핵심기술이 국가안보와 관련되는지 여부에 대한 사전검토의 신청에 관하여 필요한 사항은 대통령령으로 정한다.

제11조의2(국가핵심기술을 보유하는 대상기관의 해외인수 · 합병등) ① 국가로부터 연구개발비를 지원받아 개발한 국가핵심기술을 보유한 대상기관이 대통령령으로 정하는 해외 인수 · 합병, 합작투자 등 외국인투자(이하 "해외인수 · 합병등"이라 한다)를 진행하려는 경우에는 산업통상자원부장관에게 미리 신고하여야 한다. <개정 2013.3.23>

② 제1항의 대상기관은 대통령령으로 정하는 외국인에 의하여 해외인수 · 합병등이 진행되는 것을 알게 된 경우 지체 없이 산업통상자원부장관에게 신고하여야 한다. <개정 2013.3.23>

③ 산업통상자원부장관은 제1항 및 제2항에 따른 국가핵심기술의 유출이 국가안보에 심각한 영향을 줄 수 있다고 판단하는 경우에는 관계 중앙행정기관의 장과 협의한 후 위원회의 심의를 거쳐 해외인수 · 합병등에 대하여 중지 · 금지 · 원상회복 등의 조치를 명할 수 있다. <개정 2013.3.23>

④ 제1항 및 제2항에 따라 해외인수 · 합병등을 진행하려는 자는 해당 해외인수 · 합병등과 관련하여 다음 각 호의 사항에 관하여 의문이 있는 때에는 대통령령으로 정하는 바에 따라 산업통상자원부장관에게 미리 검토하여 줄 것을 신청할 수 있다. <개정 2013.3.23>

1. 해당 국가핵심기술이 국가안보와 관련되는지 여부
2. 해당 해외인수 · 합병등이 제1항 및 제2항의 신고대상인지 여부
3. 그 밖에 해당 해외인수 · 합병등과 관련하여 의문이 있는 사항

⑤ 산업통상자원부장관은 국가핵심기술을 보유한 대상기관이 제1항 및 제2항에 따른 신고를 하지 아니하거나 거짓이나 그 밖의 부정한 방법으로 신고를 하고서 해외인수 · 합병등을 한 경우에는 정보수사기관의 장에게 조사를 의뢰하고, 조사결과를 위원회에 보고한 후 위원회의 심의를 거쳐 해당 해외인수 · 합병등에 대하여 중지 · 금지 등 필요한 조치를 명할 수 있다. <개정 2013.3.23>

⑥ 위원회는 다음 각 호의 어느 하나에 해당하는 경우에는 대상기관의 의견을 청취할 수 있다.

1. 제1항 및 제2항에 따른 신고에 대한 심의
2. 제3항에 따른 국가안보에 심각한 영향을 주는 해외인수 · 합병등에 대한 중지 · 금지 · 원상회복 등 심의
3. 제3항의 조치에 따른 대상기관의 손해에 대한 심의
4. 제5항에 따른 미신고 또는 거짓신고 등에 대한 해외인수 · 합병등의 중지 · 금지 · 원상

회복 등 심의

⑦ 산업통상자원부장관은 제1항 및 제2항에 따른 신고와 관련하여 분야별 전문위원회로 하여금 검토하게 할 수 있으며 관계 중앙행정기관의 장 또는 대상기관의 장에게 자료제출 등의 필요한 협조를 요청할 수 있다. 이 경우 관계 중앙행정기관의 장 및 대상기관의 장은 특별한 사유가 없는 한 이에 협조하여야 한다. <개정 2013.3.23>

⑧ 제1항 및 제2항의 신고, 제3항 및 제5항의 중지 · 금지 · 원상회복 등의 조치 및 절차 등에 관하여 세부적인 사항은 대통령령으로 정한다.

[본조신설 2011.7.25]

제12조(국가연구개발사업의 보호관리)　대상기관의 장은 산업기술과 관련된 국가연구개발사업을 수행하는 과정에서 개발성과물이 외부로 유출되지 아니하도록 필요한 대책을 수립 · 시행하여야 한다.

제13조(개선권고)　① 산업통상자원부장관은 제10조의 규정에 따른 국가핵심기술의 보호조치 및 제12조의 규정에 따른 국가연구개발사업의 보호관리와 관련하여 필요하다고 인정되는 경우 대상기관의 장에 대하여 개선을 권고할 수 있다. <개정 2011.7.25, 2013.3.23>

② 제1항의 규정에 따라 개선권고를 받은 대상기관의 장은 개선대책을 수립 · 시행하고 그 결과를 산업통상자원부장관에게 통보하여야 한다. <개정 2011.7.25, 2013.3.23>

③ 산업통상자원부장관은 제1항에 따라 대상기관의 장에게 개선권고를 한 경우 해당 개선권고의 주요 내용 및 이유, 대상기관의 조치결과 등을 위원회에 보고하여야 한다. <신설 2011.7.25, 2013.3.23>

④ 제1항 및 제2항에 따른 개선권고 및 개선대책의 수립 · 시행 및 제3항에 따라 위원회에 보고하기 위하여 필요한 사항은 대통령령으로 정한다. <개정 2011.7.25>

제14조(산업기술의 유출 및 침해행위 금지)　누구든지 다음 각 호의 어느 하나에 해당하는 행위를 하여서는 아니 된다. <개정 2008.2.29, 2011.7.25, 2013.3.23>

1. 절취 · 기망 · 협박 그 밖의 부정한 방법으로 대상기관의 산업기술을 취득하는 행위 또는 그 취득한 산업기술을 사용하거나 공개(비밀을 유지하면서 특정인에게 알리는 것을 포함한다. 이하 같다)하는 행위

2. 제34조의 규정 또는 대상기관과의 계약 등에 따라 산업기술에 대한 비밀유지의무가 있는 자가 부정한 이익을 얻거나 그 대상기관에게 손해를 가할 목적으로 유출하거나 그 유출한 산업기술을 사용 또는 공개하거나 제3자가 사용하게 하는 행위

3. 제1호 또는 제2호의 규정에 해당하는 행위가 개입된 사실을 알고 그 산업기술을 취득 · 사용 및 공개하거나 산업기술을 취득한 후에 그 산업기술에 대하여 제1호 또는 제2호의 규정에 해당하는 행위가 개입된 사실을 알고 그 산업기술을 사용하거나 공개하는 행위

4. 제1호 또는 제2호의 규정에 해당하는 행위가 개입된 사실을 중대한 과실로 알지 못하고 그 산업기술을 취득·사용 및 공개하거나 산업기술을 취득한 후에 그 산업기술에 대하여 제1호 또는 제2호의 규정에 해당하는 행위가 개입된 사실을 중대한 과실로 알지 못하고 그 산업기술을 사용하거나 공개하는 행위

5. 제11조제1항의 규정에 따른 승인을 얻지 아니하거나 부정한 방법으로 승인을 얻어 국가핵심기술을 수출하는 행위

6. 국가핵심기술을 외국에서 사용하거나 사용되게 할 목적으로 제11조의2제1항 및 제2항에 따른 신고를 하지 아니하거나 거짓이나 그 밖의 부정한 방법으로 신고를 하고서 해외인수·합병등을 하는 행위

7. 제11조제5항·제7항 및 제11조의2제3항·제5항에 따른 산업통상자원부장관의 명령을 이행하지 아니하는 행위

제14조의2(산업기술 침해행위에 대한 금지청구권 등) ① 대상기관은 산업기술 침해행위를 하거나 하려는 자에 대하여 그 행위에 의하여 영업상의 이익이 침해되거나 침해될 우려가 있는 경우에는 법원에 그 행위의 금지 또는 예방을 청구할 수 있다.

② 대상기관이 제1항에 따른 청구를 할 때에는 침해행위를 조성한 물건의 폐기, 침해행위에 제공된 설비의 제거, 그 밖에 침해행위의 금지 또는 예방을 위하여 필요한 조치를 함께 청구할 수 있다.

③ 제1항에 따라 산업기술 침해행위의 금지 또는 예방을 청구할 수 있는 권리는 산업기술 침해행위가 계속되는 경우에 대상기관이 그 침해행위에 의하여 영업상의 이익이 침해되거나 침해될 우려가 있다는 사실 및 침해행위자를 안 날부터 3년간 행사하지 아니하면 시효의 완성으로 소멸한다. 그 침해행위가 시작된 날부터 10년이 지난 때에도 또한 같다.
[본조신설 2011.7.25]

제15조(산업기술 침해신고 등) ① 국가핵심기술 및 국가연구개발사업으로 개발한 산업기술을 보유한 대상기관의 장은 제14조 각 호의 어느 하나에 해당하는 행위가 발생할 우려가 있거나 발생한 때에는 즉시 산업통상자원부장관 및 정보수사기관의 장에게 그 사실을 신고하여야 하고, 필요한 조치를 요청할 수 있다. <개정 2008.2.29, 2013.3.23>

② 산업통상자원부장관 및 정보수사기관의 장은 제1항의 규정에 따른 요청을 받은 경우 또는 제14조에 따른 금지행위를 인지한 경우에는 그 필요한 조치를 하여야 한다. <개정 2008.2.29, 2011.7.25, 2013.3.23>

제4장 산업기술보호의 기반구축 및 산업보안기술의 개발·지원 등

제16조(산업기술보호협회의 설립 등) ① 대상기관은 산업기술의 유출방지 및 보호에 관한 시책을 효율적으로 추진하기 위하여 산업통상자원부장관의 인가를 받아 산업기술보호협회

(이하 "협회"라 한다)를 설립할 수 있다. <개정 2008.2.29, 2013.3.23>

② 협회는 법인으로 하고, 그 주된 사무소의 소재지에서 설립등기를 함으로써 성립한다.

③ 설립등기 외의 등기를 필요로 하는 사항은 그 등기 후가 아니면 제3자에게 대항하지 못한다.

④ 협회는 다음 각 호의 업무를 행한다. <개정 2008.2.29, 2011.7.25, 2013.3.23>

1. 산업기술보호를 위한 정책의 개발 및 협력

2. 산업기술의 해외유출 관련 정보 전파

3. 산업기술의 유출방지를 위한 상담·홍보·교육·실태조사

4. 국내외 산업기술보호 관련 자료 수집·분석 및 발간

5. 제22조제1항에 따른 산업기술의 보호를 위한 지원업무

6. 제23조의 규정에 따른 산업기술분쟁조정위원회의 업무지원

7. 그 밖에 산업통상자원부장관이 필요하다고 인정하여 위탁하거나 협회의 정관이 정한 사업

⑤ 정부는 대상기관의 산업기술의 보호를 위하여 필요한 경우에는 예산의 범위 안에서 협회의 사업수행에 필요한 자금을 지원할 수 있다.

⑥ 협회의 사업 및 감독 등에 관하여 필요한 사항은 대통령령으로 정한다.

⑦ 협회에 관하여 이 법에 규정된 사항을 제외하고는 「민법」 중 사단법인에 관한 규정을 준용한다.

제17조(산업기술보호를 위한 실태조사) ① 산업통상자원부장관은 필요한 경우 대상기관의 산업기술의 보호 및 관리 현황에 대한 실태조사를 실시할 수 있다. <개정 2008.2.29, 2013.3.23>

② 산업통상자원부장관은 제1항의 규정에 따른 실태조사를 위하여 산업기술을 보유하고 있는 대상기관 및 관련 단체에 대하여 관련 자료의 제출이나 조사업무의 수행에 필요한 협조를 요청할 수 있다. 이 경우 그 요청을 받은 자는 특별한 사유가 없는 한 이에 응하여야 한다. <개정 2008.2.29, 2013.3.23>

③ 제2항의 규정에 따른 실태조사의 대상·범위·방법 등에 관하여 필요한 사항은 대통령령으로 정한다.

제18조(국제협력) ① 정부는 산업기술의 보호에 관한 국제협력을 촉진하기 위하여 관련 산업보안기술 및 전문인력의 국제교류, 산업보안기술의 국제표준화 및 국제공동연구개발 등에 관하여 필요한 국제협력사업을 추진할 수 있다.

② 정부는 다음 각 호의 사업을 지원할 수 있다.

1. 산업보안기술 및 보안산업의 국제적 차원의 조사·연구

2. 산업보안기술 및 보안산업에 관한 국제적 차원의 인력·정보의 교류

3. 산업보안기술 및 보안산업에 관한 국제적 전시회 · 학술회의 등의 개최

4. 그 밖에 국제적 차원의 대책을 수립하고 추진하기 위하여 필요하다고 인정하여 대통령령이 정하는 사업

제19조(산업기술보호교육) ① 산업통상자원부장관은 산업기술의 유출방지 및 보호를 위하여 대상기관의 임 · 직원을 대상으로 교육을 실시할 수 있다. <개정 2008.2.29, 2013.3.23>

② 제1항의 규정에 따른 교육의 내용 · 기간 · 주기 등에 관하여 필요한 사항은 대통령령으로 정한다.

제20조(산업보안기술의 개발지원 등) ① 정부는 산업기술을 보호하기 위하여 산업보안기술의 개발 및 전문인력의 양성에 관한 시책을 수립하여 추진할 수 있다.

② 정부는 산업기술보호에 필요한 기술개발을 효율적으로 추진하기 위하여 대상기관으로 하여금 제1항의 규정에 따른 산업보안기술의 개발 등을 실시하게 할 수 있다.

③ 정부는 제2항의 규정에 따라 산업보안기술 개발사업 등을 실시하는 자에게 그 사업에 소요되는 비용을 출연 또는 보조할 수 있다.

④ 제3항의 규정에 따른 출연금의 지급 · 사용 및 관리 등에 관하여 필요한 사항은 대통령령으로 정한다.

제21조(산업기술보호 포상 및 보호 등) ① 정부는 산업보안기술의 개발 등 산업기술의 유출방지 및 보호에 기여한 공이 큰 자 또는 이 법의 규정을 위반하여 산업기술을 해외로 유출한 사실을 신고한 자 등에 대하여 예산의 범위 내에서 포상 및 포상금을 지급할 수 있다. <개정 2009.1.30>

② 정부는 이 법의 규정을 위반하여 산업기술을 해외로 유출한 사실을 신고한 자로부터 요청이 있는 경우 그에 대하여 신변보호 등 필요한 조치를 취하여야 한다.

③ 정부는 산업보안기술의 개발 등 산업기술의 유출방시 및 보호에 기여한 공이 큰 외국인에 대하여 국내정착 및 국적취득을 지원할 수 있다.

④ 제1항 내지 제3항의 규정에 따른 포상 · 포상금 지급, 신변보호 등의 기준 · 방법 및 절차에 관하여 필요한 사항은 대통령령으로 정한다.

제22조(산업기술의 보호를 위한 지원) ① 정부는 산업기술의 보호를 촉진하기 위하여 필요하다고 인정하면 다음 각 호의 사항을 대상기관 등에게 지원할 수 있다. <개정 2011.7.25>

1. 산업기술 보안에 대한 자문

2. 산업기술의 보안시설을 설치 · 운영하는 기술지원

3. 산업기술보호를 위한 교육 및 인력양성을 위한 지원

4. 그 밖에 산업기술보호를 위하여 필요한 사항

② 제1항의 규정에 따른 지원에 관하여 필요한 사항은 대통령령으로 정한다.
[제목개정 2011.7.25]

제5장 보칙

제23조(산업기술분쟁조정위원회) ① 산업기술의 유출에 대한 분쟁을 신속하게 조정하기 위하여 산업통상자원부장관 소속하에 산업기술분쟁조정위원회(이하 "조정위원회"라 한다)를 둔다. <개정 2008.2.29, 2013.3.23>
② 조정위원회는 위원장 1인을 포함한 15인 이내의 위원으로 구성한다.
③ 조정위원회의 위원은 다음 각 호의 어느 하나에 해당하는 자 중에서 대통령령이 정하는 바에 따라 산업통상자원부장관이 임명 또는 위촉한다. <개정 2008.2.29, 2013.3.23>
1. 대학이나 공인된 연구기관에서 부교수 이상 또는 이에 상당하는 직에 있거나 있었던 자로서 기술 또는 정보의 보호 관련 분야를 전공한 자
2. 4급 또는 4급 상당 이상의 공무원 또는 이에 상당하는 공공기관의 직에 있거나 있었던 자로서 산업기술유출의 방지업무에 관한 경험이 있는 자
3. 산업기술의 보호사업을 영위하고 있는 기업 또는 산업기술의 보호업무를 수행하는 단체의 임원직에 있는 자
4. 판사 · 검사 또는 변호사의 자격이 있는 자
④ 위원의 임기는 3년으로 하되, 연임할 수 있다.
⑤ 위원장은 위원 중에서 산업통상자원부장관이 임명한다. <개정 2008.2.29, 2013.3.23>

제24조(조정부) ① 분쟁의 조정을 효율적으로 수행하기 위하여 조정위원회에 5인 이내의 위원으로 구성되는 조정부를 두되, 그 중 1인은 변호사의 자격이 있는 자로 한다.
② 조정위원회는 필요한 경우 일부 분쟁에 대하여 제1항의 규정에 따른 조정부에 일임하여 조정하게 할 수 있다.
③ 제1항의 규정에 따른 조정부의 구성 및 운영에 관하여 필요한 사항은 대통령령으로 정한다.

제25조(위원의 제척 · 기피 · 회피) ① 위원은 다음 각 호의 어느 하나에 해당하는 경우에는 당해 분쟁조정청구사건(이하 "사건"이라 한다)의 심의 · 의결에서 제척된다.
1. 위원 또는 그 배우자나 배우자이었던 자가 당해 사건의 당사자가 되거나 당해 사건에 관하여 공동권리자 또는 의무자의 관계에 있는 경우
2. 위원이 당해 사건의 당사자와 친족관계에 있거나 있었던 경우
3. 위원이 당해 사건에 관하여 증언이나 감정을 한 경우
4. 위원이 당해 사건에 관하여 당사자의 대리인 또는 임 · 직원으로서 관여하거나 관여하였던 경우

② 당사자는 위원에게 심의·의결의 공정성을 기대하기 어려운 사정이 있는 경우에는 조정위원회에 기피신청을 할 수 있다. 이 경우 조정위원회는 기피신청이 타당하다고 인정하는 때에는 기피의 결정을 하여야 한다.

③ 위원이 제1항 또는 제2항의 사유에 해당하는 경우에는 스스로 그 사건의 심의·의결을 회피할 수 있다.

제26조(분쟁의 조정) ① 산업기술유출과 관련한 분쟁의 조정을 원하는 자는 신청취지와 원인을 기재한 조정신청서를 조정위원회에 제출하여 분쟁의 조정을 신청할 수 있다.

② 제1항의 규정에 따른 분쟁의 조정신청을 받은 조정위원회는 신청을 받은 날부터 3월 이내에 이를 심사하여 조정안을 작성하여야 한다. 다만, 부득이한 사정이 있는 경우에는 조정위원회의 의결로 1월의 범위 내에서 기간을 연장할 수 있다.

③ 제2항의 규정에 따른 기간이 경과하는 경우에는 조정이 성립되지 아니한 것으로 본다.

제27조(자료요청 등) ① 조정위원회는 분쟁조정을 위하여 필요한 자료를 분쟁당사자에게 요청할 수 있다. 이 경우 해당분쟁당사자는 정당한 사유가 없는 한 이에 응하여야 한다.

② 조정위원회는 필요하다고 인정하는 경우에는 분쟁당사자 또는 참고인으로 하여금 조정위원회에 출석하게 하여 그 의견을 들을 수 있다.

③ 조정위원회는 제1항의 규정에 따른 자료요구와 제2항의 규정에 따라 의견진술을 청취할 경우 비공개로 하여야 하며, 제출된 자료 및 청취된 의견에 대해서는 비밀을 유지하여야 한다.

제28조(조정의 효력) ① 조정위원회는 제26조제2항의 규정에 따라 조정안을 작성한 때에는 지체 없이 이를 각 당사자에게 제시하여야 한다.

② 제1항의 규정에 따라 조정안을 제시받은 당사자는 그 제시를 받은 날부터 15일 이내에 그 수락 여부를 조정위원회에 통보하여야 한다.

③ 당사자가 조정안을 수락한 때에는 조정위원회는 즉시 조정조서를 작성하여야 하며, 위원장 및 각 당사자는 이에 기명날인하여야 한다.

④ 당사자가 제3항의 규정에 따라 조정안을 수락하고 기명날인한 경우에는 해당조정조서는 재판상 화해와 동일한 효력을 갖는다.

제29조(조정의 거부 및 중지) ① 조정위원회는 분쟁의 성질상 조정위원회에서 조정하는 것이 적합하지 아니하다고 인정하거나 당사자가 부정한 목적으로 조정을 신청한 것으로 인정되는 경우에는 해당조정을 거부할 수 있다. 이 경우 그 사유 등을 신청인에게 통보하여야 한다.

② 조정위원회는 신청된 조정사건에 대한 처리절차를 진행 중에 일방 당사자가 법원에 소

를 제기한 경우에는 그 조정의 처리를 중지하고 이를 당사자에게 통지하여야 한다.

제30조(조정의 절차 등) 분쟁의 조정방법 · 조정절차 및 조정업무의 처리 등에 관하여 필요한 사항은 대통령령으로 정한다.

제31조(준용법률) 산업기술유출에 관한 분쟁조정에 관하여 이 법에 규정이 있는 경우를 제외하고는 그 성질에 반하지 않는 한 「민사조정법」의 규정을 준용한다.

제32조(수수료) ① 제26조제1항의 규정에 따라 조정위원회에 산업기술유출과 관련한 분쟁의 조정을 신청하는 자는 대통령령이 정하는 바에 따라 수수료를 납부하여야 한다.
② 제1항의 규정에 따른 수수료의 금액 · 징수방법 · 징수절차 등에 관하여 필요한 사항은 산업통상자원부령으로 정한다. <개정 2008.2.29, 2013.3.23>

제33조(권한의 위임 · 위탁) 산업통상자원부장관은 이 법에 의한 권한의 일부를 대통령령이 정하는 바에 따라 보조기관 · 소속기관의 장이나 관계중앙행정기관의 장 또는 관계전문기관의 장에게 위임 또는 위탁할 수 있다. <개정 2008.2.29, 2013.3.23>

제34조(비밀유지의무) 다음 각 호의 어느 하나에 해당하거나 해당하였던 자는 그 직무상 알게 된 비밀을 누설하거나 도용하여서는 아니 된다. <개정 2008.2.29, 2011.7.25, 2013.3.23>
1. 대상기관의 임 · 직원(교수 · 연구원 · 학생을 포함한다)
2. 제9조의 규정에 따라 국가핵심기술의 지정 · 변경 및 해제 업무를 수행하는 자
3. 제11조 및 제11조의2에 따라 국가핵심기술의 수출 및 해외인수 · 합병등에 관한 사항을 검토하거나 사전검토, 조사업무를 수행하는 자
4. 제15조의 규정에 따라 침해행위의 접수 및 방지 등의 업무를 수행하는 자
5. 제16조제4항제3호의 규정에 따라 상담업무 또는 실태조사에 종사하는 자
6. 제17조제1항의 규정에 따라 산업기술의 보호 및 관리 현황에 대한 실태조사업무를 수행하는 자
7. 제20조제2항의 규정에 따라 산업보안기술 개발사업자에게 고용되어 산업보안기술 연구개발업무를 수행하는 자
8. 제23조의 규정에 따라 산업기술 분쟁조정업무를 수행하는 자
9. 제33조의 규정에 따라 산업통상자원부장관의 권한의 일부를 위임 · 위탁받아 업무를 수행하는 자

제35조(벌칙 적용에서의 공무원 의제) 다음 각 호의 업무를 행하는 자는 「형법」 제129조 내지 제132조를 적용함에 있어서는 이를 공무원으로 본다. <개정 2008.2.29, 2011.7.25,

2013.3.23>
1. 제9조의 규정에 따라 국가핵심기술의 지정 · 변경 및 해제 업무를 수행하는 자
2. 제11조 및 제11조의2에 따라 국가핵심기술의 수출 및 해외인수 · 합병등에 관한 사항을 검토하거나 조사업무를 수행하는 자
3. 제15조의 규정에 따라 침해행위의 접수 및 방지 등의 업무를 수행하는 자
4. 제17조의 규정에 따라 산업기술의 보호 및 관리 현황에 대한 실태조사업무를 수행하는 자
5. 제23조의 규정에 따라 산업기술 분쟁조정업무를 수행하는 자
6. 제33조의 규정에 따라 산업통상자원부장관의 권한의 일부를 위임 · 위탁받아 업무를 수행하는 자

제6장 벌칙

제36조(벌칙) ① 산업기술을 외국에서 사용하거나 사용되게 할 목적으로 제14조 각 호(제4호를 제외한다)의 어느 하나에 해당하는 행위를 한 자는 10년 이하의 징역 또는 10억원 이하의 벌금에 처한다. <개정 2008.3.14>
② 제14조 각 호(제4호 및 제6호는 제외한다)의 어느 하나에 해당하는 행위를 한 자는 5년 이하의 징역 또는 5억원 이하의 벌금에 처한다. <개정 2011.7.25>
③ 제14조제4호에 해당하는 행위를 한 자는 3년 이하의 징역 또는 3억원 이하의 벌금에 처한다.
④ 제1항 내지 제3항의 죄를 범한 자가 그 범죄행위로 인하여 얻은 재산은 이를 몰수한다. 다만, 그 전부 또는 일부를 몰수할 수 없는 때에는 그 가액을 추징한다.
⑤ 제34조의 규정을 위반하여 비밀을 누설한 자는 5년 이하의 징역이나 10년 이하의 자격정지 또는 5천만원 이하의 벌금에 처한다.
⑥ 제1항 및 제2항의 미수범은 처벌한다.
⑦ 제1항 내지 제3항의 징역형과 벌금형은 이를 병과할 수 있다.

제37조(예비 · 음모) ① 제36조제1항의 죄를 범할 목적으로 예비 또는 음모한 자는 3년 이하의 징역 또는 3천만원 이하의 벌금에 처한다.
② 제36조제2항의 죄를 범할 목적으로 예비 또는 음모한 자는 2년 이하의 징역 또는 2천만원 이하의 벌금에 처한다.

제38조(양벌규정) 법인의 대표자나 법인 또는 개인의 대리인, 사용인, 그 밖의 종업원이 그 법인 또는 개인의 업무에 관하여 제36조제1항부터 제3항까지의 어느 하나에 해당하는 위반행위를 하면 그 행위자를 벌하는 외에 그 법인 또는 개인에게도 해당 조문의 벌금형을 과(과)한다. 다만, 법인 또는 개인이 그 위반행위를 방지하기 위하여 해당 업무에 관하여 상당

한 주의와 감독을 게을리하지 아니한 경우에는 그러하지 아니하다.
[전문개정 2008.12.26]

제39조(과태료) ① 다음 각 호의 어느 하나에 해당하는 자는 1천만원 이하의 과태료에 처한다. <개정 2009.1.30>

1. 제10조제3항을 위반하여 국가핵심기술의 보호조치를 거부·방해 또는 기피한 자
2. 제15조제1항의 규정에 따른 산업기술 침해신고를 하지 아니한 자
3. 제17조제2항의 규정을 위반하여 관련 자료를 제출하지 아니하거나 허위로 제출한 자

② 제1항의 규정에 따른 과태료는 대통령령이 정하는 바에 따라 산업통상자원부장관이 부과·징수한다. <개정 2008.2.29, 2013.3.23>

③ 삭제 <2009.1.30>

④ 삭제 <2009.1.30>

⑤ 삭제 <2009.1.30>

부칙 〈제8062호, 2006.10.27〉

이 법은 공포 후 6개월이 경과한 날부터 시행한다.

부칙(정부조직법) 〈제8852호, 2008.2.29〉

제1조 (시행일)   이 법은 공포한 날부터 시행한다. 다만, ···<생략>···, 부칙 제6조에 따라 개정되는 법률 중 이 법의 시행 전에 공포되었으나 시행일이 도래하지 아니한 법률을 개정한 부분은 각각 해당 법률의 시행일부터 시행한다.

제2조부터 제5조까지 생략

제6조 (다른 법률의 개정) ① 부터 <356> 까지 생략

<357> 산업기술의 유출방지 및 보호에 관한 법률 일부를 다음과 같이 개정한다.

제5조제1항·제2항·제4항, 제7조제4항, 제8조제1항·제2항, 제9조제1항·제3항·제4항, 제11조제1항부터 제7항까지 및 제9항, 제14조제6호, 제15조제1항·제2항, 제16조제1항·제4항제6호, 제17조제1항·제2항, 제19조제1항, 제23조제1항·제3항·제5항, 제33조, 제34조제9호, 제35조제6호, 제39조제2항·제3항·제4항 중 "산업자원부장관"을 각각 "지식경제부장관"으로 한다.

제7조제3항 중 "부위원장은 과학기술부장관이 되며"를 삭제한다.

제32조제2항 중 "산업자원부령"을 각각 "지식경제부령"으로 한다.

<358> 부터 <760> 까지 생략

제7조 생략

부칙 〈제8900호, 2008.3.14〉

이 법은 공포한 날부터 시행한다.

부칙 〈제9227호, 2008.12.26〉

이 법은 공포한 날부터 시행한다.

부칙 〈제9368호, 2009.1.30〉

이 법은 공포 후 3개월이 경과한 날부터 시행한다.

부칙 〈제10962호, 2011.7.25〉

①(시행일) 이 법은 공포 후 6개월이 경과한 날부터 시행한다.
②(종전의 기본계획에 관한 경과조치) 이 법 시행 당시 종전의 규정에 따라 수립된 산업기술
  의 유출방지 및 보호에 관한 기본계획은 이 법에 따라 수립된 산업기술의 유출방지 및 보호
  에 관한 종합계획으로 본다.
③(종전의 개선권고에 관한 경과조치) 이 법 시행 당시 종전의 규정에 따라 산업기술보호
  위원회가 한 개선권고는 이 법에 따라 산업통상자원부장관이 한 개선권고로 본다. <개정
  2013.3.23>

부칙(정부조직법) 〈제11690호, 2013.3.23〉

제1조(시행일) ① 이 법은 공포한 날부터 시행한다.
  ② 생략
제2조부터 제5조까지 생략
제6조(다른 법률의 개정) ①부터 <383>까지 생략
  <384> 산업기술의 유출방지 및 보호에 관한 법률 일부를 다음과 같이 개정한다.
  제5조제1항·제2항, 같은 조 제4항 전단, 제7조제4항, 제8조제1항·제2항, 제9조제1항·
  제3항·제4항·제6항, 제11조제1항·제2항, 같은 조 제3항 후단, 같은 조 제4항부터 제7항
  까지, 같은 조 제9항 전단, 제11조의2제1항부터 제3항까지, 같은 조 제4항 각 호 외의 부분,
  같은 조 제5항, 같은 조 제7항 전단, 제13조제1항부터 제3항까지, 제14조제7호, 제15조제1
  항·제2항, 제16조제1항, 같은 조 제4항제7호, 제17조제1항, 같은 조 제2항 전단, 제19조제
  1항, 제23조제1항, 같은 조 제3항 각 호 외의 부분, 같은 조 제5항, 제33조, 제34조제9호, 제
  35조제6호 및 제39조제2항 중 "지식경제부장관"을 각각 "산업통상자원부장관"으로 한다.
  제32조제2항 중 "지식경제부령"을 "산업통상자원부령"으로 한다.

법률 제10962호 산업기술의 유출방지 및 보호에 관한 법률 일부개정법률 부칙 제3항 중 "지식경제부장관"을 "산업통상자원부장관"으로 한다.

　<375>부터 <710>까지 생략

제7조　생략

4. 방첩업무규정

[제정 2012.5.14 대통령령 제23780호]

제1조(목적) 이 영은 「국가정보원법」 제3조에 따른 방첩(방첩)에 관한 업무의 수행과 이를 위한 기관 간 협조 등에 관한 사항을 규정하여 국가안보에 이바지함을 목적으로 한다.

제2조(정의) 이 영에서 사용하는 용어의 뜻은 다음과 같다.
1. "방첩"이란 국가안보와 국익에 반하는 외국의 정보활동을 찾아내고 그 정보활동을 견제 · 차단하기 위하여 하는 정보의 수집 · 작성 및 배포 등을 포함한 모든 대응활동을 말한다.
2. "외국의 정보활동"이란 외국 정부 · 단체 또는 외국인이 직접 하거나 내국인을 이용하여 하는 정보 수집활동과 그 밖의 활동으로서 대한민국의 국가안보와 국익에 영향을 미칠 수 있는 모든 활동을 말한다.
3. "방첩기관"이란 방첩에 관한 업무를 수행하는 다음 각 목의 기관을 말한다.
   가. 국가정보원
   나. 경찰청
   다. 해양경찰청
   라. 국군기무사령부
4. "관계기관"이란 방첩기관 외의 기관으로서 다음 각 목의 기관을 말한다.
   가. 「정부조직법」 또는 그 밖의 법령에 따라 설치된 국가기관
   나. 지방자치단체 중 국가정보원장이 제10조에 따른 국가방첩전략회의의 심의를 거쳐 지정하는 지방자치단체
   다. 「공공기관의 운영에 관한 법률」 제4조에 따른 공공기관 중 국가정보원장이 제10조에 따른 국가방첩전략회의의 심의를 거쳐 지정하는 기관

제3조(방첩업무의 범위) 이 영에 따라 방첩기관이 수행하는 업무(이하 "방첩업무"라 한다)의 범위는 다음 각 호와 같다.
1. 외국의 정보활동에 대한 정보 수집 및 색출
2. 외국의 정보활동에 대한 견제 및 차단
3. 외국의 정보활동에 대응하기 위한 기법 개발 및 제도 개선
4. 다른 방첩기관 및 관계기관에 대한 방첩 관련 정보 제공
5. 그 밖에 외국의 정보활동으로부터 국가안보 및 국익을 지키기 위한 활동

제4조(기관 간 협조) ① 방첩기관의 장은 방첩업무 수행을 위하여 필요한 경우 다른 방첩기관의 장이나 관계기관의 장에게 협조를 요청할 수 있다.

② 제1항에 따라 협조 요청을 받은 기관의 장은 협조 요청에 따르지 못할 특별한 사유가 있는 경우를 제외하고는 협조하여야 한다.

제5조(방첩업무의 기획 · 조정) ① 국가정보원장은 방첩업무에 관한 정책을 기획하고, 방첩업무를 통합적으로 수행하기 위하여 필요한 경우 이 영 및 관계 법령으로 정한 범위에서 방첩기관 및 관계기관(이하 "방첩기관등"이라 한다)의 방첩업무를 합리적으로 조정한다.

② 국가정보원장은 제1항에 따라 방첩업무를 조정하는 경우에 국가안보에 중대한 영향을 미치는 주요 사안에 대해서는 직접 조정하고, 그 밖의 사안에 대해서는 제6조에 따른 지침으로 정하는 바에 따라 조정한다.

제6조(국가방첩업무 지침의 수립 등) ① 국가정보원장은 국가의 방첩업무를 효율적으로 수행하기 위하여 국가방첩업무 기본지침(이하 "기본지침"이라 한다)을 수립하여 방첩기관등의 장에게 송부하여야 한다.

② 기본지침에는 다음 각 호의 사항이 포함되어야 한다.

1. 방첩업무의 기본 목표 및 전략에 관한 사항

2. 방첩기관등의 방첩업무 협조에 관한 사항

3. 그 밖에 국가 방첩업무의 원활한 수행을 위하여 필요한 사항

③ 국가정보원장은 매년 12월 20일까지 기본지침에 따라 다음 연도의 방첩업무 수행에 관한 지침(이하 "연도별 지침"이라 한다)을 수립하여 방첩기관등의 장에게 송부하여야 한다.

④ 제3항에 따라 국가정보원장으로부터 연도별 지침을 받은 방첩기관의 장은 연도별 지침에 따라 그 기관의 해당 연도 방첩업무계획을 수립 · 시행하여야 한다.

제7조(외국인 접촉 시 국가기밀등의 보호) ① 방첩기관등의 구성원은 외국을 방문하거나 외국인을 접촉할 때에는 국가기밀, 산업기술 또는 국가안보 · 국익 관련 중요 정책사항(이하 "국가기밀등"이라 한다)이 유출되지 않도록 유의하여야 한다.

② 방첩기관등의 장은 그 기관의 업무 성격을 고려하여 소속 구성원이 외국인을 접촉하는 경우에 발생할 수 있는 국가기밀등의 유출 위험을 방지하기 위하여 필요한 사항에 관한 규정을 마련 · 시행하여야 한다.

제8조(외국인 접촉 시 특이사항의 신고 등) ① 방첩기관등의 구성원이 외국인을 접촉한 경우에 그 외국인이 다음 각 호의 어느 하나에 해당한다고 의심할 만한 상당한 이유가 있을 경우에는 지체 없이 그 사실을 소속 방첩기관등의 장에게 신고하여야 하며, 해당 방첩기관등의 장은 그 신고 내용을 국가정보원장에게 통보하여야 한다.

1. 접촉한 외국인이 국가기밀등이나 그 밖의 국가안보 및 국익 관련 정보를 탐지·수집하려고 하는 경우
2. 접촉한 외국인이 방첩기관등의 구성원을 정보활동에 이용하려고 하는 경우
3. 접촉한 외국인이 그 밖의 국가안보 또는 국익을 침해하는 활동을 하는 사람인 경우
② 제1항에도 불구하고 방첩기관의 장은 법령에 따른 직무 수행과 관련하여 필요하다고 판단하는 경우에는 통보하지 아니할 수 있다.
③ 제1항에 따른 통보를 받은 국가정보원장은 효율적인 방첩업무 수행을 위하여 필요하다고 인정하는 경우에는 통보받은 사실이나 관련 분석 자료를 작성하여 방첩기관등의 장에게 배포하여야 한다.
④ 국가정보원장은 제1항에 따른 신고 내용이 국가안보와 방첩업무에 이바지하였다고 인정되는 경우에는 신고자를 「정부표창규정」 등에 따라 포상할 수 있다.

제9조(외국 정보기관 구성원 접촉절차) 방첩기관등의 구성원이 법령에 따른 직무 수행 외의 목적으로 외국 정보기관(특정국가에서 다른 국가에 대한 정보 수집을 주된 목적으로 설치된 그 국가의 기관을 말한다)의 구성원을 접촉하려는 경우 소속 방첩기관등의 장에게 미리 보고하여야 하며, 해당 방첩기관등의 장은 그 내용을 국가정보원장에게 통보하여야 한다.

제10조(국가방첩전략회의의 설치 및 운영 등) ① 국가방첩전략의 수립 등 국가 방첩업무에 관한 중요 사항을 심의하기 위하여 국가정보원장 소속으로 국가방첩전략회의(이하 "전략회의"라 한다)를 둔다.
② 전략회의는 의장 1명을 포함한 15명 이내의 위원으로 구성한다.
③ 전략회의의 의장은 국가정보원장이 되고, 위원은 다음 각 호의 공무원이 된다.
1. 외교통상부, 통일부, 법무부, 행정안전부 및 국무총리실의 차관급 공무원(차관급 공무원이 2명 이상인 경우 해당 기관의 장이 지정하는 차관급 공무원을 말한다)
2. 경찰청 및 해양경찰청의 차장
3. 국방정보본부 본부장 및 국군기무사령부 사령관
4. 전략회의의 의장이 지명하는 국가정보원 소속 공무원
5. 전략회의의 의장이 관계기관의 장과 협의하여 지명하는 관계기관 소속 공무원
④ 전략회의의 의장은 회의를 소집하고 그 회의를 주재한다.
⑤ 전략회의의 회의는 재적위원 과반수의 출석과 출석위원 과반수의 찬성으로 의결한다.
⑥ 제1항부터 제5항까지에서 규정한 사항 외에 전략회의의 운영에 필요한 사항은 국가정보원장이 정한다.

제11조(국가방첩전략실무회의의 설치 및 운영 등) ① 전략회의를 효율적으로 운영하기 위하여 전략회의에 국가방첩전략실무회의(이하 "실무회의"라 한다)를 둔다.

② 실무회의는 의장 1명을 포함한 15명 이내의 위원으로 구성한다.

③ 실무회의의 의장은 국가정보원의 방첩업무를 담당하는 실장급 또는 국장급 부서의 장이 되고, 위원은 전략회의의 위원이 소속된 기관의 고위공무원단에 속하는 공무원 또는 이에 상당하는 공무원이 된다.

④ 실무회의는 전략회의에서 심의할 의안(의안)을 미리 검토·조정하고, 다음 각 호의 사항을 심의하여 그 결과를 전략회의에 보고할 수 있다.

1. 국가 방첩업무 현안에 대한 대책의 수립 및 시행에 관한 사항
2. 전략회의의 심의·의결을 거쳐 정해진 정책 등에 대한 시행 방안
3. 전략회의로부터 위임받은 심의사항
4. 그 밖에 실무회의의 의장이 회의에 부치는 방첩업무에 관한 사항

⑤ 제1항부터 제4항까지에서 규정한 사항 외에 실무회의의 운영에 필요한 사항은 국가정보원장이 정한다.

제12조(지역방첩협의회의 설치 및 운영 등) ① 국가정보원장은 필요한 경우 방첩기관의 장과 협의하여 특별시·광역시·특별자치시·도 또는 특별자치도별로 방첩업무를 협의하기 위한 지역방첩협의회를 구성·운영할 수 있다.

② 제1항에 따른 지역방첩협의회의 운영 등에 필요한 사항은 국가정보원장이 지역방첩협의회의 심의·의결을 거쳐 정한다.

[시행일:2012.7.1] 제12조제1항 중 특별자치시에 관한 부분

제13조(방첩교육) ① 방첩기관등의 장은 해당 기관의 업무 수행과 관련하여 그 기관 소속 구성원이 외국의 정보활동에 효율적으로 대응하기 위하여 필요한 자체 방첩교육에 관한 계획을 수립하여 시행하여야 한다.

② 방첩기관등의 장은 필요한 경우 제1항에 따른 소속 구성원에 대한 방첩교육을 국가정보원장에게 위탁하여 실시할 수 있다.

제14조(외국인 접촉의 부당한 제한 금지) 방첩기관등의 장은 이 영의 목적이 외국의 정보활동으로부터 대한민국의 국가안보와 국익을 보호하기 위한 것임을 고려하여 소속 구성원의 외국인과의 접촉을 부당하게 제한하여서는 아니 된다.

제15조(홍보) 방첩기관의 장은 홍보를 통하여 소관 방첩업무에 대한 국민의 이해를 증진시키기 위하여 노력하여야 한다.

부칙 〈제23780호,2012.5.14〉

제1조(시행일) 이 영은 공포한 날부터 시행한다. 다만, 제12조제1항 중 특별자치시에 관한

부분은 2012년 7월 1일부터 시행한다.

제2조(기본지침 등의 수립에 관한 경과조치) ① 이 영 시행 당시 국가정보원장이 수립하여 다른 방첩기관등의 장에게 송부한 기본지침 및 2012년도 방첩업무 지침은 제6조제1항 및 제3항에 따른 기본지침 및 연도별 지침으로 본다.

② 이 영 시행 당시 제1항에 따른 기본지침 및 2012년 방첩업무 지침에 따라 방첩기관이 수립한 2012년도 방첩업무계획은 제6조제4항에 따라 수립된 방첩업무계획으로 본다.

5. 보안업무규정

[(타)일부개정 2008.12.31 대통령령 제21214호]

제1장 총칙

제1조(목적) 이 영은 국가정보원법 제3조제2항의 규정에 의하여 보안업무 수행에 필요한 사항을 규정함을 목적으로 한다. <개정 1981.10.7, 1999.3.31>

제2조(정의) 이 영에서 사용되는 용어의 정의는 다음과 같다. <개정 1981.10.7>
1. "비밀"이라 함은 그 내용이 누설되는 경우 국가안전보장에 유해로운 결과를 초래할 우려가 있는 국가 기밀로서 이 영에 의하여 비밀로 분류된 것을 말한다.
2. "각급기관"이라 함은 헌법 · 정부조직법 기타 법령에 의하여 설치된 국가기관(군기관 및 교육기관을 포함한다)과 지방자치단체 및 공공단체를 말한다.
3. "암호자재"라 함은 통신보안을 위하여 통신문의 내용을 보호할 목적으로 문자 · 숫자 · 기호등의 암호로 만들어진 문서나 기구를 말한다.

제3조(보안책임) 국가안전보장에 관련되는 인원 · 문서 · 자재 · 시설 및 지역을 관리하는 자와 관계기관의 장은 이에 대한 보안책임을 진다.

제2장 비밀보호

제4조(비밀의 구분) 비밀은 그 중요성과 가치의 정도에 따라 다음 각호에 의하여 이를 Ⅰ급비밀 · Ⅱ급비밀 및 Ⅲ급비밀로 구분한다.
1. 누설되는 경우 대한민국과 외교관계가 단절되고 전쟁을 유발하며, 국가의 방위계획 · 정보활동 및 국가방위상 필요불가결한 과학과 기술의 개발을 위태롭게 하는등의 우려가 있는 비밀은 이를 Ⅰ급비밀로 한다.
2. 누설되는 경우 국가안전보장에 막대한 지장을 초래할 우려가 있는 비밀은 이를 Ⅱ급비밀로 한다.
3. 누설되는 경우 국가안전보장에 손해를 끼칠 우려가 있는 비밀은 이를 Ⅲ급비밀로 한다.

제5조(암호자재의 제작공급 및 반납) ① 암호자재는 국가정보원장(이하 "국정원장"이라 한다)이 제작하여 필요한 기관에 공급한다. 다만, 국정원장이 필요하다고 인정할 때에는 암호자재의 사용기관으로 하여금 국정원장이 인가하는 암호체계의 범위안에서 암호자재를 제작하게 할 수 있다. <개정 1981.10.7, 1999.3.31>

② 사용기간이 만료된 암호자재는 지체없이 그 제작기관의 장에게 반납하여야 한다.

제6조(비밀의 취급) 비밀은 해당등급의 비밀 취급인가를 받은 자에 한하여 취급할 수 있다.

제7조(비밀취급인가권자) ① Ⅰ급비밀 및 암호 자재취급인가권자는 다음과 같다. <개정 1981.10.7, 1999.3.31, 2001.1.29, 2002.2.9, 2008.12.31>

1. 대통령
2. 국무총리
3. 감사원장
3의 2. 국가인권위원회위원장
4. 각 부 · 처의 장
5. 국정원장
6. 삭제 <2008.12.31>
7. 국무총리실장 · 방송통신위원회위원장 · 공정거래위원회위원장 · 금융위원회위원장 및 국민권익위원회위원장
8. 대통령실장
9. 대통령 경호처장
10. 검찰총장
11. 합동참모의장, 각군 참모총장 및 육군의 1,2,3군 사령관
12. 국방부장관이 지정하는 각군 부대장

② Ⅱ급 및 Ⅲ급비밀취급 인가권자는 다음과 같다. <개정 1981.10.7, 1999.3.31, 2006.3.29, 2008.12.31>

1. Ⅰ급비밀취급 인가권자
2. 중앙행정기관인 청의 장
3. 도지사 및 특별자치도지사
4. 도 및 특별자치도의 교육감
5. 제1호부터 제4호까지의 사람이 지정한 기관의 장

제8조(비밀취급인가 및 해제) ① 비밀취급 인가권자는 비밀을 취급 또는 비밀에 접근할 직원에 대하여 해당등급의 비밀취급을 인가한다.

② 비밀취급의 인가는 대상자의 직책에 따라 필요한 최소한의 인원으로 제한하여야 한다.

③ 비밀취급의 인가를 받은 자가 다음 각호의 1에 해당하는 경우에는 그 취급의 인가를 해제하여야 한다.

1. 고의 또는 중대한 과실로 보안사고를 범하였거나 이 영에 위반하여 보안업무에 지장을 초래한 때

2. 비밀취급이 불필요하게 된 때

④ 비밀취급의 인가 및 해제와 인가등급의 변경은 문서로써 하여야 하며, 직원의 인사기록
사항에 이를 기록하여야 한다.

제9조(비밀의 분류) ① 비밀취급인가를 받은 자는 인가받은 비밀 및 그 이하등급비밀의 분
류권을 가진다.

② 동등이상의 비밀취급인가를 받은 자로서 직속 상급직위에 있는 자는 그 하위직위에 있
는 자가 분류한 비밀등급을 조정할 수 있다.

③ 비밀을 생산 또는 관리하는 자는 그 비밀을 분류 또는 재분류할 책임이 있다.

제10조(분류원칙) ① 비밀은 적절히 보호할 수 있는 최저등급으로 분류하되, 과도 또는 과
소하게 분류하여서는 아니된다. 다만, 암호자재는 제4조의 규정에 불구하고 Ⅱ급이상으로
분류하여야 한다.

② 비밀은 그 자체의 내용과 가치의 정도에 따라 분류하여야 하며, 다른 비밀과 관련하여
분류하여서는 아니된다.

③ 외국정부 또는 국제기구로부터 접수한 비밀은 그 발행기관이 필요로 하는 정도로 보호
할 수 있도록 분류하여야 한다.

제11조(분류지침) 각급 기관의 장은 비밀분류의 통일성과 적절한 분류를 위하여 세부분류
지침을 작성 시행하여야 한다.

제12조(예고문) 분류된 비밀에는 보호기간을 명시하기 위하여 예고문을 기재하여야 한다.

제13조(재분류) ① 비밀은 그 효율적인 보호를 위하여 등급의 변경 또는 파기등의 재분류를
실시한다.

② 비밀의 재분류는 그 비밀의 예고문 또는 발행자의 직권에 의하여 실시한다. 다만, 다음
각호의 경우에는 예고문에 불구하고 이를 파기할 수 있다. <개정 1981.10.7, 1999.3.31>

1. 긴급 부득이 한 사정으로 비밀을 계속 보관하거나 안전하게 지출할 수 없을 때

2. 국정원장의 요청이 있을 때

3. 보안유지를 위하여 예고문의 파기시기까지 계속 보관할 필요가 없을 때. 이 경우에는 당
해 소속비밀취급인가권자의 사전승인을 얻어야 한다.

③ 외국정부 또는 국제기구로부터 접수된 비밀 중 예고문이 없거나 기재된 예고문이 비밀
관리상 부적당하다고 인정되는 것은 접수한 기관의 장이 그 비밀을 최대한으로 보호할 수
있는 범위안에서 재분류할 수 있다.

④ 비밀을 존안하고자 할 때에는 그 예고문이나 비밀등급을 변경하여서는 아니되며, 존안

된 비밀자료는 존안기간중 이를 재분류하지 아니한다. 다만, 일반문서로 재분류하거나 공공기관의기록물관리에관한법률 및 동법시행령이 정하는 바에 따라 기록물전문관리기관의 장이 존안중의 비밀을 재분류하는 때에는 그러하지 아니하다. <개정 1999.12.7>

제14조(표지) 비밀은 그 취급자 또는 관리자에게 경고하고 비밀취급비인가자의 접근을 방지하기 위하여 분류(재분류를 포함한다. 이하같다)와 동시에 등급에 따라 구분된 표지를 하여야 한다.

제15조(비밀의 수발) 비밀을 수발함에 있어서는 그 비밀을 최대한으로 보호할 수 있는 방법을 이용하여야 한다.

제16조(통신수단에 의한 비밀수발 제한) 비밀은 전신·전화등의 통신수단에 의하여 평문으로 수발하여서는 아니된다.
[전문개정 1981.10.7]

제17조(영수증) Ⅰ급비밀 및 Ⅱ급비밀을 수발할 때에는 이를 확인하기 위하여 영수증을 사용한다.

제18조(보관) 비밀은 도난·화재 또는 파괴로부터 보호하고 비밀취급비인가자의 접근을 방지할 수 있는 적절한 시설에 보관하여야 한다.

제19조(여행중의 비밀보관) 비밀을 휴대하고 출장 또는 여행하는 자는 비밀의 안전한 보호를 위하여 국내경찰기관 또는 국외주재공관에 위탁 보관할 수 있으며, 위탁받은 기관은 이를 보관하여야 한다.

제20조(보관책임자) 각급 기관의 장은 비밀의 보관을 위하여 필요한 인원을 보관책임자로 임명하여야 한다.

제21조(비밀관리기록부) ① 각급 기관의 장은 비밀의 작성·분류·수발 및 취급등에 관한 일체의 관리사항을 기록하기 위하여 비밀관리기록부를 작성·비치하여야 한다. 다만, Ⅰ급비밀관리기록부는 따로 작성·비치하여야 하며, 암호 및 음어자재는 암호자재기록부에 의하여 관리한다.
② 비밀관리기록부 및 암호자재기록부에는 모든 비밀과 암호자재에 대한 보안책임 및 보안관리 사항이 정확히 기록·보존되어야 한다.

제22조(비밀의 복제·복사의 제한)　① 비밀의 일부 또는 전부를 모필·타자·인쇄·조각·녹음·촬영·인화·확대등 비밀의 원형의 재현은 다음 각호의 1에 해당하는 경우를 제외하고는 이를 할 수 없다. 다만, 암호 및 음어자재는 어떠한 경우를 막론하고 복제 또는 복사하지 못한다.

1. Ⅰ급비밀은 그 발행자의 허가를 얻은 때
2. Ⅱ급 및 Ⅲ급비밀은 당해 발행자의 특정한 제한이 없는 것으로서 해당 등급의 비밀 취급 인가를 받은 자가 공용으로 사용할 때

② 비밀을 복제 또는 복사한 경우에는 그 원본과 동일한 비밀등급과 예고문을 명시하고, 사본번호를 부여하여야 한다.

③ 제2항의 예고문의 경우 재분류구분이 "파기"로 되어 있는 때에는 원본의 파기시기보다 그 시기를 줄일 수 있다. <개정 1981.10.7>

제23조(비밀의 열람)　① 비밀은 해당등급의 비밀취급인가를 받은 자로서 그 비밀과 업무상 직접 관계가 있는 자에 한하여 열람할 수 있다.

② 비밀취급 비인가 자에게 비밀을 열람·공개 또는 취급하게 할 때에는 미리 국정원장의 보안조치를 받아야 한다. 다만, 비밀이 군사에 관한 사항인 경우에는 국방부장관의 보안조치를 받아야 한다. <개정 1981.10.7, 1999.3.31>

제24조(비밀의 공개)　공무원 또는 공무원이었던 자는 법률이 정하는 경우를 제외하고는 소속 또는 소속되었던 기관의 장의 승인없이 비밀을 공개하지 못한다.

제25조(비밀의 지출)　비밀은 보관하고 있는 시설밖으로 지출하여서는 아니된다. 다만, 공무상 지출이 필요할 때에는 그 소속기관의 장의 승인을 얻어 지출할 수 있다.

제26조(안전지출 및 파기계획)　각급 기관의 장은 비상시에 대비하여 비밀을 안전하게 지출 또는 파기할 수 있는 계획을 수립하고 소속직원에게 주지시켜야 한다.

제27조(비밀문서의 통제)　각급 기관의 장은 비밀문서의 통제를 위한 규정을 따로 작성·운영할 수 있다.

제28조(비밀의 이관)　비밀은 일반문서보관소에 이관하여서는 아니된다. 다만, 공공기관의기록물관리에관한법률 및 동법시행령이 정하는 바에 따라 비밀원본을 기록물전문관리기관에 이관하는 경우에 는 그러하지 아니하다.
[전문개정 1999.12.7]

제29조(비밀소유현황통보) 각급 기관의 장은 연2회 비밀소유현황을 조사하여 국정원장에게 통보하여야 한다. <개정 1981.10.7, 1999.3.31>

제30조(보호구역) ① 각급 기관의 장과 국가중요시설 · 장비 및 자재를 관리하는 자는 국가 비밀의 보호와 국가중요시설장비 및 자재의 보호를 위하여 필요한 장소에 일정한 범위를 정하여 보호구역을 설정할 수 있다.

② 제1항의 보호구역은 그 중요도에 따라 이를 제한지역, 제한구역 및 통제구역으로 나눈다. <개정 1981.10.7>

③ 보호구역설정자는 제1항의 보호구역에 보안상 불필요한 인원의 접근 또는 출입을 제한하거나 금지시킬 수 있다. <개정 1981.10.7>

제3장 신원조사

제31조(신원조사) ① 국가보안을 위하여 국가에 대한 충성심 · 성실성 및 신뢰성을 조사하기 위하여 신원조사를 행한다.

② 신원조사의 대상이 되는 자는 다음과 같다.

1. 공무원임용예정자

2. 비밀취급인가예정자

3. 해외여행을 하고자 하는 자(입국하는 교포를 포함한다)

4. 국가중요시설 · 장비 및 자재등의 관리자와 기타 각급기관의 장이 국가보안상 필요하다고 인정하는 자

5. 공공단체의 직원과 임원의 임명에 있어서 정부의 승인이나 동의를 요하는 법인의 임원 및 직원

6. 기타 법령이 정하는 자

제32조(조사의 실시) 신원조사는 국정원장이 그 직권 또는 관계기관의 장의 요청에 의하여 이를 실시한다. <개정 1981.10.7, 1999.3.31>

제33조(권한의 위임) 국정원장은 신원조사에 관한 권한의 일부를 국방부장관과 경찰청장에게 위임할 수 있다. 다만, 국방부장관에 대한 위임은 군인 · 군무원 · 「방위사업법」에 규정된 방위산업체 및 연구기관의 종사자와 기타 군사보안에 관련된 인원의 신원조사의 경우에 한한다. <개정 1981.10.7, 1999.3.31, 2006.2.8>

제34조(조사결과의 처리) ① 각 조사기관의 장은 신원조사의 결과 국가안전보장상 유해로운 정보가 있음이 확인된 자에 대하여는 관계기관의 장에게 그 사실을 통보하여야 한다.

② 제1항의 통보를 받은 관계기관의 장은 신원조사의 결과에 따라 필요한 보안대책을 강구

하여야 한다. <개정 1981.10.7>

제4장 보안조사

제35조(보안측정) 국정원장은 국가보안에 관련된 시설 · 자재 또는 지역을 파괴 · 태업 또는 비밀누설로부터 보호하기 위하여 보안측정을 실시한다. <개정 1981.10.7, 1999.3.31>

제36조(측정대상) 보안측정은 파괴 · 태업 또는 비밀누설로 인하여 전략적 또는 군사적으로 막대한 손해를 초래하거나 국가안전보장에 연쇄적 혼란을 초래할 우려가 있는 시설 또는 지역(이하"보안목표시설"이라 한다)과 선박 · 항공기등 중요장비(이하"보호장비"라 한다)에 대하여 실시한다. <개정 1981.10.7>

제37조(측정의 실시) ① 보안측정은 국정원장이 그 직권으로 실시하는 경우를 제외하고는 보안목표시설 및 보호장비의 관리자 또는 관계 감독기관의 장의 요청에 따라 이를 실시한다. <개정 1981.10.7, 1999.3.31>
② 보안목표시설 및 보호장비의 관리자와 그 감독기관의 장은 국정원장이 그 시설 및 장비의 보호를 위하여 요구하는 보안대책을 성실히 이행하여야 한다. <개정 1981.10.7, 1999.3.31>
③ 국정원장은 관계기관에 대하여 보안측정상 필요한 협조를 요구할 수 있다. <신설 1981.10.7, 1999.3.31>

제38조(전말조사) 국정원장은 비밀의 누설 또는 분실과 국가중요시설 및 장비의 파괴, 보호구역에 대한 불법침입등 보안사고에 대하여 전말조사를 실시한다. <개정 1981.10.7, 1999.3.31>

제39조(보안감사) 이 영에서 정한 인원 · 문서 · 자재 · 시설 · 지역 및 장비등의 모든 보안관리상태와 그 적정여부를 조사하기 위하여 중앙행정기관의 장은 보안감사를 실시한다. <개정 1981.10.7, 1999.3.31>

제40조(통신보안감사) 통신수단에 의한 비밀의 누설방지와 모든 통신시설의 보안상태를 조사하기 위하여 중앙행정기관의 장은 통신보안감사를 실시한다. <개정 1981.10.7, 1999.3.31>

제41조(감사의 실시) ① 보안감사 및 통신보안감사는 정기감사와 수시감사로 구분하여 실시한다. <개정 1981.10.7>

② 정기감사는 연1회, 수시감사는 필요에 따라 수시로 이를 실시한다.

③ 보안감사 및 통신보안감사를 실시함에 있어서는 정책자료의 발굴에 중점을 둔다. <신설 1981.10.7>

제42조(조사결과의 처리) ① 중앙행정기관의 장은 보안감사 및 통신보안감사의 결과를 국 정원장에게 통보한다. <개정 1999.3.31>

② 국정원장은 보안조사의 결과를 해당기관의 장에게 통보한다. <개정 1999.3.31>

③ 제2항의 규정에 의하여 조사결과를 통보받은 기관의 장은 조사결과에 대하여 필요한 조 치를 하여야 한다.

[전문개정 1981.10.7]

제43조(권한의 위임) ① 국정원장은 필요하다고 인정할 때에는 관계기관의 장에게 보안조 사에 관한 권한의 일부를 위임할 수 있다. 다만, 국방부장관에 대한 위임은 국방부 본부를 제외한 합동참모본부, 국방부 직할부대 및 기관, 각군, 「방위사업법」에 규정된 방위산업체 및 연구기관 기타 군사보안대상의 보안조사의 경우에 한한다. <개정 1999.3.31, 2006.2.8>

② 국정원장은 필요하다고 인정할 때에는 제1항의 규정에 의하여 권한을 위임받은 관계기 관의 장에 대하여 조사결과의 통보를 요구할 수 있다. <개정 1999.3.31>

[전문개정 1981.10.7]

제5장 보직

제44조(보안담당관) 각급 기관의 장은 이 영에 의한 보안업무를 담당하게 하기 위하여 소속 직원중에서 보안담당관을 임명하여야 한다.

제45조(계엄지역의 보안) ① 계엄이 선포된 지역의 보안을 위하여 계엄사령관은 이 영의 규 정에 불구하고 특별한 보안조치를 할 수 있다. <개정 1981.10.7>

② 제1항의 경우에 계엄사령관은 평상시의 보안업무와의 연계성을 고려하여 필요하다고 인정할 때에는 미리 국정원장과 협의한다.

부칙 〈제5004호,1970.5.14〉

①(시행일) 이 영은 공포한 날로부터 시행한다.

②(경과조치) 이 영 시행전에 분류된 비밀은 이 영에 의하여 분류된 것으로 본다.

③(경과조치) 이 영 시행전에 비밀취급인가를 받은 자는 이 영에 의하여 비밀취급인가를 받 은 것으로 본다.

부칙 〈제10478호, 1981.10.7〉

이 영은 공포한 날로부터 시행한다.

부칙(국가정보원직원법시행령) 〈제16211호, 1999.3.31〉

제1조 (시행일)   이 영은 공포한 날부터 시행한다.

제2조 및 제3조 생략

제4조 (다른 법령의 개정)   ① 내지 ⑨ 생략

⑩ 보안업무규정중 다음과 같이 개정한다.

제1조중 "국가안전기획부법 제2조제2항"을 "국가정보원법 제3조제2항"으로 한다.

제5조제1항 본문중 "국가안전기획부장(이하 "안전기획부장"이라 한다)"을 "국가정보원장 (이하 "국정원장"이라 한다)"으로 하고, 동항 단서중 "안전기획부장"을 각각 "국정원장"으로 한다.

제7조제1항제4호를 다음과 같이 하고, 동항제5호중 "안전기획부장"을 "국정원장"으로 하며, 동항제6호중 "국가안전보장회의 사무국장"을 "국가안전보장회의 사무처장"으로 하고, 동항제7호를 다음과 같이 하며, 동조제2항제2호중 "중앙행정관서인 청의 장"을 "중앙행정 기관인 청의 장, 국무총리비서실장, 국민고충처리위원회위원장, 청소년보호위원회위원장 및 공보실장"으로 하고, 동항제3호중 "서울특별시장 · 직할시장"을 "특별시장 · 광역시장"으로 하며, 동항제4호중 "서울특별시 · 직할시 및 도 교육위원회의 교육감"을 "특별시 · 광역시 및 도의 교육감"으로 하고, 동항제5호중 "제1호 내지 제4호"를 "제1호 내지 제4호(제2호의 경우에는 중앙행정기관인 청의 장에 한한다)"로 한다.

4. 각 부 · 처의 장

7. 기획예산위원회위원장 · 여성특별위원회위원장 · 국무조정실장 · 공정거래위원회위원 장 · 금융감독위원회위원장 및 비상기획위원회위원장

제13조제2항제2호, 제23조제2항 본문, 제29조, 제32조, 제35조, 제37조제1항 내지 제3항, 제38조, 제42조제2항, 제43조제2항 및 제45조제2항중 "안전기획부장"을 각각 "국정원장"으로 한다.

제33조 본문중 "안전기획부장"을 "국정원장"으로, "내무부장관과 국방부장관"을 "국방부 장관과 경찰청장"으로 하고, 동조 단서중 "군수조달에관한특별조치법에 규정된 군수업체"를 "방위산업에관한특별조치법에 규정된 방위산업체"로 한다.

제39조 및 제40조중 "안전기획부장"을 각각 "중앙행정기관의 장"으로 한다.

제42조제1항중 "안전기획부장"을 "중앙행정기관의 장"으로, "대통령에게 보고한다"를 "국정원장에게 통보한다"로 한다.

제43조제1항 본문중 "안전기획부장"을 "국정원장"으로 하고, 동항 단서중 "군수조달에관 한특별조치법에 규정된 군수업체"를 "방위산업에관한특별조치법에 규정된 방위산업체"

로 한다.

⑪ 내지 <28> 생략

부칙(공공기관의기록물관리에관한법률시행령) 〈제16609호,1999.12.7〉

제1조 (시행일) 이 영은 2000년 1월 1일부터 시행한다.

제2조 내지 제4조 생략

제5조 (다른 법령의 개정) ① 내지 ② 생략

③ 보안업무규정중 다음과 같이 개정한다.

제13조제4항 단서를 다음과 같이 한다.

다만, 일반문서로 재분류하거나 공공기관의기록물관리에관한법률 및 동법시행령이 정하는 바에 따라 기록물전문관리기관의 장이 존안중의 비밀을 재분류하는 때에는 그러하지 아니하다.

제28조를 다음과 같이 한다.

제28조 (비밀의 이관) 비밀은 일반문서보관소에 이관하여서는 아니된다. 다만, 공공기관의기록물관리에관한법률 및 동법시행령이 정하는 바에 따라 비밀원본을 기록물전문관리기관에 이관하는 경우에 는 그러하지 아니하다.

④ 생략

부칙(여성부직제) 〈제17116호, 2001.1.29〉

제1조 (시행일) 이 영은 공포한 날부터 시행한다.

제2조 내지 제4조 생략

제5조 (다른법령의 개정) ① 내지 ③ 생략

④ 보안업무규정중 다음과 같이 개정한다.

제7조제1항제7호중 "기획예산위원회위원장·여성특별위원회위원장·국무조정실장"을 "국무조정실장"으로 한다.

⑤ 내지 ⑭ 생략

부칙(국가인권위원회법시행령) 〈제17517호, 2002.2.9〉

제1조 (시행일) 이 영은 공포한 날부터 시행한다.

제2조 (다른 법령의 개정) ① 및 ② 생략

③ 보안업무규정중 다음과 같이 개정한다.

제7조제1항에 제3호의2를 다음과 같이 신설한다.

3의2. 국가인권위원회위원장

부칙(방위사업법 시행령) 〈제19321호, 2006.2.8〉

제1조 (시행일) 이 영은 공포한 날부터 시행한다.

제2조 및 제3조 생략

제4조 (다른 법령의 개정) ① 내지 ⑥생략

⑦보안업무규정 일부를 다음과 같이 개정한다.

제33조 및 제43조중 "방위산업에관한특별조치법"을 각각 「방위사업법」으로 한다.

⑧ 내지 ⑮ 생략

제5조 생략

부칙(청소년기본법 시행령) 〈제19431호, 2006.3.29〉

제1조 (시행일) 이 영은 2006년 3월 30일부터 시행한다.

제2조 (다른 법령의 개정) ① 및 ② 생략

③ 보안업무규정 일부를 다음과 같이 개정한다.

제7조제2항제2호중 "청소년보호위원회위원장"을 "국가청소년위원회위원장"으로 한다.

④ 내지 ⑫ 생략

부칙(행정안전부와 그 소속기관 직제) 〈제21214호, 2008.12.31〉

제1조(시행일) 이 영은 공포한 날부터 시행한다. <단서 생략>

제2조부터 제4조까지 생략

제5조(다른 법령의 개정) ① 부터 <88> 까지 생략

<89> 보안업무규정 일부를 다음과 같이 개정한다.

제7조제1항제6호를 삭제한다.

제7조제1항제7호부터 제9호까지를 각각 다음과 같이 한다.

7. 국무총리실장 · 방송통신위원회위원장 · 공정거래위원회위원장 · 금융위원회위원장 및
   국민권익위원회위원장

8. 대통령실장

9. 대통령 경호처장

제7조제2항제2호부터 제5호까지를 각각 다음과 같이 한다.

2. 중앙행정기관인 청의 장

3. 도지사 및 특별자치도지사

4. 도 및 특별자치도의 교육감

5. 제1호부터 제4호까지의 사람이 지정한 기관의 장

<90>부터 <175>까지 생략

6. 국가사이버안전관리규정

[일부개정 2013.9.2 대통령훈령 제316호]

제1조(목적) 이 훈령은 국가사이버안전에 관한 조직체계 및 운영에 대한 사항을 규정하고 사이버안전업무를 수행하는 기관간의 협력을 강화함으로써 국가안보를 위협하는 사이버공격으로부터 국가정보통신망을 보호함을 목적으로 한다.

제2조(정의) 이 훈령에서 사용하는 용어의 정의는 다음과 같다. <개정 2008.8.18, 2012.1.2>

1. "정보통신망"이라 함은 「전기통신기본법」 제2조제2호의 규정에 의한 전기통신설비를 활용하거나 전기통신설비와 컴퓨터 및 컴퓨터의 이용기술을 활용하여 정보를 수집 · 가공 · 저장 · 검색 · 송신 또는 수신하는 정보통신체제를 말한다.
2. "사이버공격"이라 함은 해킹 · 컴퓨터바이러스 · 논리폭탄 · 메일폭탄 · 서비스방해 등 전자적 수단에 의하여 국가정보통신망을 불법침입 · 교란 · 마비 · 파괴하거나 정보를 절취 · 훼손하는 일체의 공격행위를 말한다.
3. "사이버안전"이라 함은 사이버공격으로부터 국가정보통신망을 보호함으로써 국가정보통신망과 정보의 기밀성 · 무결성 · 가용성 등 안전성을 유지하는 상태를 말한다.
4. "사이버위기"란 사이버공격으로 정보통신망을 통해 유통 · 저장되는 정보를 유출 · 변경 · 파괴함으로써 국가안보에 영향을 미치거나 사회 · 경제적 혼란을 발생시키거나 국가 정보통신시스템의 핵심기능이 훼손 · 정지되는 등 무력화되는 상황을 말한다.
5. "공공기관"이라 함은 다음 각목의 기관을 말한다.
   가. 「공공기관의 운영에 관한 법률」 제5조에 따라 지정된 공기업 또는 준정부기관인 공공기관
   나. 「공공기관의 운영에 관한 법률」 제5조에 따라 지정된 기타공공기관 중 「정부출연연구기 등의 설립 · 운영 및 육성에 관한 법률」 제8조제1항 및 「과학기술분야 정부출연연구기관 등의 설립 · 운영 및 육성에 관한 법률」 제8조제1항에 따른 연구기관
   다. 「초 · 중등교육법」 및 「고등교육법」에 따른 국 · 공립학교
   라. 그 밖에 다른 법령의 규정에 의하여 설립된 공공기관 중 제6조의 규정에 의한 국가사이버안전전략회의에서 정보통신망의 안전성 확보가 필요하다고 지정한 기관

제3조(적용범위) 이 훈령은 중앙행정기관(대통령 소속 기관, 국무총리 소속 기관 및 국가인권위원회를 포함한다. 이하 같다), 지방자치단체 및 공공기관의 정보통신망에 적용한다. 다만, 「정보통신기반보호법」에 따른 주요정보통신기반시설에 대해서는 「정보통신기반보호법」을 우선 적용한다. <개정 2012.1.2, 2013.9.2>

제4조(사이버안전 확보의 책무) ①중앙행정기관의 장은 소관 정보통신망에 대하여 안전성을 확보할 책임이 있으며 이를 위하여 사이버안전업무를 전담하는 전문인력을 확보하는 등 필요한 조치를 강구하여야 한다.

②관계 중앙행정기관의 장은 소관 공공기관 및 지방자치단체의 장으로 하여금 제1항의 규정에 의한 전문인력의 확보 등 필요한 조치를 강구하도록 하여야 한다.

제5조(국가사이버안전정책 및 관리) ①국가사이버안전과 관련된 정책 및 관리에 대하여는 국가정보원장이 관계 중앙행정기관의 장과 협의하여 이를 총괄·조정한다. <개정 2012.1.2>

② 국가정보원장은 제1항에 따른 총괄·조정 업무를 효율적이고 체계적으로 수행하기 위하여 관계 중앙행정기관의 장과 협의하여 국가사이버안전기본계획을 수립·시행한다. <신설 2012.1.2>

③ 국가정보원장은 제2항에 따른 국가사이버안전기본계획을 원활하게 추진하기 위하여 관계 기관에 예산 반영 등에 관한 협조를 요청할 수 있다. <신설 2012.1.2>

제6조(국가사이버안전전략회의) ① 국가사이버안전에 관한 중요사항을 심의하기 위하여 국가정보원장 소속하에 국가사이버안전전략회의(이하 "전략회의"라 한다)를 둔다.

② 전략회의의 의장은 국가정보원장이 된다.

③ 전략회의의 위원은 다음 각 호의 사람과 전략회의 의장이 지명하는 관계 중앙행정기관의 차관급 공무원이 된다. 이 경우 차관 또는 차관급 공무원이 2명 이상인 기관은 사이버안전 업무를 담당하는 차관 또는 차관급 공무원이 위원이 된다. <개정 2012.1.2, 2013.5.24, 2013.9.2>

1. 기획재정부차관
2. 미래창조과학부차관
3. 교육부차관
4. 외교부차관
5. 통일부차관
6. 법무부차관
7. 국방부차관
8. 안전행정부차관
9. 산업통상자원부차관
10. 보건복지부차관
11. 국토교통부차관
12. 금융위원회 부위원장
13. 대통령비서실 사이버안전 담당 수석비서관

14. 국가안보실 사이버안전 담당 비서관

15. 국무조정실 국무차장

④전략회의는 다음 각호의 사항을 심의한다.

1. 국가사이버안전체계의 수립 및 개선에 관한 사항

2. 국가사이버안전 관련 정책 및 기관간 역할조정에 관한 사항

3. 국가사이버안전 관련 대통령 지시사항에 대한 조치방안

4. 그 밖에 전략회의 의장이 부의하는 사항

⑤ 제4항에 따라 전략회의의 심의를 거친 사항 중 중요 사항은 대통령 및 국무총리에게 보고한다. <신설 2012.1.2>

⑥전략회의의 구성·운영 등에 관하여 필요한 사항은 전략회의의 의장이 따로 정한다. <개정 2012.1.2>

제7조(국가사이버안전대책회의) ① 전략회의의 효율적인 운영을 위하여 전략회의에 국가사이버안전대책회의(이하 "대책회의"라 한다)를 둔다.

② 대책회의의 의장은 국가정보원의 사이버안전업무를 담당하는 차장이 되며, 위원은 전략회의의 위원이 속하는 기관의 실·국장급 공무원으로 한다.

③ 대책회의는 다음 각호의 사항을 심의한다.

1. 국가사이버안전 관리 및 대책방안

2. 전략회의의 결정사항에 대한 시행방안

3. 전략회의로부터 위임받거나 전략회의의 의장으로부터 지시받은 사항

4. 그 밖에 대책회의의 의장이 부의하는 사항

④ 대책회의의 구성·운영 등에 관하여 필요한 사항은 대책회의의 의장이 따로 정한다.

제8조(국가사이버안전센터) ① 사이버공격에 대한 국가차원의 종합적이고 체계적인 대응을 위하여 국가정보원장 소속하에 국가사이버안전센터(이하 "사이버안전센터"라 한다)를 둔다.

② 사이버안전센터는 다음 각호의 업무를 수행한다.

1. 국가사이버안전정책의 수립

2. 전략회의 및 대책회의의 운영에 대한 지원

3. 사이버위협 관련 정보의 수집·분석·전파

4. 국가정보통신망의 안전성 확인

5. 국가사이버안전매뉴얼의 작성·배표

6. 사이버공격으로 인하여 발생한 사고의 조사 및 복구 지원

7. 외국과의 사이버위협 관련 정보의 협력

③ 국가정보원장은 국가 차원의 사이버위협에 대한 종합판단, 상황관제, 위협요인 분석 및

합동조사 등을 위해 사이버안전센터에 민·관·군 합동대응반(이하 "합동대응반"이라 한다)을 설치·운영할 수 있다. <개정 2012.1.2>

④ 국가정보원장은 합동대응반을 설치·운영하기 위하여 필요한 경우에는 관계 중앙행정기관, 지방자치단체 및 공공기관의 장에게 소속 공무원 및 직원의 파견을 요청할 수 있다. <신설 2012.1.2>

제9조(사이버안전대책의 수립·시행 등) ① 중앙행정기관의 장은 소관 정보통신망을 보호하기 위하여 사이버안전대책을 수립·시행하고, 이를 지도·감독하여야 한다.

② 관계 중앙행정기관의 장은 공공기관의 장 및 지방자치단체의 장으로 하여금 제1항의 규정에 의한 사이버안전대책을 수립·시행하도록 할 수 있다.

③ 국가정보원장은 제1항 및 제2항에 따른 사이버안전대책의 수립에 필요한 국가사이버안전매뉴얼 및 관련 지침을 작성 배포할 수 있다. 이 경우 국가정보원장은 미리 관계 중앙행정기관의 장과 협의하여야 한다. <개정 2012.1.2>

④ 국가정보원장은 제1항 및 제2항에 따른 사이버안전대책의 이행여부 진단·평가 등 정보통신망에 대한 안전성을 확인할 수 있으며 필요하다고 인정하는 경우에는 해당 중앙행정기관의 장에게 시정 등 필요한 조치를 권고할 수 있다. 다만, 지방자치단체 및 공공기관의 정보통신망에 대한 안전성 확인은 관계 중앙행정기관의 장과 협의하여 수행한다. <개정 2012.1.2>

제9조의2(사이버위기 대응 훈련) ① 중앙행정기관, 지방자치단체 및 공공기관의 장은 소관 정보통신망을 대상으로 매년 정기적으로 사이버위기 대응 훈련을 실시하여야 한다.

② 국가정보원장은 국가 차원의 사이버위기 발생에 대비하여 중앙행정기관, 지방자치단체 및 공공기관의 정보통신망을 대상으로 사이버위기 대응 통합훈련을 실시할 수 있다. 이 경우 국가정보원장은 특별한 사유가 없으면 사전에 훈련 일정 등을 해당 기관의 장에게 통보하여야 한다.

③ 국가정보원장은 제2항의 훈련 결과 필요하다고 판단하는 경우에는 중앙행정기관, 지방자치단체 및 공공기관의 장에게 필요한 시정조치를 요청할 수 있다. 이 경우 해당 기관의 장은 특별한 사유가 없는 한 그 요청에 따라야 한다.
[본조신설 2012.1.2]

제10조(사이버공격과 관련한 정보의 협력) ①중앙행정기관의 장, 지방자치단체의 장 및 공공기관의 장은 국가정보통신망에 대한 사이버 공격의 계획 또는 공격사실, 사이버안전에 위협을 초래할 수 있는 정보를 입수한 경우에는 지체없이 그 사실을 국가안보실장 및 국가정보원장에게 통보하여야 한다. 다만, 수사사항에 대하여는 수사기관의 장이 국가기밀의 유출·훼손 등 국가안보의 위협을 초래한다고 판단되는 경우에 입수한 정보를 국가안보실

장 및 국가정보원장에게 통보하여야 한다. <개정 2013.9.2>

② 국가정보원장은 제1항의 규정에 의하여 관련 정보를 제공받은 경우에는 대응에 필요한 조치를 강구하고 그 결과를 정보를 제공한 해당기관의 장에게 통지한다.

제10조의2(보안관제센터의 설치·운영) ① 중앙행정기관의 장, 지방자치단체의 장 및 공공기관의 장은 사이버공격 정보를 탐지·분석하여 즉시 대응 조치를 할 수 있는 기구(이하 "보안관제센터"라 한다)를 설치·운영하여야 한다. 다만, 보안관제센터를 설치·운영하지 못하는 경우에는 다른 중앙행정기관(국가정보원을 포함한다)의 장, 지방자치단체의 장 및 관계 공공기관의 장이 설치·운영하는 보안관제센터에 그 업무를 위탁할 수 있다.

② 보안관제센터를 설치·운영하는 기관의 장은 수집·탐지한 사이버공격 정보를 국가정보원장 및 관계 기관의 장에게 제공하여야 한다.

③ 보안관제센터를 설치·운영하는 기관의 장은 보안관제센터의 운영에 필요한 전담직원을 상시 배치하여야 한다.

④ 보안관제센터를 운영하는 기관의 장은 필요한 경우에는 미래창조과학부장관이 지정하는 보안관제전문업체의 인원을 파견받아 보안관제업무를 수행하도록 할 수 있다. 이 경우 보안관제전문업체의 지정·관리 등에 필요한 사항은 미래창조과학부장관이 국가정보원장과 협의하여 정한다. <개정 2013.5.24>

⑤ 제1항의 보안관제센터의 설치·운영 및 제2항의 사이버공격 정보의 제공 범위, 절차 및 방법 등 세부사항은 국가정보원장이 관계 중앙행정기관의 장과 협의하여 정한다.

[본조신설 2010.4.16]

제11조(경보 발령) ① 국가정보원장은 사이버공격에 대한 체계적인 대응 및 대비를 위하여 사이버공격의 파급영향, 피해규모 등을 고려하여 관심·주의·경계·심각 등 수준별 경보를 발령할 수 있다. 다만, 민간분야에 대하여는 미래창조과학부장관이 경보를 발령하고, 국방분야에 대하여는 국방부장관이 경보를 발령하며, 국가정보원장, 미래창조과학부장관 및 국방부장관은 국가차원에서의 효율적인 경보 업무를 수행하기 위하여 경보 관련 정보를 발령 전에 상호 교환하여야 한다. <개정 2008.8.18, 2013.5.24, 2013.9.2>

② 제1항의 규정에 의하여 경보를 발령하였을 때에는 관계 중앙행정기관의 장은 공공기관의 장 및 지방자치단체의 장에게 이를 신속히 전파하고 적절한 조치를 취하여야 한다.

③ 국가정보원장은 사이버공격이 국가안보에 중대한 위해를 초래할 것으로 판단되는 경우에는 국가안보실장과 협의하여 심각 수준의 경보를 발령할 수 있다. <개정 2008.8.18, 2013.5.24>

④ 국가정보원장은 제1항의 규정에 의한 경보 발령에 필요한 정보를 관계 중앙행정기관의 장에게 요청할 수 있다. 이 경우 관계 중앙행정기관의 장은 특별한 사유가 없는 한 이에 협조하여야 한다.

제12조(사고통보 및 복구) ① 중앙행정기관의 장은 사이버공격으로 인한 사고의 발생 또는 징후를 발견한 경우에는 피해를 최소화하는 조치를 취하고 지체없이 그 사실을 국가안보실장 및 국가정보원장에게 통보하여야 한다. <개정 2013.9.2>

② 지방자치단체의 장 및 공공기관의 장은 사이버공격으로 인한 사고의 발생 또는 징후를 발견한 경우에는 피해를 최소화하는 조치를 취한 후 그 사실을 지체 없이 국가안보실장, 국가정보원장 및 관계 중앙행정기관의 장에게 통보하여야 한다. <개정 2013.9.2>

③ 국가정보원장은 사이버공격으로 인한 사고의 발생 또는 징후를 발견하거나 제1항 및 제2항의 규정에 의한 통보를 받은 때에는 관계 중앙행정기관의 장에게 사고복구 및 피해의 확산방지에 필요한 조치를 요청할 수 있으며, 요청받은 관계 중앙행정기관의 장은 특별한 사유가 없는 한 이에 협조하여야 한다.

제13조(사고조사 및 처리) ① 국가정보원장은 사이버공격으로 인하여 발생한 사고에 대하여 그 원인 분석을 위한 조사를 실시할 수 있다. 다만, 경미한 사고라고 판단되는 경우에는 해당 기관의 장이 자체적으로 조사하게 할 수 있으며, 이 경우 해당 기관의 장은 사고개요 및 조치내용 등 관련 사항을 국가정보원장에게 통보하여야 한다.

② 국가정보원장은 제1항의 규정에 의하여 조사한 결과 범죄혐의가 있다고 판단되는 경우에는 해당 기관의 장과 협의하여 수사기관의 장에게 그 내용을 통보할 수 있다.

③ 국가정보원장은 사이버공격으로 인하여 그 피해가 심각하다고 판단되는 경우나 주의 수준 이상의 경보가 발령된 경우에는 관계 중앙행정기관의 장과 협의하여 범정부적 사이버위기 대책본부(이하 "대책본부"라 한다)를 구성·운영할 수 있다. <개정 2010.4.16>

④ 사이버공격에 대한 원인분석, 사고조사, 긴급대응 및 피해복구 등의 조치를 취하기 위하여 대책본부 내에 합동조사팀 등 필요한 하부기구를 둘 수 있다. 이 경우 하부기구의 구성·운영 등에 필요한 사항은 국가정보원장이 관계 중앙행정기관의 장과 협의하여 정한다. <신설 2010.4.16>

⑤ 국가정보원장은 제4항에 따른 사고조사 및 피해복구 등의 조치를 위하여 관계 중앙행정기관의 장에게 필요한 인력·장비 및 관련 자료의 지원을 요청할 수 있다. <개정 2010.4.16>

⑥ 국가정보원장은 사이버공격에 의한 피해 및 대책본부의 대응 상황을 국가안보실장에게 통보하고, 국가안보실장은 이를 종합하여 대통령에게 보고한다. <신설 2013.9.2>

제14조(전문기관간 협력) ① 사이버안전업무를 전담하는 전문기구를 운영하는 기관은 국가사이버안전업무를 효율적으로 수행하기 위하여 다음 각호의 사항을 상호 긴밀히 협력하여야 한다.
1. 사이버위협 관련 정보의 탐지 및 정보공유체계의 구축·운영
2. 사이버안전 관련 정보의 분석·전파
3. 사이버안전 위해 요소에 대한 조치방안

4. 공격기법 분석 및 공격차단 등 대응방안

5. 그 밖에 경보의 수준별 세부 대응조치 등 필요한 사항

② 사이버안전센터장은 제1항의 규정에 의한 전문기구를 운영하는 기관간 협력을 원활하게 하기 위하여 관계전문가 회의를 소집할 수 있다.

제15조(연구개발) ① 국가정보원장은 국가사이버안전에 필요한 기술개발과 기술수준의 향상을 위하여 필요한 시책을 추진할 수 있다.

② 중앙행정기관의 장은 공공분야의 사이버안전 관련 기술의 확보를 위하여 「과학기술분야 정부출연연구기관 등의 설립·운영 및 육성에 관한 법률」 제8조제1항의 규정에 의하여 설립된 한국전자통신연구원의 국가보안기술 연구·개발을 전담하는 부설연구소로 하여금 관련 연구개발을 수행(연구개발을 위하여 보안관제업무를 수행하는 것을 포함한다)하게 할 수 있다. <개정 2010.4.16>

③ 제2항의 규정에 의한 사이버안전에 필요한 기술의 연구개발에 관한 세부사항은 국가정보원장이 따로 정한다.

제16조(인력양성 및 교육홍보) ① 관계 중앙행정기관의 장은 사이버안전의 기반 조성에 필요한 기술인력을 양성하고 국민의 인식제고를 위하여 다음 각호의 시책을 강구하여야 한다.

1. 사이버안전 관련 전문기술인력의 확보 및 양성

2. 사이버안전 교육프로그램의 개발 및 투자

3. 그 밖에 전문인력 양성, 교육 및 홍보 등에 관하여 필요한 사항

② 국가정보원장은 관계 중앙행정기관의 장이 사이버안전과 관련한 전문인력의 양성, 교육 및 홍보를 위하여 필요한 지원을 요청하는 경우 이에 대하여 지원할 수 있다.

제17조(예산) 중앙행정기관의 장은 소관분야와 관련된 사이버안전대책의 수립·시행에 필요한 재정상의 조치를 강구하여야 한다.

제18조(안전성 확인 등에 대한 특례) ① 제9조, 제12조 및 제13조에도 불구하고 국방분야의 사이버안전과 관련한 다음 각호에 대하여는 국방부장관이 그 업무를 수행한다. <개정 2013.9.2>

1. 제9조제4항의 규정에 의한 안전성 확인

2. 삭제 <2013.9.2>

3. 제12조제1항의 규정에 의한 사고통보

4. 제13조제1항의 규정에 의한 사고조사

② 국방부장관은 제1항의 규정에 의한 업무를 수행함에 있어 국가안보에 필요하다고 판단

되는 경우에는 관련 내용을 국가정보원장에게 통보하여야 한다.

부칙 〈제00316호, 2013.9.2〉

이 훈령은 발령한 날부터 시행한다.

7. 국가대테러활동지침

[일부개정 2013.5.21 대통령훈령 제309호]

제1장 총칙

제1조(목적) 이 훈령은 국가의 대테러 업무수행을 위하여 필요한 사항을 규정함을 목적으로
한다.

제2조(정의) 이 훈령에서 사용하는 용어의 정의는 다음과 같다.
1. "테러"라 함은 국가안보 또는 공공의 안전을 위태롭게 할 목적으로 행하는 다음 각목의
어느하나에 해당하는 행위를 말한다.
가. 국가 또는 국제기구를 대표하는 자 등의 살해·납치 등「외교관 등 국제적 보호인물
에 대한 범죄의 방지 및 처벌에 관한 협약」제2조에 규정된 행위
나. 국가 또는 국제기구 등에 대하여 작위·부작위를 강요할 목적의 인질억류·감금 등
「인질억류 방지에 관한 국제협약」제1조에 규정된 행위
다. 국가중요시설 또는 다중이 이용하는 시설·장비의 폭파 등「폭탄테러행위의 억제를
위한 국제협약」제2조에 규정된 행위
라. 운항 중인 항공기의 납치·점거 등「항공기의 불법납치 억제를 위한 협약」제1조에
규정된 행위
마. 운항 중인 항공기의 파괴, 운항 중인 항공기의 안전에 위해를 줄 수 있는 항공시설의
파괴 등「민간항공의 안전에 대한 불법적 행위의 억제를 위한 협약」제1조에 규정된
행위
바. 국제민간항공에 사용되는 공항 내에서의 인명살상 또는 시설의 파괴 등「1971년 9월
23일 몬트리올에서 채택된 민간항공의 안전에 대한 불법적 행위의 억제를 위한 협약
을 보충하는 국제민간항공에 사용되는 공항에서의 불법적 폭력행위의 억제를 위한
의정서」제2조에 규정된 행위
사. 선박억류, 선박의 안전운항에 위해를 줄 수 있는 선박 또는 항해시설의 파괴 등「항해
의 안전에 대한 불법적 행위의 억제를 위한 협약」제3조에 규정된 행위
아. 해저에 고정된 플랫폼의 파괴 등「대륙붕상에 소재한 고정플랫폼의 안전에 대한 불
법적 행위의 억제를 위한 의정서」제2조에 규정된 행위
자. 핵물질을 이용한 인명살상 또는 핵물질의 절도·강탈 등「핵물질의 방호에 관한 협
약」제7조에 규정된 행위
2. "테러자금"이라 함은 테러를 위하여 또는 테러에 이용된다는 정을 알면서 제공·모금된

것으로서 「테러자금 조달의 억제를 위한 국제협약」 제1조제1호의 자금을 말한다.

3. "대테러활동"이라 함은 테러 관련 정보의 수집, 테러혐의자의 관리, 테러에 이용될 수 있는 위험물질 등 테러수단의 안전관리, 시설·장비의 보호, 국제행사의 안전확보, 테러위협에의 대응 및 무력 진압 등 테러예방·대비와 대응에 관한 제반활동을 말한다.

4. "관계기관"이라 함은 대테러활동을 담당하는 중앙행정기관 및 그 소속기관을 말한다.

5. "사건대응조직"이라 함은 테러사건이 발생하거나 발생이 예상되는 경우에 그 대응을 위하여 한시적으로 구성되는 테러사건대책본부·현장지휘본부 등을 말한다.

6. 삭제 <2009.8.14>

7. 삭제 <2009.8.14>

8. "테러경보"라 함은 테러의 위협 또는 위험수준에 따라 관심·주의·경계·심각의 4단계로 구분하여 발령하는 경보를 말한다.

제3조(기본지침) 국가의 대테러활동을 위한 기본지침은 다음과 같다.

1. 국가의 대테러업무를 효율적으로 수행하기 위하여 범국가적인 종합대책을 수립하고 지휘 및 협조체제를 단일화한다.

2. 관계기관 등은 테러위협에 대한 예방활동에 주력하고, 테러 관련 정보 등 징후를 발견한 경우에는 관계기관에 신속히 통보하여야 한다.

3. 테러사건이 발생하거나 발생이 예상되는 경우에는 테러대책기구 및 사건대응조직을 통하여 신속한 대응조치를 강구한다.

4. 국내외 테러의 예방·저지 및 대응조치를 원활히 수행하기 위하여 국제적인 대테러 협력체제를 유지한다.

5. 국가의 대테러능력을 향상·발전시키기 위하여 전문인력 및 장비를 확보하고, 대응기법을 연구·개발한다.

6. 테러로 인하여 발생하는 각종 피해의 복구와 구조활동, 사상자에 대한 조치 등 수습활동은 「재난 및 안전 관리기본법」 등 관계법령에서 정한 체계와 절차에 따라 수행함을 원칙으로 한다.

7. 이 훈령과 대통령훈령 제28호 통합방위지침의 적용여부가 불분명한 사건이 발생한 경우에는 사건 성격이 명확히 판명될 때까지 통합방위지침에 의한 대응활동과 병행하여 이 훈령에 의한 대테러활동을 수행한다.

제4조(적용범위) 이 훈령은 관계기관과 그 외에 테러예방 및 대응조치를 위하여 필요한 정부의 관련기관에 적용한다.

제2장 테러대책기구

제1절 테러대책회의

제5조(설치 및 구성) ① 국가 대테러정책의 심의·결정 등을 위하여 대통령 소속하에 테러대책회의를 둔다.

② 테러대책회의의 의장은 국무총리가 되며, 위원은 다음 각호의 자가 된다. <개정 2008.8.18, 2012.2.9, 2013.5.21>

1. 외교부장관·통일부장관·법무부장관·국방부장관·안전행정부장관·산업통상자원부장관·보건복지부장관·환경부장관·국토교통부장관 및 해양수산부장관
2. 국가정보원장
3. 국가안보실장·대통령경호실장 및 국무조정실장

3의2. 삭제 <2013.5.21>

4. 관세청장·경찰청장·소방방재청장·해양경찰청장 및 원자력안전위원회위원장
5. 그 밖에 의장이 지명하는 자

③ 테러대책회의의 사무를 처리하기 위하여 1인의 간사를 두되, 간사는 제11조의 규정에 의한 테러정보통합센터의 장으로 한다. 다만, 제20조의 규정에 의한 분야별 테러사건대책본부가 구성되는 때에는 해당 테러사건대책본부의 장을 포함하여 2인의 간사를 둘 수 있다.

제6조(임무) 테러대책회의는 다음 각호의 사항을 심의한다.

1. 국가 대테러정책
2. 그 밖에 테러대책회의의 의장이 부의하는 사항

제7조(운영) ① 테러대책회의는 그 임무를 수행하기 위하여 의장이 필요하다고 인정하거나 위원이 회의소집을 요청하는 때에 의장이 이를 소집한다.

② 테러대책회의의 의장·위원 및 간사의 직무는 다음과 같다.

1. 의장
   가. 테러대책회의를 소집하고 회의를 주재한다.
   나. 테러대책회의의 결정사항에 대하여 대통령에게 보고하고, 결정사항의 시행을 총괄·지휘한다.
2. 위원
   가. 테러대책회의의 소집을 요청하고 회의에 참여한다.
   나. 소관사항에 대한 대책방안을 제안하고, 의결사항의 시행을 총괄한다.
3. 간사
   가. 테러대책회의의 운영에 필요한 실무사항을 지원한다.
   나. 그 밖의 회의 관련 사무를 처리한다.

다. 제5조제3항 단서의 규정에 의한 분야별 테러사건대책본부의 장은 테러사건에 대한
종합상황을 테러대책회의에 보고하고, 테러대책회의의 의장이 지시한 사항을 처리
한다.
③ 의장이 부득이한 사유로 직무를 수행할 수 없는 때에는 제8조의 규정에 의한 테러대책
상임위원회의 위원장이 그 직무를 수행한다.
제2절 테러대책상임위원회

제8조(설치 및 구성) ① 관계기관 간 대테러업무의 유기적인 협조 · 조정 및 테러사건에 대
한 대응대책의 결정 등을 위하여 테러대책회의 밑에 테러대책상임위원회(이하 "상임위원
회"라 한다)를 둔다.
② 상임위원회의 위원은 다음 각호의 자가 되며, 위원장은 위원 중에서 대통령이 지명한다.
<개정 2008.8.18, 2013.5.21>
1. 외교부장관 · 통일부장관 · 국방부장관 및 안전행정부장관
2. 국가정보원장
3. 국가안보실장 및 국무조정실장
4. 경찰청장
5. 그 밖에 상임위원회의 위원장이 지명하는 자
③ 상임위원회의 사무를 처리하기 위하여 1인의 간사를 두되, 간사는 제11조의 규정에 의
한 테러정보통합센터의 장으로 한다.

제9조(임무) 상임위원회의 임무는 다음 각호와 같다.
1. 테러사건의 사전예방 · 대응대책 및 사후처리 방안의 결정
2. 국가 대테러업무의 수행실태 평가 및 관계기관의 협의 · 조정
3. 대테러 관련 법령 및 지침의 제정 및 개정 관련 협의
4. 그 밖에 테러대책회의에서 위임한 사항 및 심의 · 의결한 사항의 처리

제10조(운영) ① 상임위원회의 회의는 정기회의와 임시회의로 구분하며, 위원장이 소집한다.
② 정기회의는 원칙적으로 반기 1회 개최한다. <개정 2008.8.18>
③ 임시회의는 위원장이 필요하다고 인정하거나 위원이 회의소집을 요청하는 때에 소집된
다.
④ 상임위원회의 위원장 · 위원 및 간사의 직무에 대하여는 제7조제2항의 규정을 준용한다.
⑤ 상임위원회의 운영을 효율적으로 지원하기 위하여 관계기관의 국장으로 구성되는 실무
회의를 운영할 수 있으며, 간사가 이를 주재한다.

제3절 테러정보통합센터

제11조(설치 및 구성) ① 테러 관련 정보를 통합관리하기 위하여 국가정보원에 관계기관 합동으로 구성되는 테러정보통합센터를 둔다.

② 테러정보통합센터의 장(이하 "센터장"이라 한다)을 포함한 테러정보통합센터의 구성과 참여기관의 범위 · 인원과 운영 등에 관한 세부사항은 국가정보원장이 정하되, 센터장은 국가정보원 직원 중 테러 업무에 관한 전문적 지식과 경험이 있는 자로 한다.

③ 국가정보원장은 관계기관의 장에게 소속공무원의 파견을 요청할 수 있다.

④ 테러정보통합센터의 조직 및 운영에 관한 사항은 공개하지 아니할 수 있다.

제12조(임무) 테러정보통합센터의 임무는 다음 각호와 같다.

1. 국내외 테러 관련 정보의 통합관리 및 24시간 상황처리체제의 유지
2. 국내외 테러 관련 정보의 수집 · 분석 · 작성 및 배포
3. 테러대책회의 · 상임위원회의 운영에 대한 지원
4. 테러 관련 위기평가 · 경보발령 및 대국민 홍보
5. 테러혐의자 관련 첩보의 검증
6. 상임위원회의 결정사항에 대한 이행점검
7. 그 밖에 테러 관련 정보의 통합관리에 필요한 사항

제13조(운영) ① 관계기관은 테러 관련 정보(징후 · 상황 · 첩보 등을 포함한다)를 인지한 경우에는 이를 지체없이 센터장에게 통보하여야 한다.

② 센터장은 테러정보의 통합관리 등 업무수행에 필요하다고 인정하는 경우에는 관계기관의 장에게 필요한 협조를 요청할 수 있다.

제4절 지역 테러대책협의회

제14조(설치 및 구성) ① 지역의 관계기관 간 테러예방활동의 유기적인 협조 · 조정을 위하여 지역 테러대책협의회를 둔다.

② 지역 테러대책협의회의 의장은 국가정보원의 해당지역 관할지부의 장이 되며, 위원은 다음 각호의 자가 된다. <개정 2008.8.18, 2012.2.9, 2013.5.21>

1. 법무부 · 보건복지부 · 환경부 · 국토교통부 · 해양수산부 · 국가정보원의 지역기관, 식품의약품안전처, 관세청 · 대검찰청 · 경찰청 · 소방방재청 · 해양경찰청 · 원자력안전위원회의 지역기관, 지방자치단체, 지역 군 · 기무부대의 대테러업무 담당 국 · 과장급 직위의 자
2. 그 밖에 지역 테러대책협의회의 의장이 지명하는 자

제15조(임무) 지역 테러대책협의회의 임무는 다음 각호와 같다.

1. 테러대책회의 또는 상임위원회의 결정사항에 대한 시행방안의 협의

2. 당해 지역의 관계기관 간 대테러업무의 협조 · 조정
3. 당해 지역의 대테러업무 수행실태의 분석 · 평가 및 발전방안의 강구

제16조(운영) ① 지역 테러대책협의회는 그 임무를 수행하기 위하여 의장이 필요하다고 인정하거나 위원이 회의소집을 요청하는 때에 의장이 이를 소집한다.
② 지역 테러대책협의회의 운영에 관한 세부사항은 제7조의 규정을 준용하여 각 지역 테러대책협의회에서 정한다.

제5절 공항 · 항만 테러 · 보안대책협의회

제17조(설치 및 구성) ① 공항 또는 항만 내에서의 테러예방 및 저지활동을 원활히 수행하기 위하여 공항 · 항만별로 테러 · 보안대책협의회를 둔다.
② 테러 · 보안대책협의회의 의장은 당해 공항 · 항만의 국가정보원 보안실장(보안실장이 없는 곳은 관할지부의 관계과장)이 되며, 위원은 다음 각호의 자가 된다. <개정 2008.8.18, 2012.2.9, 2013.5.21>
1. 당해 공항 또는 항만에 근무하는 법무부 · 보건복지부 · 국토교통부 · 해양수산부 · 관세청 · 경찰청 · 소방방재청 · 해양경찰청 · 국군기무사령부 등 관계기관의 직원 중 상위 직위자
2. 공항 · 항만의 시설관리 및 경비책임자
3. 그 밖에 테러 · 보안대책협의회의 의장이 지명하는 자

제18조(임무) 테러 · 보안대책협의회는 당해 공항 또는 항만 내의 대테러 활동에 관하여 다음 각호의 사항을 심의 · 조정한다.
1. 테러혐의자의 잠입 및 테러물품의 밀반입에 대한 저지대책
2. 공항 또는 항만 내의 시설 및 장비에 대한 보호대책
3. 항공기 · 선박의 피랍 및 폭파 예방 · 저지를 위한 탑승자와 수하물의 검사대책
4. 공항 또는 항만 내에서의 항공기 · 선박의 피랍 또는 폭파사건에 대한 초동(初動) 비상처리대책
5. 주요인사의 출입국에 따른 공항 또는 항만 내의 경호 · 경비 대책
6. 공항 또는 항만 관련 테러첩보의 입수 · 분석 · 전파 및 처리대책
7. 그 밖에 공항 또는 항만 내의 대테러대책

제19조(운영) ① 테러 · 보안대책협의회는 그 임무를 수행하기 위하여 의장이 필요하다고 인정하거나 위원이 회의소집을 요청하는 때에 의장이 이를 소집한다.
② 테러 · 보안대책협의회의 운영에 관한 세부사항은 공항 · 항만 별로 테러 · 보안대책협의회에서 정한다.

제3장 테러사건 대응조직

제1절 분야별 테러사건대책본부

제20조(설치 및 구성) ① 테러가 발생하거나 발생이 예상되는 경우 외교부장관은 국외테러 사건대책본부를, 국방부장관은 군사시설테러사건대책본부를, 보건복지부장관은 생물테러 사건대책본부를, 환경부장관은 화학테러사건대책본부를, 국토교통부장관은 항공기테러사 건대책본부를, 원자력안전위원회위원장은 방사능테러사건대책본부를, 경찰청장은 국내일 반테러사건대책본부를, 해양경찰청장은 해양테러사건대책본부를 설치 · 운영한다. <개정 2008.8.18, 2012.2.9, 2013.5.21>
② 상임위원회는 동일 사건에 대하여 2개 이상의 테러사건대책본부가 관련되는 경우에는 사건의 성질 · 중요도 등을 고려하여 테러사건대책본부를 설치할 기관을 지정한다.
③ 테러사건대책본부의 장은 테러사건대책본부를 설치하는 부처의 차관급 공무원으로 하 되, 경찰청과 해양경찰청은 차장으로 한다.

제21조(임무) 테러사건대책본부의 임무는 다음 각호와 같다.
1. 테러대책회의 또는 상임위원회의 소집 건의
2. 제23조의 규정에 의한 현장지휘본부의 사건대응활동에 대한 지휘 · 지원
3. 테러사건 관련 상황의 전파 및 사후처리
4. 그 밖에 테러대응활동에 필요한 사항의 강구 및 시행

제22조(운영) ① 테러사건대책본부의 장은 테러사건대책본부의 운영에 필요한 경우 관계기 관의 장에게 전문인력의 파견 등 지원을 요청할 수 있다.
② 테러사건대책본부의 편성 · 운영에관한 세부사항은 테러사건대책본부가 설치된기관의 장이정한다.

제2절 현장지휘본부

제23조(설치 및 구성) ① 테러사건대책본부의 장은 테러사건이 발생한 경우 사건현장의 대응 활동을 총괄하기 위하여 현장지휘본부를 설치할 수 있다. <개정 2009.8.14>
② 현장지휘본부의 장은 테러사건대책본부의 장이 지명하는 자로 한다.
③ 현장지휘본부의 장은 테러의 양상 · 규모 · 현장상황 등을 고려하여 협상 · 진압 · 구 조 · 소방 · 구급 등 필요한 전문조직을 구성하거나 관계기관의 장으로부터 지원받을 수 있 다.
④ 외교부장관은 해외에서 테러가 발생하여 정부차원의 현장대응이 필요한 경우에는 관계 기관 합동으로 정부현지대책반을 구성하여 파견할 수 있다. <개정 2013.5.21>

제3절 대테러특공대

제24조(구성 및 지정) ① 테러사건에 대한 무력진압작전의 수행을 위하여 국방부 · 경찰청 · 해양경찰청에 대테러특공대를 둔다.

② 국방부장관 · 경찰청장 · 해양경찰청장은 대테러특공대를 설치하거나 지정하고자 할 때에는 상임위원회의 심의를 거쳐야 한다.

③ 국방부장관 · 경찰청장 · 해양경찰청장은 대테러특공대의 구성 및 외부 교육훈련 · 이동 등 운용사항을 대통령경호안전대책위원회의 위원장과 협의하여야 한다.

제25조(임무) 대테러특공대는 다음 각호의 임무를 수행한다.
 1. 테러사건에 대한 무력진압작전
 2. 테러사건과 관련한 폭발물의 탐색 및 처리
 3. 요인경호행사 및 국가중요행사의 안전활동에 대한 지원
 4. 그 밖에 테러사건의 예방 및 저지활동

제26조(운영) 대테러특공대는 테러진압작전을 수행할 수 있도록 특수전술능력을 보유하여야 하며, 항상 즉각적인 출동 태세를 유지하여야 한다.

제27조(출동 및 작전) ① 테러사건이 발생하거나 발생이 예상되는 경우 대테러특공대의 출동 여부는 각각 국방부장관 · 경찰청장 · 해양경찰청장이 결정한다. 다만, 군 대테러특공대의 출동은 군사시설 내에서 테러사건이 발생하거나 테러대책회의의 의장이 요청하는 때에 한한다.

② 대테러특공대의 무력진압작전은 상임위원회에서 결정한다. 다만, 테러범이 무차별 인명 살상을 자행하는 등 긴급한 대응조치가 불가피한경우에는 국방부장관 · 경찰청장 · 해양경찰청장이 대테러특공대에 긴급 대응작전을 명할 수 있다.

③ 국방부장관 · 경찰청장 · 해양경찰청장이 제2항 단서의 규정에 의하여 긴급 대응작전을 명한 경우에는 이를 즉시 상임위원회의 위원장에게 보고하여야 한다.

제4절 협상팀

제28조(구성) ① 무력을 사용하지 않고 사건을 종결하거나 후발사태를 저지하기 위하여 국방부 · 경찰청 · 해양경찰청에 협상실무요원 · 통역요원 · 전문요원으로 구성되는 협상팀을 둔다. <개정 2009.8.14>

② 협상실무요원은 협상 전문능력을 갖춘 공무원으로 편성하고, 협상전문요원은 대테러전술 전문가 · 심리학자 · 정신의학자 · 법률가 등 각계 전문가로 편성한다.

제29조(운영) ① 국방부장관 · 경찰청장 · 해양경찰청장은 테러사건이 발생한 경우에는 협상팀을 신속히 소집하고, 협상팀 대표를 선정하여 사건현장에 파견하여야 한다.

② 국방부장관 · 경찰청장 · 해양경찰청장은 테러사건이 발생한 경우에 협상팀의 신속한 현장투입을 위하여 협상팀을 특별시 · 광역시 · 도 단위로 관리 · 운용할 수 있다.

③ 국방부장관 · 경찰청장 · 해양경찰청장은 협상팀의 대응능력을 향상시키기 위하여 협상기법을 연구 · 개발하고 필요한 장비를 확보하여야 한다.

④ 협상팀의 구성 · 운용에 관한 세부사항은 국방부장관 · 경찰청장 · 해양경찰청장이 정한다.

제5절 긴급구조대 및 지원팀 〈개정 2009.8.14〉

제30조(긴급구조대) ① 테러사건 발생 시 신속히 인명을 구조 · 구급하기 위하여 소방방재청에 긴급구조대를 둔다.

② 긴급구조대는 테러로 인한 인명의 구조 · 구급 및 테러에 사용되는 위험물질의 탐지 · 처리 등에 대한 전문적 능력을 보유하여야 한다.

③ 소방방재청장은 테러사건이 발생하거나 발생이 예상되는 경우에는 긴급구조대를 사건현장에 신속히 파견한다.

[전문개정 2009.8.14]

제31조(지원팀) ① 관계기관의 장은 테러사건이 발생한 경우에는 테러대응활동을 지원하기 위하여 지원팀을 구성 · 운영한다.

② 지원팀은 정보 · 외교 · 통신 · 홍보 · 소방 · 제독 등 전문 분야별로 편성한다.

③ 관계기관의 장은 현장지휘본부의 장의 요청이 있거나 테러대책회의 또는 상임위원회의 결정이 있는 때에는 지원팀을 사건현장에 파견한다.

④ 관계기관의 장은 평상시 지원팀의 구성에 필요한 전문요원을 양성하고 장비 등을 확보하여야 한다.

[전문개정 2009.8.14]

제6절 대화생방테러 특수임무대 〈신설 2012.2.9〉

제31조의2(구성 및 지정) ① 화생방테러에 대응하기 위하여 국방부에 대화생방테러 특수임무대를 둘 수 있다.

② 국방부장관은 제1항에 따라 대화생방테러 특수임무대를 설치하거나 지정하려는 때에는 상임위원회의 심의를 거쳐야 한다.

[본조신설 2012.2.9]

제31조의3(임무) ① 대화생방테러 특수임무대는 다음 각 호의 임무를 수행한다.
  1. 화생방테러 발생 시 오염확산 방지 및 피해 최소화
  2. 화생방테러 관련 오염지역 정밀 제독 및 오염 피해 평가
  3. 요인경호 및 국가중요행사의 안전활동에 대한 지원
  [본조신설 2012.2.9]

제31조의4(운영) ① 대화생방테러 특수임무대는 화생방테러에 대응하기 위한 전문지식 및 작전수행 능력을 배양하여야 하며 항상 출동태세를 유지하여야 한다.
  ② 국방부장관은 현장지휘본부의 장의 요청이 있거나 테러대책회의 또는 상임위원회의 결정이 있는 때에는 대화생방테러 특수임무대를 사건 현장에 파견한다.
  ③ 국방부장관은 대화생방테러 특수임무대의 구성에 필요한 전문요원을 양성하고 필요한 장비 및 물자를 확보하여야 한다.
  [본조신설 2012.2.9]

제7절 합동조사반 〈개정 2012.2.9〉

제32조(구성) ① 국가정보원장은 국내외에서 테러사건이 발생하거나 발생할 우려가 현저한 때에는 예방조치·사건분석 및 사후처리방안의 강구 등을 위하여 관계기관 합동으로 조사반을 편성·운영한다. 다만, 군사시설인 경우 국방부장관(국군기무사령관)이 자체 조사할 수 있다. <개정 2009.8.14>
  ② 합동조사반은 관계기관의 대테러업무에 관한 실무전문가로 구성하며, 필요한 경우 공공기관·단체 또는 민간의 전문요원을 위촉하여 참여하게 할 수 있다.

제33조(운영) ① 합동조사반은 테러사건의 발생지역에 따라 중앙및 지역별 합동조사반으로 구분하여 운영할 수 있다.
  ② 관계기관의 장은 평상시 합동조사반에 파견할 전문인력을 확보·양성하고, 합동조사를 위하여 필요한 경우에 인력·장비 등을 지원한다.

제4장 예방·대비 및 대응활동

제1절 예방·대비활동

제34조(정보수집 및 전파) ① 관계기관은 테러사건의 발생을 미연에 방지하기 위하여 소관업무와 관련한 국내외 테러 관련 정보의 수집활동에 주력한다.
  ② 관계기관은 테러 관련 정보를 입수한 경우에는 지체없이 센터장에게 이를 통보하여야 한다.

③ 센터장은 테러 관련 정보를 종합·분석하여 신속히 관계기관에 전파하여야 한다.

제35조(테러경보의 발령) ① 센터장은 테러위기의 징후를 포착한 경우에는 이를 평가하여 상임위원회에 보고하고 테러경보를 발령한다.

② 테러경보는 테러위협 또는 위험의 정도에 따라 관심·주의·경계·심각의 4단계로 구분하여 발령하고, 단계별 위기평가를 위한 일반적 업무절차는 국가위기관리기본지침에 의한다.

③ 테러경보는 국가전역 또는 일부지역에 한정하여 발령할 수 있다.

④ 센터장은 테러경보의 발령을 위하여 필요한 사항에 대한 세부지침을 수립하여 시행한다.

제36조(테러경보의 단계별 조치) ① 관계기관의 장은 테러경보가 발령된 경우에는 다음 각호의 기준을 고려하여 단계별 조치를 취하여야 한다.

1. 관심 단계 : 테러 관련 상황의 전파, 관계기관 상호간 연락체계의 확인, 비상연락망의 점검 등
2. 주의 단계 : 테러대상 시설 및 테러에 이용될 수 있는 위험물질에 대한 안전관리의 강화, 국가중요시설에 대한 경비의 강화, 관계기관별 자체 대비태세의 점검 등
3. 경계 단계 : 테러취약요소에 대한 경비 등 예방활동의 강화, 테러취약시설에 대한 출입통제의 강화, 대테러 담당공무원의 비상근무 등
4. 심각 단계 : 대테러 관계기관 공무원의 비상근무, 테러유형별 테러사건대책본부 등 사건대응조직의 운영준비, 필요장비·인원의 동원태세 유지 등

② 관계기관의 장은 제1항의 규정에 의하여 단계별 세부계획을 수립·시행하여야 한다.

제37조(지도 및 점검) ① 관계기관의 장은 소관업무와 관련하여 국가중요시설·다중이 이용하는 시설·장비 및 인원에 대한 테러예방대책과 테러에 이용될 수 있는 위험물질에 대한 안전관리대책을 수립하고, 그 시행을 지도·감독한다.

② 국가정보원장은 필요한 경우 관계기관 합동으로 공항·항만 등 테러의 대상이 될 수 있는 국가중요시설·다중이 이용하는 시설 및 장비에 대한 테러예방활동을 관계법령이 정하는 바에 따라 지도·점검할 수 있다.

제38조(국가중요행사에 대한 안전활동) ① 관계기관의 장은 국내외에서 개최되는 국가중요행사에 대하여 행사특성에 맞는 분야별 대테러·안전대책을 수립·시행하여야 한다.

② 국가정보원장은 국가중요행사에 대한 대테러·안전대책을 협의·조정하기 위하여 필요한 경우에는 관계기관 합동으로 대테러·안전대책기구를 편성·운영할 수 있다. 다만, 대통령 및 국가원수에 준하는 국빈 등이 참석하는 행사에 관하여는 대통령경호안전대책위

원회의 위원장이 편성 · 운영할 수 있다.

제39조(교육 및 훈련) ① 관계기관의 장은 대테러 전문능력의 배양을 위하여 필요한 인원 및 장비를 확보하고, 이에 따른 교육 · 훈련계획을 수립 · 시행한다.

② 관계기관의 장은 제1항의 규정에 의한 계획의 운영에 관하여 국가정보원장과 미리 협의하여야 한다.

③ 국가정보원장은 관계기관 대테러요원의 전문적인 대응능력의 배양을 위하여 외국의 대테러기관과의 합동훈련 및 교육을 지원하고, 관계기관 합동으로 종합모의훈련을 실시할 수 있다.

제2절 대응활동

제40조(상황전파) ① 관계기관의 장은 테러사건이 발생하거나 테러위협 등 그 징후를 인지한 경우에는 관련 상황 및 조치사항을 관련 기관의 장 및 국가정보원장에게 신속히 통보하여야 한다.

② 테러사건대책본부의 장은 사건 종결시까지 관련 상황을 종합처리하고, 대응조치를 강구하며, 그 진행상황을 테러대책회의의 의장 및 상임위원회의 위원장에게 보고하여야 한다.

③ 법무부장관과 관세청장은 공항 및 항만에서 발생하는 테러와 연계된 테러혐의자의 출입국 또는 테러물품의 반 · 출입에 대한 적발 및 처리상황을 신속히 국가정보원장 · 경찰청장 및 해양경찰청장에게 통보하여야 한다.

제41조(초동조치) ① 관계기관의 장은 테러사건이 발생한 경우에는 사건현장을 통제 · 보존하고, 후발 사태의 발생 등 사건의 확산을 방지하기 위하여 신속한 초동조치(初動措置)를 하여야 하며, 증거물의 멸실을 방지하기 위하여 가능한 한 현장을 보존하여야 한다.

② 제1항의 규정에 의한 초동조치 사항은 다음 각호와 같다.

1. 사건현장의 보존 및 통제
2. 인명구조 등 사건피해의 확산방지조치
3. 현장에 대한 조치사항을 종합하여 관련 기관에 전파
4. 관련 기관에 대한 지원요청

제42조(사건대응) ① 테러사건이 발생한 경우에는 상임위원회가 그 대응대책을 심의 · 결정하고 통합지휘하며, 테러사건 대책본부는 이를 지체없이 시행한다.

② 테러사건대책본부는 필요한 경우에는 현장지휘본부를 가동하여 상황전파 및 대응체계를 유지하고, 단계별 조치사항을 체계적으로 시행한다.

③ 법무부장관은 테러사건에 대한 수사를 위하여 필요한 경우에는 검찰 · 경찰 및 관계기관 합동으로 테러사건수사본부를 설치하여 운영하며, 테러정보통합센터 · 테러사건대책본부

와의 협조체제를 유지한다.

제43조(사후처리) ① 테러사건대책본부의 장은 제9조의 규정에 의한 상임위원회의 결정에 따라 관계기관의 장과 협조하여 테러사건의 사후처리를 총괄한다.

② 테러사건대책본부의 장은 테러사건의 처리결과를 종합하여 테러대책회의의 의장 및 상임위원회의 위원장에게 보고하고, 관계기관에 이를 전파한다.

③ 관계기관의 장은 사후대책의 강구를 위하여 필요한 경우에는 관할 수사기관의 장에게 테러범·인질에 대한 신문참여 또는 신문결과의 통보를 요청할 수 있다.

제5장 관계기관별 임무

제44조(관계기관별 임무) 대테러활동에 관한 관계기관별 임무는 다음 각 호와 같다. <개정 2008.8.18, 2009.8.14, 2012.2.9, 2013.5.21>

1. 국가안보실
   가. 국가 대테러 위기관리체계에 관한 기획·조정
   나. 테러 관련 중요상황의 대통령 보고 및 지시사항의 처리
   다. 테러분야의 위기관리 표준·실무매뉴얼의 관리

2. 금융위원회
   가. 테러자금의 차단을 위한 금융거래 감시활동
   나. 테러자금의 조사 등 관련 기관에 대한 지원

3. 외교부
   가. 국외 테러사건에 대한 대응대책의 수립·시행 및 테러 관련 재외국민의 보호
   나. 국외 테러사건의 발생시 국외테러사건대책본부의 설치·운영 및 관련 상황의 종합처리
   다. 대테러 국제협력을 위한 국제조약의 체결 및 국제회의에의 참가, 국제기구에의 가입에 관한 업무의 주관
   라. 각국 정부 및 주한 외국공관과의 외교적 대테러 협력체제의 유지

4. 법무부(대검찰청을 포함한다)
   가. 테러혐의자의 잠입에 대한 저지대책의 수립·시행
   나. 위·변조여권 등의 식별기법의 연구·개발 및 필요장비 등의 확보
   다. 출입국 심사업무의 과학화 및 전문 심사요원의 양성·확보
   라. 테러와 연계된 혐의가 있는 외국인의 출입국 및 체류동향의 파악·전파
   마. 테러사건에 대한 법적 처리문제의 검토·지원 및 수사의 총괄
   바. 테러사건에 대한 전문 수사기법의 연구·개발

5. 국방부(합동참모본부·국군기무사령부를 포함한다)

　　가. 군사시설 내에 테러사건의 발생시 군사시설테러사건대책본부의 설치ㆍ운영 및 관련
　　　　상황의 종합처리

　　나. 대테러특공대 및 폭발물 처리팀의 편성ㆍ운영

　　다. 국내외에서의 테러진압작전에 대한 지원

　　라. 군사시설 및 방위산업시설에 대한 테러예방활동 및 지도ㆍ점검

　　마. 군사시설에서 테러사건 발생 시 군 자체 조사반의 편성ㆍ운영

　　바. 군사시설 및 방위산업시설에 대한 테러첩보의 수집

　　사. 대테러전술의 연구ㆍ개발 및 필요 장비의 확보

　　아. 대테러 전문교육ㆍ훈련에 대한 지원

　　자. 협상실무요원ㆍ전문요원 및 통역요원의 양성ㆍ확보

　　차. 대화생방테러 특수임무대 편성ㆍ운영

6. 안전행정부(경찰청ㆍ소방방재청을 포함한다)

　　가. 국내일반테러사건에 대한 예방ㆍ저지ㆍ대응대책의 수립 및 시행

　　나. 국내일반테러사건의 발생시 국내일반테러사건대책본부의 설치ㆍ운영 및 관련 상황
　　　　의 종합처리

　　다. 범인의 검거 등 테러사건에 대한 수사

　　라. 대테러특공대 및 폭발물 처리팀의 편성ㆍ운영

　　마. 협상실무요원ㆍ전문요원 및 통역요원의 양성ㆍ확보

　　바. 중요인물 및 시설, 다중이 이용하는 시설 등에 대한 테러방지대책의 수립ㆍ시행

　　사. 긴급구조대 편성ㆍ운영 및 테러사건 관련 소방ㆍ인명구조ㆍ구급활동 및 화생방 방
　　　　호대책의 수립ㆍ시행

　　아. 대테러전술 및 인명구조기법의 연구ㆍ개발 및 필요장비의 확보

　　자. 국제경찰기구 등과의 대테러 협력체제의 유지

7. 산업통상자원부

　　가. 기간산업시설에 대한 대테러ㆍ안전관리 및 방호대책의 수립ㆍ점검

　　나. 테러사건의 발생시 사건대응조직에 대한 분야별 전문인력ㆍ장비 등의 지원

8. 보건복지부

　　가. 생물테러사건의 발생시 생물테러사건대책본부의 설치ㆍ운영 및 관련 상황의 종합처
　　　　리

　　나. 테러에 이용될 수 있는 병원체의 분리ㆍ이동 및 각종 실험실에 대한 안전관리

　　다. 생물테러와 관련한 교육ㆍ훈련에 대한 지원

9. 환경부

　　가. 화학테러의 발생시 화학테러사건대책본부의 설치ㆍ운영 및 관련 상황의 종합처리

　　나. 테러에 이용될 수 있는 유독물질의 관리체계 구축

　　다. 화학테러와 관련한 교육ㆍ훈련에 대한 지원

10. 국토교통부

가. 건설 · 교통 분야에 대한 대테러 · 안전대책의 수립 및 시행

나. 항공기테러사건의 발생시 항공기테러사건대책본부의 설치 · 운영 및 관련 상황의 종합처리

다. 항공기테러사건의 발생시 폭발물처리 등 초동조치를 위한 전문요원의 양성 · 확보

라. 항공기의 안전운항관리를 위한 국제조약의 체결, 국제기구에의 가입 등에 관한 업무의 지원

마. 항공기의 피랍상황 및 정보의 교환 등을 위한 국제민간항공기구와의 항공통신정보 협력체제의 유지

바. 삭제 <2013.5.21>

사. 삭제 <2013.5.21>

아. 삭제 <2013.5.21>

자. 삭제 <2013.5.21>

차. 삭제 <2013.5.21>

카. 삭제 <2013.5.21>

타. 삭제 <2013.5.21>

11. 해양수산부(해양경찰청을 포함한다)

가. 해양테러에 대한 예방대책의 수립 · 시행 및 관련 업무 종사자의 대응능력 배양

나. 해양테러사건의 발생시 해양테러사건대책본부의 설치 · 운영 및 관련 상황의 종합처리

다. 대테러특공대 및 폭발물 처리팀의 편성 · 운영

라. 협상실무요원 · 전문요원 및 통역요원의 양성 · 확보

마. 해양 대테러전술에 관한 연구개발 및 필요장비 · 시설의 확보

바. 해양의 안전관리를 위한 국제조약의 체결, 국제기구에의 가입 등에 관한 업무의 지원

사. 국제경찰기구 등과의 해양 대테러 협력체제의 유지

11의2. 삭제 <2013.5.21>

12. 관세청

가. 총기류 · 폭발물 등 테러물품의 반입에 대한 저지대책의 수립 · 시행

나. 테러물품에 대한 검색기법의 개발 및 필요장비의 확보

다. 전문 검색요원의 양성 · 확보

13. 원자력안전위원회

가. 방사능테러 발생시 방사능테러사건대책본부의 설치 · 운영 및 관련 상황의 종합처리

나. 방사능테러 관련 교육 · 훈련에 대한 지원

다. 테러에 이용될 수 있는 방사성물질의 대테러 · 안전관리

14. 국가정보원

　　가. 테러 관련 정보의 수집 · 작성 및 배포

　　나. 국가의 대테러 기본운영계획 및 세부활동계획의 수립과 그 시행에 관한 기획 · 조정

　　다. 테러혐의자 관련 첩보의 검증

　　라. 국제적 대테러 정보협력체제의 유지

　　마. 대테러 능력배양을 위한 위기관리기법의 연구발전, 대테러정보 · 기술 · 장비 및 교육
　　　　훈련 등에 대한 지원

　　바. 공항 · 항만 등 국가중요시설의 대테러활동 추진실태의 확인 · 점검 및 현장지도

　　사. 국가중요행사에 대한 대테러 · 안전대책의 수립과 그 시행에 관한 기획 · 조정

　　아. 테러정보통합센터의 운영

　　자. 그 밖의 대테러업무에 대한 기획 · 조정

　15. 그 밖의 관계기관 소관 사항과 관련한 대테러업무의 수행

제45조(전담조직의 운영)　관계기관의 장은 제44조의 규정에 의한 관계기관별 임무를 효율적으로 수행하고 원활한 협조체제를 유지하기 위하여 해당기관 내에 대테러업무에 관한 전담조직을 지정 · 운영 하여야 한다.

제6장 보 칙

제46조(시행계획)　관계기관의 장은 이 훈령의 시행에 필요한 자체 세부계획을 수립 · 시행하여야 한다.

　　부칙 〈제309호, 2013.5.21〉

21 Century
National
Counterintelligence

찾아보기

1. 김왕식

연세대학교 정치외교학과 졸업, 미국 University of Missouri-Columbia 정치학박사 취득 후 미주리대학 정치학과 조교수를 거쳐 이화여자대학교 교수로 부임하였다. 한국국가정보학회 제3대 회장을 역임하였으며 현재 대한민국역사박물관장으로 재직 중이다. 주요 논문으로 IMF, *Economic Stabilization and Class Conflict in the Third World*, *Foreign Exchange Crisis in Korea: Causes and Process* 등이 있으며 저서로는 『한국정치과정: 제도의 운용과 정치의식』, 『한일경제협력의 정치경제』, 『정치교육론』 등 다수가 있다.

2. 장노순

한국외국어대학교에서 영어과 학사학위를 취득하고, 미국 플로리다주립대학교(Florida State University)에서 정치학 석사 및 박사학위를 받았다. 국정홍보처 해외홍보원 전문위원으로 재직했으며 현재 한라대학교 교수로 재직 중이다. 주요 저서로는 『테러리즘』(공역), 『테러와 정보의 억지전략』, 『정보실패와 미의회의 정보감독 정파성』 등 정보 및 안보관련 다수의 논문이 있다.

3. 조성권

한국외국어대학교 문학사, The Univ. of New Mexico 지역학 석사, 정치학 박사(국제범죄 전공) 학위를 취득했다. 국가안보정책연구소 선임연구원, 국제문제조사연구소 선임연구원을 거쳐 현재 한성대학교 행정대학원 부교수로 재직하고 있으며, 주요 저서로는 『세계화와 인간안보』(공저), 『마약학의 이해』(공저), 『21세기 초국가적 조직범죄와 통합안보』, 『마약의 역사』 등이 있다.

4. 이상호

현재 대전대학교 정치언론홍보학과 교수이며 세종연구소 안보연구실 연구위원, 영국 방위문제연구소(CDS) 연구위원 등을 역임하였다. 영국 런던 킹스칼리지(King's College)에서 전략학박사 학위를 취득하였으며 주요 논문으로는 『나토에서의 핵과 재래식 억제전략의 발전』, 『국방개혁 2020: 군사전략 측면에서 평가』, 『현대 정보 · 사이버전의 효용성과 향후과제』, 『군사전략차원에서 정보 · 사이버전의 효용성』, 『한국의 대북 전쟁억제력 강화방안 연구』등이 있다. 현재 한국 사이버테러정보전학회 협동부회장직과 해군발전자문위원회 정책분과위 간사를 맡고 있다.

5. 유동열

경찰대학 치안정책연구소 안보대책실 선임연구관을 역임하였으며, 현재 자유민주연구원 원장, 행정안전부 특수임무수행자 보상심의위원, 자유민주연구학회 명예회장직을 맡고 있다. 민주평화통일자문회의 상임위원을 역임했다. 경기대 행정학과(행정학사)와 중앙대 대학원 행정학과(행정학석사)를 졸업했고, 미 센트럴대에서 명예정치학박사를 받았다. 주요 저서로는 『사이버공간과 국가안보』(2012), 『북한의 대남전략』(통일부 통일교육원, 2010), 『북한총람 2003-2010』(북한연구소, 2010, 공저), 『북한학』(경찰대학, 2009, 공저), 『북한대사전』(북한연구소, 1999, 공저), 『한국좌익운동의 역사와 현실』(다나, 1996)등이 있다.

6. 정웅

연세대학교를 졸업하고 한국정신문화연구원 한국학대학원에서 "북한 사회주의체제의 변화경로에 대한 연구"로 경제학 박사학위를 취득하였으며 한국정신문화연구원 특별연구원, 한국학대학원 교수를 역임하였다. 2000년 국립경찰대학교 부임 이후 경제학 강의와 치안정책 연구를 담당하였으며 현재 연구관으로 재직 중이다. 전공 및 관심분야는 현대한국경제사, 비교경제론(남북한 및 중국), 범죄경제론이며 주요 저서와 논문으로는 『비교시큐리티제도론』(2007, 공저), "남북한 관세협력의 제도화에 관한 연구"(2005), "북한의 탈사회주의 경제개방에 관한 연구"(2007), "FTA 시대 남북교역 활성화를 위한 제도적 과제"(2008), "해방 후 남북한 경제체제의 수립과정에 관한 연구"

(2009), "대북 전략물자 반출의 효과적 통제방안"(2009), "Recent Trends of Economic Crime in Korea and Institutional Recommendations"(2012) 등이 있다.

7. 송은희

숙명여자대학교에서 정치학 학사 및 석사학위를 취득하고 경희대학교에서 정치학 박사학위를 받았다. 현재 국가안보전략연구소 수석연구위원으로 재직 중이다. 주요 논문 및 저서로는 "비국가행위자의 출현과 국가방첩의 방향"(2012), "북한이탈주민의 정보화 수준의 영향분석"(2011), 『21세기 국가정보원이 나아갈 방향과 과제』(공저, 2008), 『21세기 국제질서의 변화와 한반도』(2005) 등이 있다.

8. 허태회

1983년 건국대에서 정치외교학 학사, 1986년 워싱턴 주립대에서 정치학 석사, 1995년 덴버대학 국제대학원에서 국제정치학 박사를 받았으며 이후 한양대, 건국대, 국민대에서 강사를 역임하였다. 이후 국가정보원 전문위원, 외무행정고시 출제위원, 대통령 직속 사회통합위원회 위원, 충남평화통일포럼 연구위원장, 선문대학교 입학홍보처 및 대외협력처장, 선문대 중앙도서관장과 한국국가정보학회 총무이사를 역임하였다. 현재 선문대학교 교수이다. 주요 저서로는 『한반도 통일론』, 『국제갈등의 이해』, 『사회과학 통계분석』 등이 있으며 주요 논문으로는 "21세기 현대정보전의 실체와 한국의 전략과제", "위기관리이론과 사이버안보 강화방안", "미래 정보환경의 변화와 국가정보의 개혁", "위기관리와 국가안보회의" 등을 포함한 40여 편의 논문이 있다.

21세기 국가방첩: 새로운 첩보전쟁의 시작

초판인쇄	2014년 5월 25일
초판발행	2014년 5월 30일
엮은이	한국국가정보학회
펴낸이	안종만
편 집	김선민 · 우석진 · 이재홍
기획/마케팅	박세기
표지디자인	최은정
제 작	우인도 · 고철민
펴낸곳	(주) **박영사**
	서울특별시 종로구 평동 13-31번지
	등록 1959.3.11. 제300-1959-1호(倫)
전 화	02)733-6771
f a x	02)736-4818
e-mail	pys@pybook.co.kr
homepage	www.pybook.co.kr
ISBN	979-11-303-0062-7 93350

정 가 23,000원